四库存目

三式匯刊①

大六壬口訣纂

[明] 林昌长◎辑

肖岱宗◎校

郑同◎校阅

华龄出版社

HUALING PRESS

责任编辑：薛　治

责任印制：李未圻

图书在版编目（CIP）数据

四库存目三式汇刊. 1 /（明）林昌长辑；肖岱宗点校.

—— 北京：华龄出版社，2019. 12

ISBN 978－7－5169－1536－3

Ⅰ. ①四… Ⅱ. ①林… ②肖… Ⅲ. ①《四库全书》

－图书目录 Ⅳ. ①Z833 中国版本图书馆 CIP 数据核字（2020）第 004566 号

书　　名：四库存目三式汇刊（一）：大六壬口诀纂

作　　者：（明）林昌长辑　肖岱宗点校　郑同重校

出 版 人：胡福君

出版发行：华龄出版社

地　　址：北京市东城区安定门外大街甲 57 号　　邮　编：100011

电　　话：(010) 58122246　　　　　　　传　真：(010) 84049572

网　　址：http://www.hualingpress.com

印　　刷：九洲财鑫印刷有限公司

版　　次：2020 年 5 月第 1 版　2020 年 5 月第 1 次印刷

开　　本：710×1020　1/16　　　　　印　张：25

字　　数：408 千字　　　　　　　　　印　数：1～6000

定　　价：68.00 元

大六壬口诀纂目录

大六壬口诀纂目录

卷一　六壬起首

六壬起首定天盘，月将加时顺布看。

地盘坐定子丑寅卯辰巳午未申酉戌亥十二宫辰也，即如方位坐定不动。六壬起首先看月将何辰，来人何时，即将月将加占人之来时上顺布十二宫，即为天盘。从此定天地盘。

日宿太阳先审视，

日月皆谓之宿，言七政所到之宫，即谓住宿是也。月宿即太阴，日宿即太阳，各有躔度详后。

躔度宫辰月将言。

太阳躔度所到之宫，即为月将，如下文所云，此言六壬起首法。

雨水娵訾登明亥，

雨水正月中也，日躔娵訾之次，入亥宫，乃月将登明。

河魁降娄戌春分。

春分二月中也，日躔降娄之次，入戌宫，乃月将河魁。

谷雨大梁从魁酉，

谷雨三月中也，日躔大梁之次，入酉宫，乃月将从魁。

小满实沈传送申。

小满四月中也，日躔实沈之次，入申宫，乃月将传送。

夏至鹑首小吉未，

夏至五月中也，日躔鹑首之次，入未宫，乃月将小吉。

大暑鹑火午胜光。

大暑六月中也，日躔鹑火之次，入午宫，乃月将胜光。

处暑鹑尾太乙巳，

处暑七月中也，日躔鹑尾之次，入巳宫，乃月将太乙。

秋分寿星辰天罡。

秋分八月中也，日躔寿星之次，入辰宫，乃月将天罡。

霜降大火太冲卯，

霜降九月中也，日躔大火之次，入卯宫，乃月将太冲。

小雪析木寅功曹。

小雪十月中也，日躔析木之次，入寅宫，乃月将功曹。

冬至星纪丑大吉，

冬至十一月中也，日躔星纪之次，入丑宫，乃月将大吉。

大寒神后子玄枵。

大寒十二月中也，日躔玄枵之次，入子宫，乃月将神后。

不重节气不重月，

节气如立春正月节，惊蛰二月节也。此不取节气，又不取月令。

只轮躔日月中交。

止以月之中气交次，以取日宿躔度所交。

已定天盘起四课，

以上专言太阳躔度宫辰、月将交次。天盘既定，即查日干所寄何辰，在地盘何处，所乘何神，加之以起第一课。十干所寄，下文详明。

甲寅乙辰丙戊巳。丁己从未庚从申，辛戊壬亥癸丑是。

甲课在寅，乙课在辰，丙戊课在巳，丁己在未，庚课在申，辛课在戊，壬课在亥，癸课在丑。如甲日在地盘寅上看乘神，癸日在地盘丑上看乘神也。如正月初九日雨水，初十日卯时系乙丑日有人来占。查雨水后乃月将亥也，月将加时，以亥加地盘卯上，子加辰上，丑加巳上布完天盘。然后看乙干寄在辰，从地盘辰上看天盘是子，第一课是子乙也。此释十干寄宫起首法。

日辰阴阳上下乘，

日辰阴阳者，干支四课之阴阳，非五行阴阳也。干为日、为阳。干上阳神为第一课，乃阳中之阳也。干上阴神为第二课，乃阳中之阴也。支为辰、为阴。支上阳神为第三课，乃阴中之阳也。支上阴神为第四课，乃阴中之阴也。此为日辰阴阳。其上下乘者，上下相因也。如第一课是子乙矣，即以天盘子从地盘子上看天盘乘神是申，即以申子为第二课。再以支丑从地盘丑上看天盘乘神是酉，以酉丑为第三课。再以支上乘神之酉从地盘酉上看乘神是巳，以巳酉为第四课。余仿此。

四课入门从此示。

此一段为四课入门之起首。

三传乃在课中详，天盘克贼为初始。

四课既成，须求三传以为发用。惟看四课之中上下有克贼者，无论克贼俱以天盘上神为初传是也。

先寻一下贼其上，

上克下为克，下克上为贼。四课之中止有一下贼上者，将所贼之天盘上神为发用，即初传也。

无贼方将上克起。

四课中并无一下贼上，则取一上克下者以为用。

其余须阅九宗门，另编歌诀参详取。

一 克贼

发用先从贼上呼，虽同克下不须图。无贼方将一克起，俱取天盘作用初。
初传之上为中次，中上乘神定末居。

发用即初传也。一下贼上，余课无贼，为重审课。虽有上克下不论也。重审以下犯上，事逆必再三详审定计后行，占主先难后成。贵顺吉，贵逆凶。墓绝传生吉，生传墓绝凶。初克末吉，末克初凶。全要末传吉将、天月德等可化凶为吉。利下不利上，若下休囚、上旺相，则不能为害，犹生金不畏死火之类。

如四月丙戌日巳时申将，子命、行年酉，申加巳，一下贼上发用是也。

```
    合朱蛇贵
    申酉戌亥      白阴贵合      财甲申合
勾未    子后     辰丑亥申      官丁亥贵
青午    丑阴     丑戌申丙      父庚寅玄
    巳辰卯寅
    空白常玄
```

此课申加巳坐长生妻财乘六合为用，主谋为利禄事。中传官鬼乘贵人，亥为天门，主以财纳官。末传父母乘玄武，主发财能发身。三传递生日干，大吉，决主上人举荐，为子求官，亦不克，用财取贵。用起孟神，传入四孟，为玄胎。戌支为妻，上见丑为丙火之子，申财亦为妻，乘六合，亦为子，丑为天喜，主妻怀孕，课象弄瓦。中传属阴，为阳包阴，主生女也。

又如乙亥日辰时酉将，申命、行年亥，寅加酉，一下贼上为用，亦为重审课。

朱蛇贵后

戌亥子丑	合常阴合	兄戊寅阴⊙
合酉　寅阴	酉辰寅酉	财癸未青
勾申　卯亥	辰亥酉乙	父丙子贵
未午巳辰		

青空白常

此课李司马占。旺气发用，日辰旺相乘吉将，为三光卦，主干求官职，有升迁庆贺之荣。后果应验。

如无一下贼上，则取一上克下者为用，名曰元首课。元首，上克下，事顺，为诸课首，占主顺利。如日辰年命用时六处乘吉将，更遇吉课，贵不可言。若三传不顺，或上休囚死气、下却旺相德合岁月建，反主上制下而下不受制，未可执一论也。

甲子日卯时子将，寅命、年在未，一上克下，午加酉为用，为元首课。①

蛇朱合勾

寅卯辰巳	青常白阴	子庚午青
贵丑　午青	午酉申亥	兄丁卯朱
后子　未空	酉子亥甲	父甲子后
亥戌酉申		

阴玄常白

此课子孙乘青龙发用，占主他日大贵，家宅吉利。盖午加酉为元首，主首擢，又为高盖乘轩，为三光，主加官进爵。又青龙主文书，甲木以午为子，值旺相气，上乘青龙，午上遁得庚为官星，主子求官。午岁火旺，上见卯木相生，乘朱雀，主文字发科。未岁上见辰为亚魁，乘吉将，主及第佳兆。火为威仪，主礼部，午数九，龙数七，庚数八，主二十四年。火数二，主尚书之位也。一阴二阳，以卯属阴为主，乘朱雀为文明。甲日为本身值旺相气，主见任。甲上亥为长生学堂，为天诏，主应诏，官居词馆。卯数六，雀数九，乘旺气，主十五年首擢。末传为归结，子与天后各九数，相乘主寿八十一。支为家宅，子上酉，主招女，乘太常吉将，主聪明，配武弁，相生，甚益母家也。此课惟忌晦朔弦望，以其为天烦课也。

---

① 此以正月仍用子将，故云旺相。

又四月丁丑日子时申将，巳加酉为用，亦为元首课。

　　勾青空白

　　丑寅卯辰　　　　常贵朱空　　　兄辛巳常⊙

合子　　巳常　　　巳酉亥卯　　　子丁丑勾

朱亥　　午玄　　　酉丑卯丁　　　财　酉贵◎

　　戌酉申未

　　蛇贵后阴

此课昔越王有郑妃当诞，召范蠡占之。以月将申加子时，得一上克下，巳加酉为用。上是旺火克下死金，上强下弱，故决生男。如秋占，火囚死，课皆阴，则未然也。

二　比用

课有二三克与贼，神干比用为知一。如遇二克又二贼，亦先取贼为传式。
仍取克贼上头神，来比日干取用测。刚日用刚柔用柔，中末加乘照前则。

凡二上克下或三上克下、二下贼上或三下贼上，择所克贼之上神与今日干比者为用，曰知一课。比者，和也。阳与阳比，阴与阴比，二爻皆动，事有两歧，择一善者为用，故名知一。占主事起同类，祸自外来，失物寻人俱在邻近，多疑不决之兆。

如八月壬辰日巳时辰将，二上克下，壬日属阳，取戌加壬与日比发用是也。

　　蛇贵后阴

　　辰巳午未　　　　合朱常白　　　官丙戌白

朱卯　　申玄　　　寅卯酉戌　　　父乙酉常

合寅　　酉常　　　卯辰戌壬　　　父甲申玄

　　丑子亥戌

　　勾青空白

此课天魁官鬼乘白虎发用，主事起家奴，致妇女失去衣服食物，终在西邻处捕获也。盖三传戌为奴，酉为妇女，太常为衣服食物，玄武为失盗，比用为近，秋占旺气，故失物可获也。

三 涉害

克多俱比俱不比，涉历行归地盘己。地盘并看所藏干，受克多者为初起。
相等孟仲季当寻，先孟有克为初矣。无孟取仲取季论，此在地盘之上起。
孟仲季神复等轮，刚日先从干两神。柔神支上两神取，先见之神发用因。
深中取先高取捷，中末仍从前式门。

涉，度也。害，克也。二三贼上、二三克下，俱比俱不比，从地盘历数归本家受克深者为用，曰涉害。占主疑难迟滞，欲行不得行，历尽风霜而后已，乃苦尽甜来之兆也。上克下，忧轻。下贼上，忧重。二克兼神将吉，忧轻。三四兼神将凶，忧重。

如正月丁卯日丑时亥将，丑加卯，亥加丑，二下贼上，俱比。若论无孟取仲，则以丑加卯，前行止历辰中乙木一重归地盘本家丑上，以亥加丑，前行历辰戊未己戌土五重归地盘本家亥上，五重较一重为深，故取亥为用，不取孟仲季矣。

空白常玄
卯辰巳午　　朱勾空常　官亥　朱◎
青寅　　未阴　亥丑卯巳　财癸酉贵⊙
勾丑　　申后　丑卯巳丁　子辛未阴
子亥戌酉
合朱蛇贵

如涉历相等，俱比俱不比，先以寅申巳亥四孟上神有克贼者为用，曰见机。盖孟为时令之首，一季之气候悉已胚胎，如事初起，祸福藏焉，须见机详慎可也。占主事有疑滞，急须改变，若守旧则愈稽留难解矣。

如四月庚子日戌时申将，二上克下，以午加庚，四孟位者用，为见机格。

勾合朱蛇
卯辰巳午　　后玄合蛇　官甲午蛇
青寅　　未贵　申戌辰午　父　辰合◎
空丑　　申后　戌子午庚　财壬寅青⊙
子亥戌酉
白常玄阴

如涉历相等，俱比俱不比，无孟则取仲上神有克贼者为用，曰察微。孟为四生之地，生处见克，受害为独深。由孟及仲，害渐浅而微矣。占主恐人不行，有思患预防之意。

如四月庚戌日辰时申将，二上克下，以辰加子，四仲神用，为察微格。

　　勾合朱蛇
　　酉戌亥子　　　　白后玄蛇　　　　父甲辰玄
　青申　　丑贵　　　午寅辰子　　　　兄戌申青
　空未　　寅后　　　寅戌子庚　　　　子壬子蛇
　　午巳辰卯
　　白常玄阴

如涉历相等，俱比俱不比，又复俱孟俱仲俱季，此谓复等。阳日取干上神，阴日取支上神为用，曰缀瑕。干上神，干两课之先见者。支上神，支两课之先见者。二物相并，深中取先，高中取捷，如冠有瑕，以缀玉饰之。占主两雄相争，经延岁月，人众牵连，惟才德服众者吉也。切宜亲君子、远小人。

如六月甲午日辰时午将，课得辰加寅，卯木一重归本家辰位，申加午，历丁火一重归本家申位，乃涉害相等，刚日以日上先见神为用也。

　　空白常玄
　　未申酉戌　　　　玄白青合　　　　财　辰合◎
　青午　　亥阴　　　戌申午辰　　　　子甲午青☉
　勾巳　　子后　　　申午辰甲　　　　官丙申白
　　辰卯寅丑
　　合朱蛇贵

凡涉害课，用神畏日干所胜，以比和者为用，曰比用格。如甲戌日，论辰加寅，辰土畏甲木克，则取子加戌，子生甲木，比者为用也。戊辰、丙子日，干上子同例。又如甲辰，三传午戌寅为脱气，凡谋难成，惟忧可解。殊不知戌土畏甲木为不比，不取涉害，当取子水比和者为用，三传子申辰生日，凡为吉事皆成，惟凶事难散。戊子日午卯子，壬戌日申丑午，庚子日戌申午，乙卯日亥酉未，皆用比，不用涉害。

如乙卯日寅时子将，二下贼上，当取亥加丑为用，为比用格。

　　青勾合朱
　　卯辰巳午　　　　玄白常空　　　　父癸亥玄☉
　空寅　　未蛇　　　亥丑子寅　　　　官辛酉后
　白丑　　申贵　　　丑卯寅乙　　　　财己未蛇
　　子亥戌酉
　　常玄阴后

四　遥克

四课无克取其遥，干与三神上字交。先取来蒿遥克日，如无日去弹征遥。
克多比用如前法，中末相因照旧条。

凡四课无克，先以二三四课上神遥克日干者为用，曰蒿矢。神虽遥克，力弱难伤，不能为害，如折蒿为矢。占主始如雷吼，终却无事，愈远愈小，渐渐消磨。此时有客不可纳，凡事忧在西南，喜在西北。西北，乾，天门也。总之，神将凶，日辰无气，主盗贼阴谋。神将吉，日辰有气，则干贵有喜，行人来，访人见。

如壬辰日巳时申将，上下俱无克，取遥克，则以辰上阴神戌土克日干壬水为用，曰蒿矢格。

　　　合勾青空
　　　申酉戌亥　　　青朱贵玄　　　官丙戌青☉
　朱未　子白　　　戌未巳寅　　　官巳丑常
　蛇午　丑常　　　未辰寅壬　　　官壬辰后
　　　巳辰卯寅
　　　贵后阴玄

如无神遥克日，则取日干遥克二三四课上神者为用，曰弹射。日虽克神，终不能害神，如弹丸为箭也。占主己谋人。神将吉，遇德合，顺贵，主亲朋和气。神将凶，带刑害，逆贵，主事不睦及冤仇盗贼，访人不见，行人不来。若克两神，为一箭射双鹿，事尤多心多意也。

如壬申日申时亥将，用日克神，巳加寅为用，为弹射格。

　　　合勾青空
　　　申酉戌亥　　　玄空贵玄　　　财巳巳贵
　朱未　子白　　　寅亥巳寅　　　父壬申合
　蛇午　丑常　　　亥申寅壬　　　兄　亥空◎
　　　巳辰卯寅
　　　贵后阴玄

此二课俱主远事虚惊不实，纵有成就，亦虚名虚利。带金土煞，则能伤人。盖蒿矢见金为有镞，弹射见土为有丸，主蓦然有灾。若传空，又名遗镞失矢，不能成事，大端祸福俱轻。若见太阴玄武天空，当有欺诈之事而祸起。

二课有近射，有远射。第二课发用为近射，多主外事，不干于内，凶势略大，不可出尖。第三四课发用为远射，凶势渐小。盖第三课乃辰阳，与日干竞，尚觉凶重，不可先动。若第四课，无力也。

五　昴星

无遥当以昴星寻，阳从地酉仰乘神。阴日俯看天酉下，中末刚柔取日辰。刚日先辰而后日，柔干先日而后辰。

凡四课上下无克又无遥克，则取从魁上下神为用，曰昴星。阳日仰视地盘酉上之神为用，中传辰上神，末传日上神，为虎视转蓬。盖酉中有昴宿，属秋分，为天地关梁，为日月出入门户，且属白虎金位，性主肃杀，义司决断，取以为用，故总以昴星名之。刚者，阳也。阳性从天，男子气浮则仰视之，如虎视转蓬而动。占主惊恐，关梁闭塞，津渡稽留，出行身不得归，恐死于外。大抵祸从外起，惟家居守静则吉。此课如日用囚死，罡乘死气，蛇虎入传，大凶。病者死，讼者狱。若日用旺相，又不在此论。

如戊申日辰将，刚日昴星，取酉上戌为用，曰虎视格。

青空白常

午未申酉	玄常空青	兄庚戌玄
勾巳　戌玄	戌酉未午	子己酉常
合辰　亥阴	酉申午戌	父丙午青

卯寅丑子

朱蛇贵后

阴日俯视天盘酉下之神为用，中传日上神，末传辰上神，为冬蛇掩目。盖柔者，阴也。阴性从地，女子气沉则俯视之，如冬蛇之掩目。占主暗昧不明，进止两难，女多淫泆，祸从内起，访人不见，行者淹滞，逃亡隐形。此课如腾蛇入传，尤多怪梦忧疑。或申加卯为车轮倒转，传见玄武，凶甚。惟午加卯为明堂，主万事昌隆。盖午为离明，卯为天驷房心明堂之宿，遇凶亦吉也。

如丁丑日辰时丑将，柔日昴宿，取酉下子为用，曰掩目格。

合勾青空
　寅卯辰巳　　　　常后朱青　　　官丙子蛇
朱丑　　午白　　　未戌丑辰　　　子庚辰青
蛇子　　未常　　　戌丑辰丁　　　子甲戌后
　亥戌酉申
　贵后阴玄

此二课最忌刑狱，以酉为天狱也。

六　八专

两课无克号八专，阳顺阴逆日辰传。地盘行到三神位，阳干日上顺三传。阴干辰上神逆数，三位连根地仰看。中末不问刚柔日，总以干乘神共联。两课有克仍取克，一如贼克法传言。

干支阴阳同处一位，四课中止得二课矣。有克仍从贼克、比用、涉害三法，无克不必取遥。阳日顺从干上阳神连根得三而止，阴日逆从支上乘神连根数至三位之神，再从地盘之上看乘神为用。中末二传不论阴日阳日，总以干上乘神为之。经曰：二人同心，其利断金。阳进男喜，阴进女淫。兵资众捷，物失内寻。若遇龙常天乙吉将及天月二德，则有同人协力，众擎易举之象也。

如甲寅日辰时丑将，刚日顺数三至丑用，曰八专格。

蛇朱合勾
　寅卯辰巳　　　　白阴白阴　　　财　丑贵◎
贵丑　　午青　　　申亥申亥　　　父癸亥阴
后子　　未空　　　亥寅亥甲　　　父癸亥阴
　亥戌酉申
　阴玄常白

凡八专课，遇后合武一将入传，为帷簿不修格。盖重门树塞，以限内外，讲堂设帐，以别男女。今阴阳共处，男女混杂，又遇后合阴私之神，全无克制防范，故名帷簿不修。占主淫泆不明，内外失礼。

如丁未日丑时辰将，八专课遇天后入传是也。

蛇贵后阴

申酉戌亥	常后常后	官辛亥阴
朱未　　子玄	丑戌丑戌	子庚戌后
合午　　丑常	戌未戌丁	子庚戌后

巳辰卯寅

勾青空白

凡八专课内己未日未时酉将，三传皆日上神，为独足格。盖三传皆归一处，如一足难行也。占主不能动移，极是费力之象。又八专课中末皆空者，亦如此断。

青勾合朱

未申酉戌	蛇合蛇合	子辛酉合
空午　　亥蛇	亥酉亥酉	子辛酉合
白巳　　子贵	酉未酉己	子辛酉合

辰卯寅丑

常玄阴后

七　别责

三课无克为别责，刚干干合上乘神。柔日支前三合发，中末都从日上循。辰日阴阳无克制，虽名别责亦芜淫。

凡课有首尾相同者，有二三课相同者，四课中止有三课矣。有克取克为阴不备、阳不备，无克又无遥克，当别从其类责取一合神为用，曰别责课。阳日取干合上神为用。如戊日合癸，癸课寄丑，取丑上神为用。丙日合辛，辛课寄戌，取戌上神为用。阴日取支前三合神为用。如未日取未前三合亥，酉日取酉前三合丑为用是也。此二阳一阴，如二男争一女，二阴一阳，如二女争一男，舍正求合之象。凡事倚仗他人，吉凶多不由己也。

如丙辰日卯时辰将，四课不备，刚日取丙合辛，辛寄在于戌，戌上亥为用也。

青勾合朱

午未申酉	青空勾青	官癸亥贵
空巳　　戌蛇	午巳未午	兄戊午青
白辰　　亥贵	巳辰午丙	兄戊午青

卯寅丑子

常玄阴后

此课外有四课备，日辰互克各生者，亦名芜淫。如甲子日，戌甲、午戌、申子、辰申，三传戌午寅。甲干，夫也。子支，妻也。甲欲从子忧申克，子欲就甲畏戌克。然甲子又自相生，乃妻与人有私。夫上戌为用，传逢三合，内外生奸，各相背也。

八　伏吟

六甲伏吟寅巳申，六丙六戊巳申寅。六庚传定申寅巳，六癸丑戌未传刑。六乙六壬别立法，日先辰次末从刑。六己辛丁临亥酉，辰先日次末从刑。丑卯巳未皆无克，辰刑尽处是传神。初中卯子两刑者，亦取冲中午末临。

凡课十二神各居本位，如子加子、丑加丑之类。日辰阴阳伏而不动，只有呻吟愁叹，故名伏吟。有克取克，不过癸乙二干而已。其他干无克亦不取遥。

如癸丑日午时午将，日上神丑加癸为用，为伏吟课。

```
    贵后阴玄
    巳午未申        勾勾勾勾        官癸丑勾
蛇辰      酉常       丑丑丑丑        官庚戌白
朱卯      戌白       丑丑丑癸        官丁未阴
    寅丑子亥
    合勾青空
```

阳日以日上神为用，中末取刑。此天地神不动不克无所取择，自任其己之刚，进用于时，名为自任。占者宜柔顺守静，方吉而事成，否则任己过刚必成愆咎。行人立至，失物逃亡，俱不至远，胎孕聋哑，祸患流连，病主呻吟不语而淹滞岁月，干谒不见。

如丙辰日申时申将，伏吟无克，刚日取巳为用，为自任格。

```
    空白常玄
    巳午未申        青青空空        兄丁巳空
青辰      酉阴       辰辰巳巳        财庚申玄
勾卯      戌后       辰辰巳丙        父甲寅合
    寅丑子亥
    合朱蛇贵
```

此课如甲日春占，丙日夏占，庚日秋占，壬日冬占，三刑有气无克，传逢驿马，或不得已而动，亦动中有成也。

阴日以辰上神为用，中末取刑，此天地神不动不克，自信其己之柔而自用，名为自信。占主不能动身，乃家宅不宁之兆。此课与自任课占病产盗逃俱同，讼狱俱主土田，关梁俱杜塞，惟行人则自任立至，自信难期，出行则自任欲行中止，自信潜藏不出，若有丁马，俱可言动。

如丁丑日未时未将，伏吟无克，柔日用丑为自信格。

空白常玄
巳午未申　　朱朱常常　　子丁丑朱
青辰　　酉阴　　丑丑未未　　子甲戌后
勾卯　　戌后　　丑丑未丁　　子癸未常
寅丑子亥
合朱蛇贵

凡伏吟，用起自刑之神，传行杜塞，名为杜传。盖用日则终投于辰，用辰则终投于日。次传复自刑，以冲为末传，次传非自刑，以刑为末传。如壬辰日三传亥辰戌，壬午日三传亥午子，乙亥日三传辰亥巳，乙酉日三传辰酉卯，皆初传用日自刑，中传杜塞而用辰，次传支又自刑，取冲为末也。丁卯、己卯、辛卯日卯子午，皆柔日用辰，取卯支刑子为中传，子卯两刑不复再传，以子冲午为末传也。壬申日亥申寅，壬戌日亥戌未，壬子日亥子卯，壬寅日亥寅巳，乙丑日辰丑戌，乙未日辰未丑，乙巳日辰巳申，乙卯日辰卯子，皆日自刑，中传支神，以刑为末传也。丁酉、己酉日酉未丑，辛酉日酉戌未，丁亥、己亥日亥未丑，辛亥日亥戌未，皆用支辰自刑，中传用日，及日刑为末传也。盖用起辰午酉亥自刑，传刑杜塞，故名杜传。占事中止，改求可成也。

如壬辰日酉时酉将，刚日用自刑，中支辰又自刑，取冲戌为末传，曰杜传格。

朱合勾青
巳午未申　　蛇蛇常常　　兄丁亥常
蛇辰　　酉空　　辰辰亥亥　　官壬辰蛇
贵卯　　戌白　　辰辰亥壬　　官丙戌白
寅丑子亥
后阴玄常

九 返吟

返吟有克照常参，中末仍行常例循。井栏六日神无克，丑未配干丁己辛。
丑日登明未太乙，辰中日末是传因。

返吟十二神各居冲位，如子加午、丑加未之类也。有克仍取元首、重审、
知一、涉害等法用，盖彼此相冲，往来克贼，反复呻吟，故名返吟。且诸神
各易本位，无所依附，又名无依。占主事带两途，远近系心，往返无常，欲
动不动，祸自外来，事从下起，去来无定见，失物无定巢，亲情无始终，病
患有两症，安营出阵，背逆分离之象。此课多主动，若空亡又不以动论。

如庚戌日寅时申将，十二神各居冲位，为返吟格。

```
勾青空白
亥子丑寅        合玄蛇白        财 寅白◎
合戌    卯常    戌辰申寅        兄戌申蛇⊙
朱酉    辰玄    辰戌寅庚        财 寅白◎
申未午巳
蛇贵后阴
```

如无克贼，以地盘支神傍射上神为用，中传取支，末传取干，为井栏射。
无克惟六日，丁未、己未、辛未、丁丑、己丑、辛丑。丑无克，以丑宫癸水
遥射巳宫丙火；未无克，以未宫己土遥射亥宫壬水。故丑日以巳上亥神为用，
未日以亥上巳神为用。如傍井倚栏，斜冲射之，不出井外，故名井栏射。全
是冲开，涣散不属，故又名无亲。占主内外多怪，上下睽隔，井上架木，易
欹易斜，不能长久之象。动则宜，静则扰，事无凭依，一身两用，傍求易就，
直道难容，凡事速成易破。此课如遇吉神良将，事可半遂，尤喜青龙救护。

如正月辛丑巳时亥将，反吟无克，以丑支遥射巳上亥为用，为井栏射格。

```
青空白常
亥子丑寅        白蛇勾阴        子己亥青⊙
勾戌    卯玄    丑未戌辰        父乙未蛇
合酉    辰阴    未丑辰辛        父 辰阴◎
申未午巳
朱蛇贵后
```

三光

用与日辰三处旺，更有吉神三光象。

日为人，辰为宅，用神为动作，三处旺相乘吉将，是为三光。若日辰居天乙后，中末囚死乘凶将，是三光失明，前虽功德虚喜，后却抑塞难通。

如甲日未时酉将，春占，日辰用神旺相，上乘吉将是也。

```
空白常玄
未申酉戌        青合        财辰合
青午    亥阴    午辰        子午青
勾巳    子后    辰甲        官申白
辰卯寅丑
合朱蛇贵
```

如六月戊寅日寅时午将占，亦是。

```
勾合朱蛇
酉戌亥子        合白贵勾        兄丁丑贵⊙
青申    丑贵    戌午丑酉        父壬午白
空未    寅后    午寅酉戌        子    酉勾◎
午巳辰卯
白常玄阴
```

三阳

日辰有气居贵前，用旺贵顺为三阳。

天乙顺行，阳气顺；日辰在天乙前，阳气伸；用神旺相，阳气进。三者备，曰三阳。若天乙在辰戌，为坐狱；用神克日，中末无救神，则三阳不泰。占事暗昧难就，先吉后吉。

如乙丑日酉时戌将，天乙子临亥顺行，日辰在天乙前，寅为旺气加丑发用，为三阳课。

```
空白常玄
午未申酉        合朱空青        兄丙寅朱
青巳    戌阴    卯寅午巳        兄丁卯合
勾辰    亥后    寅丑巳乙        财戌辰勾
卯寅丑子
合朱蛇贵
```

三奇

子戌旬中丑日奇，申午旬中子月奇。辰寅旬内星奇亥，旬奇发用事雍熙。

课得旬奇发用为三奇。如甲子、甲戌旬用丑，甲申、甲午旬用子，甲辰、甲寅旬用亥，此为旬三奇。甲日发用午，乙日巳，丙日辰，丁日卯，戊日寅，己日丑，庚日未，辛日申，壬日酉，癸日戌，此为日奇。又三传遁得甲戊庚、乙丙丁者，为遁干三奇。旬奇取亥子丑者，盖丑为玉堂，子为明堂，亥为绛宫。若三传亥子丑，为联珠三奇。旬奇、干奇并临为上，有旬奇、无干奇亦可，或止有干奇，不名三奇。若奇作空亡，未免奇精有损，其福减半，吉凶皆无成。

如乙酉日未时申将，初传亥加戌，旬奇发用，为三奇课。

```
    空白常玄
    午未申酉      后阴空青      父丁亥后
青巳      戌阴    亥戌午巳      父戊子贵
勾辰      亥后    戌酉巳乙      财己丑蛇
    卯寅丑子
    合朱蛇贵
```

六仪

六仪发用及支仪，仪日详观喜庆知。

课得旬首发用为旬仪。甲子旬用子，甲戌旬用戌，甲申旬用申，甲午旬用午，甲辰旬用辰，甲寅旬用寅，此旬仪也。子日午，丑日巳，寅日辰，卯日卯，辰日寅，巳日丑，午日未，未日申，申日酉，酉日戌，戌日亥，亥日子，此支仪也。旬仪、支仪并临为上，有旬仪、无支仪亦可，或止有支仪，不名六仪。若仪克行年，反凶。支仪子从午逆行，从未顺转。

如丙辰日寅将酉时，寅为旬仪，又为支仪，加酉，一下贼上为六仪课。

```
    蛇朱合勾
    戌亥子丑      青贵空蛇      父甲寅青
贵酉      寅青    寅酉卯戌      子己未阴
后申      卯空    酉辰戌丙      官  子合◎
    未午巳辰
    阴玄常白
```

时泰

用岁月建乘六青，神带财德时泰名。

凡课用建起太岁月建乘青龙六合，又带财德之神，曰时泰。若传见空亡，为天恩未定，事定虚喜，上人虽有意施惠，犹豫不决也。

如子年戌月戊寅日戌时卯将，子为太岁，又为日财德合，加未为用，初传青龙，末传六合，为时泰课。

```
合勾青空
戌亥子丑      青贵常合      财丙子青
朱酉    寅白  子未卯戌      父辛巳阴
蛇申    卯常  未寅戌戌      兄甲戌合
未午巳辰
贵后阴玄
```

龙德

龙德岁阳乘贵用，九重恩泽沛龙行。

凡太岁月将乘贵人发用为龙德，亦名龙首。或太岁乘贵发用，传中见月将，亦是。占主有诏命之喜，惟尊贵求卑下不吉。若带煞为日鬼，占讼则事干朝廷。

假如癸巳年七月癸酉日酉时巳将，巳为太岁，又为月将，又为日贵，加酉，上克下为用，龙德课也。

```
勾合朱蛇
丑寅卯辰      勾贵贵常      财己巳贵
青子    巳贵  丑巳巳酉      官乙丑勾
空亥    午后  巳酉酉癸      父癸酉常
戌酉申未
白常玄阴
```

官爵

岁月年命驿马发，传有魁常官爵升。

　　凡课得岁月年命之驿马发用，又天魁太常入传，为官爵。天魁，印也。太常，绶也。驿马，使命之神也。或驿马发用，印绶入传；或印绶发用，驿马入传。若马被冲破，印值空亡，则变吉为凶矣。

　　如未年二月丁亥日巳时戌将，癸亥生命，行年在午上见亥，岁月日命马俱在巳发用，传遇魁常，为官爵课。

蛇贵后阴
戌亥子丑　　　朱白空后　　　兄癸巳空
朱酉　　寅玄　　酉辰巳子　　　子丙戌蛇
合申　　卯常　　辰亥子丁　　　父辛卯常
未午巳辰
勾青空白

富贵

富贵贵旺上下生，年命日辰用更临。

　　天乙顺行乘旺相气上下相生，更临日辰年命发用，为富贵课。有印绶者，言贵。又干支逢禄马，亦是。如贵人入狱，名势消课，告贵不允，所占皆凶。乙辛辰戌日及辰戌年命之人，不以坐狱论。

　　如二月辛巳日丑时戌将，寅命，行年巳，寅为天乙，旺气临行年、日支，巳相气，上下相生发用，为富贵课。

贵后阴玄
寅卯辰巳　　　合贵阴白　　　财戌寅贵
蛇丑　　午常　　亥寅辰未　　　子乙亥合
朱子　　未白　　寅巳未辛　　　兄　申空◎
亥戌酉申
合勾青空

轩盖

轩盖午初传卯子，官升财获至行人。

　　凡值胜光为用，遇太冲、神后为轩盖课。神后，子也，为紫微华盖。太冲，卯也，为天驷、天车。胜光，午也，为天马。此三神并遇，如乘驷马轩车，高张华盖，故名轩盖。若三传带煞，乘蛇虎死气克年命、日辰，或空亡，或卯作丧车，则刑冲从凶而动，变轩盖为三交，身弱人衰，为乘轩落马之象，主伤躬被脱，望事无成也。

如甲子日卯时子将，三传午卯子，为轩盖课。

蛇朱合勾
寅卯辰巳　　　青常白阴　　　子庚午青
贵丑　　午青　午酉申亥　　　兄丁卯朱
后子　　未空　酉子亥甲　　　父甲子后
亥戌酉申
阴玄常白

铸印

戌加巳课俱入传，火炼辛金铸印言。更遇太常传有卯，铸印乘轩印绶全。

凡课得戌加巳中传，为铸印课。戌，天魁也，为印。巳，太乙也，为炉。盖戌中辛金、巳中丙火作合，全凭火炼铸成贵器，为符印，故名铸印。更遇太常为绶，传见太冲为车轮，则铸印乘轩之象。此课惟利求官科举，庶人不吉，更不利病讼忧产四事。若夏月巳午日时或值蛇雀火太旺，戌卯值空亡、月破，日辰无气，则破印损模，官必不迁，兼遇神将凶，先成后败，徒劳心力。倘乘日墓，主退失，或旧事再新。

如丙子日未时子将，巳加子用，传遇天魁，末乘太常，为铸印课。

蛇贵后阴
戌亥子丑　　　蛇空常蛇　　　兄辛巳空
朱酉　　寅玄　戌巳卯戌　　　子甲戌蛇
合申　　卯常　巳子戌丙　　　父己卯常
未午巳辰
勾青空白

斫轮①

卯坐庚辛用斫轮，喜遇龙常贵合阴。

---

① 寅木不作斫轮，以寅天梁，成器不须斫也。

凡课卯加庚辛申酉，为斫轮课。卯为车轮，庚辛为刀斧，木就金斫也。但卯加庚为上，加辛次之，更遇贵龙常阴合吉将及驿马吉神入传，主官升爵显。或壬癸日见水神为舟楫，初末有马而引从为轩车，能任重致远，有除授之喜。此课孕与病讼忌之。若木休囚，乘白虎，为棺椁；值空亡，为朽木难雕，须另改业。春甲乙日寅卯时，木太重为伤斧；秋庚辛日申酉时，金太重为伤轮，反凶。辛卯日，干上卯，为财就人，宜速取，缓则木克戌土，返有害也。与乙未日，未加乙同。若传见本日墓，曰旧轮再斫，来意主失职谋复。大抵斫轮课，木日艰难，火日灾疾，金日获福，水日心不定，艰难中遂意，土日流转。

如辛丑日辰时亥将，一下贼上，卯加申为用，曰斫轮课。

```
    空白常玄
    子丑寅卯      玄朱空后      财癸卯玄
青亥      辰阴      卯申子巳      父戊戌勾
勾戌      巳后      申丑巳辛      官　巳后◎
    酉申未午
    合朱蛇贵
```

引从

惟有引从详夹拱，贵禄年命及干支。初引末从中贵等，干支拱夹亦同之。

凡课日辰干支前后上神发用为初末传，曰引从课。或初末传拱干，主得人提携。或两贵拱干，主官职升拔。或初末传拱支，或两贵拱支，主家宅吉庆。或贵临干支拱年命，主得两贵成就。或干支拱日禄，宜占食禄事。或干支拱贵，宜占告贵事。又有干支并初中及中末拱地贵，亦是。

如壬子日巳时戌将，初传巳加子，末传卯加戌，拱定干神，为二贵引从天干格。

```
    青空白常
    戌亥子丑      青贵勾后      财乙巳贵
勾酉      寅玄      戌巳酉辰      官庚戌青
合申      卯阴      巳子辰壬      子　卯阴◎
    未午巳辰
    朱蛇贵后
```

亨通

三传递生生日干，用神生日一般看。干支俱互相生旺，此是亨通课体观。

凡课用神生日及三传递生日干，或干支俱互生旺，为亨通课。盖初生中，中生末，末生干，及末生中，中生初，初生干，为递生。或干上生干，支上生支，为俱生。或干上生支，支上生干，为互生。或干上乃干旺神，支上乃支旺神，为俱旺。或干上乃支旺神，支上乃干旺神，为互旺。或支加干生日，为自在格，占主大吉。递生得人举荐，末助初生日，主傍人暗助。末助初作日财，主人财暗助。俱生，人宅各安；互生，彼此相助。俱旺，谋为省力；互旺，彼此兴隆。若递生值空亡破刑克害，无解救，为凶。或初生中，中生末，末克干，为恩多怨深。或干支俱旺，及旺禄临身，传财逢空，不可舍此别图，恐羊刃变为罗网缠身，反为灾祸。六处有冲为破罗网，无冲克为凶也。

如丙戌日申时亥将，申加丙为用，初传申生中传亥，亥生末传寅，寅生干丙，为亨通课。

```
    合朱蛇贵
    申酉戌亥      白阴贵合      财甲申合
勾未    子后      辰丑亥申      官丁亥贵
青午    丑阴      丑戌申丙      父庚寅玄
    巳辰卯寅
    空白常玄
```

繁昌

夫妻年立德方发，或临时令旺生方。更值干支兼德合，人丁旺相是繁昌。
夫妻行年俱旺相，皆立三合位之上。旺孕格名妻受胎，日月详参门类尚。

凡夫妻行年乘本命旺相气，又值干支德合，或年立时令旺相之乡，为繁昌课。

如壬申日未时巳将，夫行年甲寅，寅上见子水，水木相生，妻行年己亥，亥上见酉金，金水相生，甲与己合，寅与亥合，各乘本命旺气，为德孕格，繁昌课。

朱蛇贵后

卯辰巳午　　　蛇后阴常　　　财庚午后

合寅　　未阴　　辰午未酉　　　官戊辰蛇

勾丑　　申玄　　午申酉壬　　　子丙寅合

夫年子亥戌酉妻年

青空白常

凡夫妻行年俱随旺相气三合位上，为旺孕格。盖三合异方，同类相望，又逢兴旺之时，当主胎孕，故名旺孕格。受孕法，如妻行年见巳，主正月壬日申时受孕。其法取妻年上神后三位受气为孕月，冲位干为孕日。亦分十干次第。辰戌月用戊，丑未月用己，前三位临官为孕时。妻行年上见午，主二月癸日酉时当受孕。余仿此。

荣华

禄马贵人并旺相，临同年命及干支。传用更乘临吉将，荣华之课有荣施。

凡禄马贵人临干支年命，并旺相气发用入传，更乘吉将，为荣华课。占主君子加官进禄，常人谋为财利、进身修宅，俱吉。

如丙申日卯时子将，干上寅为驿马，支上巳为日禄，初传巳为相气，加申为用，末传亥为贵人，行年巳为禄，上见寅为马，俱乘吉将，为荣华课。

合勾青空

寅卯辰巳　　　合空贵合　　　兄　巳空◎

朱丑　　午白　　寅巳亥寅　　　父壬寅合⊙

蛇子　　未常　　巳申寅丙　　　官己亥贵

亥戌酉申

贵后阴玄

又如庚辰日，亥加寅，寅命，占科举必高举。盖昼以夜贵、夜以昼贵为帘幕官。寅命上见亥为月将、官贵，行年辰上见丑为帘幕官，魁星并照，朱雀翱翔，乘巳临身故也。

青勾合朱

寅卯辰巳　　　玄空青朱　　　官辛巳朱⊙

空丑　　午蛇　　戌丑寅巳　　　财戊寅青

白子　　未贵　　丑辰巳庚　　　子乙亥常

亥戌酉申

常玄阴后

合欢

日辰或遇天干合，支三六合合欢名。年命俱乘吉将发，神欢人合事全成。
年命天神与日辰，三传共合亦同称。日辰阴阳上下合，干支交互合同忻。

凡课日辰遇天干作合及支三合、六合发用，并占人年命俱乘吉将，为合欢课。天干合者，甲己为中正合，乙庚为仁义合，丙辛为威权合，丁壬为淫泆合，戊癸为无情合。六合者，子合丑实，丑合子空，亥合寅就，寅合亥破，戌合卯旧，卯合戌新，辰合酉合，酉合辰离，巳合申顺，申合巳逆，未合午晦，午合未虚。三合者，亥卯未繁冗驳杂，巳酉丑矫革离异，寅午戌党侣未正，申子辰流而不清，滞而不竭，宜动不宜静。凡占主人情欢悦，相助成事，求名干贵皆宜，交易婚姻更吉，惟占病讼忧疑难散，占失脱藏匿难获。占文书谋干必成。或合带刑冲破害，为蜜里藏砒。合空，事竟难济。合带暗鬼克日，乘蛇虎雀，有大害，不可意外妄图及托人干事。

如戊申日子时申将，子与干上丑作六合，加辰发用，戊日天干上丑遁得癸作合，而支辰与三传合作三合，亥命上见未为贵人，行年在辰上见子为青龙，日辰阴阳上下作三合，四煞没于四维，又乘吉将，为合欢课。

```
  空白常玄
  丑寅卯辰      青玄朱空      财壬子青
青子    巳阴      子辰酉丑      子戌申蛇
勾亥    午后      辰申丑戌      兄甲辰玄
  戌酉申未
  合朱蛇贵
```

和美

和美干支三六合，上下交车相合时。三传三合干支合，或生日财三六呼。

三合，三传申子辰、寅午戌之类是也。六合，日辰阴阳上下神相合也，如乙酉、丙申日伏吟课之类。又干支相会作六合，如辛卯日卯加辛，壬寅日亥加寅之类。又干支各自为合，如丁丑、己丑日，干上午，支上子之类。又干支上神作合，如戊辰日，干上丑，支上子之类是也。交车合，干与支上神合，支与干上神合也，如甲申日，干上亥，支上巳之类。交车三合，乃三合为传，又干支交车相合也，如乙丑日三传巳酉丑之类。凡课干支遇三合、六合、上下递互相合或生日作财，三六相呼，曰和美课。占主主客怡顺，神和道合。如凶事，上乘凶将，为凶难散，逢冲可解。或合作六害及空亡，好里朦暗，事有变易。传逢寅午戌，干支上见午为自刑，丑为六害，子为正冲，乃三合犯煞，为蜜中砒，主恩中有怨，事成有阻。交合逢空，后成画饼。交合盗气，彼此怀脱。交害，主客各怀嫉妒。交刑，合而复争。交冲，先合后难。交克，先合复争讼，笑里藏刀。

如壬午日巳时丑将，戌加寅为用，三传戌午寅，干上未与中传作六合，传逢三合，日辰上下作三合，日辰旺气，传财得用，为和美课也。

```
　　勾合朱蛇
　　丑寅卯辰        白合朱阴        官甲戌白
　青子    巳贵      戌寅卯未        财壬午后
　空亥    午后      寅午未壬        子戌寅合
　　戌酉申未
　　白常玄阴
```

德庆

德庆年命乘吉将，日辰为德发用象。

德，干支天月德也。干德：甲己德寅乙庚申，丙辛戌癸在巳轮，丁壬亥位取日德，课若逢之万事新。支德：子日起巳，顺行十二辰。天德、月德：天德正丁宫，二坤三壬同，辛乾甲癸艮，丙乙巽庚从，月德逆行孟，丙甲壬庚询。凡课日辰干支德神及天月二德发用，并在年命，乘吉将，为德庆课。若德空、德化凶将或神将外战被刑克，不吉。

如戊子日戌时卯将，巳为德神，加子发用，德庆课也。

```
　　合勾青空
　　戌亥子丑        合阴常合        父癸巳阴
　朱酉    寅白      戌巳卯戌        兄丙戌合
　蛇申    卯常      巳子戌戊        官辛卯常
　　未午巳辰
　　贵后阴玄
```

盘珠

岁月时日及三传，皆在四课盘珠言。

凡太岁、月建及日时并三传皆在四课之中，曰盘珠课也。如甲子年七月乙巳日酉时巳将，岁月日时皆在四课之上，曰天心格。又如辛亥日三传戌酉申，皆在四课之上，曰回环格。二格合一，如盘中走珠，不出于外，故名盘珠。此课吉事顺利，忌占病讼阴私生产忧疑解释事。日用囚死，神将凶，祸更难解。

如庚戌年丑月甲子日丑时子将，子加丑为用，年月日时三传皆在四课之上，为盘珠课。

合朱蛇贵

辰巳午未	玄常白空	父甲子白
勾卯　　申后	戌亥子丑	父　亥常◎
青寅　　酉阴	亥子丑甲	财　戌玄◎⊙

丑子亥戌

空白常玄

如戊子日子时未将，三传皆在四课之上，曰回环格。

青空白常

子丑寅卯	白贵贵青	财戊子青
勾亥　　辰玄	寅未未子	兄　未贵◎
合戌　　巳阴	未子子戊	官庚寅白⊙

酉申未午

朱蛇贵后

连珠

孟仲季神三传全，连珠之课一方连。

凡三传孟仲季相连或三传岁月日相连，连如贯珠，故名连珠。占主吉凶各重叠不已。进连珠事顺，退连珠事逆。

顺连茹三奇十二课

亥子丑龙潜，阳光在下，空怀宝以迷邦。子丑寅含春，和气积中，勿炫玉而求售。丑寅卯将泰，有声名而未蒙实惠。寅卯辰正和，展经略而果沐恩光。卯辰巳离渐，利用宾于王家。辰巳午升阶，亲观光于上国。巳午未近阳，名实相须。午未申丽明，威权独盛。未申酉回春，若午夜残灯。申酉戌流金，似霜桥走马。酉戌亥革故鼎新，小人进而君子退。戌亥子隐明就暗，私事吉而公事凶。

逆连茹三奇十二课

亥戌酉回阴，心怀暗昧之私。戌酉申返驾，主行肃杀之道。酉申未出狱，出丑离群，疏者亲而亲者疏。申未午凌阴，主行险侥幸，危者安而安者危。未午巳渐晞，脱凡俗而渐入高明。午巳辰登庸，舍井蛙而旋登月阙。巳辰卯正己，人物咸亨。辰卯寅返照，行藏攸利。卯寅丑联芳悔吝，须知否极泰来。寅丑子游魂乘凶，坐见事成立败。丑子亥入墓，有收藏之态，仕进无心。子亥戌重阴，安嘉遁之贞，宁甘没齿。

玄胎

玄胎三传皆孟神，五行受气事皆新。

凡孟神发用，传皆四孟，为玄胎课。盖四孟者，寅申巳亥，四生之局，又为五行受气之位。如木生于亥，火子受气，水生于申，木子受气之类。此玄中有胎，故名玄胎。占者凡事皆新，有婴儿隐伏之象。最宜于产。求官、求财、求婚，皆以长生大利。病讼淹滞，行人不来，捕贼不获，恋生故也。若老幼占病，为后世投胎之兆，凶。寅加巳，巳加申，申加亥，亥加寅，为进步长生，主事速，又名病胎。盖上生下，为五行病处，怀胎有忧。寅加亥，亥加申，申加巳，巳加寅，为退步长生，主事迟，又名生胎。盖下生上，乃身临长生之乡，怀胎大吉。发用财爻，得天后，值生气、胎神，定主妻有孕。常占遇三刑及凶将，必有忧疑惊恐。父母发用，尊长见灾。子孙空亡，为玄胎不育，凡占无成，更艰子息。天后空亡，因孕伤母。此课每多身喜心忧，盖腹中有孕，心自悬悬也。事主远而多伏，暗昧不通，触则成祸。若返吟课，为绝胎。

如甲寅日寅时巳将，三传申亥寅，孟神是也。

```
    蛇朱合勾
    申酉戌亥        蛇阴蛇阴      官庚申蛇
贵未    子青      申巳申巳      父癸亥勾
后午    丑空      巳寅巳甲      兄甲寅白
    巳辰卯寅
    阴玄常白
```

励德

励德贵临卯酉地，止审盘上天乙茬。

凡天乙立卯酉，为励德课。盖卯酉为阴阳交易之位，贵人临之，门户摇动，进退分焉。如日辰阴阳俱在天乙前，为蹉跎格，主小人进职，君子退位。日辰阴阳俱在后，为微服格，主君子迁官，小人退职。若阳前阴后，君子吉，小人危，虽危，能循分守理，亦获吉。阴前阳后，小人得意，君子失机。若小人恃势，不知修德，必至于凶，君子知机，而能行仁，终当获吉。此天道福善祸淫，奖励有德，故名励德。占主反复不定，君子迁，小人黜，庶人身宅不安。

如戊子日申时午将，昼丑加卯，励德课也。

```
    朱合勾青
    卯辰巳午        白玄贵朱      兄己丑贵
蛇寅    未空      申戌丑卯      财丁亥阴
贵丑    申白      戌子卯戊      子乙酉常
    子亥戌酉
    后阴玄常
```

如辛丑日寅时丑将，微服格。

朱合勾青
辰巳午未　　　玄阴空白　　子庚子阴
蛇卯　　申空　　亥子申酉　　子己亥玄
贵寅　　酉白　　子丑酉辛　　父戊戌常
丑子亥戌
后阴玄常
如庚申日蹉跎格。

朱合勾青
卯辰巳午　　　合青合青　　官戊午青
蛇寅　　未空　　辰午辰午　　父丙辰合
贵丑　　申白　　午申午庚　　财甲寅蛇
子亥戌酉
后阴玄常

龙战

卯日卯用酉日酉，人年又立龙战例。

凡卯酉日占，卯酉为用，人年立卯酉，为龙战课。盖卯酉阴阳出入之位，刑德聚会之门，阴气主杀，阳气主生，一生一杀，相战于门，故名龙战。占主疑惑反复不定，婚姻阻，孕不安，财不聚。传入三交，贼来必战。游神并，行人来，病反复，官改动。夫妻年立其上，室家离散。兄弟年立其上，争财异居。将得天后，事起妇人。乘蛇虎玄，尤加惊恐。

如丁卯日辰时戌将，卯加酉用，人年立卯，龙战课也。

贵后阴玄
亥子丑寅　　　常朱勾阴　　父丁卯常
蛇戌　　卯常　　卯酉未丑　　财癸酉朱
年朱酉　　辰白　　酉卯丑丁　　父丁卯常
申未午巳
合勾青空

又如立秋乙卯日巳将辰时，天罡加卯发用，凶，行年又在卯酉者，尤凶。

空白常玄

午未申酉　　青勾空青　　财丙辰勾

青巳　　戌阴　　巳辰午巳　　子丁巳青

勾辰　　亥后　　辰卯巳乙　　子戊午空

卯寅丑子

合朱蛇贵

游子

游子三传皆土辰，用遇旬丁天马莅。

土辰，辰戌丑未季神也。三传俱是，有遍历巡游之象。旬丁，每旬丁干所值之神，主摇动，最速。天马，正月起午，顺行六阳位是也，又为驿递之神。凡三传皆土，又遇旬丁、天马为用，曰游子课。占主利出行，不利守静。病凶，婚阻滞，逃难获，天阴不雨。支二课加干二课，或传送、白虎为用，主动，更的。未戌丑为阴传阳，欲在家远出。丑戌未为阳传阴，欲在外思归。丑加辰为破游，戌加未为衰游，返吟四季为复游。传值墓神煞害，主冤家逼迫。传值合龙戏驿，主万里奋飞。斩关并，为绝迹课，如范蠡、张良归山灭迹。淫泆并，阴私欲逃。天寇并，为盗欲逃。行年并，主身欲逃。五墓四煞并，主事迍遭破败。此课摇动不定，大都凶。若值三奇六仪，神将吉，六处冲克救神，可化凶为吉，行人遂意也。

如乙巳日午时酉将，三传土遇丁马为用，游子课也。

勾合朱蛇

申酉戌亥　　蛇勾朱青　　财丁未青

青未　　子贵　　亥申戌未　　财庚戌朱

空午　　丑后　　申巳未乙　　财癸丑后

巳辰卯寅

白常玄阴

六纯

传课皆阳或悉阴，此例之名是六纯。六阳公利生男喜，六阴生女利私阴。

凡四课属阳，发用并中末皆阳，为六阳格。四课属阴，发用并中末俱阴，为六阴格。此六者阴阳皆纯，故名六纯。占孕，阳男阴女。六阳私凶公吉，官遇升迁。六阴公凶私吉，病患缠延。

赘婿

日往加辰又克辰，辰来加日被干嗔。俱取自临为用者，此例名为赘婿云。

凡课日干克辰，又自加临为用，曰赘婿课。盖干为夫，支为妻。干临支，以动就静，如男子身赘妻家。支临干，以静就动，如妇人携男就嫁，俗所谓随娘儿也。皆舍己从人，以身入赘，故名赘婿。但干临支克支，惟乘囚死，作合阴，名赘婿。或乘旺相，作勾虎，名残下格，甚不利卑幼也。若支临干，看支上神原受艰难，则为不得已而受他人磨折。如支上原有存处，岂可轻易舍己从人？于此审其可否，以免失身之咎。或支乘脱气，终非自立之象。二项惟中末见救神克日，或年命得神将吉，又名赘婿当权，可任意所为也。

附：支临干生干为自在，坐享也。受生曰求受，反竭我力也。同类曰壮基，并力相济也。

如甲戌日卯时亥将，用戌加甲，干克支，为赘婿课。

```
   贵后阴玄
   丑寅卯辰        后白白合        财甲戌合
蛇子    巳常       寅午午戌        子壬午白
朱亥    午白       午戌戌甲        兄戌寅后
   戌酉申未
   合勾青空
```

又如丙申日辰时丑将，巳加申，干克支，亦为赘婿课。

```
   合勾青空
   寅卯辰巳        合空贵合        兄 巳空◎
朱丑    午白       寅巳亥寅        父壬寅合☉
蛇子    未常       巳申寅丙        官己亥贵
   亥戌酉申
   贵后阴玄
```

乱首

日往加辰受辰克，辰来加日又凌干。亦取克临为用者，乱首之名起祸端。

凡课干临支被克为自取乱首，支临干克干为上门乱首，兼发用为的。干为尊，如首。支为卑，如足。卑下无礼作乱，故名乱首。上门乱首发用，又名反常课。占主少害长，下犯上，家背逆，不可举事。自取乱首，尊上自失礼，为支所犯，事轻，主事发于内而起于外。上门乱首，尊不惹卑，卑下敢来犯上，事重，主事发于外而起于内。若见卯酉后合，主男女讹杂，不分长幼，自取乱首。若四课俱下贼上，不免窝犯丑声，祸自内出。或三传年命克制乱我之神，名曰患门有救。

附：干临支生支曰偃蹇，泄耗甚也。受生曰俯就，先难后乐也。同类曰培本，比和相助也。

又附凌犯：干克支，下贼上为用；支克干，上克下为用。日克辰乃上凌下，却得下贼上为用，辰克日乃下犯上，却得上克下为用，互相凌犯，故名。占主尊卑不分，君骄臣逆，或主篡杀事。初传官鬼祸尤速，克下外事起，克上内事起。

淫泆

卯酉为用乘后合，淫奔私门为淫泆。卯酉为用乘六合，末乘天后狡童格。卯酉用乘天后神，终于六合泆女的。

凡课初传卯酉为用，将乘后合，为淫泆课。如用起六合，终于天后，为狡童格，主男诱乎女。如用起天后，终于六合，为泆女格，主女随乎男。如与三交并，为浊滥淫泆，所私非一人一处而已。加天罗地网甚凶，又主恶声。如子日，丑为天罗，未为地网也。并天烦，主男遭杀伤。并地烦，主女遭杀伤。并二烦、九丑，男女皆遭杀伤。若后合临日辰，男女行年并者，占婚不用媒，有先奸后娶之意，值空亡为虚意也。神将吉，日用旺相为吉。凡系淫泆课，利私谋而不利公谋也。

如辛未日申时辰将，乘后合，卯加未用，为淫泆课。

```
  青勾合朱
   丑寅卯辰      白合勾贵      财丁卯合
空子    巳蛇    亥卯寅午    子 亥白◎
白亥    午贵    卯未午辛    父辛未后⊙
   戌酉申未
   常玄阴后
```

假如戊戌日辰时午将，子加戌为用，初传天后，末传六合，为泆女格。

```
    空白常玄
    未申酉戌        蛇后常空        财庚子后
青午      亥阴        寅子酉未        官壬寅蛇
勾巳      子后        子戌未戌        兄  辰合◎
    辰卯寅丑
    合朱蛇贵
```

芜淫

四课不备或全备，谛看干支天上神。若然交互克干支，又各相生是芜淫。

四课缺一为不备，阴阳乃在课中寻。刚日先从干两课，柔支两课定先论。

尽先之课余不备，舍正求合亦芜淫。

凡四课有克、缺一为不备，日辰交互相克、各自相生，为芜淫。盖课得不备，刚日从日上起第一课，柔日从辰上起第一课。如二阴一阳为阳不备，二阳一阴为阴不备。此以四课之阴阳论，非干支阴阳论也。占主不周全，物偏缺，病难愈，求望难成，行人未至。阳不备，兵讼利为主，贼不来。阴不备，兵讼利为客，贼必来。皆战不成。三传阳多，事起男子；三传阴多，事起女人。阳多晴久，阴多雨添。

如乙卯日午时未将，柔日从辰上起第一课，盖巳辰既为辰阴神，不可复作干阳神，此二阴一阳，为阳不备课。

```
    空白常玄
    午未申酉        青勾空青        财丙辰勾
青巳      戌阴        巳辰午巳        子丁巳青
勾辰      亥后        辰卯巳乙        子戌午空
    卯寅丑子
    合朱蛇贵
```

又如乙亥日巳时子将，亦柔日，从支上起第一课，盖午亥既作支阳神，不可复作干阴神，是二阳一阴，为阴不备课。

```
    贵后阴玄
    子丑寅卯        后空空蛇        子壬午空
蛇亥      辰常        丑午午亥        财丁丑后
朱戌      巳白        午亥亥乙        官  申勾◎
    酉申未午
    合勾青空
```

如甲子日卯时亥将，四课备，日辰交克，课传生合，是夫妻各有相好，各相背也。何也？盖甲日，夫也；子支，妻也。甲欲从子忧申克，子欲就甲畏戌侵。然申子自相生，主妻与人有私。夫上神为用，课传三合，主夫亦有私也。是为芜淫课。

贵后阴玄

丑寅卯辰	玄青白合	财　戌合◎
蛇子　巳常	辰申午戌	子庚午白⊙
朱亥　午白	申子戌甲	兄丙寅后
戌酉申未		

合勾青空

斩关

斩关之课看魁罡，加乘日辰用可行。

天罡，辰也。天魁，戌也。日辰，人也。魁罡，天关也。魁罡加日辰，犹人遇凶神，重土闭塞。天关欲度，必须斩关。占主利出行逃遁，贼难获，病讼凶，画符、合药、厌祷最宜。传遇寅卯未子，乘贵青阴合，为天地独通时、天藏地盖时。盖寅天梁，卯天门，以木克土，三天俱动。未玉女，能护身。子华盖，能掩形。天乙神光，能佑庇。青龙万里翼，可致远。太阴地户，主潜藏。六合私门，主隐匿。传遇数神，逃亡出行，如有神助。若甲戊庚日，丑贵登天门，辰罡塞鬼户，六神藏，四煞没，更吉。又传见申酉虎阴，为斩关得断，逃者永不获。更带血支、血忌、羊刃、呻吟、大煞，必伤人而走。大都此课宜出外，喜见丁马。若魁罡作官鬼为直符，或作罗网乘凶将，及罡塞鬼户，魁度天门，皆谓斩关逢吏。加四仲，为天地关格。加子［天关］卯［天格］，事因天时所格。午［地关］酉［地格］，事因地理所格。神将克战，或内外不相见而格。中冲初末，首尾不相见而格。刚日昂星，道路关梁而格。柔日昂星与伏吟，潜伏不欲见人而格。返吟，人心不相照而格。又三交、罗网、从革，不见申酉虎阴，皆名斩关不断，阻隔难行，逃者易获也。

如甲寅日亥时未将，戌加寅为用，曰斩关课。

　　空白常玄
　　丑寅卯辰　　　　后合后合　　　财壬戌合
青子　　巳阴　　　午戌午戌　　　子戌午后
勾亥　　午后　　　戌寅戌甲　　　兄甲寅白
　　戌酉申未
　　合朱蛇贵

六神藏者，螣蛇下临子名坠水，朱雀下临癸名投江，勾陈临卯名入狱，天空临巽名被剥，白虎临午名烧身，玄武临坤名折足。四煞没者，辰戌丑未墓煞临乾坤艮巽四维也。

闭口

旬尾加乘旬首用，旬首天乘玄用神。地旬首上乘玄用，首尾循环闭口因。

旬尾加旬首用者，如甲申旬巳加申，丙辰日亥加寅之类也。天盘旬首乘玄用者，如丁酉日午加酉，夜将之类也。地旬首上乘玄用者，如甲子日辰加子，昼夜将皆归之类也。凡旬尾加旬首，旬首乘玄武，旬首位上神乘玄武发用者，皆为闭口课。占主闭密难明，寻人没影，失物不见，告贵不允，孕生哑子，讼屈不能伸，病痰气格塞，瘖哑不食。日禄作闭口，又值无禄课，必死。若占逃盗，责玄武。六甲日，旬首乘玄武，是为玄武阳神，其加临位下可以捕女；连根逆数四位，即旬尾，是为玄武阴神，其加临位下可以捕男。如甲辰日，辰旬首，则丑旬尾，辰乘玄武居申，则寻女于西南申方；逆四度，丑临巳，则寻男于东南巳方是也。非六甲日，不必度四，但看玄武乘地盘为阳神，可以捕女；天盘为阴神，可以捕男。如乙卯日，卯乘玄武临戌，则寻女在西北戌方，寻男于正东卯方是也。三传相克，带凶神，并勾陈，克武日时追逃亡可获；相生带吉将，难获也。失物在阴神生处寻。如玄武乘金，金生水，藏水中；乘水，水生木，藏林中；乘木，木生火，藏窑冶中；乘火，火生土，藏泥窖中；乘土，土生金，藏金石下也。此课外有旬尾加干、旬首加支，旬首加干、旬尾加支，名一旬周遍格。占忧喜事各皆不脱，试宜代笔，讼宜换司，交易去而再来。六阴日发用玄武，又名察奸课。

如甲申日卯时子将，巳为旬尾加申用，为闭口课。

蛇朱合勾
寅卯辰巳　　　蛇勾白阴　　　子癸巳勾
贵丑　　午青　　寅巳申亥　　兄庚寅蛇
后子　　未空　　巳申亥甲　　父丁亥阴
亥戌酉申
阴玄常白

如乙未日卯时寅将，首尾加干支，为一旬周遍格。

勾青空白
辰巳午未　　　青空朱合　　　财戌戌阴
合卯　　申常　　巳午寅卯　　兄癸卯合⊙
朱寅　　酉玄　　午未卯乙　　子甲午空
丑子亥戌
蛇贵后阴

阳神作玄武：

　　　　玄阴　玄
（贼与男走处）丑寅卯辰（女走处）　　　父壬子
　　　子　巳　申子午戌　　官戌申
　　　亥　午　子辰戌甲　　财甲辰
　　　戌酉申未

阴神作玄武：

　　　　朱蛇贵后
　　　戌亥子丑　　　后勾阴合　　兄甲寅阴
　　　合酉　　寅阴　　丑申寅酉　　财己未青
玄阴（贼与男走处）勾申　　卯玄（女走处）　申卯酉乙　　父　子贵◎
　　　未午巳辰
　　　青空白常

刑德

本日干支看德刑，德在干兮支取刑。德临之地寻贤者，辰刑之地贼潜形。
德克刑来逃易获，刑来克德盗难寻。刑德若无相克处，须从闭口课中参。
六甲玄乘旬首取，阳神加地缉阴人。玄阴逆度连根四，所加之下捕逃男。

他干不必寻阴度，天盘玄武是阳神。本神临地玄阴也，责看玄下捕逃人。
男看玄阴方下获，女看玄阳方下寻。阴下求男阳下女，刑德之名课体云。

德，干德也。阳德自处，阴德附阳。即甲己德寅乙庚申之类也。刑，支刑也。寅午戌刑在南方，申子辰刑在东方，亥卯未刑在北方，巳酉丑刑在西方，即寅刑巳之类也。盖金刚火强，各刑其方，水流趋东，木落归根也。寻人之法，君子责德，小人责刑。如甲戌日，甲德在寅，戌刑在未。寅临未，君子隐西南。未临子，小人逃正北。而寅木克未土，是德克刑也，易获。又如己巳日，己德在寅，巳刑在申。寅临亥，君子隐西北。申临巳，小人逃东南。而申金克寅木，是刑克德也，难寻。

孤寡

天地空亡分寡孤，俱看发用断如何。春巳午孤子丑寡，卯辰夏寡酉申孤。
秋亥子孤午未寡，冬戌酉寡卯寅孤。

旬中孤寡有三：发用值旬空，阳空为孤，阴空为寡；发用地盘空为孤，天盘空为寡；发用空为孤，末传空为寡。四时孤寡有二：如春以巳为孤，丑为寡；春又以生我之水绝神在巳为孤，我克之土墓神在辰为寡。十干不到之地，五行藏脱之乡，前去后空，阴惆阳怅，故名孤寡。占主孤独，官失财空，婚断孕虚，出入防盗。日辰无气最凶。如旬孤寡并四时孤寡，为空孤空寡，更凶。凡值空亡，忧喜不成，托人多诈，谋望近事出旬可图，远事终难就。时空，事亦难成。中传空，为断桥折腰，主事中止难就。中末俱空，为动中不动，寻远人既在近也。初中空，推末传，中末空，取初传，以不空者断吉凶。新病空病，久病空人。吉空反凶，凶空反吉。日辰、年命不论空。又有纯空反实，或遇岁月日时冲起为逢冲暗动，福祸皆成。

三交

三交课观四仲日，仲加日辰仲传入。更遇将逢阴后合，时事勾连败气列。

四仲，子午卯酉四败神也。四仲日占，遇四仲加支辰阴阳为一交；仲神发用，传皆四仲为二交；仲神乘阴合为三交。占主事体勾连，或家隐私人，己身逃匿，谋事被阻，求望难，病讼凶。如值凶将，男犯重法，女犯奸淫。

乘阴合，门户不利，阴小隐匿。空，虚诈。武，遗失。蛇，火惊。雀，口舌。勾陈，战斗。虎，杀伤、丧孝。六阳日为交罗，主阴私上门，带凶煞有惨祸。六阴日为交禄，主以禄求私，乘玄武为阴私失禄。午加酉为死交，酉加午为破交，反吟为反目交，皆不成合之象。若无阴合，则名三交不交。年月日时皆仲，则名三交不解。过与不及，二者更甚于交也。若年命、日用旺相乘吉将，传逢午卯子，正七月为高盖乘轩，不论三交，占主大吉。

如戊子日午时酉将，卯加子为用，乘太阴，为三交课。

青勾合朱

申酉戌亥	白阴朱青	官辛卯阴
空未　子蛇	午卯亥申	父　午白◎
白午　丑贵	卯子申戌	子乙酉勾⊙
巳辰卯寅		

常玄阴后

六月丁卯日卯时午将，天将、日时皆仲，午加卯，酉加午，卯加子，子加酉，是四仲。

合朱蛇贵

申酉戌亥	朱青阴蛇	财癸酉朱
勾未　子后	酉午丑戌	官甲子后
青午　丑阴	午卯戌丁	父丁卯常
巳辰卯寅		

空白常玄

凡四仲相加，又遇雀后合阴四仲相并，亦是三交。若遇螣蛇，火灾；勾陈，斗讼；玄武，盗贼；白虎，损伤。

三阴

贵逆日辰又在后，玄虎并临时克年。再遇用神囚死气，三阴幽晦事迍邅。

贵人逆治，日辰在后，阴气不顺；用神囚死，动作无光，阴气不振；将乘玄虎，时克行年，阴气不利。三者昧暗幽晦，为三阴课。占讼屈伏，病多迍，名位失，仕禄破，婚无就，孕生女。如日辰、发用带墓鬼克行年，最凶，公私事皆不成。或丧魄、游魂、天鬼、伏殃诸煞，占病必死。若六处有救解，末传旺相，反之。

如正月癸丑日卯时子将，申命，行年在丑。天乙乘巳加申，日辰在天乙后；戌为死，乘白虎为将，加癸为用；卯时属木，克年丑土。三阴课也。

　　合朱蛇贵
　　寅卯辰巳　　　阴白阴白　　　官庚戌白
勾丑　　午后　　　未戌未戌　　　官丁未阴
青子　　未阴　　　戌丑戌癸　　　官甲辰蛇
　　亥戌酉申
　　空白常玄

附四逆：用吉终凶，用旺终衰，天乙逆行，传入天乙后，四者皆属拂逆，故名四逆。

九丑

乙戊己辛壬仲连，更兼四仲正时占。丑临干支加仲用，上下迡遭九丑言。

子午卯酉阴阳易绝之神，有生杀之道，乙戊己辛壬乃刑杀不正之位，三光不照此五干、四正，合而为九丑。凡戊子、戊午、壬子、壬午、乙卯、乙酉、己卯、己酉、辛卯、辛酉十日为九丑日，丑临日加四仲上发用为九丑课，不发用而临支者亦是。四仲时占更的。刚日日辰在贵前为重阳，害父；柔日日辰在贵后为重阴，害母。上乘白虎，决主死亡。占主大祸，臣叛子逆，奴弃妻背，不可举兵、嫁娶、移徙、起土、出行、埋葬。吉将祸浅，凶将祸深，不出三月、三年。若与大、小时并，不出月内。

如二月将，乙卯日子时，丑临支，时加仲，又加卯上发用，九丑课也。

　　青勾合朱
　　卯辰巳午　　　玄白常空　　　财　丑白◎
空寅　　未蛇　　　亥丑子寅　　　父癸亥玄⊙
白丑　　申贵　　　丑卯寅乙　　　官辛酉后
　　子亥戌酉
　　常玄阴后

度厄

三上克下幼度厄，三下贼上长者忌。

上为尊，下为卑。三上克下则长欺幼，为幼度厄；三下贼上则幼凌长，为长度厄。占主家门不吉，骨肉乖离。幼度厄若子孙发用，凶神入墓，卑者更凶。长度厄若父母发用，凶神入墓，尊者更凶。此二课若有救神，不以凶断。如火克金则水为救之类。

如甲子日丑时申将，三上俱克下，为幼度厄课。

青空白常
子丑寅卯　　　白贵玄朱　　　兄丙寅白
勾亥　辰玄　　寅未辰酉　　　官癸酉朱
合戌　巳阴　　未子酉甲　　　财戌辰玄
酉申未午
朱蛇贵后

又如壬申日子时未将，三下贼上，为长度厄。

合朱蛇贵
子丑寅卯　　　青贵朱玄　　　财庚午玄⊙
勾亥　辰后　　戌卯丑午　　　官乙丑朱
青戌　巳阴　　卯申午壬　　　父壬申白
酉申未午
空白常玄

无禄　绝嗣

无禄四课上克下，绝嗣四课下贼上。

无禄，四上克下，占主庶人不禄，有官罚职，孕伤胎，病易死，占子病必不起，奴婢逃，骨肉散。若旬空发用，来人必主独身而已。事起男子，兵讼先者胜，凡事动而必静。

如三月己巳日寅时酉将，四下受克，曰无禄格。

勾青空白
子丑寅卯　　　后勾蛇空　　　子癸酉蛇
合亥　辰常　　未子酉寅　　　兄戌辰常
朱戌　巳玄　　子巳寅己　　　财　亥合◎
酉申未午
蛇贵后阴

绝嗣，四下贼上，占主小人无礼，孤独失业，多刑伤，病必死，事起女人，兵讼后者胜，凡事静而必动。若神将凶，骨肉分离；神将吉，来意主分财异居。

如正月庚辰日辰时亥将，四下贼上，为绝嗣课。

```
蛇贵后阴
 子丑寅卯      白朱合阴      官壬午白
朱亥    辰玄   午亥戌卯      父丁丑贵
合戌    巳常   亥辰卯庚      兄 申青◎
 酉申未午
 勾青空白
```

天网

天网用时同克日，登高行远休跋涉。

时为目前，用为事始，二处皆日鬼，则至近之处先有所阻，如举目见天网，故名天网。占主动见阻滞，不能踊跃登高致远也。孕损子，战有埋伏，病在膏肓。金鬼主斗讼、疾病，水鬼女子病，木鬼钱财毁伤，火鬼火灾惊恐，土鬼争田墓。俱防斗讼事。传遇三煞，定主官灾，更遇灾劫，谓之入网。旺相克囚死，谓之天网四张，万物尽伤。与天网①、天刑②并，或天罗［辰］、地网［戌］入传，凶更甚。若与天狱、死奇并，必死。此课凡占凶，惟利田猎、行刑、追逃捕盗事。若中末年命有子孙救解，或冲破克鬼，可反凶为吉。日前一位为天罗，罗之对冲为地网。又日前一位为天罗，辰前一位为地网。此等罗网亦主身宅不利，病危，官灾，谋为多拙，遇丁马更凶，须得年命冲破为有救。

如庚辰日午时辰将，午加庚，用、时俱克日，为天网课。

```
朱合勾青
 卯辰巳午      后蛇合青      官壬午青⊙
蛇寅    未空   子寅辰午      父庚辰合
贵丑    申白   寅辰午庚      财戌寅蛇
 子亥戌酉
 后阴玄常
```

又如甲寅日辰将酉时，用酉，俱克日，并日前冲位，为天网格。

---

① 正月起亥，逆行四孟。
② 春酉、夏子、秋卯、冬午。

青空白常

子丑寅卯　　　玄朱玄朱　　　官辛酉朱

勾亥　辰玄　　辰酉辰酉　　　财丙辰玄

合戌　巳阴　　酉寅酉甲　　　父癸亥勾

酉申未午

朱蛇贵后

天狱

天狱墓神囚死用，日本斗系遭刑法。

墓，日库也。克我者囚，我克者死。囚死，时令囚死气也。斗，辰，罡也。日本，干长生也。发用囚死，斗临日本，如天降灾殃，致人罹狱，故名天狱。若用囚死，作日墓，俯仰丘仇，更的。丘乃三丘，天盘见之曰仰见其丘。仇乃克制，下受地盘克曰俯见其仇也。斗加日本，带刑煞、灾劫为真天狱，乃致死之地，虽有青龙莫救。或魄化为用，斗系日本，谓之绞斩卦，祸尤惨。此课甚凶，主家有人系狱，如将得贵龙常后，不带灾劫等凶煞，可变凶为吉，来意主望天恩事。若贵人临辰戌，占者尚未入狱，遇之则贵人不得地，不能察讼，讼反凶；若罪囚在狱，喜见贵人，有履狱录囚之义，日辰、年上又得子孙乘生气、德解、吉将，为天狱清平，危中有救，讼伸围解。

如乙酉日春占，未土死气发用，斗罡系亥，为天狱课。

戌亥子丑

酉　　寅　　　　　　　　财　未◎

申　　卯　未寅寅酉　　父戊子⊙

未午巳辰　寅酉酉乙　　子癸巳

天祸

今昨干支加互临，四立日占天祸名。

立春日木旺水绝，立夏日火旺木绝，立秋日金旺火绝，立冬日水旺金绝。四立前一日为四绝。如四立日干支加绝神干支，或绝神干支加四立日干支，此四时之气德绝用刑，日上日下皆不愿处，如天行时灾，人受其祸，故名天祸。绝神为四时穷日，又名四穷天祸。占主动凶，不可妄为。出行死，干谒不见，造葬更忌。如绝神是火，主火灾或雷霆变异，水主水灾或盗贼淫乱，木主屋倾，金主兵战，土主土瘟或官司牵累。应验不出节内九十日也。或四立日值朔望，先一日为月穷，又为四废，并此四绝之日上望见月宿，凶尤甚。

如正月立春甲申日，绝日癸未，寅加癸，为天祸课。

```
午未申酉
巳    戌                    财壬辰
辰    亥      戌酉辰卯        子癸巳
卯寅丑子      酉申卯甲        子  午◎
```

又如甲申旬乙酉日立春，子将戌时。

```
蛇贵后阴
未申酉戌      白玄贵朱        官甲申贵⊙
朱午    亥玄      丑亥申午        财丙戌阴
合巳    子常      亥酉午乙        父戌子常
辰卯寅丑
勾青空白
```

天寇

四离日占加月宿，天寇灾殃大不应。

分至前一日为四离，月宿详在二烦课中，即正室二奎等是也。如八月初五丁酉秋分，辰将酉时占事。初一角，初二亢，初三氐，氐该重留一日，初四仍在氐，初五房，房宿在卯，申为离辰而卯加之，是离辰上望见月也。月乃金水之精，主刑杀，又乘四离盗气之辰，如天降凶寇，殃及于人，故名天寇。占主凡事破坏，多值乱离，盗猖兵败，病者死，孕妇产女而凶，出路死伤，婚姻拆散，营造火灾，谋望不成，一动即有生分死别之象，虽有救神莫解，惟居家守静可也。月宿临离辰，不在课传亦凶，发用更甚。乘玄勾，作游都、盗神，盗必来，来必战。乘虎作鬼劫为真天寇，凶尤甚，此时不可出行、市贾，主劫盗、丧亡。若占人年命见月宿加离辰，必己身欲为盗来问也。或月宿值太阳，日月并明，主盗贼败露，为败寇。

如癸卯日春分，离辰壬寅，月宿在辰，加寅为天寇课。[①]

---

① 亦非发用。

未申酉戌
午　　亥　　　　　　　　　官乙未⊙
巳　　子　　　未巳巳卯　　父丁酉
辰卯寅丑　　　巳卯卯癸　　兄己亥

死奇

天上三奇日月星，日之奇德月奇刑。天罡星宿奇为死，罡加课用死奇名。

天罡发用，月行度到角亢之分，或月宿临太岁、日辰。又云：天罡加日辰阴阳，囚死带煞发用，亦为死奇。盖天上日月星三奇，天罡星宿为死奇，月宿为刑奇，日宿为德奇。白昼万物光辉，夜则鬼神不潜，奸盗为害，所以日主德，月主刑，星主死也。日宿即月将，月宿乃月躔度。天罡、太阴同见，六处有月将照之，谓死奇回光，反吉。只有太阴，刑奇单见，亦主病患，而又天罡恶神并，且无月将救援，定主死亡奇祸。若天罡临日，旬内忧；临辰，月内忧；临岁，岁内忧。孟忧二亲，仲忧己身，季忧妻奴子。如甲乙日，亥为生，寅卯为类，未为墓是妾。余仿此。

甲子日丑时巳将，辰为天罡，加子为用，死奇课。

朱合勾青
酉戌亥子　　　蛇玄合后　　财戌辰玄
蛇申　丑空　　申辰戌午　　官壬申蛇
贵未　寅白　　辰子午甲　　父甲子青
午巳辰卯
后阴玄常

附死绝：日之死乡，又加死地之绝乡发用。如甲日，午加亥发用是也。甲木死在午，午火绝在亥，故名死绝。占主纪纲紊乱，壮者疾，病者死，百事衰微凶败。

解离

夫妻地上各行年，大忌交相上下残。此从盘上观生克，非关传课解离言。
芜淫干支互克下，解离干支互贼占。

凡夫妻行年冲克及上下神互相克贼，为解离格。如夫年立午上见寅，妻年立子上见申，乃子上申怕午克，午上寅怕申克，上下互相克贼，天地解离，各有异心，故名解离。此不论四课三传，只论夫妻行年相克也。

如三月丁巳日未时酉将，夫年立寅，妻年立午，值三合，逢春旺相气，为旺孕格。

```
    勾合朱蛇
   未申酉戌        朱勾贵朱        财辛酉朱
 青午   亥贵      酉未亥酉        官癸亥贵
 空巳   子后      未巳酉丁        子   丑阴◎
   辰卯寅丑
    白常玄阴
```

又如夫年立午上见寅，妻年立子上见申，夫妻行年上下互相冲克，为解离格。此课若无刑损，则夫有外妻，妻有外夫也。

```
    夫年
   丑寅卯辰
 子       巳
 亥       午
   戌酉申未
    妻年
```

又有真解离卦者，谓干克支上神，支克干上神，或夫妇行年又值此者，尤的。芜淫、解离所以分者，芜淫乃干支上神互克下，解离乃干支互克上神。至于年命互克，则同取。

如甲子日，干上午，甲木克支上辰土，子水克干上午火。男行年三十五在子，女行年三十一在寅。

```
   酉戌亥子
 申       丑           财戊辰
 未       寅    申辰戌午   官壬申
 午巳辰卯       辰子午甲   父甲子
   女年男年
```

刑伤

三刑发用并行年，此谓刑伤刑害牵。

恶莫大于刑，如刑神发用，再并行年，或乘凶将临日辰，皆主伤残，人情不和。刑干伤男，人身不利；刑支伤女，家宅不安。时刑干，忧小口、小人，时下事不利。刑月建者，不可讼人。刑日神者，不可远行。干刑速，支刑迟，或上下相刑遇日鬼，主公私之扰，凡事乖戾。见螣蛇、血支、血忌，孕必堕胎，有血光灾。

庚午日寅时子将，午为支刑，临日用，为刑伤课。

　勾合朱蛇
　卯辰巳午　　　青合合蛇　　官庚午蛇
青寅　　未贵　　寅辰辰午　　父戌辰合
空丑　　申后　　辰午午庚　　财丙寅青
　子亥戌酉
　白常玄阴

侵害

日辰之上乘六害，再并行年用侵害。

六者，父母兄弟妻子六亲也。害者，损也。如子畏午冲，直上穿心见未，合冲助仇而为害也。害则似水壅滞，血气未行，事多阻隔。子未为势家害，丑午、卯辰为少凌长害，寅巳、申亥为竞强争进害，酉戌为鬼害。如六害神临日辰行年发用，又乘凶将恶煞，主侵害凶祸。若带合德、善神、吉将，课体虽阻而终成也。

丙子日申时卯将，子日未害，并用子，为侵害课。

　蛇朱合勾
　子丑寅卯　　　合常常蛇　　官丙子蛇
贵亥　　辰青　　寅未未子　　子癸未常
后戌　　巳空　　未子子丙　　父戌寅合
　酉申未午
　阴玄常白

殃咎

殃咎三传递克干，干支乘墓将神喧。

殃咎，递克、夹克、内战、外战、乘墓、坐墓皆是也。递克，初克中，中克末，末克干，又末克中，中克初，初克干也。夹克，用神下克上，又受将克，如午加亥，将乘玄武是也。内战，三传神克将。外战，三传将克神。乘墓，干支上各乘墓神，如丙寅日，丙上戌，寅上未也。坐墓，干支下各临墓神，如丙寅日，巳加戌，寅加未也。此皆殃祸灾咎之兆，故名。占主病讼危，出行、营干阻。末助初克日，主他人教唆贼害，官防论劾，常人横祸，或被邻人攻诉。如三传下贼上，日辰内战，主家法不正，丑声出外，惟占官细微谨慎，迤逦迁转则吉耳。夹克，如夹同类，身不自由，受人驱策，夹财，财不由己费用，惟夹鬼反吉。乘墓，主人宅各欠亨通。坐墓，主人宅自招晦祸。

辛酉日，三传未子巳，初传未递克日干，为殃咎课。

```
  勾青空白
  戌亥子丑      蛇常朱玄      父己未蛇
合酉    寅常    未寅申卯      子 子空◎
朱申    卯玄    寅酉卯辛      官丁巳后⊙
  未午巳辰
  蛇贵后阴
```

附伏殃：伏殃即天鬼也。天鬼：正酉二午三卯四子，周而复始。天鬼临日辰发用，或临年命发用，伏藏灾祸，故名伏殃。占主伏兵杀伤，全家病，惟宜禳祷以除之。

冲破

身宅冲神加破用，雪上加霜冲破动。

冲，摇动、反覆也。破，解散、伤损也。占主人情反覆，门户不宁，婚难遂，孕难成，病凶散，财平常，谋望成而复倾。子午冲，道路驰逐，男女争变。卯酉冲，门户改移，淫乱奸私。寅申冲，人鬼相伤，夫妇异心。巳亥冲，事反覆无实。丑未冲，兄弟不同心，干事不遂意。辰戌冲，奴仆离异，贵贱相争。午卯破、子酉破，门户破败，阴小灾。辰丑破，坟墓、寺观损破。戌未破，先破后刑。亥寅破、申巳破，先破后合。冲主人情不顺，出入难久，乘凶将无救凶甚。破加破碎煞，尤凶。此课旺不宜冲，衰墓宜冲；吉不宜冲，凶将宜冲；凶空不宜冲，吉空宜冲。类神空亡，岁月冲则暗动，日辰次之。

子年庚子日，午加卯占。子日以午为冲，酉为破。午加卯为用。子岁、子日，午为岁冲、日冲，酉为岁破、日破，卯为午破，又加刑发用，故曰冲破课也。

青勾合朱
　申酉戌亥　　　白阴后朱　　　官甲午白
空未　　子蛇　　午卯寅亥　　　兄丁酉勾
白午　　丑贵　　卯子亥庚　　　子庚子蛇
　巳辰卯寅
　常玄阴后

鬼墓

日之墓神同鬼发，病占鬼墓忧不悦。鬼呼天鬼临地墓，引类呼朋鬼祟列。

稼穑课作日墓神，用乘凶将为坟煞。丧门并用在行年，并用支干忧病绝。

墓者，昧也，主暗塞。如甲乙寅卯见未也。鬼者，贼也，主伤残。阳见阳，阴见阴，如甲日用申，乙日用酉也。盖鬼有阴阳，阳则公讼是非，阴则星宿神祇。墓有五墓。日上得日墓，为墓神覆日。辰上得日墓，为干墓临支。日上得日墓，辰上得辰墓，为干支乘墓。日下临日墓，辰下临辰墓，为干支坐墓。日上得辰墓，辰上得日墓；日下临辰墓，辰下临日墓，为干支互墓。辰戌墓，主事速。丑未墓，主事缓。墓临长生，旧事再发。凡日辰墓乘蛇虎加卯酉与行年并，为墓门开。丁癸卯酉四日，墓临卯酉为真墓门开。见丧吊、死气，尤的。更看发用囚死归墓是何类神，以定何人丧也。大都鬼墓发用无气，病最忌，乘虎必死。若有德神旺气，求官大利。或魁罡及丑未作日鬼，占科高中。凡鬼墓临日辰作生气，或自墓传生，或有克制、冲破，或墓逢空，常人变凶为吉，病者生，囚者散，先忧后喜。鬼呼，天盘鬼临地盘墓神也。行年神将凶，更甚。鬼临墓，则鬼得地，引类呼朋，故名鬼呼。坟煞，稼穑课作本日墓神乘凶将发用也。五墓为坟，四神为煞，故名坟煞。丧门，正月起未，逆行四季。忌见在年用支干上。

壬申日丑时午将，壬日属水，以辰为墓，又为日鬼，加日发用，为鬼墓。

青勾合朱

戌亥子丑　　玄朱空后　　官戊辰后⊙

空酉　　寅蛇　　午丑酉辰　　父癸酉空

白申　　卯贵　　丑申辰壬　　子丙寅蛇

未午巳辰

常玄阴后

又如壬戌日巳时，丑月子将，命在戊子，七月二十六日卯时生，行年在酉，上见辰墓，将乘螣蛇，为墓门开格。

青勾合朱

子丑寅卯　　青贵勾后　　财戊午后

空亥　　辰蛇　　子巳丑午　　官　丑勾◎

白戌　　巳贵　　巳戊午壬　　父庚申玄⊙

酉申未午

常玄阴后

此课得一下贼上，为重审课。主女人祸从内起。三传递生为亨通课，主举荐。初传午加壬，下克上，将逢天后，上克下，为财受夹克，主财不由己费用。盖日为我，子命，水旺冬令，喜戌支冲辰，凶散。四月内生疗服药，危自可救。壬日以午为妻，乘时死气，火以戌为墓，加卯，将乘白虎。妻辛卯六月命，行年并临卯，真墓门开格。故因时患，饮水不药身亡。

魄化

魄化虎同气死神，临日辰年发用迍。丧魄飞魂加辰日，或加行年忧病人。

虎更入传天乙逆，健者仍忧鬼病侵。

死神正月起巳，死气正月起午，俱顺行十二辰。虎乃凶神，乘旺相，自贪其旺，或受制克，则难为害。若遇死神、死气及时令囚死，则为饿虎，定是伤人。故白虎乘死神、死气及囚死临日辰、行年发用者，如魄神受惊消散，为魄化。若墓乘虎鬼加日，亦然。丧魄，正未二辰三丑四戌，周而复始。盖四土凶神加人行年或行年发用，能丧人魄，故名丧魄。飞魂，正月起亥，顺行十二宫。加人行年或日辰发用，令人魂飞，故名飞魂。占主病者死，无病者病，讼忧惊，孕伤子，战损兵，谋招祸，远行忌。如日墓作鬼乘虎或魁罡带囚死发用，为虎衔尸，更凶。若在年命上，主自寻死。并金神三煞、血支、血忌，主刀下身亡。

如水神天河地井相迫，必自投水死。悬索、勾绞，自缢死。大抵虎克干，防身；克支，防宅眷。上克下及日，外丧；下克上与辰，内丧。阳忧男，阴忧女。如二月甲戌日课得戌甲、午戌、午戌、寅午，三传戌午寅，将得虎，乘天上死神迫日辰，必有死丧事。午为阳，忧男子。下克上，内丧。又如六月壬戌日，课得戌壬、酉戌、酉戌、申酉，三传戌酉申，将得虎，乘地下死神迫日辰，必有死丧事。戌为阳，忧男子。上克下，外丧。此课甚凶。若贵临鬼门，日辰、年命得吉将，虎被冲克，为魄化魂归，先忧后喜。

正月癸巳日寅时，戌加癸为用，上克下，白虎乘死气来克癸水，三传又见天罗，日之正墓也，将是螣蛇，此卦有死亡之事。若人行年在丑，必凶。依元首课推之，万无一失。

```
      合朱蛇贵
      寅卯辰巳        空合阴白        官丙戌白
  勾丑    午后        亥寅未戌        官  未阴◎
  青子    未阴        寅巳戌癸        官壬辰蛇⊙
      亥戌酉申
      空白常玄
```

灾厄

吊客丧门及祸殃，三丘五墓病符张。丧车岁虎游魂发，恶鬼临门灾厄扬。

丧车一名丧魄，正月起未，逆行四季，为恶鬼临门，主病死，妇产厄。游魂，正月起亥，顺十二辰，主精神惊恐。伏殃，正月起酉，逆行四仲，为天鬼煞，主殃祸来侵。病符，旧太岁。临支克支，主合家病患，并天鬼，时疫，并白虎，死丧，甚凶。或临干支旺相带日财、贵人，即宜成合残年旧事。丧吊，岁前二辰为丧门，岁后二辰为吊客。若全加干支或年命发用，主孝服。或并死绝，白虎临身，吊客入宅，主自身死致宅人挂孝。岁虎，岁后四神，并旬虎临日辰，最凶，并鬼，病不疗。五墓，金丑，木未，火戌，水、土辰，主死丧病凶。三丘，库墓冲位，并虎雀、丧门，有葬埋事，临丑，有墓田事。或丘墓入传，季神逢丁，神将凶，主恶祸、官病、凶灾最速。若青龙作日鬼，为幸中不幸。若病符、女灾、虎墓、囚死，日辰、年命有冲克，及遇天、地医救神，凶散为吉，病可疗。或白虎作长生，为不幸中之幸。

如亥年正月将乙亥日卯时，未为丧车，春占死气，加亥乘虎，亥年未为

岁虎，曰灾厄课。

```
    蛇朱合勾
    丑寅卯辰        合白常贵        财癸未白
贵子      巳青      卯未申子        兄己卯合
后亥      午空      未亥子乙        父乙亥后
    戌酉申未
    阴玄常白
```

迍福

八迍五福为迍福，死气为用下旺触。俯仰丘仇凶将刑，贼上传逢坟墓续。日辰临煞又相争，八事迍遭凶祸促。用虽死气终传相，子凶母德生扶象。初将虽凶终吉神，年命制初凶鬼将。此为五福喜相逢，总兼迍福宜参量。

八迍，时令死气发用，一也；用被地盘旺气所胜，二也；俯仰见丘墓仇克，三也；乘凶将，四也；带刑，五也；下贼上，六也；见坟墓、哭泣神，七也；凶神临日辰，八也。八者迍遭忧患之象，故名八迍。五福，初传凶象，末传旺相，一也；子逢凶，母带德解救之，二也；初传凶将，末传吉神，三也；初传鬼，年命上神克之，四也；旺临日上，五也。五者转祸为福之象，故名五福。

假如癸酉日亥将午时，春占，课得午癸、亥午、寅酉、未寅，传得未子巳，将得雀虎贵。用死，一迍；未下寅，春木太胜，二迍；木墓在未，仰见其丘，土畏木克，俯见其仇，三迍；将雀，四迍；雀与刑合，五迍；子临未，下贼上，又乘虎，六迍；子得虚宿，主坟墓、哭泣，七迍；干上蛇，支上武，俱凶将，八迍。初未死，末巳相，一福；末生初，子投母，二福；初雀，末贵，三福；巳受子克，得贵人救，四福；癸德附戊，戊寄丙，午临日，五福。迍中有福，为迍福课。主化凶为吉，先忧后喜。

```
    青空白常
    戌亥子丑        朱玄空蛇        官辛未朱
勾酉      寅玄      未寅亥午        兄甲子白
合申      卯阴      寅酉午癸        财己巳贵
    未午巳辰
    朱蛇贵后
```

间传

间传间位作三传，顺逆各详十二格。

间传，间一位递作三传也。

顺十二格：如遇辰午申为登三天。巳午未申四位为天，龙登天则雨，官登天则升，惟忌空、脱、病讼。午申戌为出三天。戌为天头，有超三天之象矣。申戌子为涉三渊。亥子丑寅属地，为渊，龙涉渊不雨，贼涉渊不来，病讼危险，谋望不成。戌子寅为入三渊。凡举皆凶，末传乘蛇虎尤凶。子寅辰为向阳。子属北方幽暗，寅、辰乃日出之方，故有向阳之象，凡举初凶后吉。寅辰午为出阳。午后阴生，有出阳之象，凡占灾咎相仍，病讼皆凶也。丑卯巳为出户。卯为门户，巳为地户，丑传巳有出户之象，凡占访人不在，行人出行干望。卯巳未为盈阳。卯、巳二阳，未乃阴始，阳已至盈，物极必反，凡事急就吉，迟干凶。巳未酉为变盈。盖阳至午而盈，自巳传酉，阳变阴也，物损偏缺，势过人衰，非当时事物也。未酉亥为入冥。酉、亥冥也，有明消暗长之象。酉亥丑为凝阴。亥、丑极阴，主幽暗不明。亥丑卯为溟濛。亥、丑阴也，卯一阳生也，二阴下有明，溟濛时象也。

逆十二格：寅子戌为冥阴。寅为日出方，子、戌阴气盛，有阳退入阴之象，凡占自明入暗，防暗损也。子戌申为偃蹇。申亦阴方，子传申，以阴入阴，有重遭荆棘之象，凡举迷暗不明也。戌申午为悖戾。午为阴气始生，申、戌阴旺，自深退浅，逃祸不能，有勉强退后之象。申午辰为凝阳。辰为一阳，申、午皆阴，自申传辰，阳凝在阴，有灾未去之象。午辰寅为顾祖。午为寅之子孙，寅乃午之长生，午传寅，子顾母，有复旧庐之象，大吉兆也，惟庚日占病凶。辰寅子为涉疑。阳主进，寅、子不进反退，又自明入暗，涉历疑难，莫知浅深也。丑亥酉为极阴。丑传酉，阴入阴也，亥主淫乱，酉主酒色，占主酒色淫乱等事也。亥酉未为时遁。酉为太阴，未中丁为玉女，利隐遁潜形，亥入未如入幽暗，求隐遁身也。酉未巳为励明。巳为阳明之地，酉传巳，从暗入明，有历暗得明之象。未巳卯为回明。未为阴，巳、卯阳，未传卯，阴至阳，有缺月渐回之象。巳卯丑为转悖。巳入丑，避明向暗，以巧就拙，弃正归邪，事转悖戾也。卯丑亥为断涧。卯传亥，一阳深入二阴，阳明断送，渐入深涧，有暗长明消之象也。以上阴阳各有三说，或以昼为阳，夜为阴；

或以子丑寅卯辰巳为阳，午未申酉戌亥为阴；或以子寅辰午申戌为阳，丑卯巳未酉亥为阴。

附撞干撞支格：① 凡日干支有期限，又为关隔。如三传通连日干，为撞干格。或初末传撞日之关，主事急。若三传自干支内发用，传出日辰之外，事虽急而终慢；或自干支外发用，传入干支之内，事先缓而后急也。辛巳日，丑加卯，三传丑亥酉，本是退间，凡事偃蹇阻滞，缘被末传撞干之关，所以先缓而后急也，吉凶如此。如三传通连日之支辰，为撞支格。盖初末传撞支之格，亦主事急。或传带日贵、日财为用，末传墓绝，大不利贵人交易，因财而有所屈也。

全局

全局分明三合传，炎上润下连曲直。从革稼穑五局全，三方会合事全式。

全局，三合俱在传也。

如申子辰为水局，水性就下，故名润下，占事迟留不静。木日生气，金日盗气，事多系水中者。吉凶下贱人当之，占讼牵连下人。占天雨。孕生女。病凶，以天罡作墓神故也。占宅不振。占文书不利，为克雀也。三传喜顺，逆则事迟。后合并，主淫。玄武并，主盗。

寅午戌火局，火性炎蒸上行，故名炎上。占主文书，金并主炉冶事。土日生气，木日盗气。火为日，象君，宜奏对。得驿马贞位，为天子持权。驿马贞位者，以罡加月建，视马上所得神为贞神，年命遇更吉。常人占，主口舌之不安。火鬼并，火灾。朱雀并，官讼。天空并，屋坏。见后合，妇女血病。占天，晴。占人，性急、文明。行人来，火性动也。失物藏窑冶处。事主虚多实少，先喜后嗔，先合后散，火焰不久成灰也。忌戌加寅，为墓临生，主事明反暗。午加戌，主失马，入墓故也。戌为狱神，传墓有讼狱事。壬癸日为财，其实是鬼，盖火生土，土能克水，名子母鬼，凡占主破。大都炎上利于见官，雪明皂白。秋夏占为恃势，谋事成。庚辛日名带煞，来意主占病讼，如年命乘火神，病死，讼凶。辛酉日，寅加辛为用，主因财成怨也。

亥卯未木局，木性曲折又直遂，故名曲直。占主动，动则如意。火日生

---

① 干支前一位为关隔。

气，水日盗气。木以水为根，秋冬气敛，外伐内实；春夏气敷，外刚内柔。壬癸乙日准此。己日根固，丁日枝枯，辛则成器论矣。春占最宜。自下传上则直，未加亥是也。自上传下则曲，亥加未是也。卯加亥，先曲后直，始难终易。卯加未，先直后曲，有始无终。木主风，风传事多不实。病因风，肝症，宜求贵暗祷。亥加卯作雀，望信未来，雀内战也。亥加未作蛇，内战，主失财。未主桑绢之属，卯加未作虎，身灾，克命尤应。未加卯作后，阴人灾病，有离哭之兆，失物藏茂林、木器中。曲直作鬼，讼主枷杻。己日根固者，木得土为根也。丁日枝枯者，火脱木也。此以成局论也。若以日干论，则于己为官鬼，于丁为父母矣。大约君子吉，小人凶。润下反是。

巳酉丑金局，既锻炼相从，则故旧可革，故名从革。主变动，革故鼎新。水日生气，土日盗气。丙丁日虽为财，若丑发用，将见贵常勾，乃为降气，却主父母灾，被势力人强抑不得伸也，事先阻后就。若遇旺相气，吉将并，主革变。大都从革与金鬼并，遇秋，作游都，定主金革血光。逃亡遇从革，藏山泽道途之处。病在肺，在筋骨。讼有罪，三传见劫煞故也。占婚大忌。仍以将神衰旺言之。求财获珍宝。远行隐避，最宜此课。值巳加酉，酉加巳，方孚改革之应。若火多金少，火旺金囚，或将得武后，盗金气，即名从革不革，来意主事欲动未能。

辰戌丑未无丁马，土局，土主稼穑，故名稼穑。凡占多系耕农田土屋宅事。若日辰、年命乘死气，为坟墓事；乘煞，坟墓不安。巳午加日辰、年命，主窑灶事。寅卯加，为耕农。申酉加，为修城筑室。亥子加，为治沟治河。六合、青龙，为田宅交易。大凡为事迟钝，病者在脾。如土重带煞冲破者，托人费力，谋事反复。

以上五课，总名三合，又名全局。皆主丛杂不一，伙众共谋，不然两三处托人干事。或一传与干支上神作六合，及见天将六合者，凡谋必遂，名利皆宜，主人相助成合也。大都三合无休歇之象，一事去又一事来，必得吉将用事方可，但不利解散事。五课外，又有寅卯辰作曲直，巳午未作炎上，申酉戌作从革，亥子丑作润下。

二烦

二烦之课重斗罡，如逢丑未系为妨。占得四平四正日，日月加平发用狂。详后四时临仲将，何月何日是烦当。

二烦，天烦、地烦也。日宿临四仲，值四平、四正日，为天烦。月宿临四仲，值四平、四正日，为地烦。二烦俱看斗罡系丑未者，为是。日宿，太阳躔度宫神，即月将也，正月起亥，逆行十二辰。月宿，太阴躔度宫神也，详后。四平即四仲，子午卯酉也。四正，晦朔弦望也。初一为朔，初八为上弦，十五为望，二十三为下弦，月终为晦。斗罡，辰也。系，加也。子午卯酉为天地关格，四极之地，太阳、太阴切忌临之。丑未，贵人之首也。斗罡凶神，加临其上，使贵人不得理事，此门户闭塞，三光不明，德气在内，刑气在外，天翻地覆，莫大忧烦，故名二烦。占主极凶。春夏尚可生，秋冬必死。百事祸散复炽，殃及子孙。喜者反怒，解者更结。虽吉神不救。日宿临卯午，为春夏天烦，男犯刑囚徒配；临酉子，为秋冬天烦，男犯刀死不葬。月宿临卯午，为春夏地烦，女产难，斗讼血流；临酉子，为秋冬地烦，女犯重法，为男所杀。男女行年并，尤的。遇月宿重留日更凶。大抵弦望晦朔四正日，男行年抵日宿，主被吏执。子午卯酉四仲日，女行年抵月宿，主被盗贼。

起月宿法①

正室二奎三在胃，四毕五参六鬼期。七张八角九月氐，十心子斗丑轮虚。

正月初一起室度，二月初一起奎度，每日一宿，如遇氐、斗、奎、井、张、翼六宿，重留一日，轮至占日，是仲又值月宿临之，又斗系丑未，则为地烦课也。如壬子日午将卯时，四课寅壬、巳寅、卯子、午卯，三传午卯子。若正月十四日占得此课，则为地烦。盖正月初一起室，数至十四日为柳，柳乃午宫宿也。若六月初二占得此课，为天地二烦。盖午为六月月将，临卯，此日宿临仲。又六月初一起鬼，初二柳，柳乃午宫宿，此又月宿临仲，故名

---

① 该详七政历细数为准。

二烦。二课俱斗系丑。此课四仲月日及四正日占之，更的。日、月宿不发用者不真。日、月宿临仲，斗不系丑、未，又名杜传，传行杜塞也。①

月宿所属十二辰

辰：角亢　卯：氐房心　寅：尾箕　丑：斗牛　子：女虚危　亥：室壁

戌：奎娄　酉：胃昴毕　申：觜参　未：井鬼　午：柳星张　巳：翼轸

午为月宿：正月十四、十五、十六；二月十二、十三、十四；三月初九、初十、十一；四月初七、初八、初九；五月初五、初六、初七；六月初二、初三、初四；七月初一、初二；八月廿六、廿七、廿八；九月廿五、廿六、廿七；十月廿二、廿三、廿四；十一月十九、廿、廿一；十二月十五、十六、十七。丁丑、丁亥、己丑昴星俯，甲子、癸酉、丙子、丁酉、庚子、己酉、壬子、辛酉并系午加酉为用。以上月内逢者是。

酉为月宿：正月初六、初七、初八；二月初四、初五、初六；三月初一、初二、初三；四月初一；五月廿九、卅；六月廿六、廿七、廿八；七月廿三、廿四、廿五；八月十八、十九、廿；九月十六、十七、十八；十月十四、十五、十六；十一月十一、十二、十三；十二月初八、初九、初十。乙卯、庚午、己卯、壬午、辛卯、癸卯、戊午、丁卯并系酉加午为用。以上月内逢者是。

子为月宿：正月卅；二月廿八、廿九、卅；三月廿六、廿七、廿八；四月廿四、廿五、廿六；五月廿二、廿三、廿四；六月廿、廿一、廿二；七月十六、十七、十八；八月十一、十二、十三；九月初九、初十；十月初六、初七、初八；十一月初三、初四、初五；十二月初一、初二。丁丑、己丑昴星俯，丙午、己卯、丁卯、辛卯、丁酉并系子加卯、酉发用。以上月内逢者是。

卯为月宿：正月廿二、廿三、廿四；二月廿一、廿二、廿三；三月十八、十九、廿、廿一；四月十六、十七、十八；五月十四、十五、十六、十七；六月十一、十二、十三、十四；七月初八、初九、初十、十一；八月初三、初四、初五、初六；九月初一、初二、初三、初四；十月初一、卅；十一月

---

① 杜传，四位俱闭，三光不明，德气在内，刑气在外，利于居家，不利行远。

廿七、廿八、廿九；十二月廿四、廿五、廿六、廿七。戊子、己酉、辛酉并系卯加子发用。以上月内逢者是。

春酉将八课：乙卯、丁卯、己卯、辛卯、癸卯、庚午、戊午、壬午。并酉加午临仲发用，斗系丑未也。

夏午将十二课：甲子、丙子、丁酉、己酉、庚子、壬子、癸酉、辛酉。并午加酉临仲发用，斗系丑未。

秋卯将三课：戊子、辛酉、己酉。并系卯加子发用，斗系丑未。

冬子将七课：丁卯、丁丑、丁酉、辛卯、丙午、己卯、己丑。并系子加卯发用，斗系丑未。

子午卯酉四项通计三十余课，值此月此日方是。假令正月廿二日己酉，申时亥将，月宿轮氐在卯，此日偶值。己酉，卯加子，仲临仲发用，又斗系丑，为地烦课。

　　勾合朱蛇
　　申酉戌亥　　　　玄贵后朱　　　官　卯玄◎
青未　　子贵　　　　卯子丑戌　　　父丙午空⊙
空午　　丑后　　　　子酉戌己　　　子己酉合
　　巳辰卯寅
　　白常玄阴

又令四月丙午日午时申将，乃日宿临仲发用，斗不系丑未，为天烦杜传。

　　勾合朱蛇
　　未申酉戌　　　　蛇合朱勾　　　财戌申合
青午　　亥贵　　　　戌申酉未　　　子庚戌蛇
空巳　　子后　　　　申午未丙　　　官壬子后
　　辰卯寅丑
　　白常玄阴

又令九月十五日庚戌，申时卯将，初一起氐，数至十五日乃月在奎，月宿在戌，戌加卯用，斗不系丑未，为地烦杜传。

　　蛇贵后阴
　　子丑寅卯　　　　蛇常合阴　　　父庚戌合⊙
朱亥　　辰玄　　　　子巳戌卯　　　官乙巳常
合戌　　巳常　　　　巳戌卯庚　　　子壬子蛇
　　酉申未午
　　勾青空白

又如九月初三丙午，午时卯将，寅命，年在午。日宿氐二度，月宿氐五度，日月宿俱值卯宫，加午为仲辰，斗罡临未，二并为天地烦。

合勾青空

寅卯辰巳	蛇勾贵合	官壬子蛇⊙
朱丑　　午白	子卯亥寅	财己酉阴
蛇子　　未常	卯午寅丙	兄丙午白
亥戌酉申		

贵后阴玄

又三月十五己卯，子时酉将，男命行年在子，日宿酉将并临子为加仲，罡下未，为天烦。又女命行年午，月宿卯并临午为加仲，罡下未，为地烦。

空白常玄

寅卯辰巳	蛇勾青常	财丙子勾
青丑　　午阴	酉子丑辰	子　　酉蛇◎
勾子　　未后	子卯辰己	父壬午阴⊙
亥戌酉申		

合朱蛇贵

物类

族类须看发用初，与干生克六亲呼。人元分取伯和妹，德合阴阳亲与疏。
吉凶须审生刑克，更详神将富贫何。六畜须推各神类，有无刑克见生迍。
刚日阳神加日上，并同旺发物为新。若遇休囚无气者，应知旧物是其因。

凡课取初传以别五行六亲亲疏，为物类课也。如甲乙日，寅卯发用，为己身同类。寅为兄，卯为弟，寅中甲为姐，辰中乙为妹，亥中甲为伯之兄弟，未中乙为叔之兄弟。子为父，亥为母，亥中壬为伯，丑中癸为叔，申中壬为长姑，辰中癸为小姑。申为祖父，酉为祖母，巳中庚金为伯祖，戌中辛金为叔祖，丑中辛金为祖姑。未墓为妻，辰为继妻，丑为妾，戌为婢妾，土生庚申金为媒人。午为男，巳为女，寅中火为兄之男女，未中火为弟之男女，戌中火为姐妹之男女。生祖者为曾祖，生曾祖者为高祖。男生者为孙，孙生者为玄孙。丙丁日火，戊己日土，庚辛日金，壬癸日水，六亲之类，各仿此推。惟妻妾则阳妻阴妾也。若占父母，要父母出现。占子孙，要子孙出现。或父母兴旺，则克子孙。兄弟兴旺，必克妻财。旺相相生，吉；休囚刑克，凶。

阳神下临阳宫，有德合为亲，入阴宫为疏。阴神下临阴宫，有德合为亲，入阳宫为疏。更以神将吉凶参详，则富贵贫贱存亡应验瞭然。此六亲吉凶之族类也。又刚日用神在干前为未来，干后为过去；柔日用在干前为过去，干后为未来。又甲乙日占六亲，用起水神无气，占者当忧父母、长上及文书；见木神，忧己身、兄弟及同类争财事；见土，为妻奴及婚姻、财产事。又类神见亥为猪，卯兔，未羊及酒食之类。六畜有刑无气，主残伤，有气无刑即生育，更神将凶吉、旺相、相生、囚休逐类推之。如丙午日，三月占，三传寅午戌火局，与日辰同类，为生物，占事必新象。火有气，谋为成就而速；秋冬火囚而死，事缓艰难中成。如乙日，阴德从庚化金，金虽以土生，然死墓于丑，故辰临乙为新，丑临乙为故。盖丑中之土恶见乙中之木也，乙中之木恶见丑中之金也。如初传凶，克末传吉神，为始克终，所事困穷。或末传吉，克初传凶神，为终来克始，万事皆美。或将乘六合旺相，私事私心；囚死，暗昧不明。螣蛇旺相，惊恐稍散；囚死，倍起忧惶。凶将囚休，凶事至甚；吉将旺相，吉事永久。凶将乘旺相气，不为凶；吉将乘囚休气，不为吉。初传言事之始，末传决事之终。初末神将凶，始终皆凶。初末神将吉，始终皆吉。如甲寅日冬占，子水母，旺气用，为新，物类课也。

```
辰巳午未
 卯  申          父 子◎⊙
 寅  酉   子丑子丑   父癸亥⊙
丑子亥戌   丑寅丑甲   财壬戌
```

六亲类神

父母生气与日本，

如甲乙日以子亥为日本。

德神天后皆可准。

德神亦为父，天后亦为母。

妻责财爻与天后，神后之神亦可究。

子为神后。古法有以亥为神后，故为妻属。

兄弟姊妹皆太阴，及兼兄弟比和人。子孙六合子孙爻，

六合为子孙之类神。

太冲登明亦可招。

卯为长子，亥为幼子，皆类神也。

奴责河魁与天空，

戌为奴，天空亦奴仆类神。

婢责太阴从魁同。

酉为婢，太阴亦婢之类神。

朋友单来责六合，

六合亦为朋友类神。

以上人之类神则。

人事类神

求官龙常及官星，

文看青龙，武看太常，及俱看官爻。

求名文书朱雀神。

朱雀文书主功名。

干贵贵人婚天后，求财青龙财爻究。衣服酒食责太常，青龙主雨天空阳。

田土勾陈路白虎，以上事之类神明。人事类神兼二三，以入传课为取用。

若是皆入皆不入，不用兼神看将列。如妻止去责天后，财爻神后不须究。

如占妻，课传内神后、天后、财爻俱有者，或无神后、财爻只有天后者，只看天后将神。

不在课传为局外，所临地位观其概。

如类神不在课传，须于此地位上看类神临于何地，以生克断之。

有气亦远无气难，

所临之位有气，亦为疏远，岂能比在课传为胜哉？况无气乎？

旺相德合尚可亲。

人身类神

甲胆乙肝丙小肠，丁心戊胃己脾乡。庚是大肠辛是肺，壬属膀胱癸肾藏。
子肾膀胱耳腰肋，丑为脾腹两足说。寅发指节胆风门，卯目背手血肝筋。
辰皮肤肩背项占，巳焦两股小肠面。午心目神气舌顾，未胃口腹唇齿户。
申属大肠筋与骨，酉肺血路声口鼻。戌膝胸腰及命门，亥膀头髓二便具。

农桑类神

木主谷秫及瓜果，当于寅卯爻中数。火为黍稷兼红豆，巳午之位宜详究。
午神又为蚕之身，螣蛇蚕象是其因。土主黄豆亦为麻，辰戌丑未其根芽。
金主二麦八月时，酉为所属申非司。水为黑豆与稻菜，亥子之神所必赖。
旺相合德有收成，死囚克墓不相应。日是农夫辰禾类，生合吉将为所慰。
日克支神农事荒，

支神，支上神也。日神，干上神也。

支克日神禾损防。太岁上神生何类，此类多应收十倍。太常小吉是棉花，
又在五行之外查。

颜色

乙碧甲青丁色紫，戊黄丙赤己红绯。庚为白色辛为缥，壬黑色兮癸绿宜。
青，东方正色，故甲为青。甲木畏金，以乙妹妻庚。甲往召乙，乙怀金
气应甲，遂有间色碧也。赤，南方正色，丙火从之。丙畏水，以丁妹嫁壬。
丙召丁，丁怀水气以应丙，故有间色紫也。白，西方正色，庚金从之。庚畏
火，以辛妹嫁丙。庚召辛，辛怀火气应庚，故有间色缥也。黑，北方正色，
壬水从之。壬畏土，以癸妹嫁戊。壬召癸，癸怀土应壬，故有间色绿也。黄，
中央正色，戊土从之。戊畏木，以己妹妻甲。戊召己，己怀木气应甲，故有
间色绛也。

乙中金刑己中之木，己中木刑癸中之土，癸中土刑丁中水，丁中水刑辛

中之火，辛中火刑乙中之金。是谓五刑也。

子黑午赤卯为青，酉白寅碧申黑白。巳斑点兮亥淡青，辰戌丑未纯黄色。

寅卯为木，春旺寅怀火，故卯为纯木，寅为杂木。巳午为火，夏旺巳怀金，故午为纯火，巳为杂火。申酉为金，秋旺申怀水，故酉为纯金，申为杂金。亥子为水，冬旺亥怀木，故子为纯水，亥为杂水。土居中央，分旺四季，春夏秋冬辰戌丑未月各旺十八日，共七十二日。辰中有余木，未中有余火，戌中有余金，丑中有余水，各十二日。木死于未，火死于戌，金死于丑，水死于辰。故四孟之月为怀生气所由也，四仲之月为正位盛旺所立也。四季之月为死气葬送所由也。

六亲

占亲各详类，

如占父母要看父母爻，占官权要看官权类。

占事亦类推。

占事亦以六亲类。如占文书与上学及印绶或资财恩泽，以父母类。如占失脱与救神，以子孙类。如占病讼、迁官、奸横、刑伤，以鬼官类。如占求财、婚姻，以妻财类。如占朋友、门族、官禄、劫财，以兄弟类。

生者喜相见，

官鬼生父母，如占父母，喜见官鬼类，皆视用神。

克者必多危。

如父母克子孙，占见父母则忧子孙，故曰六爻卦见防其克。

已见还看日，

如前生克已见，还看干上何神。

上神有乐悲。

如占六亲，已见生亲类神，而干上又生类神则喜，若上神克与脱类，则不能生其亲也。已见克亲类神，而干上神又生类神则悲，若上神克与脱类，主不能克其亲也。故占父母，则日干上乘鬼为救神，复以旺衰吉凶而断之。

加临分喜畏，

占父母喜临官鬼之宫，占子孙畏临父母之宫。余仿此。

更有六亲规。

此以十二支分六亲。如金日干，用辰戌为父，丑未为母，申为伯为兄，子为男，亥为女，寅为妻，卯为妾，酉为叔为弟为妹。

父母卦现子孙忧，日辰年命细推求。同类比肩居在上，儿男昌盛不为仇。

生我者为父母，如金为水之父母，为恩星，助益、印绶之属。父母见则忧子息，如日辰年命见兄弟，则子孙无忧。父母多，盗官鬼之气，宜占父母不足，投谒不利求官。如戊寅日，干上丑，三传戌午寅火局，皆作父母爻，虽忧子息，赖干上先有丑土，生其子息，窃其父母。

子息见时官事多，古法流传实不虚。岂知四处财爻见，官迁讼罪病难瘥。

我生者为子孙，如水为金之子孙，为解神，为伤官、食神，为子救母，为耗盗、脱气之属。子孙见则忧官事，如子孙见而财爻临子，则官事无忧。子孙多泄自己之气，盗自己之财，又为伤官之神，却能解散官鬼之忧，克鬼去病之事。如己巳日，干上亥，三传酉丑巳金局，皆作子息爻，虽忧官职，缘干上先有亥水，生其官鬼，窃其子息。余如前说。官讼忌官鬼，见则忧己身及兄弟。

官星鬼贼作三传，本身兄弟不宜占。父母之爻如透出，己身兄弟总安然。

克我者为官鬼，如火克金，如申酉乃寅卯之官鬼。阳克阴，阴克阳为官，为有情，为正夫；阳克阳，阴克阴为鬼，为无情，为偏夫，为阻滞抑塞、灾恼不顺之属。又曰侵犯、贼害、冤仇也。官鬼多为阻滞仇尤之人。官鬼多，若自刑冲战斗，又不为害也。妻财固不可无，太多则反生不足而起怨怒也。又财为生鬼之神，教唆生使为恶之物，此又不可不知。官讼忌官鬼，见则忧己身及兄弟。如乙丑日，干上子，三传巳丑酉金局，皆鬼爻，虽忧己身及兄弟，奈干上先有子水，生其己身兄弟，窃其官鬼爻也。余仿此。

三传俱作日之财，得此须忧长上灾。年命日辰乘干鬼，争知此类不为乖。

我克者为妻为妾为财，如木克土之类。阳克阴，阴克阳，为正财、正妻；阴克阴，阳克阳，为后妻，为妾，为不正之财，非理之财，为顺为易也。妻财见则忧父母，无父母则防生计，或被妻悖逆公姑，惟日干上乘干鬼使父母及长上无灾矣。如辛未日，干上午，三传亥卯未木局，皆作日之财，虽忧父母，赖干上先有午火生其父母爻，窃其财爻。此名传财化鬼，人但知言父母等数类，而不知言传财化鬼，如欲占财则有灾祸耳。余日辰年命上无官鬼爻者，乃可言父母灾也。亦必支干年命上先有父母爻，后被传财克者，始可言父母长上灾，如无父母爻则亦不言。如丁丑日，干上先见卯为父母爻，岂应三传金局之财来伤卯木？此例方可言长上灾，或求财而妨生计，或被恶妻逆其翁姑。又有己丑日干上午，庚辰日干上未，丁酉日干上卯，戊戌日干上午，如前说，必待财旺月乃忧长上，其财休囚却为财也。外有乙亥日，欲赖支上申生父母爻而窃其财爻，殊不知申乃空亡，仍生父母之灾也。

干支同类在传中，钱财耗散及妻凶。支干上神乘子息，妻宫无恙反财丰。

我之同类为比肩兄弟之属。阳兄阴为弟为妹，阴兄阳为兄为姐，阴兄阴、阳兄阳为比肩。凡此皆为手足，为嫉妒，为分争，一能助精神、添力气，一能生气恼、分所有。此其用不同也。兄弟见，则忧妻财。如同类见而子孙临干，则同类受泄，妻无恙而财亦丰矣。兄弟尤不宜多，多则分争不已，祸乱生焉。如丙寅日，干上丑，三传戌午寅，皆是日之同类，虽忧妻及财，奈干上先有丑土，生其财爻，窃其比肩。

五行生旺死绝

长生

金生在巳，木生在亥，火生在寅，水土长生居申，知长生之所则知死墓之所矣。

沐浴 冠带 临官 帝旺 衰 病 死 墓 绝 胎 养

共十二位，所以象人之始终也。要从胎处说起。胎在母腹中，养在胎生之时，长生则从始生渐渐长矣。宜竟接冠带，何为有沐浴一位？盖五行之气不郁不舒，不凝聚不发散，不得沐浴处一番闭藏，如何得冠带而临官而帝旺也？到帝旺处一生业事尽矣，衰、病、死理势必然。至墓之后，胎可言矣，又加一绝字者，五行之气不绝不生，不有十月之纯阴，何以得一阳之生？绝正死生互换之交，人鬼转关之路也。课义虽言五行，实字字切着人事，细玩自见。

五性

仁义礼智信，五者性之名。木仁肝是主，金义肺宜明。火礼将心看，水智肾中情。土信推脾是，俱当推五行。

专看发用，若是木，旺相即主其人爱而好施，休囚即非仁矣，占病乃肺病也。义、礼、智、信俱仿此详之。

五味

臭羶炎上苦，臭焦从革辛，臭腥润下咸，臭朽稼穑甘，臭香曲直酸。

看发用何神，即知其味。

年命

命为身之本，年为身之用。生旺斯为美，占与日干重。

与日干同断，宜生旺，忌伤克及与恶将并。

年月日上伤，诸事皆不利。

年命岁月上神相伤，凡事不利，最宜比和及生合类神也。

上与太岁刑，忧疑有官累。

年命上神与太岁刑，主官事忧疑。

若逢岁乙临，却是恩泽喜。

岁作天乙临年命，有天廷文书恩泽之喜，或横发得官。

发用及类神，相伤最为忌。

不宜与年命相克贼。

月将除凶祸，

以下神煞俱临年命上看。

天喜吉祥至。

见天喜更乘吉将，君子迁官，常人吉庆。

二马主迁官，

见二马，利出行、迁官。用若见破勾，主疑惑无定向。

魁罡隔阻事。月厌作死气，

如三月，厌、死俱坐申。

冤仇并鬼贼。

厌乘死故。

血忌车马惊，腾白灾病迫。

蛇惊恐疑滞。勾陈事留滞，亦两头白，主斗狠。若克年命，灾。乘死气，主不出一月病，不过四十九日必死。乘金煞尤凶。若乘生气克命，有传尸痨瘵之疾。

传送乘凶病，

传送乘凶神加年命上，主疾病。

登明有水恐。

亥乘凶神加临，主水惊恐。

天乙喜相加，

贵乘年命，非常喜庆。

刑克主官讼。

刑克年命，主官讼。若有贵人临于年命，亦不成凶。

应期

起岁问年华，

本岁发用，其吉凶应年内也。假令太岁在寅，为功曹，其将勾陈，主一年内争讼田宅也。

逢蟾月内寻。

蟾者，月之名，十二月斗建是也。假令月建在寅，以功曹发用，其吉凶在一月内必应也。

传辰旬日应，

假令正月将，甲子日午时占，第二课子加未，以神后为辰发用，其吉凶不出十日应也。

值日目前辰。

假令今日甲子，以甲为日，课中功曹发用，其吉凶当日应也。

气动蟾分体，

蟾者，一月之数也。体者，全之数也。分体，半月之数也。气动者，二十四之起首日为发用，每气十五日。假令丙子日立春之节，四课之中用起神后，其吉凶应半月内也。假令丙子日立春，第五日庚辰子将卯时占，太乙加申，上克下为用神，初传勾陈，主财物田宅斗讼官灾不出一气之内也。巳火发用，即立春丙子也。

候来旬拆身。

候者，七十二候也。旬者，十日也。每一候五日。拆身者，拆破一旬之数也。假令七月初 寒蝉鸣是甲申旬，第二旬乙酉寅时午将占事，三传申子辰也。传送加乙，一上克下，其吉凶应在五日之内也，或用起功曹亦是。

诸卦从此起，

凡七百二十卦皆例此卦断之，取年月日时为应期也。

万类若通神。

明五行之奥义，通万事之正理，如神明也。

又曰：

七位应须记，

发用太岁，当应一年。若己巳年，初传见未或巳是用。月建应一月，如七月申是用。气应半月，如甲子立春，或子或寅是用。候应五日，如乙丑为候，或丑或辰是用。日应一日，如甲子日见寅是用。辰应十日，如子日见子是用。时不出时。五日为一候，三候为一气。

季神总用通。

用申酉推戌上神为应期，用寅卯推辰上神为应期之类也。余仿此。用季神推下位季神为应期，如丑发用，辰上神为应期。俱仿此。

验分墓绝日，

阴神取绝日验，阳神取墓日验。

俱与应期同。

太岁

太岁为用，利见王侯，主一年之事。岁临支，家长不安。岁破加月破加日辰年命或入传，有凶无吉。

岁涉天庭事，

岁主天元一气，号令四时，主涉天庭王者事，临三传、年命、日辰者的。

和会即为劝。

太岁与行年、日干相生比和，吉。若刑克，凶。入传克干，凶甚。我克岁君，祸难解，小事成大；岁君克我，虽凶有救尚可免。若乘贵人不必入传皆有救助，官讼得贵人力，惟不救病耳。

远近传中定，

岁发用或行年上神发用，为今年事。作连茹，在末传，为速行事；在中传，为隔年事。

还将中末看。

初传岁，中末见月建或日辰，谓之移远就近，以缓为速。

月建

月建为用，利见官长，主一月之事。并二后，妇人妊。

月建视生克，

月建应一月，临三传、年命、日辰，主干文臣事，不宜克干，更不宜与岁同克日。

月将

月将吉神观。

太阳加三传、年命、日辰为福不浅，占病为救神，他占为吉曜，临日发用主动。

日辰

干为日主动，为外为尊，属人；支为辰主静，为内为卑，属宅。先动者客，后应者主。

日辰分动静，内外及尊卑。人宅从此定，主客互相推。先以日为己，上神是彼身。生我合我吉，脱与克俱屯。次用辰上看，生旺互相欢。互克并互脱，彼此皆不安。和合与刑害，干支复互穷。德神并禄马，墓绝死兼空。败气及不足，魁罡卯酉同。以上诸神煞，其中分吉凶。日辰或相加，惟以干作主。财印最相宜，鬼退莫为伍。就内以言内，就外以外数。

一、日上神生日，谋皆遂，百事吉，常占财物运用种种如意，遇灾不灾。

日将人来助，夜将鬼神佑。若岁、命生日尤吉。但不宜作空及三传入空亡脱盗之乡，为得不足以尝费。

一、日上神克日，百事不利，只利见讼，有气者入狱，皆不吉。病者鬼，讼者凶，常占为盗或为人所欺负，或口舌不宁种种防备。日将乃人相负，夜将乃鬼为殃。旺相尤可就，若更值休囚，主祸。逢吉将，妻财利益；凶神，妻灾财损。

一、日合上日，凡事和合。

一、日上脱日，虚费百出，冗事多端，谋望不遂，被盗费财，走失血气，人口衰残。若更休囚，尤凶。又为子孙事。更天将盗上神气，为脱上见脱。或作空亡，或乘天空，主虚诈无实，皆有不足。

一、日克上神逢吉将，妻利财获；逢凶将，妻灾财散。若传中有鬼，则财被鬼使。

一、日上见同类，论刑合，更以天官言之。

一、日上生辰，辰上生日，为互生，或日辰俱各受上生者，主两家和顺，各有生意。

一、日上克辰，辰上克日，为互克，或日辰俱各受上克者，主两不相宜，各有所伤，家宅不宁。

一、日上脱辰，辰上脱日，为互脱，你脱他，他亦脱我，东手来，西手去，或日辰上各受脱气者，彼此皆成脱耗，乘玄武尤甚。

一、日上见辰旺，辰上见日旺，为互旺，或日辰上各自坐旺，宜静守，旺气必然通泰，不利谋动，动为罗网。

一、日上见禄并马者，主荣昌摇动。或日上见辰马或辰上见日禄，主君子迁转，小人身动宅迁有灾。又日禄寄于支上，凡占不自专，受抑于人，不自尊重也。

一、日辰上见德神，利进取，乘吉将尤佳。

一、日辰上神互作六合，或日辰上下互换相合，为神和道合之仪，凡事和顺，但不宜解散事，又主交易，交加而成。

一、日辰坐墓上，主自招暗昧，身宅受秽。正墓加日辰，主昏昧来侵，身宅不光辉。若有子孙在课传年命破之，即不能凶。如甲乙丑，丙丁辰，戊己未，庚辛戌，壬癸辰。盖掩持万物，隐匿阴私，无过于墓。倘鬼墓加干，则凶尤甚。若是明见其鬼，知其刑害，自可以治之。墓中见鬼，暗昧不明，倚草附木，借姓改名，卒不可治，讼病大凶。经曰：鬼住墓中，危疑者甚。如甲子日丑加寅，夜贵是也。如四课三传年命有破墓子孙之神，则凶不凶也。支干上乘墓坐墓者，是心肯意肯，情愿坐于墓上，乃自招暗昧。凡事皆本身甘招其晦，家宅卯地曾借与人被人作践而不能脱也。

一、日辰上神互相刑者，主宾主不投，谋事乖异。干刑忧男，支刑忧女。利于速，刑支迟。

一、日辰上神互作六害，或上下各相害，主彼此猜忌，两有谋害之心。

一、日辰上皆逢败气，主身气散败，宅舍崩颓，日渐狼狈，意无成功，不宜追捕及讼首，他人奸私到官必牵连同罪也。

一、日辰上值绝神，惟宜结绝旧事，全不利。

一、日辰上逢死神、死气，凡占宜止息不可动。

一、日辰上真空亡，主虚而无实，吉凶不成。

一、日辰上见魁罡，占者不自由，凡事暗昧不和，离散口舌。或作六合加日辰发用，主欲隐身避难，欲作私门。若乘龙虎加临或为用，定有折伤之厄。

一、日辰见卯酉，为阻滞天日。卯为阻隔，酉为失约。

一、干为人主动，辰为宅主静。干加支，占人必来，访人必见，利静不利动，利入不利出，宜占内事，不宜占外事，常占无事。

一、支为内，干为外。支加干，占人不来，访人不在，利动不利静，利出不利入，宜占外事，不宜占内事，常占主动摇不宁。

一、日上课不足，主身心意不足，行止彷徨忧愁，反复憔悴。

一、辰上课不足，主家宅不宁，阴小有灾。

一、干神临支，为支所克，名曰自取乱首，乃我不合去也，必为卑下所犯，事体稍轻。

一、支神临干克干，名曰上门乱首，以下犯上，事体尤重。或下人病紫或权坏事累主，或子弟犯父兄，或下民犯官长，或奴犯主，皆上门乱首也。更天将凶，尤重。空亡、解神，庶几可消散。

一、干神临支受生，名俯就格。以尊从卑，以上从下，初须少难而终逸乐。凡百运用取索，皆勉强成之，而后遂不至于不成矣。

一、支神临干生干，名自在格。凡百谋事，彼自有相从之意，求无不得，不必再求之。凡事是彼顺我，拥护我，趋敬我，上门生我，上门惠我，家和人义，凡事理顺，不劳余力。

一、干神临支生支，名虚历格。若他来求生，是不得已而与之，与不与在我而已。干情愿自上门而屈就于人，则我之所有倾倒与之矣，只可听之。人去生宅，人衰宅旺，宅旺则不能旺人。常占人贫，其财散，凡百求谋虚而无得。

一、支神临干脱干，名偃蹇格，亦名求受。遇此者，费财竭力，终不济事，亦主虚耗走失及人财两失之象，兼男女债负，或僧提住，或安家立宅可当遇之。常占反横耗遗失。

一、干神临支克支，名求受格。求而受之，须费力却得其方，无空亡反吉。

一、支神临干受克，名自来格，又名赘婿课。

一、干神临支同类，名培本格。遇凶不至极凶，遇吉栽培尤吉，更看吉凶消息如何。

一、支临干同类相培，名壮基格。谓支来培植于干，自然根基壮盛。

一、支干相加无克，神良将吉，课事必成，寻人必见，望人必来。

正时

正时为先锋，

时乃人之机神激发，故曰先锋。

壬课最为切。

以时为切，须要细推。

逢冲主摇动，

冲为摇动不宁。如甲日，申时为冲干也，主外事。寅日，申时为冲支也，主内事。

同以迟滞说。

同为迟滞暗损。如甲日，寅时为同干也，主外事。寅日，寅时为同支也，主内事。

见合多和美，

合为和合喜美。如申日，即巳时为合。申日，子时或辰时为合，三合也。

内外干支别。

干主外事，支主内事。

德禄马财贵，

时为日德禄，主求禄位，或动上事。为日马，主远行动移或望信至。为日财，主求财。为日贵，主动贵人事。

刑害并破劫。

为日三刑，主忧虑，一云忧小人。为日害，主损害，又干害为外事，支害为内事。为日破，主走失。为日劫煞，主劫夺事。

更值空与鬼，

为日空亡，主虚脱及侵欺诡诈，惟利病讼。为日鬼贼，主灾难事。

随事陈优劣。

各以类推，吉者为优，凶者为劣。

莫与用相刑，

时不可与用相刑伤。

莫与用作桀。

时与用俱克日，即天网卦，不必相并俱全。

用时应候

以月将加所占之时，视所用之时，看得何神将用，详将神旺相为应。

预知何应候，月将加时先。所定看时上，消详细细言。

神后为雷雨，飞飐鼠燕还。大吉牛马载，功曹胥吏全。

太冲风雨变，武猎兔狐前。天罡微云雨，带负恶人员。

巳午绯衣客，彤云骡马鲜。小吉老人至，酒浆羊雁羶。

传送白云缕，亲人送物坚。或逢车马客，往来喜盘桓。

从魁白云起，飞鸟舞翩翩。河魁争斗讼，驴驮使兼官。

登明高旺物，猪犬黑云玄。天乙微云彩，贵亲异物贤。

腾蛇色黑赤，惊怪事多颠。朱雀南方马，文书来应边。

六合风云会，友亲丽美奸。勾陈多斗狠，衣褐数人喧。

青龙钱帛喜，僧道好衣伫。天后微云布，师衣女带冠。

太阴人欲老，送物白衣穿。玄武黑云雨，皂裳失物钱。

太常携酒食，贵友九流转。白虎凶丧事，病人道路遭。

天空奴婢走，欺诈看晴天。六壬玄妙诀，悟理半神仙。

假令四月癸酉日卯时，问此日巳时应候。以月将申加卯时，巳时上见河魁及青龙，以驴驮官吏钱帛事，返为四月火时，河魁土相，既有争斗。余仿此。

四课

四课固重阳，

指日辰上阴神。

不宜来克我。

日阴不宜克日，辰阴不宜克辰。

旺吉始相亲，

旺相并吉神，始相亲也。

如物之有影。

经云：阳之有阴，如物之有影，动之有静，行之有止。故阳神，其象也；阴神，其情也。知其情而物之隐晦无遁形矣。经云：四位将觅，搜寻灾福。其即日辰阳神也，更搜神将之情，灾福立应。

行以止为贞，凡占还看类。

阳者乃见其象而归于阴，若四课相传递、相交代者。捕盗则看武之阴，阴乃见盗之胜负。访人则求其法之阴，阴乃见彼之长短。求妻则求天后之阴，阴乃见女人之情性。求财则视青龙之阴，阴乃见其得失。是知日辰有阴阳，乃成四课，初中末为三传也。

三传

三传最吉是相生，节气相宜喜白陈。末克初传终遂意，初如克末事难成。

三传克日实堪忧，蛇虎临门更惹愁。节气相宜来克日，连年病讼几时休。

入传白虎恶狰狞，病讼心私惹斗争。与日相生反为吉，出门如意免灾迍。

凡事始末系之三传，以初中末为次第。或初凶而末吉，初虽艰难，终且有成。或初吉而中末俱凶，初虽得合，而终且不济。或初末凶而中吉，事虽合，无始终。壬课之中，每以末传为克期。凶事取末传冲处所临之神为散期，如子午相冲是也。吉事取末传合处所临之神为成期，如甲与己合是也。最要看旺相休囚之气。伏吟、涉害、重审、虎视等课，课体虽凶而神将旺相而互合，事虽迟，终有成就。元首、龙德、铸印等课，课体虽吉而神将囚死而且凶，事虽合，终无成也。

初传为心之所主，事之所向。故曰用神要神将比和，上下相生为吉。若逢禄举事称心，事危有救。

中传为事体中间一段。若初末凶，中吉，事无首尾；初末吉，中凶，事中间有阻。母传子则顺，子传母则逆。鬼主事坏，墓主事止。害为折腰，事体不成。破，中辍，空，断桥折腰，事俱不成。

末传为事之结果。经云：发用在初，治事在末，最为紧要，生日干最好。若用神受克而末能救之，可以返凶成吉。若末克初，为终来克始，有游行万里之利，入水不溺，入火不烧，病瘥灾止。破害有阻，吉凶皆不成。逢空亡，事无结果。

一、三传旺相，又吉神良将，内外不战，上下相生则全吉。

一、三传俱衰弱，又凶神恶将，内外相战，上下相克则全凶。

一、初传衰，神将凶，末传旺，神将吉，主先忧后喜。

一、初传旺，神将吉，末传衰，神将凶，主先喜后忧。

一、初传克末，凶。

一、末传克初，吉。

一、初传吉，末传生初为助吉。

一、初传凶，末传生初为助凶。

一、初传凶，末传空亡或冲，能解之。

一、初坐克，末有救，能解之。如金加火上，末传有水之类。

一、传凶，若刑冲克破休衰，未便凶论。传入盗气，又宜解散事。若吉者，又不要冲破。

一、传凶，行年、日干上有吉神即减。

一、初传在干前，末传在干后，为人前引后从。或初传在支前，末传在支后，为宅前引后从。引从天干者，官主升。引从地支者，宅主迁。

一、三传自干上发用，传归支上，为逆，主我求人干事。

一、三传自支上发用，传临干上，为顺，主人求我干事，值此吉凶皆就。

支传干，惟忧病，占产、行人便忌。

三传朝日分吉凶。朝日者有两等：有支上发用传归干上者，有他处发用传归干上者。更看吉凶何如。若神吉传吉，则主谋事成合，财不求而自至，福无心中得。若神凶传凶，则福有不测。谚云：闭门家里坐，祸从天上来。如丙寅日，干上午，三传辰巳午。戊寅日，干上戌，三传子亥戌。

外有干朝支者，如臣使君，子使父，不免俯就于人，抑勒不得自由，旺相尤可，死绝更凶，乃利卑不利尊，利静不利动也。如甲午日，干上辰，三传辰午申。甲木传入死地，何缘令好？行人来，病者死。丁亥日，干上酉，三传酉亥丑，被财贵人引入绝墓，大不利，此乃支助刑，思害及尊长或有犯。他处发用，支朝干同。

一、三传不离支干，支干不离三传，求物得，谋事遂，行人回，贼不出乡，逃不走脱。

一、三传不离四课，吉凶皆成，号曰如珠走盘中，惟忌占病讼忧产。如辛亥日，干上酉，三传戌酉申。戊子日，干上子，三传子未寅是也。

经曰：阴阳间隔，内藏外萦，心或虑破。此例极多，详而用之。

庚申、甲寅、庚寅、甲申、癸丑、癸未返吟同。

一、三传离四课远，凡事主难，惟宜避难事。

一、三传作三合，不离日辰，主事牵连，番覆不了，不得妄作。要寻日月冲破处方动，又看全脱、全生、全鬼以定其事。

一、三传全脱者，如庚申日，干上子，三传辰申子；庚子日，干上辰，三传子申辰，又干上子，三传辰申子；甲午日，干上午，三传寅午戌；庚辰日，干上辰，三传子申辰，为全脱，主互相脱赚，卒死了当，用事不成，脱事未脱，求财费力。

一、三传全生者，如丁亥日，未加亥，三传未卯亥，又亥加丁，三传亥卯未；丁卯日，卯加丁，三传未卯亥，又未加卯，三传未亥卯；癸酉日，巳加酉，三传巳丑酉，又巳加丑，三传巳酉丑，为全生。

一、三传全鬼者，如己亥日，亥加未，三传亥卯未，又未加亥，三传未卯亥，为全鬼。全鬼本为凶兆，若年命日辰四处有子孙制其鬼，父母爻夺其杀气，更日干旺相，鬼势休囚，必无患矣。

脱气要见父母，全生不可见财，全鬼忌见父母。宜更详之三合，中一字空，合乃空虚也。

一、三传全财、全兄弟者，视天将吉凶，其事皆不出生克制化，其吉也应吉，其凶也应凶，生我者益我，盗我者害我。

一、三传四课皆在六阳之位，宜占天庭，事动高尊，但畏空亡，君子减力，小人反吉。

一、三传四课皆在六阴之位，名溟濛格，事有阴谋之象，凡百事皆迷不得显明，俱是暗昧。

一、三传受日生，谓之盗气，诸占各无喜，忌贼盗。

一、三传克日为鬼，鬼多反为无凶，更详休旺。

一、三传受日克为财，财多反生不足。

一、三传与日同类或乘凶将，防兄弟连累破财。

一、三传初生中，中生末，末生日干；或末生中，中生初，初生日干，此必隔三隔四有人于上位推荐，干事始终成就。如遇空亡，虽有举荐之心，终无成就之力，变作闲话，亦心多也。

一、三传初克中，中克末，末克日干；或末克中，中克初，初克日干，此必有人递相残害，众口欺凌，或日前曾为凶横，遂邻人雷状诘诉。在朝官得此，宜自猛省，提防合台上言弹劾。或不克日干，亦同断。若干克初，初克中，中克末为财，求财大获，此法极验。

一、初传日之长生，末为干之墓，谓之自生传墓，为有始无终，吉事难成，凶易就。

一、初传干之墓，末为干之长生，谓之自墓传生，初难后易。又云：用墓，事止不发。墓加长生，旧事后发。此用神墓生例。

一、三传合，日辰上下皆合，合紧则不得动，要寻日月冲破方动。

一、三传吉者不要冲，盖吉遇破矣。凶课遇冲则凶散开，凶课要刑冲克破休衰，却又不可以凶而论。

一、三传日辰俱下克者，全无和气，讼病俱凶。经云：克多则事烦，克少则事一。

一、三传日辰全逢下贼上者，全无和气，讼必行，病必死，占家宅必家法不正，或自罹罪过，或丑事出于堂中，以致争竞。

一、三传进宜进，退宜退，旺宜变通，衰则宜守。

一、传太岁，则天庭事。三合，事成。有气、进神而合日辰者，所谋必遂；不合者，宜隔手用事，虽迟，谋必遂。退神者事退，进必无成。

一、传顺，贵人顺，主百事顺。

一、传逆，贵人逆，主百事逆。

一、传关隔，多难阻。

一、传若在日辰上发用，末与日辰并，百事宜迟。

一、三传离日远，凡事难成，惟宜避难，占讼灾退，谋则无成。

一、三传生日，大利占讼，即理短不凶，全不费力。更有休旺论曰：后季来生喜当遇，前季来生福大奇。见在之季来生我，且尽眼前称所宜。

一、三传克日至凶，冲破则吉。如辰戌蛇虎相冲类，以凶制凶也。然一辰不冲二戌。

一、三传纯子孙，不求财而财自至。

一、三传纯父母，不虑身而身自安。

一、三处纯妻财，而父母克害。

一、三传纯官鬼，而兄弟成灾。

一、三传夹定有三般：日辰分东西，夹三传在中，为夹定三传格，视天将，吉凶皆成。若乘凶将，凶不可逃。乘吉将，不可迫难，以成全诸事。若占忧、病、讼、行人、产，皆不利也。外有透出支干者，则先紧后慢。更要看所夹如何。夹财，利求财，不利病讼。夹脱气，诸事不利，利忧、讼、孕，不利占宅。夹生气，利成不利散。夹兄弟，百事不利。夹空亡，虚诈无成。或日辰上乘空亡，遇夹不夹，反成透矣，凶不至凶，喜不至喜。如乙丑日，干上巳，三传寅卯辰；癸酉日，干上寅，三传亥子丑；庚辰日，干上酉，三传午未申；甲午日，干上卯，三传辰巳午；壬申日，干上戌，三传戌酉申；辛丑日，干上酉，三传子亥戌；甲戌日，干上丑，三传子亥戌；癸巳日，干上子，三传卯寅丑。

又有日辰夹传而或前欠一位或欠后一位，谓夹定虚一格，主小节不完。更有所虚者若是今日之财，则因财上不足，不能成事；若是官鬼，则因官鬼、外事生不足；若是同类，则手足、朋友不足；若是子孙，则卑下不足，仆佣不足；若是父母，则长上不足，文字不足。更看天将吉凶断之。如丁卯日，干上申，三传辰巳午，欠一未字，乃今日之脱气子孙爻，夜将朱雀，则主于卑下文字口舌不足，日贵勾陈，则主子孙凶事牵迫。如辛丑日，干上申，三传亥酉未；壬午日，干上酉，三传寅子戌；乙酉日，干上寅，三传未巳卯；丙戌日，干上卯，三传丑亥酉；辛卯日，干上申，三传丑亥酉。皆仿此。

又三传在支上透一位或干上透出者，名透关格，号曰时不当时，过后失时。凡事失时，或心力不逮，已成事为人破阻。若透者为鬼，则反吉成凶；财，则破财。余皆仿此。透退茹，因慢有不足；进茹，因过有不足。干透出支，不利外事，主有回环之意，宜静，主人；支透出干，不利内事，主出外，宜动。干朝支，支朝干者，比之透出者吉凶尤紧，盖不能透出于外故也。如庚午日，干上未，三传午巳辰；癸卯日，干上子，三传丑子亥；癸亥日，干上卯，三传丑卯巳；辛亥日，干上酉，三传戌酉申；癸酉日，干上卯，三传丑卯巳；丙子日，干上未，三传辰午申；戊子日，干上未，三传辰午申；庚辰日，干上戌，三传申戌子。

用神

壬课先发用，吉凶从此分。休旺宜细辨，生克要详论。

六壬之课，先看发用之神与日辰上神并占人行年、本命上将，若时当旺相为吉，休囚为不吉，旺相为悠远，休囚为不久，旺相为有成，休囚为无用。凡占事，宜旺相，占无用退散之事，宜休囚。大要变通，不可执一。

一、用在日上两课，为外，主事远去。

一、用在辰上两课，主内，主事在日前。

一、用第一二课，兼天乙顺行，在贵人前，不问吉凶，事应必速。

一、用第三四课，兼天乙逆行，在贵人后，不问吉凶，事应必迟。

一、用第四课，名蓦越，凡事出于蓦然，或失物，多为别人占。

一、用神不宜克日干上神及今日之干，有克则灾怪，事多阻滞不顺。

一、用神虽克日干，若值无气或用神先受克制，亦不足畏也。他既受克，我何畏乎？

一、用神克日，或干支、行年上神能克制发用之神，谓之有救。若发用之神属金，遥克甲乙木，干上有水神，亦为生恩。若中末传见巳午及亥水，亦为有救，主先难后易。

一、用上克下，卑小有失，利男子，事从外来，利于先起。

一、用下贼上，尊上有厄，利女人，事从内起，利于后应。

一、用下贼上，天官又下克者，名逼迫煞，主身不由己，受人驱策，被人抑伏。若夹财，必财不由己而费。

一、用下贼上，天盘又克天官者，谓之天官内战，凡事将成合被人搅扰不足。又曰内战忧重，吉凶皆成。外战忧轻。

一、用天官入庙，而用神居中，克天官、地盘者，谓之隔将，主阻断难容。逢月将无毒。

一、用临长生，谋事无所不遂。

一、用临死败，事必毁败。

一、用逢禄马，举事称心，危而有救。

一、用临绝地，事了又来，信至。

一、用鬼，事发举动不利。

一、用墓，凶去不发。

一、用墓加长生，旧事再发。

一、用害，事阻隔疑惑。又云：弃一事，成一事。

一、用刑，百事不利。

一、用冲破，事虽得，亦倾覆。

一、用厌，事不成。

一、用空亡，吉凶不成，谋事不就，托人多诈，做事不实。用神若空亡，在本家，凶事不为灾也。凶将带煞，凶在旦夕。值空亡，主虚言而无实。官事逢空亡，无刑狱之罪也。凡占事，太岁、月将、年命不可空也。

一、用克太岁，岁中咎。

一、用克月建，月内殃。

一、用克日神，忧身及长。克日，心动惊忧；克辰，家宅不宁。

一、用克中传，有头无尾。

一、用克末，凶。

一、用克行年，求事难遂。

一、用克类神，事难成。

一、用克财临命，只利求财。

一、用二马，主动。克日辰、本命，损手足，忌乘马登舟。

一、用丧吊，事干有服人。

一、用神有庙乐，事吉。乙居丑为庙，巳为乐，用神居庙乐之乡，喜事遇吉。

一、用神旺相，虽逢绝日，亦云绝处逢生。

一、用受上下克，为夹克，主身不由己。

一、用为干之德神、合神，为庆会成期。

断法

一、六壬以日干为己身，为外，主动，为尊长，为君父，为夫；以支辰为宅，为内，主静，为卑，为幼，为臣子，为妻。却以五行生克休囚论之。

假令丙日属火，初传卯木，木能生我，干最喜生，为父母爻。中传申属金，而火克之，为财爻。末传丑属土，丙火生之，为子孙爻。若正月占，春木旺、火相、土死、金囚、水休，卯在春正为有气，丙火为相气，丙火得助为吉课。

假令甲辰日，三月占，木旺有气。初传申金克甲木为官鬼爻也，然乃金囚无气。中传亥水生木，为父母爻。末传寅木为比肩，为兄弟爻，上吉。木旺、火相、土死、金囚、水休，初传甲木受克，虽金囚，终被伤不吉。

一、凡占六壬，以六处决断。日与辰，二处，三传，共五处，年命，共六处。年命系二处，实七处。看类神为要，就于七处取来，问何事，各于类神上决断。如问走失奴婢，亦有二等，河魁、天空为奴，太阴、从魁为女，此神落于何宫遇何神，兼取刑冲破害旺相死休囚断之，又看当令不当令，有气无气，空亡不空亡。然六处之说不同。《心镜》、《中黄》二书及《毕法》主此。《直启》、《通神》与《决断六要》有八处之说，课传、本命，六处，加天上时、正时，共为八处，比前无行年。《断经歌》亦主六处，则以日辰二课、初传三处，加岁支与月建、来人方位，共六处，比前无年命，无中末传。大抵以前六处要紧，其太岁、月建、来人方位、天上时、正时亦不可不用心，但方位难定，故卜者于此忽略，当兼而用之。

三才应事歌诀

天课占天人课人，地宅占地与坟茔。罡天魁地人求贵，此诀教君最为灵。
孟仲季中分顺逆，地盘前处见真情。仲于本位天盘取，孟季须知五隔寻。
此是三才期应诀，鬼神无处可潜形。

凡占天，求天罡落处；占地，求河魁落处；占人，求贵人落处。若加孟神，顺贵五辰取应；加仲，以本位取应；加季，逆贵五辰取应。

假如五月戊午日未将巳时，占天时。即以未将加巳时，求天罡落处，是辰加寅，乃天罡加孟，顺取前五辰为应，从天盘寅上脱根数第五位是未加巳见天空，主西南风起至东南方也。盖未为风伯，巳为风门，未位西南，巳位东南，神见天空，故主风耳。

次客

次客之法须要明，阳日后三前五寻。阴将前五后三取，依此用之占有灵。

假令初一日有一人占事，用正月将登明加正时，以本课断。次二人，用前五天罡。次三人，用后三大吉。次四人，用前五胜光。次五人，用后三太冲。次六人，用前五传送。次七人，用后三太乙。次八人，用前五天魁。次九人，用后三小吉。次十人，用前五神后。次十一人，用后三从魁。次十二人，用前五功曹。次十三人，用后三登明，则仍复本课矣。阴将仿此。

假如断例

如甲日占婚，得土神为妻财，天后临生旺，在日辰上与干相和，更得当时吉神辅之，此必可成，他日夫妇和好，儿女端庄，性情闲雅。若见金、火发用，则不宜也。金为甲鬼，火盗甲气，更天后受克，凶神当道，又无吉将，决不可成，成之则悔吝生焉。如占夫妇，行年上神相合，主是年有孕。若年命上神相克，更若妇命上神三合，与他方上神相生相合，主与他人私好。得吉神，庶可。逢玄武、六合、天后，必然。若值刑冲、勾陈、白虎、羊刃、劫煞、血刃、死气，因奸私致争斗。更值凶神，有血光死亡之事。见解神、空亡，可解一半也。若见天乙贵人相生有气，必女人尊重官贵之家。见腾蛇，轻薄。朱雀，是非。六合生旺，清秀；休囚，同玄武、天后，多私情。会八专，则帷薄不修。见卯酉，主私约相奔。六合则男诱女，玄武则女诱男。武受克，被擒；相生、落空，走脱。勾陈，貌丑、好争。青龙，富贵有财，丰盈体态。天空，虚诈，好善佛老。白虎，性凶，有权。太常，多饮食。玄武，好淫盗。太阴，性闲雅、暗昧。天后，主贵人良家，得旺相，辅岁君、月建、天月德、皇恩诸吉神，有后妃、夫人之象。大要得时有气，相扶拱合。天乙顺行，吉神良将，方可言富贵全美，否则未尽善也。若占人之老少，物之贵贱，数之多寡，里之远近，考其旺衰。形色，则惟五行。长短，则考衰旺。四方，看所属。成败，看破空。好恶，惟克制。喜怒，看顺逆。经云：德为庆会，合乃成期。鬼主伤残，墓多蒙昧。破须侵损，害必分争。刑必动摇，冲则不固。此理简明，可以见矣。其余一事一物皆有类神所辖，姑举其而大概论之。大都不外财、病、失、官、行、讼、走而已矣。以理而推，引伸触类，幸勿胶柱鼓瑟可也。

分野分类

甲齐乙东夷，丙楚丁南蛮，戊韩魏己中，庚秦辛西戎，壬燕癸北狄。

子齐，丑吴越，寅燕，卯宋，辰郑邯郸，巳楚，午周，未秦，申晋，酉赵，戌鲁，亥卫。

子列青州，亦主江湖沟涧。丑为扬地，更为宫殿桥梁。寅主幽燕，亦主栋梁寺观。卯为豫州，更为棺椁门窗。午主三河，亦主山林书画。未为雍地，亦主酒肆茶坊。申主晋分，更主神祠鬼屋。酉为冀地，又为仓廪山岗。戌主徐州，亦主州城牢狱。亥为邹地，更为屋榭厕房。

了作内房，妇女鬼神兼泄泻。丑为庭院，秃头病腹患脾肠。寅主道路，入长生则为道士，主须发而病疯疥。卯为门户，会玄武而为经纪，主手背而病膏肓。辰为墙垣书簿，主皮毛痈肿灾殃。巳为窑灶小口，主咽喉面齿血光。午为堂屋，主心目吐泻瘟癀。未为井院，主头胃膈噎脊梁。申为驿递，主骸骨心胸脉络不利。酉为门户，主口耳小肠喘嗽难当。戌为墙院足腿，亦主梦魂颠倒。亥为侧阁瘰痢，定应脾疝膀胱。

姓氏

六合加酉姓关，天罡披勾姓龙。太阳加土姓周，辰加寅上姓霍。
子加寅上姓翟，六合加子姓孔。太常加子姓姜，神后加卯姓花。
寅卯相加姓林。天罡加辰姓龚，六合临酉姓陈。

神将衰旺数目

　　旺气相乘倍而进，相时乘进亦须云。囚临上下乘还止，休气只从本数乘。死绝空亡仍减半，孤虚刑害减三分。

　　又云：旺相倍加进，囚死退数目。休者五十里；囚死者二十里，四十里之半也；旺相者五百、四十里也。不难反与复，贼盗因数推。言倍者，加一倍也。进者，一十进一百也。

卷二　总论

演三式之术兮出于中古，穷百册之言兮成于至人。

三式者，太乙、六壬、奇门也。出自玄女，以授轩辕，其术始行于世，世谓船装六壬，车载遁甲，则百册有奇矣，然其言皆至人所著也。

仰观经纬之度数而无物不彰，俯察险易之金汤而无幽不烛。

仰观天文，知横经竖纬之度数，以月将加正时，数至午上得何舍临之，交宫有浅深，时刻有初末，折衷之则知何宿为中星矣。夫二十八舍，即二十八宿，其三垣在中，以辰上得角亢，卯上氐房心，寅上尾箕，丑上斗牛，子上女虚危，亥上室壁，戌上奎娄，酉上胃昴毕，申上觜参，未上井鬼，午上柳星张，巳上翼轸，此则经也。日月交宫，五星躔度，此则纬也。能深算其理者，无物不彰矣。

俯察地理，知十二方隅，何处金汤城池之可守，何处摧枯拉朽之可攻，如游都所临贼来，鲁都所加贼去，又子为齐，丑为吴，寅为燕，卯为宋，辰为郑，巳为楚，午为周，未为秦，申为晋，酉为赵，戌为鲁，亥为卫。以年课占之，列险易之形，无幽不烛矣。

运筹于帷幄兮，灼见盈虚消息之数。折冲于樽俎兮，炳知吉凶祸福之机。

运筹帷幄之中，决胜千里之外。盈虚消息，折冲樽俎，古今无不可以前知。沉潜之以岁月，仔细研究体会之以精神，漫求奥妙，其理渊幽，该格浩博非积以年月之沉思潜究不能也，故丁宁告戒有如此。

天文门

先占不测之风云，洩尽玄机之秘密。后推晨夕之祸福，旁通玉简之玄微。

晨夕祸福，如词讼、趋谒、行人、仕宦等门，皆旁求广索前贤简册中敲金击玉之论掇拾而成篇也。

课逢不备，以阴阳而分晴雨。卦遇局成，遇水火以定风云。金为水母多阴，曲直则风行四表。土为火子多晴，润下则雨沛诸乡。更详传墓传生，且看为愁为喜。

四课中，如占得阴不备则晴，阳不备则雨。局成者，亥卯未木局曰曲直卦主风，寅午戌火局曰炎上卦主旱，巳酉丑金局曰从革卦主阴，申子辰水局润下卦主雨，辰戌丑未曰稼穑，土能克水，亦主晴明也。然金水克日有气者，大雨；日克水神无气者，小雨；空亡者，洒尘而已。又自生而传墓者多晴，自墓而传生者多雨。相生为喜，金水局则雨，木火局则晴。相克为仇，金水局反晴，木火局反雨。又六阳极而反雨，六阴极而反晴，不可不知也。以上论卦。

风雷煞动，定拔木而摧山。云雨神临，必盈沟而溢泽。丁神猛恶可怪，飞符迅速堪惊。马乘云雾化龙驹，霖霂漂泊；阳逢耳目并蛇雀，星日光辉。遇生则行，逢墓则止。

风煞发用主风起，正月起申，逆行十二辰。雨煞发用主雨，正月起子，顺行四仲。雷煞发用主雷鸣，正月起巳，顺行十二辰。六甲旬中丁神发用主迅速猛恶，见金水则雨恶，见木则风恶，见雷煞则雷恶。符使又名飞符，正月起申，顺行西北，七月起未，逆行东南，发用与丁神同。天耳、天目与子寅辰午申戌阳神相并，再见蛇雀，必然久晴。天耳春起戌，天目春起辰，并顺行四季。天马与亥子玄后相并为化龙驹，亦主雨骤。正月起午，顺行六阳辰，周而复始。凡金水遇长生之占，则雨行矣。金水遇墓绝之占，则雨止矣。以上论煞。

亥子水运之于天，固济沛淋漓之象，空土愁逢。巳午火离之于地，诚炎蒸酷烈之形，怕际金水。水宿遭克雨无多，火神乘旺晴必久。

地盘之亥子丑寅在下，象地；巳午未申在上，象天。若亥子二水神加临巳午未申辰酉之上，则雨必有也。如巳午二火神加临于巳午未申辰酉之上，则晴必久也。如申酉二金神有气则雨，无气则阴沉而已。寅卯二木神有气则炎旱，无气则风。辰戌丑未四土神虽阴而不雨，土克水也。然水神虽雨象，不可见土神相克、空亡相加，则密云而不雨也。火神虽晴象，如遇丁神、天马相并，见蛇雀太冲，则雷电交作矣，有水神者雨，无水神者雷电，难作晴。以上论支。

先看青龙为雨主，入江入庙非宜。次推白虎作风神，至野至山可畏。蛇入水化蛟龙，贵居云为神圣。蛇雀乘丁加卯，雷电霹雳飞腾。课传俱土逢阳，日月星辰昭列。天罡阳晴阴雨，月建刚旱柔雷。阳将火神多亢旱，阴神水宿必凝阴。要察刑冲，须详休旺。

凡占雨，以青龙为主，若在辰巳午未申酉之方，则飞天矣，必雨也。若在亥子江湖之内，岂得雨哉？若在戌丑寅卯上，亦不及飞于天也。若白虎乘亥子，则雨兼风。若在寅卯辰巳，则为跨山出林而风恶矣。在午未申酉戌丑，小风而已。螣蛇入亥子水中，亦有化龙之象。在申酉戌之方，则为虹霓。乘木火土，则晴兆也。天乙贵人，至尊之神，见亥子则为行雨神明也，不可以己丑土论之。朱雀、螣蛇乘丁神，主旱风迅速，加卯震之上，则霹雳惊吓天地矣。若四课三传俱逢土将阳神则晴明，日月星辰昭著无纤云之蔽矣。又天罡加子寅辰午申戌为阳则主晴，加丑卯巳未酉亥为阴则主阴。又法，以月建加正时以验晴雨主司尤妙。如四课三传中火将阳神多则旱，水将阴神多则雨。大抵见刑冲主动，水神刑冲则霾雨动，火神刑冲则旱动，木神刑冲则风动，土神刑冲则雾动，金神刑冲则阴云动。如金神衰则阴云不久，水神衰则雨不久，木神衰则风不久，火神衰则晴不久，土神衰同断。以上五神旺相则久矣。此论天官也。

课中有水宿，加临以定润占时日。若然不见亥子，龙合堪详。

四课中有亥子水宿，加于何字之上，便知雨当于何日见也。如亥子加寅卯，则甲乙日见也；加巳午，则丙丁日雨；加申酉，则庚辛日雨；加亥子，则壬癸日雨；加辰戌丑未，则戊己日雨。如四课中不见亥子水神，或亥子虽见而空亡者，以青龙合神为雨期也。如子乘青龙，以丑字上之神为雨期也。余仿此。此言雨期。

日在贵前，走石扬沙于顷刻。若在贵后，平川满渎于须臾。白兽乃风起

之方，小吉则飘扬时也。苍龙乃雨来之处，神后则灌注辰焉。

日在天乙之前，大风立起；日在贵后，大雨立至。夫贵人之行有顺逆，不可以贵在子而曰丑为前、亥为后，贵在午而曰未为前、巳为后也，当以蛇朱为前，太阴天后为后方是也。凡看风雨来方，白虎所在为风起之方，青龙所在为雨来之处。神后所在为见雨之日时，小吉所在为见风之日时。以上言风雨所至日时。

欲望天晴，先求阳备。苍龙潜而朱雀举，红轮炳炽。炎上生而润下墓，黑雾屏形。火土叠逢云返海，水金不见日当天。

阳备阴不备者晴，炎上传生者晴，润下传墓者晴，青龙居亥子丑者晴，朱雀居巳午未者晴，四课三传上火土多者晴，金水全不见者晴。

罡临盘内四隅，亦为晴兆。火去日前几辰，便是晴期。月符加月建，丙丁临处彻浓云；正将加正时，神将至方占瑞雪。

天罡加临地盘辰戌丑未之上，主晴。如巳午加地上离日前几位，乃天晴之日。如己日占晴而巳午加亥子，则未至亥四，至子五，应四五日方晴，余仿此。又月符加月建，以丙日所临之处为晴，然不及课中之立成也。兹不赘。月符，八干俱视禄，惟戊日在辰，己日在戌。占雪之法，亦用正将加正时。

课逢三白宜生，传见二水忌克。六合如奇花之势，翼字犹雪字之形。腾蛇则同飞舞之曲弯，丙辛乃为水阴之运化。玄后并为水主，龙阴俱属阴神。更详诸家之奥旨，莫泥一法以搜求。

三白者，白虎也。戌为白羊宫，未乃白羊本位也。二水者，亥子也。六合者，如六出之飞花也。太乙中有翼宿，其翼双雪头也。腾蛇，屈曲之形。丙辛化水，玄武癸亥、天后壬子皆水神。青龙为雨之主，雪占亦有玉龙之说。太阴辛酉金能生水。凡此等神有气相生，皆可言雪矣。

《未悟》歌曰：太阴寅卯值用神，定知雪落乱纷纷。青龙暂时天后久，学者须求此例门。戌未白虎为三白，六合应如六出花。太乙翼蛇头有雪，天干遁起丙辛加。雨水入传无战克，满盘和气漏天涯。更有龙阴玄后合，半天游戏象腾蛇。

《金镜录》云：玄武连珠亥子，久雨不晴。朱雀巳午加临，须防亢旱。白虎加巳，不久风生。青龙临卯，浓云霭雾。太常六合，必定阴晴。天后太阴，微云薄雾。白虎逢卯，霹雳惊天。太阴朱雀，阴霖度日。玄武天空，云开霁色。虎临申酉，雪定纷纷。阴虎同勾，须防雹雪。

占霜雪冰冻法：酉申子亥递互加巳，为之冻神。火多水少，主冻有雪。虎乘申酉雪纷纷。申酉并阴勾虎，主霰雪。子巳相加，卯酉加寅，午子见水神，主霜厚。龙虎合加土，微霜。天空空亡，无霜。见勾，微寒。

家宅门

论人灾福，看天干所际何神。验宅休徵，考地支相逢甚将。

岁前五位为岁宅，并生气发用，或加干支之二课，来意占宅也。占法以第一课为人，则日干乃课中之主也；第二课为外人，则奴仆雇工之类也；第三课为宅，则支辰乃课中之主也；第四课为外宅，则庄房坟地之类也。各看相生相克、破合刑冲、十煞五行、生旺六亲之吉凶而言之。

干支加临，固求居之得意，须详破合刑冲。

凡干加支上，为身入宅；支加干上，为宅就人。欲求居者，必得意。如脱盗干气，贼克日干，而及为日干之墓神者，虽易得，然无益于人，反有害于己，纵欲出脱不居，卒然不能也。

末初夹拱，虽迁移之称心，再察克生墓旺。

初传居地支之前，末传居地支之后，名初末引从地支格，占迁移、修宅舍，大有利益。若昼夜二贵居地支之前后，又名二贵引从地支格，必得贵人资助光饰屋宅。再查旺相相生相合则尤吉，如相克刑冲墓绝则终不吉。

循环周遍，宜守旧以丰亨。内战外争，纵从新而殃咎。

四课不离三传，三传不离四课，名曰循环格。干见旬尾，支见旬首，名曰一旬周遍格。宜守旧，不可迁移修造，如修造迁移必有悔不及之失。若天神克初传，初传克地盘，地盘克支神者，名外战。或支辰及发用为地盘所克，发用又克天神，名内战。经曰：将逢外战，祸患易解；将逢内战，祸患难禁。得此占，守避犹恐凶害，岂可妄动而迁移修造耶？

凡看三传，察其益人益宅，究其伤日伤辰。所益不当年去克，有伤须要命来生。

如三传脱支之气而生日者，是有益于人而无益于宅也，必主人眷日蕃，宅舍日窄，然不可轻弃于人也。若三传脱日干之气而生支辰者，是无益于人而有益于宅也，其宅当弃于人，否则灾患百出，人口日消矣。有三传生支而克日干者，宜早卖宅以避灾患。有三传生干而克支者，必无正居之宅，虽贵人亦必假人宅以居之，或弃家而逃亡之象。有三传为财而生起干支之鬼者，主破家而官灾疾病出自家中，宜年命上乘神制之，吉。支上乘脱气及被克者，或支临干上受克者，皆无正屋可居。

三合为内顺外助，最嫌蜜里之砒。六合为神和道合，切忌槎芽之害。

凡三合课中，如申子辰作三传而干支见丑，巳酉丑作三传而干支见辰，寅午戌作三传而干支见未，亥卯未作三传而干支见戌，乃三六相呼而见喜忻，纵然带恶不成嗔，故为内顺外助之象，迁修大吉。如无以上神而天神六合见于干支上者，亦如此说。若申子辰三传而干支上见午冲、未害、卯刑，巳酉丑三传而干支上见卯冲、酉自刑、戌害，寅午戌三传而干支上见子冲、午自刑、丑害，亥卯未三传而干支上见酉冲、子刑、辰害，俱名合中犯煞，如蜜中之砒。若初迁修虽吉，不久有祸患矣。又有干支交互六合，上神六合，各乘六合交车三合者，并主主客相顺，神和道合，迁修一任为之，无不吉也。一字空亡则不吉。外有干支上神虽合，地下则六害，名外好里槎芽，必家内事有不美，非外人可知也。又有支上下六合，虽利迁移，干上下六害，人则熬煎之类。不可不知，宜精密也。

饰宅失禄，缘墓或贼伤神。产贵怀娠，因将为生乘贵。

凡日干之禄神加于支上者，宜食宅中之禄矣。若支上或为禄神之墓神，或为禄之克贼者，必因改造迁移而失禄也，惟脱禄神之气则耗而不至如此危殆耳。若墓神临支，宅不亨快也。若是月将，则不以墓神论，而宅必向阳明朗，常有上人光饰。或太阳作贵人而生支宅者，宅下必有宝藏，不然则其年必生贵子。

禄马在干支，必人荣而家福。罗网裹身宅，定屋坏而人伤。

干乘支之驿马，支乘干之禄神，占宅主人荣家富。如支上乘驿马，干上乘禄神，虽吉而宅主动摇，非修则迁也。干支前一位名曰天罗地网。或干乘干罗、支乘支网，或干乘支网、支乘干罗，俱为裹身缠宅，身有官灾，宅有毁坏。乘凶将则财散家破，惟行年、本命上神冲破者为有救。若空亡则为破网，亦可逃避，盖网破有路可逃也。

干支乘鬼，人宅遭伤，逢日刑而尤畏。三四遇害，病讼交至，见岁破以偏嫌。

干乘干鬼、支乘支鬼，或干乘支鬼、支乘干鬼，彼此全伤，人亡家破之象。见空亡，稍轻。或官鬼加于第三课四课，主官非、疾病二事并临，大凶难解。或岁破作干鬼临支克支者，宅内大凶，一年中不快。月破为干鬼临支克支者，宅内一月不利。或岁破、月破为支鬼临支克支者亦同。岁破，子年起午，顺十二支。月破，正月起申，顺十二支。

脱则赚诈窃盗，生则进益亨通。

干支上各乘脱气，或支乘干之脱气、干乘支之脱气者，人被脱赚骗宅，防盗窃财物也。干支上各乘生气或干乘神生支、支乘神生干为互生者，人宅俱旺相，财福亨隆，人眷安泰也。

破败认是何人，纵经营而倾颓狼狈。兴旺决于甚季，若谋动而罗网牵缠。

支上乘破碎煞，又作干之败气者，名曰破败神，主宅内有人不自立，家道日近破败。如乘螣蛇，乃女人不自立而破败。乘六合，乃小儿不自立而破败。乘天后，妻不自立而破败。酉乃妾破败，又因酒色破败之类。又干乘支之败气、支乘干之败气，主人渐疾病，宅渐倾颓，日逐狼狈也。破败煞，寅申巳亥日在酉，子午卯酉日在巳，辰戌丑未日在丑。四败，木败于子，火败于卯，金败于午，水土败于酉。

干乘支旺，支乘干旺，名互旺。或干支上各乘旺神，名曰俱旺。凡事亨通，不用劳力，亦可坐待自然之福。若妄动则变为罗煞、网煞、羊刃煞，伤财起祸，不止一端而已。

死则衰羸，墓则混沌。

干乘支之死神、支乘干之死神，或干支上各乘死神者，主宜休息万事，不可动用，宅日狼狈，人日衰弱也。

墓虎伏尸，详是家亲外祟，若逢丧吊必停丧。

干墓乘白虎而临支，或支墓乘白虎而临干者，占宅必有伏尸鬼为祸，或见形响，眷丁不安，财畜不旺。克干，伤人口；克支，宅中人多病。若乘丧门、吊客，其年必见停丧之应。又并蛇虎者，主重丧也。干之墓神乘白虎临支者，乃家亲为祸。支之墓神乘白虎临干者，乃外鬼为祸也。丧门，子年起寅，顺十二支。吊客，子年起戌，顺十二支。

坟墓怪异，有等命际旬丁，若并关神定衰废。

干支之墓乘蛇临支而克支者，必宅中常见怪异，此名墓门开，主死亡三五口人也。若干之墓与本命、行年相并而临支，更作旬中之丁神者，宅中必有怪形或见言语不见像之类，宜醮谢遣之。又四季中之关神乘墓临第三四课上，宅日废，全无长进，不然宅中出不自立之人，破荡而消之也。若临第一二课，人日衰劣，或疾病死亡，或混沌颠倒全无长进也。关神，春丑夏辰秋未冬戌。

乘墓则人居云雾，宅主晦尘。坐墓则屋假人居，残身惹悔。

干乘干墓、支乘支墓，或干乘支墓、支乘干墓，则人如居云雾之中，混沌不快，宅多凋敝尘暗，各无长进之象。干坐支墓、支坐干墓，或干支自坐其墓神者，主宅情愿与人作践居住，将身体不惜而致疾病，或纵酒恣欲，皆是残身惹祸之兆也。

传冲则祸可消除，互绝则家宜退换。

虽干支各乘墓神，而三传中或年命上见冲动其墓之神，祸必解轻矣。干乘支绝、支乘干绝，名曰互绝，占宅宜两相退换屋宇。若支干自乘其绝，止宜结绝买卖。

若夫白虎虽凶，见螣蛇则患门有救。青龙甚吉，乘生气则锦上安花。

白虎，至凶之神，入宅则宅必凶，妨人矣。如传中及年命上见螣蛇，自能克散白虎之凶，为无事，乘月将尤吉，如患厄中而有救星矣。青龙，至吉之神，入宅则宅必吉。若乘月内生气加宅生宅，加日生日，则人宅喜气洋洋，日盛一日，百福咸集，如锦上添花之兆矣。

卧颜回之陋巷，邻兽冲伤。居石崇之金谷，虎龙拱卫。

白虎乘神与支冲射者，主被对邻之兽头冲本宅，以致家道日衰，人口不利，贫乏疾病皆是也。凡天空临支上，则青龙白虎在支宅之左右矣，名龙虎夹拱宅也。但贵人顺行则左虎右龙不正，仍不大吉，须贵人逆行则左青龙、右白虎，方大吉，必兴人家而致良福也。

寅木被虎伤，见栋摧之恐吓。支辰乘常，死有丧孝之悲惶。

白虎临寅加支宅之上，占宅必有屋梁摧崩之患，为恐吓也，极验。太常乘月内之死气临支克支，主宅中有孝服。

死神白虎丧绝齐兴，必其人阴司勾去。

白虎乘月内之死气、死神而年中之丧神又为绝神加临于干上，必其人阴司勾去死亡，宅中挂孝也。死神，正月起巳，顺十二支。

火鬼朱雀传丁并动，定其家天火烧来。

火鬼，正月起午，顺行四仲。朱雀乘火鬼临支克支，而传中之丁神又克日干者，主其家天火焚罚。

午克干而身凶，更乘蛇则沉疴不免。丁克支而宅动，再见虎则崩塌伤人。

六庚、六辛日，巳午火加临干上，六丁加临支上，主身凶祸、宅动摇也。又丁神作白虎临支而家宅摇动，不然则屋宇崩塌伤人或灾病不免。如鬼作蛇乘丁神者，尤凶也。

逢血厌而凶多，遇丧吊而吉少。病则合家疾疫，死则人口丧亡。

血忌、血支、月厌全临支上，名血厌入宅，更克支墓支，大凶，非堕胎则血光，或有人吐血、便血，亦是干支上见丧门、吊客全者，或临人年命上，其人必哭送姻亲，身挂孝帛。岁煞病符临支又克支者，主合宅疾病。乘月内死气，则人口必死，乘白虎则凶不可当。惟病符生干支或为日财或乘天乙贵人，则宜成合残年旧事也。血忌，正月起丑，顺行十二位。血支，正丑二未三寅四申，与续世同位。生气，正月起子，顺十二位。对冲处即死气。

三交匿逃亡之客，九丑妨白首之翁。

子午卯酉作三传，乃三交卦，主宅中藏匿逃亡之人。乙戊己辛壬日逢子午卯酉而大吉加仲，名九丑卦，主家长死亡，远在三年，近在三月之内。

财忧父母，若化鬼而无妨。生愁嗣息，如变比而不忌。

三传俱财，忧父母长上，见官鬼于年命、支干上化吉。三传俱父母，忧子孙，见比肩于年命、支干者化吉。三传俱子孙，忧官职及夫主，见财爻于年命、支干者化吉。三传俱官鬼，忧己身、兄弟，见父母于年命、支干者化吉。三传俱兄弟，忧妻与财，见子孙于年命、支干者化吉。空亡见之更详。

支两旁为左右之邻，辰正射为对门之舍。

如子日占，亥丑为两邻，午为对门，相生吉，冲害凶。

金见火蛇，以考锅鸣釜响。木乘金虎，以验凳损棹伤。

金爻见火克乘蛇，生锅釜之怪。木爻见金克乘虎，主凳棹之损。

卯门酉户，雀官玄临，防官司贼盗之纷扰。未井巳灶，螣蛇加并，惧魑魅魍魉之侵凌。

朱雀乘官鬼入卯酉之支门，主有官非口舌。玄武入宅，虽不克支，亦防窃盗。井灶若见螣蛇，则有怪异之害。

震巽为栋宇，坤艮作垣墙。

震巽二卦属木，壬课中以寅卯为之。坤艮二卦属土，壬课中以丑戌未辰为之。

一是阳神，看家翁之否泰。二为阴将，验奴仆之慵勤。

第一课为干之阳神，故为家翁之象。第二课为干之阴神，则奴仆之位。验其相生相克刑冲破害以定其有益无益也。

河魁天空是仆，从魁太阴为婢。蛇后妇人，莫沉湎于酒欲。六合小子，勿从事于奸喻。

戌与天空是奴仆，酉与太阴是婢妾，螣蛇、天后是妇人，六合是小儿。

迁移门

临身之禄不空，坐守而百祥骈集。加人之网不破，动用而众祸咸臻。

凡占得干之禄又乘旺气加于干上，惟宜守旧。若空亡之禄，则不可守也。如三传初中空亡，末传有吉将，于艰难中更进一步始亨。若禄乘玄虎，亦不可守。干支各乘前一位或互乘前一位，乃罗网裹缠身宅，岂能动身？大凶之象。如年命乘神冲其罗网，方得无咎。如空亡，名破罗网，不妨。

前空后盗，苦果何如。静旺动罗，忧非浅也。

如三传俱空亡，进不能矣。欲退而干后有盗气，又为官鬼，此例乃前不能进，后不能退，迁移不利，只得守拙而已。干乘干旺、支乘支旺，或干乘支旺、支乘干旺，俱宜守旧，如妄动则变罗网、羊刃，破耗不小，迁移不利。

出墓则离寇仇而归慈母，入墓则去妊席而就兵锋。

自墓传生乃出于墓，犹出狱也，利弃旧即新。自生传墓乃入于墓，犹入狱也，若去弃旧即新，大凶。

天门杜塞当已矣，鬼户关阑任所之。

凡戌加亥名魁度天门，主阻隔不利，占迁移必大凶。辰加寅名罡填鬼户，不论入传不入传，迁移无阻，大利。

贵坐乾宫，神藏而煞没。如临艮位，鬼伏而妖潜。

乾亥为天门，贵人加之，自然六凶藏伏。如甲戊庚日占之，则四煞没于四维而全吉矣。迁移甚吉。六凶藏乃蛇入子为坠水，朱临丑为破头，勾陈卯为被戮，空加巳为投绝，虎至午为伤身，玄临申为折足。四煞没则辰戌丑未没入寅申巳亥上是也。四课三传官鬼多，天乙临寅，贵塞鬼户，则众鬼不能窥我，任迁移也。

二格不堪离旧主，两争奚可就新庭。

二格谓周遍、循环，两争即内战、外战，俱不可迁移，详见家宅门。

伏乘丁马，是主动而非主静。返见空亡，当见安而不见危。

伏吟课中本静，不可迁移，如丁神、驿马、天马在传，利迁。返吟课主动，若三传空亡，曰去来俱空，不利迁。

九丑披星戴月，斩关袖手盘膝。

乙戊己辛壬日而时子午卯酉，大吉加于四仲，名九丑卦，必主动摇，不迁移则人口伤。天罡乘龙合加日者，名真斩关课，若占时而为发用，主动中不动，名移远就近格，主事将缓为速。若中末二传空亡，亦然。初传见太岁，中末见月建、日辰，亦同上论。

蛇掩目而何之，墓笼身而安往。

凡昂星课，不利迁移，不似虎视之凶，而昂星乃伏匿之象，故不利也。干乘支墓、支乘干墓，或干支自乘其墓，或干支自坐墓、互坐墓，皆不利迁。

众虎入传殃必笃，两蛇夹墓祸尤深。

如虎视卦，传中又见白虎，如二虎并行，勇士不能施力，主动，守皆大凶。有三四五虎，极凶。如日墓上见天将两螣蛇夹之者，主守，动皆大凶，惟年命、干支上见破墓冲蛇之神，稍吉。两勾夹墓、两合夹墓，主凶。乃详天将吉凶而论之。

再审出入之方，更察迁移之日，庶乎可也。

婚姻门

凡论婚姻，先观彼此。男干女支，孰受克而孰欲背。阴阳年命，孰相加而孰有情。

占婚姻，以干为夫，支为妻。干加支上，男恋女家；支加干上，女恋男家。支生干者妻益夫，干生支者夫益妻。干克支者，女家欲背约也；支克干者，夫家欲背约也。女命占得干加支，男命占得支加干，来意占婚极验。女之行年在干上，男之行年在支上，乃私情相通不及嫁娶之期矣。又女之行年在男命上，男之行年在女命上，见天后、六合，先奸而后娶。看那边空亡，审其情虚实也。

递生干兮当面有多人推荐，末助初兮暗地有佳客维持。

有初生中、中生末、末生日干，有末生中、中生初，初生日干，有天将生三传、三传生日干者，必隔二隔三有人于中举荐。末传助初而生日干，主旁人在暗地赞成其事也。若空亡，不过无心之闲话而已。末助初而生日干之财爻，来意占婚尤的。

中间实者利媒妁，末传合处是成期。

凡三传初末空亡，中传不空亡者，占婚大利媒伐作保，克尽其力，两边脱漏而成也。余占无首尾。凡一切喜庆吉祥之事，以末传之合为成期，合乃六合。如末传是子，以丑上所得之神决之。

三合六合，为百年之鱼水。干刃支刃，为一世之薰蕕。

三六合言干支上下交车合也，如三六相呼，内顺外和，神和道合，必然成就。若有刑冲破害为合中犯煞，不利矣。空亡、墓神、脱神亦所不宜。羊刃干支皆有，即天罗地网，如干支交互乘之，耗费不一。不可占婚，主两家各设罗网，强成必反目不和。

财临旬后凤孤飞，鬼坐天中鸯独立。

旬后、天中皆空亡也。财空妻不寿，鬼空夫必亡。

传财化鬼，贪淫欲而致夫君于泉下。传财克生，逞凶悍而逆父母于堂中。

凡占得三传全财而生干上之官鬼以克干，防妻与鬼交而损夫。三传全财而克伤干上之父母爻，必妻强悍逆公姑也，不见父母无妨。

隐暗鬼则讼起妻宫，生明鬼则命倾彼手。

干上财爻乘旬中之遁鬼，多因妻致讼，且妻不孝翁姑。若财生明鬼，亦主有讼。三传全财而克去日干上所乘之神，必被妻伤命。

魁度天门而风波起，丁乘天驿而喜庆兴。

占婚值戌加亥，主阻隔不成。壬癸日，旬中丁神临于日辰、三传、年命上，必有娶妻之喜，如有妻者，反有别妻之忧，见天、驿马，动尤速。

牛女乘常利谐秦晋，财常加日宜问冠裳。

凡子丑相加乘太常者，大利婚姻。盖丑中有牛，子中有女，婚姻必成。若财乘太常加日之长生或临于日干上，来情必问婚姻，或有物帛衣冠酒食之庆。

后克干兮夫早丧，龙伤支兮妻夭亡。

干为夫，支为妻，天后象女，青龙象男，不宜相克，相克必有妨害之应。

印绶为公姑之位，岂可伤乎？盗气乃嗣息之宫，不当刑也。

天神乘神克父母者，主妻妨翁姑。生支干之神乃父母炙，太多子孙必绝。

女貌妍媸，察后阴而立见。男材美恶，详龙阴而即知。

太后之阴神上得何神以定女貌性情，金义水智木仁火礼土信，木瘦金清火尖土浊水肥，再将天将之吉凶衰旺言之。龙之阴神得何神以详男貌情性，亦如此断。

又断《妍丑歌》：要知新妇容妍丑，神后临阳季加斗。忽然面上见魁罡，不是眼斜即歪口。或察佳人貌若何，木乘天后容仪好。日辰旺相更相生，红颜柳眉如者少。

又断《性情歌》：未知和睦为定意，上下日辰旺相吉。如若吉神内不战，聪明性顺无论匹。

又歌《辨贞洁》：女命常将传送加，寅临生月意无瑕。更看神后临其上，白玉贞心貌若花。

金为天后，白净光莹，性刚无私，旺相白净而有果决，休囚刚露而性硬。木为天后，清秀而长，心性阴毒，旺相面清而长足，休囚则阴狠而淫污。水为天后，色黑而心性和顺，旺相则华丽而不正，休囚则癃瘟而毒心。火为天后，发尖面赤，心性躁暴，旺相红而妍，休囚则性急。土为天后，旺相则端庄而稍肥，休囚则面黄而性拙。

四课无遥，婚不成而暧昧。九丑有克，事既成而惊忧。

昴星课主事不成，且主阴私邪昧之事。九丑主悲泣之声，婚岂易成？

芜淫不顺而萧墙祸起，解离非利而心腹患生。

干上神克支、支上神克干，名芜淫课，主夫妻各有私情，详干支上相生相合，以知何处人有私情。得此者，占婚不利。干克支上神、支克干上神，名解离卦，若男女行年更与之相加并克，虽已成婚，占得此亦主离，况新婚耶？

阳不足则二女争夫矛盾起，阴不足则两男竞女祸锋兴。

四课不全，阳不备主二女争夫，阴不备主两男竞女，占婚必兴词讼。

孤辰寡宿多妨害，狡童泆女主奸淫。

男见孤辰妨妻，春巳夏申秋亥冬寅。女见寡宿妨夫，春丑夏辰秋未冬戌。此二神不宜发用。三传得卯酉，初传天后乘卯，末传六合乘酉，名泆女卦。初传六合，末传天后，名狡童卦，非未婚先有奸私，必有他项淫泆不正之失。

干支逢后合，定先通而后娶。生气会青龙，必有吉而无凶。

干乘后，支乘合，必先私后娶。龙乘月内生气加干支而生干支，大吉。

内战凶课难解结，外战祸浅易禁当。

自地盘而克天神，名内战，其祸最深。自天将而克地盘，名外战，其凶稍浅。二课俱不利，占婚详见家宅门。

法实最多，理无执一。嫁娶有出入之方，选择有日时之吉。错综三元，详明六甲，始可言术之精密也。

生产门

占胎占产，细分课体之幽玄。推吉推凶，详审将神之奥妙。

干支相加，看生迟而生速。日辰相克，审伤母以伤儿。

占临产，以干为子，支为母。如干加支，乃子恋母腹，占胎则稳，占产则迟。如支加干，乃母俯首而见子，占胎则堕，占产速生。干乘支鬼、支乘干鬼，或干支各乘其鬼，如甲寅日乃金鬼伤干支，母子俱亡也。若一重伤，则一有损。

二曜夹三传而气闭，旬尾加旬首而音难。

若干支夹定三传，再初末六合，乃主气塞，占产子母俱不可保。如母年命透出干支三传之外，方得无患。旬尾加旬首发用，名闭口卦，主儿哑。

内战外战，分轻分重。进间退间，详喜详忧。

内战凶重，外战祸轻。进间，传如子寅辰之类，其子顺而易生。退间，传如丑亥酉之类，其子逆生，如倒拔蛇之难也。

自裹天罗为可畏，如逢地网更堪惊。

干支之墓临于干上，或产妇之年命又与墓并，名天罗自裹，得此者岂可望生？惟见冲破其罗墓方可生，或空亡亦可生。天罗地网加于干支，或互相乘，名罗网裹母子，乘凶将尤凶，必产妇年命乘神冲之方为有救。空亡名破网，亦无妨。

满屋乘螣蛇夹墓，宜见年冲。一门惟夹胎财生，忌逢旬后。

干支之墓乘蛇夹之，或临干支，或入传内，或加年命，必产母难保，惟年命乘神破墓为有救，却忌空亡，冲神空亡不能为救。螣蛇空亡乃墓门开，必死三五口人。干之胎神作干之财爻，乘月内生气，占妻妾，有喜孕，惟空亡则堕胎也。

支胎生气喜，或临三处以详看。空胎死气忧，更见二血而须察。

支之胎神乘月内生气，虽不为日之财，而临干支上或妻妾年命上，亦主有孕，惟忌空亡。或月内之死气，则是鬼胎，极验。又血支、血忌并养神而克胎者，占胎必堕，占产速生，或二血作胎神亦同，作空亡不妨。

递互逢胎，作应徵之麟趾。临绝受克，为追魄之魔王。

干乘支胎、支乘干胎，再作夫妻之年命，有孕生子无疑。胎神空亡及受克者，占产当日生，占孕必损。胎神临绝受克，占产孕俱大凶。

年命冲伤而怀孕者愁见，长生坐立而临产者忧迟。

产母之年命乘神克胎神者，占胎必然小产。干之胎神坐于长生之上，占孕最稳，占产逢之必凶。

胎神临日，当日添丁。死厌加年，其年损母。

干之胎神加于日干之上，主当日生子。产母年命上兼月内之死神、死气及月厌者，主损母，亦不吉。若生气作月厌者，主产速也。

丑腹空而诞速，戌度门而产迟。

丑为腹，丑加干之胎神上者，来意占孕极的。丑作空亡为腹空，占产立生。戌加亥发用，占产阻厄难生，惟母年命乘神冲之，可速生。

卯手戌足，喜指地而忌指天。后母合儿，当乘生而莫乘死。

卯为手，戌为足。卯加戌发用，占产顺生。戌加卯发用，占产逆生。盖足向上为逆，手向下为顺。天后，产母。六合，乃腹中之小儿。如天后、六合乘月内之生气，则子母俱吉。若乘月内之死气，则子母不能存矣。天后、六合受地盘上克，子母凶。

龙生当喜而吉，财生则孕亦谐。

青龙乘月内之生气加干生干则喜气重重而至。财爻乘月内之生气，虽不是胎神，占妻亦主有孕。

偏财乘武子非真，富贵产婴命必贵。

偏财非妻，乃妾辈也，乘月内之生气则妾有孕，乘玄武则私情所出，非己出也。贵人发用，必名富贵卦，占产占孕逢之，必生贵子。

三等玄胎详损益，二个无遥分女男。

人生于寅，如寅申巳亥全在三传，名玄胎卦，而独以寅为论也。凡寅加亥，名生玄胎，木生在亥，生子成人，家道兴旺。寅加巳，为病胎，木病在巳，生子衰弱，家道消索。寅加申，为绝胎，木绝在申，生子不肖，家道凌替矣。刚日昴星，以酉仰取为用，生女。柔日昴星，以酉俯取为用，生男。

地烦休遇，天德宜逢。

凡太阴月宿加于四仲之卜，天罡加丑未，名地烦卦，主产孕有血光之凶，故忌之。凡天德入凶卦，加凶神上，则化难生恩，母子均安矣。

受孕之期，年神之本。辨阴阳分娩之辰，月令之喜安方位。

以妻行年上神之长生为受胎之月，以月之长生为受胎之日，以日之长生为受胎之时，以四季喜神所在之日为生子之期也。

破刑胎位及生神，五行养处及子本。纳音破胎地，也是喜之程。

以胎神冲破之日生子，此法屡用屡验。刑胎之日生子，又刑月内生气之日亦生，又以日干神为生子之期，及子孙爻之长生为生子之辰，俱不如用冲胎之日的也。以产母本命纳音之胎神冲破日为生子之辰，此法百发百中尤妙。如母甲申生，属水，生申、胎午，子上乘神冲之，胎自产也。余仿此。

仕宦门①

六阳数足，功名显达果如何。二贵引从，卿相提携真罕绝。

如课传皆居于子寅辰午申戌六阳神之位，占功名必烈烈轰轰，正大光明，远而且高也。若六阳不足，以年命上补之。昼夜二贵引从天干在内，或年命在内，必有大贵人携拔引荐，以致功名显达。又有初末引从天干或年命，亦如上言。

传神互克，须防台谏封章。课将递生，定见公卿褒誉。

自末克中、中克初、初克日干，有自初克中、中克末、末克日干，又有三传合局克日干而天将克三传者，皆主台谏参劾。在朝见任官得此，占防黜责。自末生中、中生初、初生日干，或自初生中、中生末、末生日干，又有三传合局生日干而天将生三传者，皆主隔三隔四暗地得人引荐，忌空亡。

退间尤拔蛇于窟，进茹乃飞龙在天。

三传退间，功名难于进取。进连茹课，进取则吉。

---

① 可与科举门参看。

将逢内战，居官名誉胜龚黄。德入天门，莅任迁除过王谢。

诸占皆忌内战，惟占功名乃上迁之兆，大有奇遇。又三传见下克上全者，尤为进转迅速之甚。干德加亥，名德入天门，主前程远大。禄神亦同。

一详鬼曜，如逢白虎号催官。二察禄神，若值临支当替役。

如干之鬼爻乘白虎加干支、年命、三传，名催官符使，虽远缺，亦速任，最喜见财爻助之，惟忌坐空、生、鬼墓乡及子孙爻之旺相，又虎之阴神制之，皆不利。有干支夹拱禄神于中，有昼夜二贵夹禄神于中，有初末传夹拱禄神于中者，皆宜占食禄事，忌禄投绝地、空亡之上。如禄神加支，主权摄不正，居官受制于人，或遥授官职，或替职役于人。宜食禄之方，看禄临十二国，如子齐、丑吴之类。

富贵日辰乘禄马，速见丁神。凶丧罗网覆干支，迟遭返宿。

干上乘支之驿马，支上乘干之禄神，名富贵卦，主高擢之喜。见丁神，主动之速，惟忌年命、支辰上神克其丁神，则反迟。干支各互乘罗网，主丁忧。干乘罗，父忧；支乘网，母忧。返本煞者，春得金局，夏得水局，秋得火局，冬得土局，主赴任有阻而迟。

忌魁度天门龙化虺，喜贵临鬼户蟮成龙。

戌加亥主阻隔，更初传青龙、末传螣蛇，不但初吉终凶，且有化龙为蛇之象。贵人临寅，诸凶消散。初螣末青乘月内生气，蟮化为龙也。

诸卦殊情，众局异用。

铸印、高盖乘轩、官爵、三光、三阳、斫轮、富贵、三奇、六仪等卦，皆君子之喜，小人之惧也。故曰殊情。天心、循环、周遍、自在，皆君子之喜。若根断源消、铸印损模、朽木难雕之类，皆功名不喜，见返吟，不满任之象。

朱雀文章，若值鬼爻防黜落。天官举主，如临私户号蹉跎。

朱雀乘鬼爻加干或年命上，主进章奏防黜落之凶。若雀加午，名真朱雀，加巳未上，名翱翔，上章大吉。白衣之士，若有启奏，亦看朱雀。卯酉，天地之私门，贵人不宜入之方，若入之，名励德卦。日在贵人前，名蹉跎卦，日在贵人后，名微服卦，占功名忌之，主滞。生日干之神亦为荐主。

六处喜生旺，诸占忌墓绝。

父母爻、贵人、日干之长生，并为恩举主，忌传墓、入墓、空亡，喜相生乘旺相之气。干支各互乘其墓神，或各坐墓上，俱主昏晦，功名不久。若年命上乘神冲开其墓则吉。乘太阳，得上提拔，大吉。如墓乘旺相气，占库务则吉，以库言不以墓言也。又干支互乘绝、自乘绝，皆居官不久。若交代及替职役，则喜见也。

看操觚染翰之文，龙宜有气。察执锐披坚之武，常要无空。

占文职，看青龙有气，若乘月内生气及旺相有气而生日干者，大吉，乘死气及休囚空墓绝克，不吉矣。占武职，用太常，若加巳戌上捧印，大吉，更生合旺相为上，若刑冲克害、空亡、墓绝、休囚、月内死气，皆凶。

月建诸侯，军功刑煞。功曹刀笔吏，印绶补身流。

公侯伯，看月建乘神。军功，看支前之刑乘神，更看功曹上乘神。补身、替职役、袭爵，看长生上乘神。要生旺，忌休囚，如青龙、太常例。

欲问迁期，各从其类。去干年而支月，所生日以克时。

如文看青龙，武看太常，去日干几位，便是几年上迁官。如乙酉日占，乙上乘青龙、太常，即本年迁官。去日支几位，便是所迁之月。如乙酉日，从酉数至巳上九位，即九月得。龙常在巳属火，生土，当在九月戊戌、己丑日得。又取日克其时，必亥子时也。

日与用神，生分内外。

若青龙、太常生克比日干者，迁内缺；日干生克龙常者，迁外任也。

科举门

帘幕贵逢，可望高登黄甲。魁罡将遇，必然稳步青云。

昼占见夜贵、夜占见昼贵，名帘幕贵人，临日干、年命上必中黄甲。天罡乃首领之神，天魁乃文明之吉宿，加日干、年命上，或前后引从干支，或初末二贵夹拱之类，必中魁也。

牛羊鬼斗临干，敢轶郊祁。朱雀文章克岁，谩夸班马。

丑中有斗，未中有鬼，丑未相加，合为魁字，加日干、年命，必中高魁，但忌空亡。朱雀文章之主，太岁至尊之位，朱雀生太岁则得意，朱雀克太岁则失志，文章不贴上意，与题相反也。

从魁端以亚元，辰未合为解首。

酉为从魁加于日干、年命之上得生助拱合，中亚魁无疑。辰中有角，未为羊属，合成解字，乡试占得辰加未或未加辰，加日干、年命，必中解元。

万里风云生足下，兆化飞龙。数年泉石隐形踪，退潜蛰虺。

初传蛇，末传龙，化蛇为龙之象，如青龙乘月内生气而生日干，为可喜之甚。若初传龙，末传蛇，化龙为蛇矣，所以不能奋扬，更两蛇夹墓，尤凶。

六阳数足，相逢月将更光辉。两贵提携，若值末初尤称遂。

课传俱逢子寅辰午申戌六阳者，主光明正大，喜庆非常，必高中，更逢月将尤妙。如不足六阳，以年命上见者补之全，亦大吉。初传居干前，末传居干后，一也；两贵居干之前后，二也；干支居年命之前后，三也；初末居年命之前后，四也；两贵居年命之前后，五也。以上皆紧紧拱定，故主非常之喜。占科举必中，有人吹嘘也，其文字之佳，合于主考。

昏晦墓神覆日，奔丧罗网缠身。

干支各乘墓、坐墓，皆主昏晦，必文字不佳，不可望中，若太阳、空亡、冲破则不妨。干前一位罗覆干，主丁父忧；支前一位网覆支，主丁母忧。

喜德登天，恶魁度亥。

日之德神加亥，必然高中，盖德者，得也。若戌加亥，必阻隔落第。

旬首冠群英，须分五甲；真未超品汇，当审三凶。

六甲旬首加年命、日辰上，或日干得生扶拱夹者，必膺首荐。又随六甲旬首分五甲，如在甲戌旬中则甲戌为头甲，甲子为二甲，甲寅为三甲，甲辰为四甲，甲午为五甲，甲申为空亡矣，六阴神不论。此例每用于小考，甚验。一等廪膳，二等增广，三等附学之优，四等附学之劣，五等降青，六等黜退，甚妙。朱雀加午名真朱雀，加巳未名翱翔，文章华藻，占殿试必中鼎甲。若克太岁，为一凶；克帘幕官，为二凶，必逆主考；乘丁神、驿马，为三凶，必更变不一而不取也。

格见天心，必掀天而偈地。局嗔消断，定垂首以丧神。

年月日时支不出四课三传，名天心格，当惊天动地，贵显非常。若四课俱下神生上，名根断源消，必脱科不第。其四上生下，名雨露滋润，必中无疑。

武试门

蛇蚓其形象弓，不当劣矣。觜参其属为矢，诚宜壮哉。

以巳为弓弩者，盖巳中有蛇蚓，取象为之也。如空亡刑冲克贼，则弓有反张之失。以申为矢，金申阳酉阴，不以阴杀为矢，而以阳生为矢，盖取重于申而为矢也，忌空亡克绝不利。

仲为中朵，孟号角花。

申加于子午卯酉之上，必中箭于中朵。如申加于寅申巳亥之上，名中箭于四角花。

午上红心可展穿杨之艺，季中白地难施射虎之才。

申加午上必中红心，盖午火主赤。仲者，中也。申加四季名白地，必不中。

以四课之发传，为三回之箭数。

如第一课发用，中一箭；第二课，中二箭；三四如之。若旺相，加倍；休囚，只本数而已。武试有箭，则入三场。若文字之得失，仍同选举门推之。

趋谒门

如知谒贵之推占，当验将神之凶吉。

网罗须破，六阳公事自和谐。死墓当冲，六暗私谋应称遂。

干支上各乘或互乘天罗地网，俱不利干谒，若年命乘神冲破或落空亡，方可用。干支上各乘或互乘死墓气，不利求谋，止宜休息，亦须年命乘神冲破之。子寅辰午申戌六阳神课传全见，谋干公事则大利，私事则不利。丑卯巳未酉亥六阴神课传全见，惟利私事而公事反不利矣。

彼我之求，传支传干而可见。干求之利，三合六合以详推。

初传自天干上发用，末传归于地支之上，乃尊求卑之象，我求彼谋事也。如初传自地支之上发用，末传归于天干之上，乃卑求尊之象，彼求我谋事也。凡干加支，访人必见。若支上乘神生干上之鬼者，不宜求谒，反招大凶。干支上下神作合，地盘六合或干支上下交互合，俱主神和道合。若上神作六合，地盘作六害，名好里槎芽，凡事不利。三传三合与干支上乘神作六合，名三六相呼，见喜忻，事易遂。如见刑冲克害则蜜中砒，仍为不吉。

忌舍益而就损，畏根断以源消。

凡干乘生助而加支上反受支之脱耗，名为舍益就损，最忌干求动用，反费耗不能成事。四下生上，动用必阻，耗费无益。

前后逼迫，如乘旺禄守为宜。互递旺生，若值循环求必遂。

三传空亡，不可进矣，退而逢盗气、官鬼，又非所宜，若干上乘禄神又值旺气者，正可守之，如妄动则此禄失矣，俱不利干谒。惟禄为空亡、闭口及玄白守之，俱可舍而他图。干谒亦得有自末生及初传而生日，或自初生及末传而生日者，主隔三隔四得人扶助而成事。其递互克及日干者，反此，必隔三隔四有人欺凌以致谋事不成。三传不离四课，名循环格，干谒求谋皆遂。周遍格亦利。

初空末吉，辛苦何禁。首上尾加，艰难可畏。

凡初中空亡而末吉者，未免涉历艰难然后方遂。若三传全空无用或退间，皆不利。凡占旬尾乘旬首为用，名真闭口卦，一切求谋不利。

天门忌阻，鬼户宜关。

戌加亥，凡有阻滞，不利干求。辰加寅，凡干求、书符合药、闪灾避难，大利。或天乙临亥临寅，皆利。

引从告谒偏谐，任信访寻乖戾。

有初末引从天干，有两贵引从天干，有初末引从年命，有两贵引从年命，俱主告谒贵人有人引进扶持。伏吟卦，刚日自任，任可托于他人；柔日自信，可取信于自己，乃静象也。若有丁神、二马入传，则无任、无信矣，动作更改，主人之许我允于先而失信于后，或托故而他往。

二贵所临，凭合害而分轻分重。

凡占干谒贵人，必凭两贵以定成否。贵加六害之地，是贵人自不遂意，及坐辰戌之上，名坐狱，皆不利告谒，必反招贵人之怒。若乙辛日贵人临干，仍利，不可以坐狱论。贵坐克地，亦不利。贵坐空亡或乘旬中空亡，纵贵人亲口许我成事，亦无凭准。昼贵临酉戌亥子丑寅之夜方，夜贵临卯辰巳午未申之昼方，名两贵差迭，凡事紊乱，不能归一，两头脱也。凡课传贵人多者，转无一定之见，凡事难望有成。惟昼夜贵人皆入传中，常人不遇，以贵告贵，求谋成事而已。

六亲发动，辨生克而详吉详凶。

趋谒之占论六亲。兄弟爻多不可求财，必反多费。财爻多不可谋生计，生计告贵而不成。父母爻多不可为子孙辈谋事，多阻不成。子孙爻多不可谋官职及官府中事，事不成而有凶耗。官鬼爻多不可谋兄弟、朋友及自己之事，亦被阻挠不成。又财太旺反损财，化鬼及有祸之类。

日德阴神，足见他人修短。末传合处，便为成事之期。

干谒贵人，以干为我，支为彼，生合则吉，刑害冲破则凶。若知彼之性情相貌，以日德之阴神上所乘之神及天将言其善恶。如日德甲在寅，而寅之本位见亥乘青龙，则其人多文有福而活泼也。余仿此。

以末传之六合上神为成事之期。假令末传是亥，亥与寅合，寅上得何字为成期也。然必课吉方言此，否则事不成，宁论期耶？

斫轮细验空亡，昴星参详白虎。

斫轮卦乃卯加申为用，以木逢金，故斫成轮，而能任重致远，何谋求不成哉？若卯木空亡，则朽木难雕，宜改谋别图而始能遂意。昴星原本无力，凡谋难就。若刚日虎视，又有白虎入传，则虎视逢虎，勇过孟贲、卞庄，亦无所施其力也。逢三虎、五虎尤凶，不可干谒、求谒。

词讼门

详干支以分彼此，凭官鬼以见输赢。

干支俱乘官鬼，彼此俱伤，两家有损也。三传俱官鬼而支上有鬼者，乃家鬼弄家人，祸必出于自己宅内也。鬼爻全见于三课、四课者，不惟词讼入宅，仍有人口多病之凶。凡干之官鬼爻临支而又克支，再见岁破神者，主宅中词讼非细。凡官爻太旺，彼贪其时令旺气不来克害我，主衰弱之时方畏之也。若官鬼受上天将、下临地盘之夹克者，不凶。官鬼爻坐墓神之上、乘墓神之下，皆不凶。官鬼爻入绝地上，宜结绝一切凶事。若绝神坐生助之地，则讼仍起也。

子孙制鬼，临日辰而患门有救。父母化官，见传命而祸地无伤。

子孙爻乃杀鬼之神，又曰伤官煞，其神上课有气，官事自然解散。若临日干，自重化轻，逢凶化吉。若临于支上，主家中有人能解救祸患。若加年命上，宜自己辩白冤抑，可伸诉明无事。子孙爻乘天乙加干支三传或年命上，虽大罪必逢赦宥。

父母爻能引鬼为生。有初传是官鬼、末传为父母者，有三传为官鬼而天将为父母者，有天将为官鬼而三传为父母者，有三传为官鬼而干上乘父母爻或支上乘父母爻，俱变凶为吉，始可畏而终轻解无事也。如作空亡或落空亡，仍主词讼理亏，凶祸如旧，解救神落空亡也。

害合析分解结，旺败辨别浮沉。

有干支上乘六害而地盘干支亦作六害，有干与上神六害而支亦与上神六害，有干上神与支上神六害，有干上神与支六害、支上神与干六害，皆彼此猜疑，暗相谋害，我欲害彼，彼亦欲害我也。

合者，六合也，所乘作六合之神，亦如上法。乃我欲与彼合，彼亦欲与我合也。外有三传之三合而与干支上所乘神作六合，名三六相呼，见忻喜，中间必有人用力讲解和息。

有干乘干之旺气、支乘支之旺气，谓之皆旺。有干乘支之旺气、支乘干之旺气，名曰互旺。此与天罗地网同断。盖静守则得旺相之福，如争讼则变为罗网羊刃，身遭缧绁，家必破败。其互旺为罗网，乃我欲罗网彼，彼欲罗网我也。

有干乘干之败气、支乘支之败气，有干乘支之败气、支乘干之败气者，彼此到官，各有不法之事，同时败露。其罗网见年命上乘神冲之，化吉。作旬中空亡，亦名破网，而不凶也。

空亡喜惧，墓库欣憎。

蛇虎朱玄官鬼羊刃罗网害败，则喜见空亡。乙合龙常财德禄天月德解神之类，则忌见空亡。有干乘干墓、支乘支墓，俱主入狱之凶。若干乘支墓、支乘干墓，乃我欲昏迷他、他欲昏迷我。自初传之长生而传入末传为墓者，自吉变凶，有始无终。自初传之墓传入末传之长生者，先凶后吉，否去泰来。支之华盖与干之墓相并临于干上者，事必昏晦，自身难于分辨。又干支之墓临干而年命并之，名天罗自裹，事出自致，非他人所为。若墓覆日作太阳加之，主难中有人救援。

互克则众人欺侮，逢内战而名窝犯。

自末传克中、中克初、初克日干者，或自初传克中、中克末、末克日干者，名互克，三传递克主人欺侮，隔二隔三欺身受辱也。自地盘克用，用克天将，经曰将逢内战，所谋危已不可当，岂可三传全见，名为窝犯之格耶？则丑秽之迹出自家庭，其何以止之？凡占词讼得内战，不论己身为原告、被告，俱主有刑矣。

末生有三等区别，见退间则曰拔蛇。

凡末传生中、中生初、初生干，则暗地得人扶持，官非必定消缴。如自末生及初传为财，不过有人相助完事而已。末生及初传为官鬼反克干，则末传乃救唆之人也。其初传若空亡，则如斗鸡，纵有主使之人使之，而抱鸡不斗，若末传空亡，自败露也。若年命与末传相并，则自致其祸，非干人助之也。外三传退间虽势不进，而欲消缴其祸，犹倒拔蛇之艰难也。

贵罡杜鬼，如加年命以消殃。虎鬼乘骐，若值日辰而祸炽。

辰加寅上名罡塞鬼户，若临日干、年命之上，在狱主得出。贵人塞鬼户，众鬼入传亦不畏也。有贵人乘日德临干及年命上者，亦能消除灾患。有三传见官鬼甚众而天乙贵人制鬼，必得贵官之力救济。见官时得二贵相合，亦得贵人乘贵之吉也。白虎作日鬼加干、年命，其凶甚速。见空亡、坐空、坐克、坐墓、白虎之阴神制鬼，皆吉。白虎受夹克，亦化吉。见驿马与虎鬼战，罪在远方，凶无敌矣。

不凶而虎头蛇尾，非吉而雀入勾乡。

白虎作初传、腾蛇作末传，凡事虎头蛇尾，先凶后吉之兆。凡朱加辰为用，名雀入勾乡，最忌占词讼，主有非常之口舌。

赤鸟犯岁君，腾蛇夹丘墓。

凡词讼占得朱雀克太岁者，主坐以死罪，达于朝廷。日干之墓神与昼夜二腾蛇相并，名两蛇夹墓，凶祸不可言，惟年命上神冲之，吉。

丁动刃逢而缧绁不克，龙阳生遇而刑辟蠲除。

庚辛日占得旬中之丁神，凶祸不可当。凡丁神乘勾陈入传干者，必主官司追唤。凡丁神加巳亥而伤日干，主针刺刑。凡羊刃乘神伤日干，罪必打死。凡青龙生日干再乘月内之生气，化除凶祸为吉祥矣。太阳加年命、日干上，宜辨理词讼得伸也。

三赦解凶殃，分地支各有属肖。

干支、年命、三传上若见天赦、皇恩，主凶祸解轻，难中有救。天赦：春戊寅，夏甲午，秋戊申，冬甲子。皇恩：正月起未，顺六阴位。如春占，得甲戌旬中之寅乃天赦也。或勾陈、天空加于寅上，亦是。

地支所属，谓亥头、巳面、丑腹、寅脊臀。又丑刃、辛针，丑辛二字见于别责卦，更克日，主针罪。

五行决罪戾，辨天将信无更疑。

五行之刑有三等。一字刑乃辰午酉亥，四课全见或干支见，皆起于自刑自害，妄自尊大以致之也。二字刑乃干支上乘子卯或干上乘子、支上乘卯，乃无礼之刑，事因两家各非礼而致也。三字刑，未丑戌三传，则事起于彼此恃势而致也。若寅巳申作三传，则事起于无恩而致之。且占词讼见刑，必刑责也，故深忌之。五行之义，木主笞杖，火主杖血，土主徒禁，金主针刃，水主流罚，再以十二天将更言之。

兔犬相加防吊拷，鸡蛇发用恐流离。

卯手戌足，手在上则梭指之刑，若足在下则夹棍吊拷之象。或巳加酉发用为配罪，必主流于远方。或甲辰旬巳酉亦是，忌之。

循环周遍逐日缠绵，根断源消其年破败。

四课在三传之中，三传居四课之内，名循环格。干上旬首、支上旬尾，名周遍格。占讼卒无了日。四课下生上，如流消其源，木断其根，虚耗无已，以至于破败不休也。

格凶亦凶，课吉必吉。

如年月日时皆在四课，名天心格，事关朝廷，大凶。如三光、三阳之类，虽处凶迍之中，终化为吉。

鬼绝处便见结绝，末散时定然解散。

官鬼爻之绝神上乘神为结绝之日。如金是鬼爻，生巳、绝寅，寅上得何神，是结绝之日。末传对冲之神上所乘何支辰，乃解散之日。如末传卯，卯冲酉，酉上得何支辰，即是解散日也。

盗贼门

占贼行藏须用鬼，玄神生克以详因。卜赃得失但凭财，福德旺休而考证。

官鬼爻为贼人，玄武亦为贼人。财爻为赃物，若有子孙爻生助之，则物终不失，无气之财则失之矣。

来方看所立，去处察支临。

玄武所立之处为贼来之方，其方之支加临之处为贼去之方。如玄武乘寅而加于亥，亥乃西北之地，贼从西北方来也，其亥加申乃西近南，贼向西南方去也。余仿此。

踰垣屋者因乘天马，穿窗牖者申遇悬绳。

玄武与天马相并，贼人踰墙垣房屋而来。与悬索煞、长绳煞相并，贼自窗牖中来也。天马，正月起午，顺六阳神。悬索煞，正月起卯，逆行四仲。长绳煞，正月起酉，逆行四仲。

居夜而越度关梁，在昼而形踪显露。

凡玄武临夜方，多无人见其形踪而难获。若居于昼方之上，易于跟寻。

丁马交加防远遁，太阳照耀便擒回。

旬中之丁神及支神之驿马而为武所乘者，主贼人远去难寻。凡丁神乘玄武者，来意必占失贼。若玄武乘月将者，必自败露。其太阳照官鬼，亦同。或玄武官鬼爻之本家被太阳照破，亦捕捉易获。

旬首获易，河魁捕难。

凡旬之首乘玄武，名闭口卦，退后四辰之方，捉贼立获。如甲子旬上见玄武，退四乃酉上也。余仿此。

戌加亥，魁度天门，阻隔不通，故不能得贼。

都将见贼人，鬼克玄武公胜盗。家宅逢盗脱，官乘生气去还来。

凡游都所在之下占访贼人，寻之立获。若官鬼爻克玄武乘神，利公人，追捕即获。凡支上乘盗脱之神而作玄武者，是家中盗窃。官鬼在支及三传之上而乘月内生气，主贼来不已，先事防之可也。

子孙赶贼，鬼相冲而自败自擒。发用为偷，中末传而为赃为吏。

凡三传及干支、年命上见子孙爻，为赶贼之神，必易捉也。三传中官鬼爻自相冲者，主贼人擒贼人，非自败自首乎？如壬癸日，传中未戌丑辰之类是也。初传为贼人，中传为赃，末为吏、捕人。初空则贼人不可得，中空则赃不在，末空则吏与捕人不用心，致贼脱去。再详生旺克墓绝而言之。

逆数至阴知数目，五行生处物藏伏。

玄武所立之方逆数至阴神之方，合得几辰，便知贼几人也。

武之阴神所得之支神为方向，及相生之理论之。如玄武立亥而阴神是申，申上得巳，乃东南方可寻物。相生则火生土，物在高阜处寻可得。歌曰：要知藏物处，阴神生去寻。金生在水下，水生在高林。木生窑冶处，火生在高岑。土言土壑下，空墓窟中陈。

岁月克他而称月称年，日时伤彼而期时期日。

年月日时上得何字克得玄武乘神以决之，得年不出年，得月不出月，得日不出日之类是也。

闭口不可以问人，空亡何劳于寻物。

凡旬尾加旬首发用，名闭口卦，纵然有人见之，亦不肯言。财爻空亡，物类作空亡，俱不能得物。昴星卦见玄武乘空亡，主失物非贼偷也。又昴星卦而财爻守玄武逢空亡，亦主失脱财物也。

若夫六处无玄不克日，诸神顺布日辰合，俱为自失，非系人偷。

干支三传、年命上无玄武而不克日，及日辰上下相和、相生而不相克，及贵人登天门而顺行者，俱主自不谨，失物非人偷去也。

卜乡邑斩关之寇，课见螣蛇克家堂，心腹之人，年乘玄武。

如四课三传见玄武，则郡中有盗。不见玄武而见螣蛇者，亦有盗。二者不见于课之中，则郡中安堵无忧。如一家有数十人，一人失物，则于众人稽之，内有一人年命上乘玄武，则其人盗物无疑。

阳为男而阴则红颜女子，旺者少而休为白发衰翁。

玄武加于六阳之位，乃男子作贼，若加六阴上，乃女人也。玄武乘旺相气为少年，休囚主老衰。又孟主老，仲主中年，季则少年之人。

格忌循环周遍，干愁破败网罗。

干乘旬尾、支乘旬首，及三传不离四课，俱主贼人复来之意。干乘干之败气而为支之破碎煞，或支乘亦同，皆主被贼破败。乘罗网亦同。

鬼脱玄传知来意，伏则前一位，返则对冲是。

或官鬼爻乘玄武，或脱气乘玄武，来意必问失盗之事。伏吟卦，以玄武所在前一位之方寻之必获。返吟卦，以玄武所在相冲之方寻之可获。

逃亡门

追洁身之远士，详日德之加临。捕背主之逃奴，看支刑之落处。

此名刑德卦也。如君子逃亡者，看日德之所在访之。如雇工、佃户、拐骗逃亡者，看支之刑神所在捕之可获也。

德克刑而易获，刑克德以难寻。

凡德神克刑神，则不问贤愚，皆可得见。刑神克德神，俱不可见也。

子弟位属六亲，婢仆爻观异姓。

兄弟用比肩爻，子侄与孙用子孙爻，父母用父母爻，夫用官鬼，妻用财爻，又用各人年命落处。更切婢视太阴、从魁，仆用天空、河魁，皆以所落处言之。仆隶若知其年命，寻所落更切。详生克衰旺鬼合墓死绝空害言之。

若犯奸淫窃盗，当观天目贼神。

若奴仆盗窃，则用玄武，与盗贼门同断。如别故而逃，当以月将加时，看天目至何处，干此处可捕之。天目：春辰、夏未、秋戌、冬丑。

任信则近，无依必遥。

伏吟课无丁神、二马，逃人去不远。返吟卦，丁己辛值丑未六日曰无依，主人逃去甚远也。

更详诸格之欣嗔，莫执一偏之识见。

如循环格，为去而复来之类。

欲识里数之遐迩，当测魁临之方位。

以天魁离日前几辰，便是几里。旺相则以十、百、千言之，休囚以十言之。

自逃门

裹天罗，遭地网，将欲何之。塞鬼户，登天门，庶可遁也。

行动最忌罗网裹兜，凶逃不免，须年命乘神冲破，或空亡，皆吉。辰加寅，大利闪避灾难。官鬼虽多，贵塞其户，众鬼不能窥我。贵人加亥，六凶俱藏，与四煞没，俱利逃亡，详迁移门。

传凶干吉，号曰避难逃生。干子传官，名为患门有救。

三传脱气、空亡、官鬼之类无益，而干上乘吉神不能为传中之用，未免避其传之凶而自逃于干上吉将矣。又三传既凶不可趋，干上乘凶亦不可守，而干坐生合德禄，可言避难逃生。或坐财乡，可避难而求财也。三传皆为日之鬼，何处得逃？惟干上乘子孙爻，初虽惊，终不能为凶。

丁马神曜最宜临年之宫，白虎官爻切忌加干之上。

旬中之丁神主凶动，乘玄武因盗贼牵连而逃灾，若见蛇雀勾陈为斗讼。白虎作官鬼爻加日干之上，凶速不可当，不可逃也。若在三传逢空亡、坐克墓，及鬼虎之阴神制得鬼虎者，可以逃矣。

有墓昏迷，尤忌两蛇来夹。无遥混沌，须防众虎纵横。

干支乘墓坐墓，主昏晦不能逃，乘白虎及昼夜两蛇夹之，尤凶。年命乘神冲破，始可言逃。太阴临之，则难中有救。昴星卦再见白虎，则两虎矣，勇如孟贲，力不可支二虎，况有三虎五虎之占，尤凶之甚。

喜生神月德之方，忌天目直符之位。

五行之长生、逐月之生气、天德、月德、日德方，俱全吉，视其吉落何处，便趋其处而逃，惟日干之长生用之甚捷。月德，正月起巳，逆行四孟。又天目，春起辰，顺行四季。直符，甲乙丙丁戊五日起巳逆行，己庚辛壬癸五日起午顺行。此天目、直符二神所临之方，不可逃，宜避之。

六辛克日殃非细，一犬当门祸自深。

六辛，白虎之象，甲乙日最忌见之。丁亦蛇雀之象，庚辛日不宜见。又丙丁日忌六癸，戊己日忌六乙，壬癸日忌六己，俱不利逃，盖阴干之杀气、旬中之遁鬼也。戌加亥，主关阻不通，亦不能逃。

斩关游子，海角天涯。内战天心，途穷路窄。

魁罡见龙合加干发用，名真斩关卦。辰戌丑未为三传见丁马，名游子卦。俱逃亡之利见也。内战见家宅门，天心见科举门，俱不可逃。

远近但凭休与旺，迤凶盖畏墓兼空。

发用之神乘旺相气，远方逃之。若休囚之气，则近处可矣。传墓入墓空亡，陷阱一般，皆是凶兆。进茹空亡宜退步，退茹为脚踏空，宜进而逃于远方也。

求财门

传财明休旺，喜将生而忌生官。彼我看干支，宜遇合而恶遇害。

凡三传合财局，或全作财爻，须待财不旺之时方可求之。如木在春占，财爻旺，不惟求之不得，反费己财。传中见财爻而天将又生之，所求大获。

干克初传为财、初克中、中克末，或末传是财克中、中又克初，俱利求财。若三传财爻生干上之鬼，则因财而致祸矣，岂可求乎？干为我，支为彼。干支上神六合、干支六合，干乘支合、支乘干合，或干支上下交互六合，主客神和道合，大利求财。若乘六害，如上例，主彼此猜忌，主客不投，不可求也。若上神六合、下神六害，名外好里槎芽，求财不利。

旺禄休谋，临支受脱名偿债。干财传脱，反加生益号还魂。

禄乘旺气临干，坐守则宜，动则变为羊刃罗网，岂能得财？若禄临支上，被支脱其禄之气，则以禄偿债之象。若临身禄空亡者，乃可动谋求财。禄乘玄虎，亦不可守，反利谋动求财。三传虽脱干之气，而干上乘财，则三传生起干上财爻矣，乃去而复来，名还魂债也。三传脱干之气而生起支上之财，亦同。

递生固吉，顺克非凶。

自初生及末、末又生干，或自末生及日干，主隔二隔三有人推荐。干克初而及末者，求财大获。

全比必起分争，纯财反妨生计。

兄弟爻旺则分夺财矣，如有子孙爻入传及年命上，仍吉。三传全财虽可求财，而生计不利，盖克父母爻也。三传财克干上父母，主因财致祸。

末助初财人暗助，支传干上利求谋。

初传是财，末见子孙，主暗地有人将财相助。初传发自支上，末归干上，乃彼求我事也，我欲望彼之财，岂不得乎？

艰难避难，细详坐末之神。杜户度门，宜验发端之将。

初空亡，中落空亡，末为财爻，是初艰难，再进一步而始得财。三传官鬼、脱气不吉，不可趋矣，而干坐财爻之上，乃避难求财之例也。艰难之财在末传，避难之财在坐下，故曰坐末之神。辰加寅、贵加寅，吉。戌加亥，凶。

以财干贵财生贵，两贵宜合。财逢夹克忌求财，墓生空恶。

财爻生助干上所乘之贵，利以财干贵，用事二人，坐生合之地，尤吉。财爻忌坐克地，天将又克之，财不为我用矣。财坐克生空墓之地，皆不可得财，强求不免反费无益。

交车合财，喜遇相呼愁破碎。丁马主动，将生传吉鬼逢凶。

交车合，作干财，则利交关取财。交车刑害克冲空墓，反凶。三六相呼作财爻，大利求财。干支乘破碎煞，求财甚不利，必破财琐碎。破碎煞，子日起巳，逆丑酉金局。庚辛日见木为财，而木中有丁则因财而致凶动，逢蛇虎尤甚。壬癸日见火为财，而有丁神或远方之财寄来也，乘父母爻则父母寄来，兄弟爻则兄弟寄来。余仿此。若夫驿马相并，更速。如财乘驿马，虽不见丁，亦主因财出入。三传为财，将又生之，大可求财，若三传隐旬中之遁鬼，则凶。

险鬼乘财财出险，最喜寻人。绝神加利利结绝，不当乘墓。

三传全鬼则无劫夺之患，若见一财则全鬼变为财矣，但急取即得，稍缓则鬼物伤人矣，知机君子决不取也。财爻加干上，曰财就人，亦宜急取，甚吉。凡财爻坐绝地，名投绝，最宜结绝财事。或财爻是墓，或财乘墓，俱宜急取，缓则墓来覆日而昏晦矣。

玄亥交加失叠叠，还怕内争。龙生相值喜重重，偏忧退间。

凡财爻乘亥，又见玄武，主重重失财。内争即内战，凡谋难遂，况求财乎？青龙乘神生干，作月内之生气，主重重喜事。若三传退间，亦难得。

奇仪周遍，枯木重荣。

甲子、甲戌旬见丑，甲申、甲午旬见子，甲辰、甲寅旬见亥，名三奇卦。六甲旬首发用，名六仪卦。周遍、循环，见家宅门。求财遇此四格，甚利。

闭口昂星皆少力，网罗无信总成空。

闭口卦，求人不语之象，或无实语。昂星无力。网罗动则为羊刃，主耗费。伏吟见丁马为无信，皆不利求财。

若问成期，末传合位。

以末传之合神看其上乘何字，是得财到手之期。如末传是亥，亥与寅合，若寅上见申，便当申日入手也。余仿此。

买卖门

交车十等，须逢生合为宜。末助三般，若遇递生尤利。

交车长生，大宜合本营生。交车合财，则宜交关取财，以财交涉最利。交车合三交，则因交涉而有两三事。交车三合，则家人和美，外人相助而成事。若交车脱害刑冲空，则不吉。末传生初传为官、为父母、为财，三等也。

而生助父母、财爻为用，主暗地得人扶助生意进财也。递生者，自末而生及日干，或自初而生及日干，皆主隔三隔四有人推荐成事。

经商则辰为主而日为客，看神将之旺相以卜合宜。

若类神无克贼物，与日无克害，则吉。又云：三传旺相，物价倍增。支来加干，物不及时。若日神、三传俱生旺，价利十倍。若蛇虎魁罡，虽主易求之物，亦必难得。若物之类与日比，易得。日辰俱吉、交关者成，日辰俱凶、交关者不利。此买卖之要也。其脱卖货者，《心镜》曰：有物市日则变时，干支俱吉大为宜。干吉支伤忧利省，干伤支吉不嫌迟。时下无妨犹珍宝，干支俱损却难为。上下俱各相生旺，各得吉将十倍之。又曰：日加支兮货不合，日上传支脱不得。若日上吉神而克辰上之休囚凶神者，尤利少也。辰为主人，日为客，比和者吉，凶神克害者凶。

互相生旺愁罗网，如逢死墓怕关妻。

干上神生支、支上神生干，曰互生。干上神生干、支上神生支，曰俱生。最宜合本生意。干支乘干支之旺神，或自乘或互乘，则守之为宜，若动则变为罗网，反费财招祸。如冲破、空亡，方吉。干支自乘死气，或互乘死气，俱不可谋生计，止宜休息。干支各乘墓、坐墓或传入墓，皆主昏晦折本。干墓并关神，主废弛。支墓作日之财爻，主贩商羁旅折本，不利生涯也。

旧事更新，病符并生加两曜。动中求静，禄神乘旺覆干支。

病符临干生干，或加支生支，为财爻或为贵人，宜成合旧事。盖旧年太岁也，乘月内生气妙甚。禄神乘旺临干，守之则宜，动反耗费。盖禄为同类，旺为羊刃煞也。禄临支生支，因宅丧禄。玄、白、空亡与禄神并者，皆不吉。

进步甚艰难，初中不利。生涯深遂意，昼夜相从。

初传、中传空亡，而末传为生为财者，于艰难中再进步竟觅出一点结果，勿休心也。初末引从天干、二贵引从天干、初末引从年命、干支引从年命、二贵引从年命，此等格主有贵人引荐提拔，生涯必深遂也。

登门度门，内战外战。

辰加寅、贵加寅、贵加亥，皆吉。戌加亥，阻隔不通。内战祸重，外战祸轻。

生气会青龙，重重喜至。印财乘太常，屡屡兴隆。

青龙乘神生干，更逢月内生气，主重重财喜。印乃父母，与财爻乘太常加干支之上，宜酒食衣帛铺则大兴。

独足利蛟龙背上兴家，九丑畏狼虎头前求利。

己未日，干上酉，名独足，诸事不吉，惟贩商行舟则得利。九丑主居家犹不利，况欲行于狼虎头前？远去觅利，必然折本丧身矣，凶甚勿蹈。

闭口源消非可用，天心周遍莫猜疑。传进当行，间退须止。

闭口及根断源消，主虚费折本。天心、周遍、循环格，皆久远有利之象。三传进间、进茹，可进不可退。若退间、退茹，虽见财亦不可前往。源消见科举、词讼门，仕宦、趋谒亦忌。

妨生计只为财多，损资财盖由劫众。

三传全财，财可求而生意不能久，父母受伤也。三传全比，资本必亏。

归结合神成事业，财爻空绝损精神。

末传之六合上乘何神，是成事之期。财入绝乡、空亡之地，不可得财，辛苦无益不必求也。

出行门

安居尚虑屯凶，远出岂不筮吉？先看丁神驿马，惟愁鬼遁主殃深。次察天秤河魁，若遇合龙皆吉盛。

干支、年命、三传乘旬中之丁神，即主动，见二马尤速。惟庚辛日有凶事，盖遁鬼也。魁罡加日干、年命上发用，出行大利。乘龙合名真斩关卦。

中末逢空，发用占时移远格。艰难进步，两头逼迫退传归。

占时及发用吉，中末空亡，名移远就近格，主动中不动。初中空亡，乃艰难两涉，末或财爻、生方，更宜进步。或三传俱凶不可进，而干后脱空官鬼不可退，则守之为吉。退间，虽见财印，亦不宜行。

旺禄出门翻撞网罗之内，墓空登路迳投云雾之中。

旺禄加干，守吉动凶，宜年命上神冲之可动。禄空逢玄，不可动。干支坐墓、互墓，皆不可动。

动而有悔，日干所落不逢生。移本无心，年命到家重会合。

干加之下为所落地，若落克墓空贼刑害死绝脱气，皆不利。本命加支，乃命归宅，自己无欲动之心也。

羁绊旅程财墓见，丧亡道路死绝临。

干财及支墓入三传发用，主商贩折本羁旅难归。干支乘绝、互绝，宜结绝旧事，不可出行。各乘、互乘死地，更不宜远行。

虎蛇逢遁鬼遥，伤马驾则诸凶骤至。贵德入吾门杜，恶龙生则诸吉骈臻。

甲乙日虎乘庚，庚辛日蛇乘丁，大凶。

天乙乘日德临干，消除百祸。青龙乘神生干，更乘月内生气，无往不宜。

双蛇夹墓，须用年冲。二土临门，还凭发动。卦凭善恶，煞验休徵。

二土谓辰戌。辰加寅，吉。戌加亥，凶。卦喜奇仪、三阳、三光、时泰。煞喜二马、二德、喜、生。卦忌昴星、闭口、九丑、天寇、天祸。煞忌天目、游都、鲁都、月厌、直符、大煞、往亡、天坑、丧车。伏吟见丁宜行，返吟逢空勿往。

行人门

年命入宅，心已还家。干克临支，身离彼土。

行人之年命加于支上，虽千万里亦指日归。干加支及克支，主行人归。

断桥则中途被阻，循环则不久归家。

中传空亡名折腰，又名断桥，主中途被阻。循环格，必归。

支传干上干乘墓，生气青龙喜重来。我求彼事彼逢关，死囚白虎凶骈集。

初传支上，末传干上，行人来。若干传支，不来。干乘干之墓气，行人来。青龙作生气、生神加干上，来且有喜。初传干上，末传支上，行人不来。更逢四季关神，定不来。白虎乘死囚气作用，名魄化，主凶。关神，春丑顺四季。

天罗自裹，淹留而坐卧非宁。三六相呼，眷恋而资囊盈溢。

干墓与本命相并临干，名天罗自裹。干墓作华盖为用，行人不归，亦不如意。三传成局与干支上乘神三六合，行人在彼尽得意而不来。

支墓夹财非吉兆，传入坟墓速奔临。

支墓作干财发用，主旅程稽阻。初传巳，中传戌，是传墓入墓，行人即归。初子，中巳，末戌，亦是入墓，行人主必来。

退传则归，进间则滞。龙战则进退狐疑，返吟则去来不定。

凡退宜归，凡进不返。卯酉日占，卯酉发用，行人年命立卯酉上，名龙战。

东往南行酉为速，西将北转卯非迟。

日在东南看酉，酉为暮，行人至暮而止。日在西北看卯，卯日出，行人进程。又行人自东南起身，西中途，北方子为冬至，行人当至。行人自西北起身，东中途，南方午为夏至，行人当至。

近出看罡临而分前后，但行详魁值以别壅通。

天罡加在日辰前，远近行来必趋筵。天罡加在日辰后，纵如隔壁也无缘。戌加亥，行人阻滞；戌不加亥，行人无阻。

疾病门

测病症受感之源，先评鬼虎起沉疴。临危之际，次详生龙。

白虎临干支、年命、三传者，则受病之源。不见白虎而见官鬼爻者，亦同。木肝、火心、土脾、金肺、水肾，各治本经为宜。虎鬼空亡或坐克者，不治自愈。青龙加干生干乘月内生气，至危至困亦可复生。

虎鬼加马为可畏，如逢死墓病丧倾。子孙加临名解凶，若值贵医年命愈。

虎乘鬼加支，甚凶。马乘虎鬼，亦凶。虎为绝，为丧门，乘月内之死，忌加干，必死。虎遇丧车，亦死。虎乘墓临干支、年命，凶。墓虎病鬼在六处，皆然。虎并日鬼临干，大凶。虎乘病符克干，大凶。干乘干支之墓见白虎者，必死。

子孙爻乃杀鬼之神，加干上，虽三传全鬼，亦无害。支上乘子孙克三传之鬼，必宅中有良医能救，或先亡过之人佑之。若子孙坐克、坐空、坐墓，则不能救。子孙爻为医药，金宜针，火宜灸，土宜丸药，木宜散药，水宜汤。

丧吊哭送姻亲死，岁加而分内外。病符温传眚属亡，鬼动而详死生。

干支乘丧门、吊客全者，主哭送之象，临年命尤的。干鬼乘太岁逢月内死气，加干外孝，加支内孝。白虎、死气、羊刃、空亡入宅内，外孝至。虎之阴神制虎者，吉。病符乃上年太岁，加支克支主合家生病，乘虎主伤人口，乘天鬼患时疫，作月内死气，人口死。天鬼又作日鬼，亦患时疫。乘生气，虽传染而人不死。

引鬼为生，切忌收鬼神至。因妻致疾，还防冢墓门开。

天将为鬼、三传为父母爻，初传鬼、末传为父母爻，三传全鬼、干上乘父母爻或天将为父母爻，俱名引鬼为生，病虽昏沉而不死。鬼受夹克，不凶。三传全鬼，得四时之旺气，不妨，过时乃凶。收鬼神乃日墓见玄武，如戊己日，辰为玄武是也。三传全财，生起干上官鬼爻，因妻致疾，或因财因食以伤身。三传全财，克干上所乘之父母爻，或乘旬中遁鬼，大凶。三传之财太旺，病难担负。三传全财而天将生之，不利。干支之墓加支克支，丧吊蛇虎又相并，为墓门开，占病主死三五口，空亡不能为救。

脱败见虚羸，绝死逢危笃。

干支各乘互乘脱气，主上吐下泻。值根断源消，主血气虚惫疲癃痨瘵之疾。干支各乘互乘败气，主自不保重，纵酒色以致羸弱成病。鬼加三四课全见，主病讼交临。干支各乘互乘绝地，主日渐衰弱，不能支撑。

鬼户宜关，干命临而不利。天门怕度，贵如登而反欣。

辰加寅，宜合药、书符、祈祷，忌干年命加寅，乃人入鬼门，大凶。戌加亥，主关格、邪祟，用药无效。贵加天门亥，六凶俱藏，最吉。

寻死殁速，拔蛇愈迟。

退连茹生日干本吉，而逢空亡，名寻死格，父母、己身病凶，子孙病反吉。退间之卦，如倒拔蛇，岂能速愈乎？

两蛇夹墓疾难除，一尸入棺愁易毙。

昼夜蛇同乘干墓，主有积块而伤，生年命乘白虎破墓冲蛇反为救。六合乘申加卯上，名死尸入棺，占病必死。如无六合而乘生气，主病在床，盖六合如六片板，为棺象，卯又为床。

忌支病血女人逢，崩漏伤胎。常后因婚男子遇，筵席伤胃。

干年命上乘二血，主血病，女人占则崩漏也，乘月厌尤甚，或有胎必伤。太常、天后加支克干，病因喜得，或饮酒伤食而得。

丁详金水，空验新陈。

庚辛日见旬丁为遁鬼，占病多不救。壬癸日遁财，必妻家饮食物帛致病。旬丁乘虎，主疼痛之疾。久病得空亡者死，新病得空亡主生。盖空在上，亡在下，新病应上字，久病应下字也。

岁墓干墓临卯酉，如逢恶煞主重丧。网罗日罗覆干支，若得喜冲而化吉。

太岁后五辰为岁墓，若又为日墓，加卯酉，上乘蛇虎、月厌，主重丧。干支乘罗网凶，年命上神冲之或空亡，可化吉。日墓与命并加干，名自裹，亦凶。

闭口绝食，更忌末初六合。盖头孝帛，还防年命加乘。

句尾加句首为闭口，逢财禄主绝食而死。初末作六合，气塞于中，哑噤咽喉不利而死。禄神加绝克空亡上，俱绝食而死。妻占夫病，忌年命上乘太常、华盖、日鬼、死忌、吊客相并，为孝帛盖头，夫必死矣。

蒿矢不宜见金，浴盆岂宜有水。

遥克力微，虽鬼贼，病未必凶。若乘申酉虎阴或遁庚辛为用，乃为凶也。浴盆煞，正月起辰，顺四季，乘亥子武后，加亥子上，占小儿病必死，盖浴盆有水，方可淹人。

自墓传生迷亦醒，虎头蛇尾重还轻。

初传墓、末传长生，主先迷后醒。自生传墓则凶。初虎末蛇，凶而不死，若蛇头虎尾亦凶。

卢扁亦会杀人，医神乘乎官鬼。汤丸不能愈疾，药物异于子孙。

天医乘鬼，主求医害事。天医所生之日为痊期。火鬼忌灸，金鬼忌针，木鬼忌散，土鬼忌丸，水鬼忌汤。

恶德丧禄绝，喜贵临福集。

日之禄德，忌坐克绝墓空。日德作贵人加日，名贵德加身，可消万祸。

生气死气各有吉凶，循环周遍不作祯祥。

生气克死气，吉；生气实、死气空，吉。反此俱凶。年命克生死二气，吉；二气克年命，凶；不克，愈期缓。传不离课，干旬尾、支旬首，皆缠绵之象。

卯戌逆而风损，子巳会而死亡。

卯手、戌足、丑脾、卯目、巳齿咽、未胃、酉小肠。戌加卯，足上手下，主癫痫气心风症。子为夕，巳见则死字也。

诸卦喜忌，六亲详类。

卦喜三奇、六仪、三光、三阳，忌飞魂、伏殃、魄化、九丑、天烦、地烦、斩关、玄胎、返吟、从革，大抵久病见从革必死。父母爻见，不利子孙，比肩可救。子孙爻见，不利占夫，财爻可救。官鬼爻见，不利己身、兄弟，父母可救。比肩爻见，不利妻妾，子孙可救。财爻见，不利父母，官鬼可救。

田蚕门

欲知农桑二事，先观发用三传。金为面麦之神，种他谷则有虫蚀之患。水本稻粱之宿，植别苗则生腐烂之虞。

申酉属金，宜种麦，亥子属水，宜种稻，他谷则金主虫伤，水主腐烂。

木纵稀疏，喜禾自茂。火防亢旱，黍豆偏宜。

寅卯属木，宜禾，别谷亦收，盖木主五谷也。巳午属火，宜种赤豆、黍子，别谷恐旱。

土乃生物之源，植麻最为有益。

辰戌丑未属土，宜种麻，他谷亦丰收，土为万物之母也。

若论迟早之田，还究末初之吉。

初传吉，早田；中传吉，中田；末传吉，晚田。忌值空亡，以五行决之。

胜光蚕命，子加之而防鼠窃。太乙筐笼，酉值之而恐自僵。

午加午，蚕大收。子加午上，防鼠咬。巳加午，蚕满筐。酉加午，蚕多僵。火见火，故旺相。金火不投，火死于酉，宜其僵也。

戌黄亥死，逢丑则眠。寅茧卯丝，见申为絮。

戌多黄而老，乃墓神也。亥加午，自死者多。丑加午，多眠，丑亦北方神也。寅加午，茧极多；卯加午，丝极多。木生火也。申加午，化为絮，乃病地也。

辰簿相生本吉，与妇相克则凶。

辰为满簿之茧，大抵丑未辰戌虽泄气，乃火土气相生，仍吉。蚕妇年命上神克午或克午上神，皆不旺不吉。

地理门

辰阴乃主山，看坐落相生相合。冲位为对案，详加临相克相生。

第四课为坟，看其相生合是吉地，相刑克则凶，更看日干与人本命生合尤吉。第四课对冲为案，亦须有煞为吉，无煞为凶。八干四维各附《干支歌》

曰：壬在子兮癸在丑，艮寅甲卯乙居辰。巽巳丙午丁纳未，坤申庚酉亦同论。辛戌乾亥皆如法，天地移来一掌心。如第四课下字是子，乃壬山，对冲则丙向也。余仿此。

上下皆合，定风完而煞足。干支皆损，必水涣而砂分。

干支上神六合，地盘亦六合，或交车六合，皆吉。为六害者，凶。

青龙左喜，不当落在空亡。白虎右欣，岂可临于刑害？

青龙不宜见空亡，空则左峰左山缺凹受风。白虎若见刑害，主右峰右山缺凹。凡天空加第四课，贵人逆行，则左龙右虎，风水全吉。

墓虎临而尸伏损眷，空亡见而山案倾欹。

干墓乘虎加第四课，主有伏尸在地，若安坟人口必损伤。主山、对山、左右之山各忌空亡，见则缺陷。

土神旺而来龙不错，

春辰夏未秋戌冬丑，名土神，所临为来龙之吉处。

螣蛇落处穴定无差。

凡螣蛇所在为穴，旺相带吉神，其穴必正，穴中干净。如带空亡墓绝，必是绝穴，与虎同宫，主白蚁。青龙同刃值金煞，主崩摧。在初传，穴宜高；中传，宜平；在末传，宜低。

水有之玄之水，亥子壬癸遇玄神。山逢合抱之山，未戌丑辰逢土宿。

亥子乘玄武遁壬癸，则水必奇。辰戌丑未加四课，再见贵常空勾之土，则山必旺而合抱。

所喜者旺相生合，所忌者死绝刑冲。

四课上下相生合，乘时令之旺气则吉。若相克刑冲，乘坐死绝，皆凶。

甲乙木神落处，有森森之茂林。丙丁火宿加临，见叠叠之崇岗。

旬中甲乙丙丁看其落于何处。如甲戌旬，戌加子，亥加丑，子丑加寅卯，便主正北稍偏东有草木之应，正东及偏北有崇岗之应。

道路专看庚辛，见刑冲欹斜不正。坟墓只择戊己，遇生旺重叠朝迎。

旬中庚辛落处为道路，旺相则正，刑冲必僻。戊己落处有坟冢，旺相为新坟，休囚则古冢。

壬癸加临，水局不谬。

壬癸落处有水泽，旺活水，休囚主死水。

香火门

天乙乘鬼，断以神祇。天空作官，评乎佛位。

贵人，神祇之像，作官鬼加支上，当酬愿。天空，无位之神，则空门佛也。

绘画诸真，莫非玄神临课上。塑成众圣，无非土宿入传中。

玄武乃画神。空常勾土将，为泥塑像及土地也。

木将见金雕刻就，金神遇火炼熔成。

寅卯加申酉，则雕刻之象，不见金必牌位。申酉加巳午，则铸象。不然看支上乘何神以断宜供何神。巳午乃朱书符篆。

宜生我扶我，时时冥府赐祯祥。忌刑干克干，岁岁天曹降祸乱。

支上乘神生干合干，则神赐福。若刑干克干，则降祸。

六畜门

戌犬寅猫见生旺，自然生旺。酉鸡午马见赢衰，必定赢衰。

失犬看戌，失猫看寅，鸡鸭鹅看酉，马看午。如临子则走向北，临午则走向南。乘生旺则盛，乘休囚则衰。

丑未牛羊，须逢龙位。亥卯猪驴，怕见虎刑。

牛羊逢龙则吉，猪驴遇虎必伤。

养兔养鹰，秦宋二宫推暗曜。饲鱼饲鹿，楚周两位看伏星。

卯宋分为兔，未秦分为鹰，巳楚分为鱼，午周分为鹿。

猎捕狼熊，还寻鲁卫。畋捉狐雉，再察西东。

戌鲁分主狼，亥卫分主熊，卯正东主狐，酉正西主雉。以上俱看所落之方捕之。逢生旺，吉；休囚，凶。

射覆门

论用神

刚日柔辰射覆机，五行定物用神推。

射覆之法，阳日先看日上，阴日先看辰上，各看所得之神，次看初传发用之神，合而决之，更不须取中末传。若定其物类，当取五行论之。凡发用见金，主金银铜铁兵石砖瓦之物；若见木，主草木绢帛曲直之物；若见水，主珠蚌浆汁水晶流转曲形之物；若见火，主文明毛羽烟炭煤烛上尖之物；若见土，主尘沙土块圆厚之物。

假令正月甲子日酉时，月将登明，天罡临日为用。

　　贵后阴玄
　　未申酉戌　　　　合青蛇合　　　财戌辰合
蛇午　　亥常　　　辰寅午辰　　　子庚午蛇
朱巳　　子白　　　寅子辰甲　　　官壬申后
　　辰卯寅丑
　　合勾青空

法曰：天罡土神，主尘沙土块之物。

又正月甲子日子时课，神后临丑为用。

　　合朱蛇贵
　　辰巳午未　　　玄常白空　　　父甲子白
勾卯　　申后　　　戌亥子丑　　　父　亥常◎
青寅　　酉阴　　　亥子丑甲　　　财　戌玄◎⊙
　　丑子亥戌
　　空白常玄

法曰：神后为水，主浆汁近水之物。余仿此。

即两课推之，斯皆入射覆法门之大端也。更须详其神将兼推四时旺相合而决之，万不失一也。

休囚失位非堪物，

发用得旺相及加旺相位，是近贵可用之物。如发用休囚更在休囚之位，是不堪用之物。若发用旺相气加在囚死休气，其物亦不堪用。如春木火为用加东方、南方，夏得火土加南方及四季位，秋得金水加西方、北方，冬得水木加于北方及东方之位，皆为近贵堪用之物。如春得金土水加西方、北方，夏得金水木加东方、北方，秋得火土木加南方、东方，冬得土火金加西方、南方之位上者，皆为不堪用之物。

假令正月戊辰日寅时课。

```
    青勾合朱
    寅卯辰巳        玄空常青        官丙寅青
空丑      午蛇        戌丑亥寅        财 亥常◎
白子      未贵        丑辰寅戌        子壬申后☉
    亥戌酉申
    常玄阴后
```

法曰：功曹临戌，上克下为之用，是春木神临南，为近贵堪用之物。

又正月己酉日戌时占，登明临戌，下克上为用。

```
    朱蛇贵后
    午未申酉        玄阴后贵        财辛亥玄
合巳      戌阴        亥戌酉申        财壬子常
勾辰      亥玄        戌酉申己        兄癸丑白
    卯寅丑子
    青空白常
```

法曰：春得水神临四季位，为不堪之物。

又推五行衰旺法：

春令：木旺火相土死金囚水休

夏令：火旺土相金死水囚木休

秋令：金旺水相木死火囚土休

冬令：水旺木相火死土囚金休

四季：土旺金相水死木囚火休

已过将来问四时。

已过、现在、未来之类，当从四时推定。假令正月占，用起大吉为已过之物，用起太冲为未来之物，功曹发用或在日辰上为现在之物。

假令正月丁卯日子时占，大吉临寅为用，为已过之物。

　　青勾合朱
　　辰巳午未　　　　常白勾合　　　子乙丑常
　空卯　　申蛇　　　丑寅巳午　　　官甲子玄
　白寅　　酉贵　　　寅卯午丁　　　官　亥阴◎
　　丑子亥戌
　　常玄阴后

又正月丙申日子时课，太冲临辰为用，为未来之物。

　　青勾合朱
　　辰巳午未　　　　合朱空青　　　父癸卯空⊙
　空卯　　申蛇　　　午未卯辰　　　父壬寅白
　白寅　　酉贵　　　未申辰丙　　　子辛丑常
　　丑子亥戌
　　常玄阴后

又正月戊戌日寅时课，功曹临戌为用，是正月发用见功曹兼临日上，为现在之物。余仿此。

　　青勾合朱
　　寅卯辰巳　　　　合贵常青　　　官壬寅青⊙
　空丑　　午蛇　　　辰未亥寅　　　财己亥常
　白子　　未贵　　　未戌寅戌　　　子丙申后
　　亥戌酉申
　　常玄阴后

旺相日辰无故旧，刑伤不备体须亏。

若旺相临日辰及发用为新物，遇死囚休气为故旧之物，又加阴阳不备及值刑煞破，其物不完全。

假令二月己巳日亥时课。

　　勾合朱蛇
　　辰巳午未　　　　青勾合朱　　　官丁卯青
　青卯　　申贵　　　卯辰巳午　　　官丙寅空
　空寅　　酉后　　　辰巳午己　　　兄乙丑白
　　丑子亥戌
　　白常玄阴

法曰：太冲临辰发用见旺气，又日上得胜光乘相气，主新物。

又正月甲子日未时课，天罡临子为用见死气，又加于神后为休气，皆主故旧之物也。

　　勾合朱蛇

　　酉戌亥子　　　　青玄合白　　　财戊辰玄

青申　　丑贵　　　申辰戌午　　　官壬申青

空未　　寅后　　　辰子午甲　　　父甲子蛇

　　午巳辰卯

　　白常玄阴

又八月辰将乙丑日未时占。

　　朱合勾青

　　寅卯辰巳　　　　白阴阴蛇　　　财乙丑蛇

蛇丑　　午空　　　未戌戌丑　　　财　戌阴◎

贵子　　未白　　　戌丑丑乙　　　财辛未白☉

　　亥戌酉申

　　后阴玄常

法曰：课名阴阳不备，又遇三刑兼乘休气，其物主故旧而形体不全者。

传成五卦分物类，远近皆从返伏知。

五卦者，润下为近水之物，曲直为屈曲草木之物，稼穑为土泥之物，从革为金石之物，炎上为近火心虚上尖之物。返伏者，谓返吟为远道往来之物，伏吟为近处不动之物。

假令正月甲子日卯时课，河魁加甲为用。

　　贵后阴玄

　　丑寅卯辰　　　　玄青白合　　　财　戌合◎

蛇子　　巳常　　　辰申午戌　　　子庚午白☉

朱亥　　午白　　　申子戌甲　　　兄丙寅后

　　戌酉申未

　　合勾青空

法曰：戌午寅三传，卦名炎上，主近火上尖心虚之物。

乙碧甲青丁色紫，戊黄丙赤己红绯。庚白辛缥壬癸绿，阳日阴辰看旺衰。

定物颜色，刚日看日上，柔日看辰上，须分旺相休囚死而决之。凡旺从本色，相从子色，死从妻色，囚从鬼色，休从母色。且如春甲子，甲上见木神为旺气，须从本色，当取甲，则其色青。若见火神为相气，须从子色，当取丙，则其色赤。又若见土神为死气，须从妻色，当取戊，则其色黄。若见金神为囚气，须从鬼色，则当取庚，其色白。若见水神为休气，须从母色，则当取壬，其色黑。又若春乙丑日，丑上见木神为旺气，须从本色，当取乙，则其色碧。若见火神为相气，须从子色，当取丁，则其色紫。若见土神为死气，须从妻色，则当取己，其色红。若见金神为囚气，须从鬼色，当取辛，则其色缥。若见水神为休气，须从母色，当取癸，则其色绿。

假令正月甲午日未时占。

```
  勾合朱蛇
  酉戌亥子      后合合白      兄壬寅后
青申    丑贵    寅戌戌午      子甲午白
空未    寅后    戌午午甲      财戌戌合
  午巳辰卯
  白常玄阴
```

法曰：日上见胜光火神为相气，其色须从子色，当取丙，则其物必赤。

又正月甲午日酉时占。

```
  贵后阴玄
  未申酉戌      玄后蛇合      财  辰合◎
蛇午    亥常    戌申午辰      子甲午蛇⊙
朱巳    子白    申午辰甲      官丙申后
  辰卯寅丑
  合勾青空
```

法曰：日上见天罡土神为死气，须从妻色，当取戊，则其色黄。

又正月乙卯日子时占，其卯为辰，上见功曹。

```
  勾合朱蛇
  辰巳午未      白空空青      财  丑白◎
青卯    申贵    丑寅寅卯      父  子常◎⊙
空寅    酉后    寅卯卯乙      父癸亥玄⊙
  丑子亥戌
  白常玄阴
```

法曰：春得木神为旺气，须从本色，当取乙，则其色碧。其体皆从四时旺衰，分刚日柔辰，干支上看所见而定之。

又一说云：不论刚柔之日，皆于日上定之。若阳神临日，从阳干之色；阴神临日，从阴干之色。依此推之，使阳日有阴干之色，阴日有阳干之色。假令春甲子日，甲上见午属火神为相气，当从子色，午为阳神，合取阳干丙，其色赤。又如见巳，为阴神，当取阴干丁，其色紫。其余阴阳干日仿此。

论物形

春夏蛇长余盘屈，

凡春夏得螣蛇，又旺相临日辰，其物形长；秋冬得螣蛇，其物形盘屈。

假令五月未将，己卯日申时占。

```
勾青空白
辰巳午未      蛇朱青空      兄丁丑蛇
合卯  申常    丑寅巳午      财丙子贵
朱寅  酉玄    寅卯午己      财乙亥后
丑子亥戌
蛇贵后阴
```

法曰：大吉加寅为用，见螣蛇火神，日上又乘胜光旺气，断其物之形从长。

假令十一月丑将，庚辰日子时蒿矢课。

```
蛇贵后阴
午未申酉      蛇朱玄阴      官壬午蛇
朱巳  戌玄    午巳戌酉      父癸未贵
合辰  亥常    巳辰酉庚      兄  申后◎
卯寅丑子
勾青空白
```

法曰：胜光加巳为用见螣蛇，日上得从魁乘休气，其物盘屈。

方圆天乙在干支。

若天乙加日辰，其物方圆。又曰：贵人发用，其物形壮。若临日发用，形圆；临辰发用，形方。盖天圆地方之义也。若发用非贵人及非日辰之上者，其物形必不整齐。

```
蛇朱合勾
酉戌亥子      玄青勾贵      官甲申贵
贵申  丑青    巳丑子申      父戊子勾
后未  寅空    丑酉申乙      财壬辰常
午巳辰卯
阴玄常白
```

法曰：传送加乙为用，见天乙贵人，又兼临日上，其物形壮而圆。

火尖木阔长居季，圆孟方形仲上为。

若木加木，其物为斜阔。火加火，其物形必尖。假令正月甲申日亥时伏吟课，功曹加甲为用，木加木，其物形斜阔。

假令正月亥将，辛未日子时占。

朱合勾青
辰巳午未　　　合勾空白　　官己巳合
蛇卯　　申空　　巳午申酉　　父戊辰朱
贵寅　　酉白　　午未酉辛　　财丁卯蛇
丑子亥戌
后阴玄常

法曰：太乙加午发用为蒿矢，其物形尖锐。又发用在四季主尖长，在仲上主方，在四孟主圆。又发用在孟，主方而有角。

又断曰：太乙临季主尖长，临仲主方，临孟主圆。又若与发用并在孟上者，主方而有角之物。

水实火虚空亦是，

日辰发用得火神，其物多心虚。又天空入传或加日辰上，亦心虚之物。如见水神加日辰发用，其物必实。

又曰：日辰上见水神，发用却是火神，为半虚半实之物。

假令二月癸酉日寅时课。

朱蛇贵后
丑寅卯辰　　朱阴阴空　　财己巳阴
合子　　巳阴　　丑巳巳酉　　官乙丑朱
勾亥　　午玄　　巳酉酉癸　　父癸酉空
戌酉申未
青空白常

断曰：太乙加酉为用，巳丑酉为三传，其末传见天空，又火神临酉在日辰上为用，更见天空入传，其物形必虚空。

又正月乙丑日卯时占。

```
  蛇朱合勾
  丑寅卯辰      青玄常贵      子己巳青
贵子    巳青    巳酉申子    财乙丑蛇
后亥    午空    酉丑子乙    官癸酉玄
  戌酉申未
  阴玄常白
```

法曰：太乙加酉是火神为用，日上却见神后水神，是用火神而日上又是水，为半实半虚之物。

刚柔生死尽从支。

物之生死不论刚柔，俱看辰上所得之神。如发用上带旺相气，五行相生，其物必生。若支上神带休囚死气或相克，则非活物矣。

假令十月辛卯日巳时寅将占，昴星课。

```
  勾合朱蛇
  寅卯辰巳      玄空朱后      子戌子空
青丑    午贵    酉子辰未    父  未后◎
空子    未后    子卯未辛    子戌子空
  亥戌酉申
  白常玄阴
```

法曰：神后临卯为用，在支上兼乘旺气，又五行相生，断其物为活物无疑。

又七月巳将丁亥日酉时占。　勾青空白

```
  丑寅卯辰      空阴朱空      子  未阴◎
合子    巳常    卯未亥卯    父辛卯空⊙
朱亥    午玄    未亥卯丁    官丁亥朱
  戌酉申未
  蛇贵后阴
```

法曰：小吉临亥为用，又在支辰上发用，然带休气兼与支辰相克，其物断为不活。

龙常合旺初临日，堪食牛羊虎要知。

日辰发用带旺相气，其物堪食。如带休囚死气，其物名堪食而不可食。若非在日辰上发用，得大小吉临旺相气与吉将并者，堪食。又曰：不临旺相而与凶将并者，名曰堪食。又云：凡用神与日并而相生，堪食。虽与日相克而加功曹，或日辰三传有功曹者，皆可食。又一解曰：若青龙、太常、六合神临发用，亦堪食。所谓牛羊虎者，丑未寅三辰也。

备附占验

二月初十戌将辰时己未日占，课名八专返吟。

蛇贵后阴
亥子丑寅　　青后青后　　父丁巳白
朱戌　卯玄　未丑未丑　兄　丑后◎
合酉　辰常　丑未丑己　兄　丑后◎
申未午巳
勾青空白

断曰：日上大吉主堪食，又天后乘丑主色黄黑，返吟主远来之物，必栗子也。启视果然。

又二月辛酉日戌将辰时占。

青空白常
亥子丑寅　　合玄勾阴　　财乙卯玄
勾戌　卯玄　酉卯戌辰　兄辛酉合
合酉　辰阴　卯酉辰辛　财乙卯玄
申未午巳
朱蛇贵后

断曰：六合旺气临支辰发用，主堪食，又木神，是为松米之类。

假令二月戌将戊辰日丑时占。

青勾合朱
寅卯辰巳　　玄空常青　　官丙寅青
空丑　午蛇　戌丑亥寅　财　亥常◎
白子　未贵　丑辰寅戌　子壬申后⊙
亥戌酉申
常玄阴后

法曰：功曹临日为用，将得青龙，兼乘旺气，是发用在日干上，主物可食，是所谓龙旺初临日，物无不可食也。

假令十月寅将庚午日巳时占。

　　蛇朱合勾

　　寅卯辰巳　　　后朱蛇勾　　　官己巳勾

贵丑　　午青　　　子卯寅巳　　　财丙寅蛇

后子　　未空　　　卯午巳庚　　　子　亥阴◎

　　亥戌酉申

　　阴玄常白

法曰：太乙加申为用，却带死气，是为名色可食而不可食之物。

假令正月丁卯日子时占。

　　青勾合朱

　　辰巳午未　　　常白勾合　　　子乙丑常

空卯　　申蛇　　　丑寅巳午　　　官甲子玄

白寅　　酉贵　　　寅卯午丁　　　官　亥阴◎

　　丑子亥戌

　　常玄阴后

法曰：大吉加寅为用，将得太常，是临旺气，而又见太常吉将为用，虽不在日上，亦是堪食之物。

土木加火生陆地，辰神从革出山岐。

寅午戌火、亥卯未木及四季土自相临，发用在日，则其物出陆地。又巳酉丑金神相加，发用在辰，多主金石，出自山谷中之物也。

假令三月丙寅日丑时课，河魁加寅为用，见螣蛇，是寅午戌相加临，兼在辰上发用，主其物出于陆地。

　　勾青空白

　　丑寅卯辰　　　玄蛇贵勾　　　子　戌蛇◎

合子　　巳常　　　午戌酉丑　　　兄庚午玄⊙

朱亥　　午玄　　　戌寅丑丙　　　父丙寅青

　　戌酉申未

　　蛇贵后阴

· 132 ·

假令正月己巳日未时占。

　合朱蛇贵

　酉戌亥子　　　后合玄蛇　　子癸酉合

勾申　丑后　　丑酉卯亥　　兄乙丑后

青未　寅阴　　酉巳亥己　　父己巳白

　午巳辰卯

　空白常玄

断曰：从魁临巳为用，是巳酉丑自相加临，在辰上为用，主金石之物，或出自山谷者。

亥临卯木多居木，白虎玄方物在溪。

如申子辰相加，立用在日辰，皆水中之物也。

论数目形体

数目日辰兼用看，旺多囚少半中窥。

物之数目，若日辰旺相，其物必多，囚死其物必少。又日辰旺相，发用死休囚，皆主其物处中。凡取数之法，有干支所谓甲己子午九，乙庚丑未八，丙辛寅申七，丁壬卯酉六，戊癸辰戌五，巳亥之数四。又有五行生数，水一、火二、木三、金四、土五。又有五行成数，为水六、火七、木八、金九、土十。除此外，更有上下相因，如上见子为九，下见巳为四，上下相因得三十六数。余仿此。

假令七月丙戌日寅时课。

　蛇贵后阴

　申酉戌亥　　　青常阴蛇　　财甲申蛇

朱未　子玄　　辰丑亥申　　官丁亥阴

合午　丑常　　丑戌申丙　　父庚寅白

　巳辰卯寅

　勾青空白

法曰：传送加丙为用，是发用与日俱见旺相，其数必多。且传送数与丙皆为七数，上下相乘为七七四十九数也。

假令十月壬辰日巳时占。

　　合朱蛇贵

　　寅卯辰巳　　　　白勾贵玄　　　　财癸巳贵

勾丑　　午后　　　　戌丑巳申　　　　子庚寅合

青子　　未阴　　　　丑辰申壬　　　　兄丁亥空

　　亥戌酉申

　　空白常玄

法曰：太乙加申为用，见死气，又传送临日，见休气，是发用与日见休死之气，其数主少。且太乙本数四，又五行属火二，干上申七，三者之中取其最少，即合定取其二之数是也。

又十一月戊申日巳时课。

　　贵后阴玄

　　丑寅卯辰　　　　蛇玄勾贵　　　　财壬子蛇

蛇子　　巳常　　　　子辰酉丑　　　　子戊申青

朱亥　　午白　　　　辰申丑戌　　　　兄甲辰玄

　　戌酉申未

　　合勾青空

法曰：神后加辰为用，见旺气，又日上大吉，见囚气，是发用旺气而日上见囚气，主其数处中。且神后为九，又属水而为一，又于成数为六，取中当定是六数也。

初传阳左空亡没，

发用阳神，物在左；阴神，物在右。假令正月戊子日辰时占，神后临戊为用，见阳神，其物在左手。二月乙卯日午时占，小吉临卯为用，见阴神，其物在右手。凡发用见空亡或临天空，主无物也，不然主有物。

假令三月戊申日亥时占。

　　勾合朱蛇

　　卯辰巳午　　　　合蛇空勾　　　　兄癸丑空⊙

青寅　　未贵　　　　辰午丑卯　　　　财辛亥常

空丑　　申后　　　　午申卯戌　　　　子己酉阴

　　子亥戌酉

　　白常玄阴

法曰：大吉临卯为用而得天空，下临空亡，正是天空为用落空亡，所射必无物。

又十二月乙卯日寅时占。

青勾合朱

卯辰巳午　　　玄白常空　　　财　丑白◎

空寅　　未蛇　　亥丑子寅　　　父癸亥玄⊙

白丑　　申贵　　丑卯寅乙　　　官辛酉后

子亥戌酉

常玄阴后

法曰：大吉临卯为用，而天空临于日上，亦主无物。又云：功曹临阳物必实，临阴物必虚。

覆仰罡临看偶奇。

如天罡见，加阴物必覆，加阳物必仰，偶阴奇阳也。假令七月戊申日酉时占，天罡临申为阳，其物仰。又即日午时，天罡临巳为阴，其物必覆。

眉目虚张毛参尾，日边口腹见东西。

虚张二宿乃子午也。若临日上，物有眉目。又所云参尾者，乃寅申也。若临日上，主物有毛发。又所谓东西者，乃卯酉也。若临日上，主物有口腹。所谓日边者，盖看子午卯酉寅申临日上也。

朱蛇贵后

亥子丑寅　　　合玄青后　　　财　寅后◎

合戌　　卯阴　　戌辰申寅　　　兄戌申青⊙

勾酉　　辰玄　　辰戌寅庚　　　财　寅后◎

申未午巳

青空白常

法曰：功曹临日，主物皆有毛发。

猪蛇面目牛羊窍，辰戌从来手足持。

猪蛇乃巳亥，若临日上，主物有头面。牛羊乃丑未，若临日上，主物有孔窍。辰戌临日上，主物有手足。假令九月乙丑日子时占，小吉临日，主物有孔窍。他仿此。

贵后阴玄

申酉戌亥　　　蛇勾阴蛇　　　财辛未蛇

蛇未　　子常　　未辰戌未　　　财　戌阴◎

朱午　　丑白　　辰丑未乙　　　财乙丑白⊙

巳辰卯寅

合勾青空

法曰：小吉临日，主有孔窍之物。他可类推。

阳发加阴多只字，二阳上下变双词。

阳加阴为用，其物只字。阴加阳为用，其物双字。阳加阳为双，阴加阴反变为只也。

假令正月甲子日子时占。

```
   合朱蛇贵
   辰巳午未      玄常白空      父甲子白
勾卯    申后     戌亥子丑      父  亥常◎
青寅    酉阴     亥子丑甲      财  戌玄◎⊙
   丑子亥戌
   空白常玄
```

法曰：神后加丑为用，是为阳加于阴上，主只字。

假令正月己酉日戌时占。

```
   朱蛇贵后
   午未申酉      玄阴后贵      财辛亥玄
合巳    戌阴     亥戌酉申      财壬子常
勾辰    亥玄     戌酉申己      兄癸丑白
   卯寅丑子
   青空白常
```

法曰：登明加戌为用，是为阴加于阳，主双字也。

又三月戊午日未时占。

```
   空白常玄
   未申酉戌      玄白常空      子庚申白
青午    亥阴     戌申酉未      兄壬戌玄
勾巳    子后     申午未戌      财  子后◎
   辰卯寅丑
   合朱蛇贵
```

法曰：传送加午为用，是为阳加阳，亦主双字也。

假令六月己丑日辰时占。

```
  青勾合朱
  未申酉戌        白玄蛇合        官辛卯玄
空午    亥蛇      巳卯亥酉        父癸巳白
白巳    子贵      卯丑酉己        兄　未青◎
  辰卯寅丑
  常玄阴后
```

法曰：太冲为用加丑上，是阴加于阴，其词变为只也。

又断曰：五行有相能生物，死克须从鬼上推。五行有生化，若课中无木，不能生火，自不合射火，又若无金不能生水，亦不宜射水。余仿此推之，斯皆明五行相生，有其母乃能生其子也。

假令十月己巳日午时占。

```
  蛇朱合勾
  丑寅卯辰        玄蛇后合        官丁卯合
贵子    巳青      酉丑亥卯        财　亥后◎
后亥    午空      丑巳卯己        兄辛未白☉
  戌酉申未
  阴玄常白
```

法曰：太冲加己为用，卯亥未三传是曲直课，木能生火，主射之物有火之象也。余仿此。

又断曰：凡五行遇死气而更加鬼克者，其物当从鬼而变其象。盖是木死为器，须见金即应。火死为灰，须见水即应。土死为沙，须待木而后应。金死为铜为铅，以火克之而应。水死于空，待土而后应。

假令二月戌将丁卯日卯时占。

```
  蛇朱合勾
  子丑寅卯        空后阴合        子　戌后◎
贵亥    辰青      巳戌酉寅        兄己巳空☉
后戌    巳空      戌卯寅丁        官甲子蛇
  酉申未午
  阴玄常白
```

断曰：河魁加卯为用，春令土死而又见木鬼，为沙石之物。盖土死为沙石，得木而应也。又十一月壬戌日未时占，胜光加壬为用，冬令火死，又见水鬼，其物为灰，盖火死见水而应也。以此参论五行物象，变化无穷，究其旺相休囚、相生相克、天官神将合而言之，其足参造化、夺鬼神也。

论囚旺五味

金旺金银铜铁物，休囚砖瓦石兵推。

金神加日辰或在发用而带旺气属金银，若带相气为铜铁，若带死囚休气为砖瓦石，亦主兵器。

假令七月丙戌日寅时占。

```
  蛇贵后阴
  申酉戌亥      青常阴蛇      财甲申蛇
朱未   子玄     辰丑亥申      官丁亥阴
合午   丑常     丑戌申丙      父庚寅白
  巳辰卯寅
  勾青空白
```

法曰：传送加丙为用，秋得传送金神带旺气，是为金银之物可知。

假令二月戊午日未时占。

```
  青勾合朱
  申酉戌亥      蛇勾朱青      子辛酉勾
空未   子蛇     子酉亥申      财  子蛇◎
白午   丑贵     酉午申戌      官乙卯阴⊙
  巳辰卯寅
  常玄阴后
```

法曰：从魁加午为用，是春得从魁金神为用带囚气，主砖瓦之物。

火烟煤炭文明羽，

火带旺气为烟灯之物，若带死囚休气为煤炭，又主文明羽毛。

假令四月丁酉日亥时占。

```
  青空白常
  寅卯辰巳      空玄勾白      兄甲午玄
勾丑   午玄     卯午丑辰      父癸卯空
合子   未阴     午酉辰丁      官庚子合
  亥戌酉申
  朱蛇贵后
```

法曰：胜光加酉为用，是夏得胜光火神带旺气，主烟灯之物。

假令八月辛亥日未时占。

　　勾合朱蛇
　　寅卯辰巳　　　蛇阴朱后　　　官乙巳蛇
青丑　　午贵　　　巳申辰未　　　财　寅勾◎
空子　　未后　　　申亥未辛　　　子辛亥白⊙
　　亥戌酉申
　　白常玄阴

法曰：太乙加申为用，是秋得太乙火而带囚气，主煤炭之物。

旺土尘沙死作灰。

土旺为正土，若死囚休为尘沙灰之物。

假令六月癸酉日卯时占。

　　合勾青空
　　申酉戌亥　　　阴白朱后　　　官戊辰后
朱未　　子白　　　卯子未辰　　　官辛未朱
蛇午　　丑常　　　子酉辰癸　　　官　戌青◎
　　巳辰卯寅
　　贵后阴玄

法曰：天罡加癸为用，是季夏见天罡土神带旺气，主正土之物。

又十月丁亥日午时占。

　　朱合勾青
　　丑寅卯辰　　　勾常贵勾　　　子　未常◎
蛇子　　巳空　　　卯未亥卯　　　父辛卯勾⊙
贵亥　　午白　　　未亥卯丁　　　官丁亥贵
　　戌酉申未
　　后阴玄常

法曰：小吉加亥为用，冬得小吉土神而带囚气，主尘沙之属。

流转曲形浆汁物，水晶珠蚌朔方归。

朔方者，乃北方水也。凡旺为正水、水晶、浆汁，死囚为珍珠之类，亦主流转，乃曲形之物也。

假令十一月庚戌日亥时占。

贵后阴玄

未申酉戌　　青白白玄　　子壬子白

蛇午　　亥常　　寅子子戌　　财　寅青◎

朱巳　　子白　　子戌戌庚　　父甲辰合⊙

辰卯寅丑

合勾青空

法曰：神后临戌为用，是冬得神后水神带旺气，主正水之物，为水晶之类。

草衰缯帛林荣木，

木旺相为正木，若囚死气为草木。又旺相为缯帛。

假令十一月乙未日巳时占。

蛇朱合勾

丑寅卯辰　　后合常贵　　兄癸卯合

贵子　　巳青　　亥卯申子　　父己亥后

后亥　　午空　　卯未子乙　　财乙未白

戌酉申未

阴玄常白

法曰：太冲加未为用，是冬得太冲木神为用带相气，主正木之物。

又七月辛卯日子时占。

勾合朱蛇

戌亥子丑　　蛇空空后　　财辛卯后

青酉　　寅贵　　丑申申卯　　兄甲申空

空申　　卯后　　申卯卯辛　　父己丑蛇

未午巳辰

白常玄阴

法曰：太冲加申为用，秋得太冲木神带死气，为草木之属。

酸辣甜咸苦并随。

物之五味，从五行定之。木主酸，金主辛，甘为土，咸为水，苦为火。

假令丙戌日卯时占，传送加丙为用，上见六合吉将，却发用在日上带相气，其物堪食。又传送属金，其味主辛辣。

神将所主

阴水籥楼文稻亥，

亥主阴水、籥管、楼台、文章、仓稻，又为猪。

印兵塑画土刑魁。

天魁主印绶、兵器、塑画、刑狱、土物，又为狗。

铁兵药碓申绵骨，

申主金铁、兵器、医药、碓磴、丝绵、骨殖，又为猿。

仓麦金银刀铁鸡。

酉主仓廪、小麦、刀铁、金银财物，又主鸡。

祀酒神壶桑耳未，

未主祭祀、鬼神、酒食、桑木、樽壶，有耳之物，又为羊。

绣书午豆饭裳丝。

午主文绣、书箱、饭食、衣裳、丝蚕、小豆、赤豆，又为马。

金珠巳灶弓车乐，

巳主炉灶、管籥、珠玉、金铁、弓弩、木工、车乘、音乐，又为蛇。

斑点文字竹木箕。

箕乃寅也。寅主斑点、文书、竹木之类，又为虎。

鱼网井书坚土亢，

亢乃辰也，主鱼网、笼罩、井灶、敕书、坚刚土物，又为龙。

卯盐刀盖管船木。

卯主鱼盐、刀俎、车盖、管籥、船车、木器，又为兔。

瓦桥木石饕吴土，

丑乃吴分野，故云吴土。主瓦器、土石、枯木、桥梁、饭食，又谓牛。所谓饕者，乃食也。

祷女裁神水布齐。

子，齐之分野。主妇女、布帛、裁制、祷祀、鬼神、大豆及水物，又为鼠。

天官所主

天乙方圆五色异，日辰黄白贵文衣。光明女饰生鳞甲，水木丝麻鳖蟹龟。

天乙土将，主方圆五色分明。若加日辰，其物黄白珍异，贵人衣食文章，女子饰物，变为水木之类、鳞角之物，又为麻丝、鳖蟹之物属。

虚相螣蛇金火赤，斑华甘黍豆蛟螭。

螣蛇火将，主空虚或似蛇形。加日辰，主赤色，为文章、金火之类。亦为斑点而甘美可食，又为黍豆、蛇蛟之物。又云：日上乘蛇，其物色不一状。

朱文赤色烟毛羽，禽网裳行黍豆知。

朱雀火将，文明章彩。加日辰上，主赤黑，为网罗、捕捉、飞禽、羽毛，变异为烟火，又为衣裳、能行之物，又为黍粟、獐马之属。

合彩丝蚕盐粟竹，音声柔顽水金仪。

六合木将，主丝茧。加日辰，主五彩丝，柔顽竹木，金石仪象音声。若变异为仓，又为盐粟、土驴之属。

陈戈青黑勾连网，草木黑文铁瓦随。

勾陈土将，主手捧锵戈。加日辰，青黑、文章、草木、实类。若被伤损，勾连、鱼网。

衣食青龙黄黑宝，文钱脯玺草精神。

青龙木将，主钱财。加日辰，主黄黑及草木之类。又为财宝、饮食。变异为文章、脯、玺、心内之物，又为龙虎猛兽。

后衣缯帛佳人喜，稻豆林丛实白徽。

天后水将，为衣服、缯绵。加日辰，主妇人身上所喜饰玩之物。变异为草木、饭食、稻豆、鼠蝠之类，又林丛、草木。

后二毡鞍针野水，刀钱金器白黄私。

后二者，乃太阴金将也，主金器、毡鞍。加日辰，其物黄白，又为金钱、金针，亦主阴私。若变异，为野水中之物，又主雉鸡、飞鸟之属。

玄虚鳞甲勾连女，水转文章白豆肥。

玄武水将，主虚空流转。加日辰，其物白，出水内，勾连、文章，变异为内虚、女子之物，亦为大豆、猪貒之类。

硬合常华珍耳目，麻黄服药发圆医。

太常土将，主衣裳、饭食之物。加日辰，色黄、堪食、形圆、宝饰、玩好。变异为医药、金石、文章、耳目，又为丝发。所言硬者，乃贵之意也。

虎素龙蛇刀剑物，五金衰死麦无疑。

白虎金将，主龙蛇之物。加日辰，其色白，又为五金，亦主剑刀、伤死、虫类，于五谷为麦。所谓素者，色白也。

空虚臭秽金成结，加临日辰印绶奇。

天空土将，结成之物。加日辰，为印绶，为金石。变异为空虚臭秽之物、狼狗之属。

将临支干言颜色，若论禽虫逐位题。

干支，日辰也。若十二将加日辰，言其所主颜色。又为禽虫，皆随三十六禽论之。且如天空本位在戌，戌主狼狗，又如朱雀本位，在丙午，故主獐马，谓寅虎、卯兔之类诸位推之也。

妙诀日辰兼发用，将神八卦五行推。

射覆之法，今以歌诀总其门户，庶几临时射物。

神煞门

岁煞①

岁君〔一〕阳赶〔二〕及丧门〔三〕，

太岁为天子之权，主事干朝廷，及岁内吉凶应在一年。太阳，至尊之神，士人得权贵显；又为青龙，凡事有喜无忧；又为赶煞，若克干支，死人败家。丧门主死丧，占病凶。

六合〔四〕官符〔五〕小耗宅〔六〕。

六合主会合，凡事有成无破。官符主官非勾连。小耗主破耗财物；又为岁宅，占家宅用之，若并鬼，主灾病讼。

破迫〔七〕墓龙〔八〕白虎神〔九〕，

---

① 从岁君起。

岁破为宰辅、主司，又主半年事；又为大耗，主破耗财物；又为迫煞，若克干支，死人败家。岁墓主坟墓、病讼、宅灾；又为龙德，加吉神将，生干支，功名诸事吉，反此诸事不成；又为朱雀，主文书、口舌。白虎主凶灾、血光、惊恐。

福德 [十] 吊阴 [十一] 病符测 [十二]。

福德贵人，难中有救。吊客主吊送姻戚，初传见，主骨肉灾，中末见，主外服；又为太阴，大将宜居之方，作吉神将，主婚姻，作凶神将，主阴谋口舌。病符主疾病，又主去年旧事。

驿马 [一] 六害 [二] 华盖旛 [三]，①

驿马主行动。六害凡事阻滞。华盖作事昏晦；黄旛，兵占用。

劫煞 [四] 灾兮 [五] 天岁看 [六]。

三煞凶速，诸占不喜。

地煞 [七] 桃花 [八] 兼豹尾 [九]，

三位诸占不喜。豹尾，大将宜居之方。

亡神 [十] 将星 [十一] 迄攀鞍 [十二]。

亡神病讼大凶。将星兵占用。攀鞍婚姻喜见。

岁干禄后号天庭，死符申亥寅巳辰。岁刑太岁所刑者，亥子丑顺酉将军。

天庭主朝廷事。死符占病多凶。岁刑主官非刑责。大将军主头目领兵权，又占行人用之。

月煞

春夏秋冬

戌丑辰未　**春戌夏丑喜耳加，秋辰冬未顺无差。**

天喜主喜庆恩泽，官迁财喜。天耳主信息，察探追捕。

亥寅巳申

子卯午酉　**返魂俱是刀砧煞，**

第二位与第三位同。返魂病复生。刀砧六畜忌。

丑辰未戌　**寡宿三丘关管家。**

---

① 此从驿马起。

寡宿信虚，忧喜无成，失物亡，婚娶忌。三丘坟崩病凶。关神动处身灾滞。管神讼遭禁。

寅巳申亥　　**拜命皇书雄吏至，**

皇书主拜命功名，词讼喜之。战雄战胜。吏神并吉神吉，并朱勾蛇，追呼速。

卯午酉子　　**贼神奸盗转丝麻。**

贼神、奸盗主奸私贼盗。旺连天干为天转，春乙卯，夏丙午，秋辛酉，冬壬子；旺连纳音为地转，春辛卯，夏戊午，秋癸酉，冬丙子。百事凶，出行大忌，君子赴朝则可。丝麻煞主缫绞。

辰未戌丑　　**浴盆天目龙神位，**

浴盆堕水，病凶产吉，地盘忌亥子，天盘忌乘辰，主小儿病死。天目主鬼祟，宜捕盗寻人。龙神占地。

巳申亥寅　　**喝散孤辰梁钥查。**

喝散讼解散，求事成。孤辰占同寡宿。梁神行人阻。钥神囚释。

午酉子卯　　**火鬼伤支蛇雀忌，**

火鬼乘蛇雀克支，主火厄。

未戌丑辰　　**哭神五墓狱为嗟。**

哭神作虎有哭声，亥子上见为哭神下泪，大凶。五墓坟崩病凶。地狱并朱勾主囚系。

申亥寅巳　　**煞神绝气战雌败，**

煞神、绝气病凶。战雌战败。

酉子卯午　　**四废无成即丧车。**

四废百事无成。丧车克日病死。

正起顺行

寅顺十二　　**月建小时龙虎木，**

月建主月内休咎，应在一月。小时煞主阻滞，忌行师，蛇加惊恐。龙加为青龙煞，吉。天虎虎狼害。木煞主树木怪。

卯顺十二　　**天龙游煞草蛇伏。**

天龙利求名禄。游煞忌出行，入传、年命主行动。蛇加为草煞。

辰顺十二　**天医雌虎瘟天巫，**

天医病用。雌虎虎狼害。瘟煞主疫。天巫宜作福。

巳顺十二　**厄杖死神电鸟烛。**

厄煞家事损。孝杖忌见子孙传内。死神病凶，若并虎，名白虎衔尸，大凶。电煞有电。朱加为鸟煞。火烛并蛇雀克日身灾，克辰宅毁。

午顺十二　**死气官符孝谩花，**

死气病产最忌。官符有官事。孝服有孝。谩语并天空，言不实。朱加为花煞。

未顺十二　**井枯小耗印羊福。**

井煞并虎克害，主落井。枯煞病凶，诸事不利。大小耗忌开库求财，入宅、加墓为用，百不利。天印利仕进。天羊占羊。福神吉利。

申顺十二　**破兵虎耗路阳缠，**

月破主破坏离散，却可解冤，忧喜不成，产易生，婚娶忌。兵煞主兵事。虎加为白虎煞，凶。大耗见前。道路神主道路事。阳年占为缠绕，病讼忌。

酉顺十二　**书信天机钱聚卜。**

书信并雀有信临门，并贵有来音。天机主口舌是非。天钱主钱怪，或有钱堆积。

戌顺十二　**戌顺天书愿地医，**

天书官迁财喜。愿神占病，有愿未还。地医病用。

亥顺十二　**飞魂伏诏病儿哭。**

飞魂临年命或日辰发用为飞魂卦，主神魂不定，夜多凶梦，鬼祟相侵。伏连诸占皆忌。天诏并二马受恩。病煞忌同墓虎。儿煞小儿灾。哭忌有哭声。

子顺十二　**生气子正雨煞来，**

生气解凶增吉，成就新事，乘后合有孕，乘龙财婚。雨煞如旺相，有雨。

丑顺十二　**支坑佛煞牛坟墓。**

血支主血光产孕，病忌针灸。天坑忌出行，主损蹄轮。佛煞主佛像事。天牛加六丁，牛怪病。坟墓加宅，有尸未葬。

正起逆行

亥逆十二　　**神猪月合方，**

神煞主神像事。天猪加六丁，猪怪病。月合有吉庆。

子逆十二　　**鼠视捕追良。**

天鼠主鼠耗。天视之下可捕贼。

丑逆十二　　**天怪占天变，**

天怪主天变。

寅逆十二　　**风煞卜风扬。**

风煞有风。

卯逆十二　　**忧焚看烛命，**

烛命防火。

辰逆十二　　**非灾对血光。**

厌对忌婚娶。血光有血灾。

巳逆十二　　**月害阴空竹，**

月害忌婚医、纳财畜。阴煞主阴人口舌病凶。空加为竹煞。

午逆十二　　**破化地咒防。**

破器主破器为怪，病忌。化神事消化，不喜见之。地咒主咒诅。

未逆十二　　**阴奸邪床卯，**

阴奸主私通。邪神有邪气。卯加为床煞。

申逆十二　　**绕猴风解详。**

阴年占为缠绕，病讼凶。天猴忌出行，主损蹄轮。风伯有风。天解化凶
为吉。

酉逆十二　　**轩辕天鸡折，**

轩辕主兵戈。天鸡主信息、行人至。折伤六畜走失忌见。

戌逆十二　　**狗足厌石光。**

天狗孕产不宜。四足主四足怪。月厌妨嫁娶，为用百事不成，加玄盗贼，
加蛇怪梦，加虎克日病死，加朱勾忧禁，逃者忌向此方。石煞主石怪。火光
并蛇雀刑克日身灾，克辰宅毁。

正二三四

五六七八

九十冬腊

申巳寅亥　**正申驿马孟神逆，**

马临初传，又逢生旺，行人至，利名吉，中传稍迟，末又稍迟，其吉凶决于天将。

酉午卯子　**鬼吏长绳天咒接。**

天鬼临年命、日辰发用为伏殃卦，主兵亡、产死、病患。天吏占同吏神。长绳见鬼有缢死鬼。天咒主咒诅。

戌未辰丑　**光影黄旛火怪神，**

光影、火怪主火光、鬼怪。黄旛即华盖，覆日人昏暗。

亥申巳寅　**狱门酒网女雷劫。**

天狱并朱勾主囚系。墓门主坟动。酉加为酒煞。天网宜捕猎。女灾阴人病。雷煞占同雷公。劫煞有劫盗，病凶，灾速，诸占不喜，士人应举作魁。

子酉午卯　**坎魁灾煞镜披麻，**

坑坎煞主坑坎怪。山魁主山怪。灾煞凶速，诸占不喜。镜煞主镜怪。披麻主孝服。

丑戌未辰　**五盗小天迷惑月。**

五盗主盗。小煞小口灾。天煞凶速。迷惑煞主痴迷失记。月煞忌移造，病患。

寅亥申巳　**天盗雷公正逆行，**

天盗主盗。雷公并后阴雨，并贵空晴，并蛇雀雷电，并常勾不定。

卯子酉午　**桃池悬索大时煞。**

桃花咸池主淫乱口舌。悬索见鬼有缢死鬼，占贼必自屋而下。大时煞忌出行，兵捕必获。

辰丑戌未　**正辰邪鬼逆三轮，**

邪鬼有迍灾。

巳寅亥申　**月德亡神游祸说。**

月德化凶为吉。亡神防亡失。游祸动有灾祸。

午卯子酉　**大煞午正伏骨同，**

大煞灾速，家长凶，君子加官，小人凶事。伏骨病凶。

未辰丑戌　**下丧月鬼秽丧魄。**

下丧主下人服。月鬼病讼凶。秽煞主污秽物。丧魄临年命、日辰发用为丧魄卦，主病死，若并虎，健人亦衰。

正二三四

五六七八

九十冬腊

巳申亥寅　**驿合旺成梯，**

天旺官迁进。成神旺相合，作事成。卯加为梯煞。

午酉子卯　**病占天破宜。**

天破病吉。

未戌丑辰　**炉煞丧门狱，**

香炉煞主香炉怪。丧门病忌。狱神讼忌。

申亥寅巳　**奸门申孟移。**

奸门主奸淫。

酉子卯午　**酉顺占天信，**

天信主信息。

戌丑辰未　**戌正反激为。**

反激怨仇互报。

亥寅巳申　**阳煞亥孟轮，**

阳煞主阳人口舌。

子卯午酉　**邪怪火雨师。**

邪怪阴灾。天火忌同蛇雀。雨师加旺相有雨。

丑辰未戌　**月奸丑顺季，**

月奸阴私内乱。

寅巳申亥　**釜产厕奸私。**

釜神主锅叫。产煞见后阴立应，见勾虎产难。天厕主尊卑不正。奸私主隐匿。

卯午酉子　**盗神卯顺仲，**

盗神防盗。

辰未戌丑　**天械上丧诗。**

天械官事凶。上丧主上人服。以上五章俱依次顺行十二支位。

正二三四五六

七八九十冬腊

午申戌子寅辰

未酉亥丑卯巳　**午未天马受皇恩，**

天马正七起午，主朝廷印信之喜，加大煞尤速，占迁动更改事，见传送、白虎必动，若克日主失脱。

皇恩正七起未，主诏命迁转之喜。

辰午申戌子寅　**天财正七辰阳遵。**

宜求财。

寅辰午申戌子

卯巳未酉亥丑　**天刑怪煞先寅卯，**

天刑起寅，忧囚系。

怪煞起卯，有凶事。

戌子寅辰午申　**兽煞戌宫以例论。**

主走兽。

正二三四五六七八九十冬腊

亥巳子午丑未寅申卯酉辰戌　**圣心正月起亥宫，单月顺行双月冲。**

和合富神，最宜营运。

卯酉辰戌巳亥午子未丑申寅　**玉宇卯正依例取，**

二神更逢龙贵。

辰戌巳亥午子未丑申寅酉卯　**金堂辰上亦正逢。**

日德主有贵。

戌辰亥巳子午丑未寅申卯酉　**受死戌正行斗忌，**

一切大凶。

午子未丑申寅酉卯戌辰亥巳　**午正罪至讼招凶。**

占讼忌之。

丑未寅申卯酉辰戌巳亥午子　**丑正血忌毋针灸，单顺双冲法亦同。**

血灾产难。

天德正丁宫，二坤三壬同。辛乾甲癸艮，丙乙巽庚从。

月德逆行孟，丙甲壬庚询。二德合俱良，凶消而福进。

天德，百福助佑之神。月德，五行生气之神。天德合、月德合、干神五合者，俱改祸成福。

天解正申逆十二，地解申申酉酉次。戌亥午未俱重临，申申顺阳解神是。

忧喜无成，诸恶逢之皆灭。

皇恩大赦戌丑罡，未酉卯兮子午当，寅巳申亥是其方。

会神春占未戌寅，亥酉子为夏月神，丑午巳兮卯申辰。

婚成，行至。

信神正二居申戌，寅丑亥辰半年率，巳未巳未还申戌。

主有恩信。

壬占须识四时神，大德午辰迄子寅。天赦戊寅夏甲午，戊申甲子秋冬云。游神丑子亥兼戌，巳子酉辰戏视临。丑子戌亥忧泰决，巳辰未酉天车惊。春戌逆回为死别，春寅退孟是奸神。申寅巳亥为飞祸，巳卯酉子时盗寻。

此十一位以四时例起之。大德官迁求望大吉。天赦灾散，百事吉。游戏二神加孟，行人未来，加仲在途，加季即至。泰忧二神加季信实，加孟信虚，旺相信实，空亡信虚。天车忌出行，主车败、马亡、舟覆。死别不利四季。奸神并合后主淫。飞祸所为皆忌。时盗主有盗贼。

金神破碎鸡蛇牛，未辰丑上白衣愁，归忌丑寅子便休。

此三位以孟仲季例起之。金神破碎即红沙，财损，病不利，凶速，占坟并空，子孙败绝，凡物破损不完。白衣煞忌加子孙六亲上。归忌家神为祟，忌出行还家。

飞廉起戌巳午未，寅卯辰兮此法最，亥子丑兮申酉畏。

求事迅速，行人立至，及非常不测事，凶速。

正寅五卯九天罡，隔二顺行小往亡，军行还娶悉为殃。

百事不利。

产婚官病月刑忌，巳子辰申午丑值，寅酉未亥卯戌记。

乃月建所刑之位也，诸占不吉。

满破开兮天贼逮，辰酉寅未子巳在，戌卯申兮丑午亥。

举动招盗。

五鬼之星忌出行，午辰寅共酉卯申，丑巳子亥未戌寻。

出行大凶。

正二登明三四丑，依例顺阴人相负，冤枉屈情冲位有。

相负煞被人负。枉屈煞有屈枉。

阳日瓦煞阴冲出，正巳子丑寅卯辰，七亥午未申酉戌。

此阳日之瓦煞也，阴日于冲位取之。

正五九兮三合轮，戌酉辰卯煞日门，辰戌丑未梦神论。

此二位以正五九例起之。门煞主门户事。梦神主梦寐事。

旬煞

丑子亥为日月星，甲旬之内三奇名。六仪用起旬中甲，二者解凶化吉神。

子戌二旬丑奇，申午二旬子奇，辰寅二旬亥奇，此旬奇也。外有遁奇，三传全值甲戊庚或乙丙丁者是。旬甲即旬仪也。奇仪发用或入传，为三奇六仪之卦，逢凶化吉，惟仪克行年凶。

旬乙盗神庚响动，丁神动处六亲详。旬辛便是五亡煞，癸闭空为孤寡方。

旬乙为盗神，主盗贼。旬庚为响动，官病忌。旬丁须视六亲，如壬癸日见丁卯，因子动而有财之例。旬辛为五亡七煞，出逢盗贼，并空玄，主走失。旬癸为闭口，主机关莫测，病不食，人不言。空亡，十干不到之地也，主失脱，忧喜不成，凡凶神将喜空亡，吉神将忌空亡。

干煞

阳德自居阴在合，克偏为鬼正为官。长生顺逆宜详取，禄墓须教此处看。

天月干支四德为百福佑助之神，临日入传，转凶为吉，干德尤良，俱宜生旺，不宜休囚，忌逢空落空及神将外战。

干合者，甲己中正合，乙庚仁义合，丙辛威制合，丁壬淫泆合，戊癸无情合。凡以干合为主，支合次之，行合又次之。凡德合入传，百事皆吉，若乘凶神，全无吉助，则反凶矣。

昼鬼主公讼是非，夜鬼主神祇妖祟。凡鬼恋生、受制、陷空，皆不能为害。若鬼空无制，则大凶。

日官，功名喜。长生，诸事吉。日禄，主食禄事。墓，主暗昧不通。辰未为日墓，主刚速；戌丑为夜墓，主柔迟。凡墓逢冲则吉，逢合则凶。若年命上神能冲制，亦可救。

广按：火生寅，金生巳，木生亥，水土生申，有顺无逆，此五行长生也。甲生亥，乙生午，丙戊生寅，丁己生酉，庚生巳，辛生子，壬生申，癸生卯，阳顺阴逆，此十干之长生也。五行家，土寄于坤，故土行与水行同也。六壬家，丙戊同宫，丁己同宫，故土干与火干同也。土干既与火干同位，而复袭水行之生败墓绝，可乎？且临官即禄，顺逆得之，既为壬式所用，而墓绝等项何独不然？

干奇甲日午行逆，庚日还于未顺行。飞符甲日巳逆转，己日胜光复顺征。

干奇消祸增福。飞符百事勿举，出行忌，走避出入不可抵向。如日德入传，凶中生吉，若并朱勾，凶尤甚。

游都牛鼠虎蛇猴，游都冲处鲁都求。亥申未丑酉日解，卯亥丑未巳医流。

游都主逢盗贼，加大煞来速，占贼来路，出行忌之。鲁都不可漏税，占贼去路，出行忌之。日解，解凶。日医，病用。

亥酉辰申巳奸言，子亥卯申巳盗伍。日贼辰午申亥寅，贤贵丑申寅寅午。

奸淫、盗贼，俱不吉矣。贤贵立天门，其人可传道。二章以甲己同例起之。

大煞亥未戌寅巳，日淫午未戌寅巳。文星亥寅午巳申，两两言之此法是。

日下大煞凡事忌。文星并龙加干，大贵。此章以甲乙同例起之。

甲乙福星子丑取，子未丑巳双双语。刑冲支位寄宫论，癸干亥逆兼务举。

福星求望吉。刑主人情不美。冲主反复不宁。举主兼务，官职双行。

恩赦之星本十干，禄前羊刃对飞安。进神子午卯兼酉，丑未辰戌退莫难。

恩赦吉占。羊刃静吉动凶，又主血光。飞刃，血光凶事。进神凡事不可退，退则可惜。退神凡事不可进，进则多阻。以上干煞载方图上例。

支煞

支德解凶巳顺支，六三合事有成期。支仪子日午行逆，午日未宫又顺之。

支德解凶增吉。支合者，寅合亥破，亥合寅就；卯合戌新，戌合卯旧；辰合酉合，酉合辰离；巳合申刑，申合巳疑；午合未虚，未合午晦；丑合子空，子合丑实。行合者，亥卯未繁冗驳杂，巳酉丑矫革离异，寅午戌党侣不正，申子辰流动无滞。凡合临日入传，和合成就，惟不宜占病讼，又当视其进退，传进利进，传退利退。支仪解凶增吉。

酉子卯午门户败，丑辰未戌墙坟坏。亥寅申巳破终忻，鸡孟蛇中季牛碎。

支破人情暗中不顺，事多中败，不完全，宜散凶，不宜成吉。破碎见月煞内。

寅巳巳申申刑寅，丑戌戌未未丑寻。子刑卯上卯刑子，辰午酉亥自相刑。

寅刑巳，官灾动阻事复起；巳刑申，仇将恩报事终成；申刑寅，人鬼相残各不宁。丑刑戌，尊伤卑贱忧囹桎；戌刑未，少凌长上妻财畏；未刑丑，大小不和丧孝有。子刑卯，门户败淫尊卑扰；卯刑子，水路不通子不轨。自刑，自逞其才妄改更。

穿心六害暗相伤，对位支冲散事良。戌火丑金木墓未，辰坟水土顺支详。

六害，暗相伤克。子加未，官非口舌；未加子，阻塞有殃。丑加午，官病不睦；午加丑，不就不明。巳加寅，口舌疑阻；寅加巳，进滞退良。申加亥，先得后阻；亥加申，谋事不长。卯辰相加，虚诈争财有阻；酉戌两害，病凶阴小逃亡。支冲：子午道路奔驰，卯酉门户改易，寅申人鬼伤残，巳亥反复无实，丑未兄弟相持，辰戌奴婢离异。凡冲日身动，冲辰宅移。生旺忌冲，凶旺宜冲。墓主暗昧不通。

阳克阳兮阴克阴，明伤支鬼宅中侵。死神卯顺病符亥，绞即破兮勾对神。

支鬼明相伤克。死神病凶。病符主疾病。勾绞二神俱主缯绞。

雨师申顺滂沱落，晴朗午宫日影灼。辰未戌寅卯排，双双雷电空中作。

申为水母，故雨师起焉，此与月煞不同。三位占天时用。

驿马诸神同岁月，白衣入翰情欣悦。从魁逆转六阴方，庄氏图歌掌内诀。

驿马等详见岁月煞内。白衣入翰林，天下吉祥之星。

神煞辨讹

岁月日煞，壬式所需，然百家异同，赜驳尤甚。予因博访青囊，群搜秘史，删芜就简，去谬标真，复参稽之星家历纪，选卜阴阳，期于合符有徵，斯能用之不爽。如天喜为四季养神 [春戌顺四季者是，顺十二者非]，大煞为三合旺气 [正午逆四仲者是，正戌逆四季者非]。雷公风伯位起先天之震巽 [雷公正寅逆四孟者是，风伯正申逆十二者是。余说非]，雨师晴朗位起后天之坎离 [雨师正子顺四仲者是，晴朗子日午顺十二者是。余说非]。雷动风散，自下及上以逆行 [雨润日喧，由上及下而顺转。又娵訾次有霹雳雷电之星，析木次有南箕好风之宿，此雷风二煞所从起也 [雷煞正亥逆四孟者是，风煞正寅逆十二者是]。然雷公风伯，神之号也，是以居乎先天之位 [而雷煞风煞，化之行也，是以占于有象之星。坎，阳陷阴中，故天耳起先天坎位而居支［离，阴丽阳中，故天目起先天离位而居干。此耳目二司所由附也［天耳春戌夏丑秋辰冬未，天目春乙夏丁秋辛冬癸，相对者是］。然坎离正卦，虽定例于东西，而耳目傍官，不得行乎仲位。转煞云者，言物极则必反也［春卯顺四仲者是，顺十二者非］。四废云者，言囚死而无用也［春酉顺四仲者是，正申顺十二者非］。秦野有舆鬼尸气，故枯骨起焉［正未顺十二者是，正申、正辰俱非］。赵次有卷舌天谗，故天机生焉［正酉顺十二者是，正丑逆十二者非］。四孟玄胎逢三合绝地，非女之灾乎［正亥逆四孟者是，正未顺十二者非］？登明幼子作哭忌飞魂，非儿之厄乎［儿煞正亥顺十二者是，正巳者非］？四土之神，令人昏暗，故日逢之而迷［迷惑正丑逆四季者是，逆十二者非］，夜逢之而梦也［梦神辰戌丑未三轮者是，正丑顺十二者不用］。狴犴之司，不敢当阳，故天狱居三合绝位［正亥逆四孟者是，余说不用］，地狱居四时墓乡也［春未顺四季者是］。驿马不同天猴，吉凶异焉［驿马正申逆四孟，天猴正申逆十二，不同］。天车不同关锁，占候殊焉［天车春巳夏辰秋未冬酉，关锁春丑夏辰秋未冬戌，不同］。以至于天鼠起子，天牛起丑，莫不各以类相从。然鼠畏缩，猴柔贪，故退而逆行［顺行者非］牛驯顺，羊刚躁，故进而顺转［逆行者非］。聊举数端，可推其概，斯理既合，厥数亦符。此皆天地万物自然之化，非有牵强附会于其间也。

岁干煞	甲乙丙丁戊己庚辛壬癸
天庭①	丑寅辰巳辰巳未申戌亥
死符②	申申亥亥寅寅巳巳辰辰
年支煞	子丑寅卯辰巳午未申酉戌亥
岁刑③	卯戌巳子辰申午丑寅酉未亥
大将军④	酉酉子子卯卯午午午酉

诗曰：岁干禄后号天庭，死符申亥寅巳辰。岁刑太岁所刑者，亥子丑顺酉将军。

----

① 主朝廷事。
② 主占病多凶。
③ 主官非刑责。
④ 头目领兵权，占行人用之。

岁煞

	子年	丑年	寅年	卯年	辰年	巳年	午年	未年	申年	酉年	戌年	亥年
子	将星 太岁	六害 病符	灾煞 吊客	桃花 福德	白虎 将星	六害 龙德 岁墓 朱雀	灾煞 追煞 岁破	小耗 岁宅 桃花	将星 官符	六害 六合	灾煞 丧门	桃花 太阳 青龙 赶煞
丑	攀鞍 太阳 青龙 赶煞	黄幡 太岁	岁煞 天煞 病符	豹尾 太阴 吊客	攀鞍 福德	白虎 黄幡	岁煞 天煞 龙德 朱雀	追煞 岁破 豹尾	攀鞍 小耗 岁宅	黄幡 华盖 官符	岁煞 天煞 六合	豹尾 丧门
寅	驿马 丧门	劫煞 赶煞 青龙	地煞 太岁	亡神 病符	吊客 太阴 驿马	劫煞 福德	地煞 白虎	龙德 朱雀 岁墓 亡神	驿马 追煞 岁破	劫煞 岁宅	地煞 官符	亡神 六合
卯	六害 六合	灾煞 丧门	桃花 太阴 青龙 赶煞	将星 太岁	病符 六害	太阴 吊客 灾煞	桃花 福德	将星 白虎	六害 岁墓 龙德 朱雀	灾煞 岁破	桃花 小耗 岁宅	将星 官符
辰	华盖 黄幡 岁墓 劫煞	岁煞 天煞 六合	豹尾 丧门	攀鞍 太阳 青龙 赶煞	华盖 黄幡 太岁	岁煞 天煞 病符	豹尾 太阴 吊客	福德	黄幡 白虎	岁煞 龙德 朱雀	豹尾 岁破	攀鞍 小耗 岁宅
巳	小耗 岁宅	地煞 官符	亡神 六合	驿马 丧门	青龙 劫煞 太阳	地煞 太岁	亡神 病符	驿马 吊客	劫煞 福德	地煞 白虎	亡神 岁墓 龙德 朱雀	驿马 岁破 追煞
午	追煞 灾煞 岁破	桃花 岁宅	将星 官符	六害 六合	丧门 太阳 赶煞	桃花 太阴 青龙 赶煞	将星 太岁	六害 病符	灾煞 吊客	桃花 福德	将星 白虎	龙德 岁墓 朱雀 六害
未	岁煞 龙德 朱雀	豹尾 岁破	攀鞍 小耗 岁宅	黄幡 华盖 官符	天煞 岁煞	豹尾 丧门	攀鞍 太阳 青龙 赶煞	黄幡 华盖 太岁	岁煞 天煞 病符	豹尾 太阴	攀鞍 福德	黄幡 华盖 白虎
申	地煞	亡神 龙德 朱雀	驿马 追煞 岁破	劫煞 岁宅	官符 地煞	亡神 六合	驿马 丧门	劫煞 青龙 赶煞	地煞 太岁	亡神 丧门	驿马 吊客	劫煞 福德
酉	桃花 福德	将星 白虎	六害 岁墓 龙德 朱雀	灾煞 岁破 追煞	桃花 小耗	将星 官符	六害 六合	灾煞 丧门	桃花 太阴 青龙 赶煞	将星 太岁	六害 太阴	灾煞 太阴
戌	豹尾 吊客 太阴	攀鞍 福德	黄幡 白虎	天煞 朱雀 龙德 岁煞	豹尾 岁破	小耗 岁宅 攀鞍	华盖 黄幡 官符	天煞 六合	豹尾 丧门	攀鞍 青龙 赶煞	黄幡 华盖 太岁	岁煞 天煞 病符
亥	亡神 病符	驿马 吊客 太阴	劫煞 福德	地煞 白虎	龙德 朱雀 岁墓 亡神	追煞 驿马 岁破	劫煞 岁宅 小耗	地煞 官符	亡神 六合	驿马 吊客	劫煞 太阴 青龙 赶煞	地煞 太岁

· 156 ·

正月煞

子	返魂 刀砧 生气 雨煞 天鼠 天视 坑坎 山魈 灾煞 镜煞 披麻 邪怪 天火 雨师
丑	寡宿 三丘 关神 管神 血忌 血支 天坑 佛煞 天牛 坟墓 天怪 五盗 小煞 天煞 迷惑 月煞 月奸 游神 泰神 忧神 归忌
寅	战雄 皇书 吏神 月建 小时 龙加龙 天虎 木煞 风煞 天盗 雷公 釜神 产煞 天厕 奸私 天刑 奸神 往亡
卯	贼神 奸盗 天地转煞 丝麻 天龙 游煞 草蛇 烛命 桃池 悬索 大时煞 盗神 怪煞 玉宇
辰	浴盆 天目 龙神 天医 雌虎 瘟煞 天巫 厌对 血光 邪鬼 天械 上丧 天财 金堂 天贼 梦神
巳	喝散 孤神 梁神 钥神 厄煞 孝杖 死神 电煞 朱鸟 火烛 月害 阴煞 空竹 月德 亡神 游祸 天旺 成神 卯梯 戏神 天车 时盗 月刑 枉屈 瓦煞
午	火鬼 死气 官符 孝服 谩语 朱花 破器 化神 地咒 火煞 伏骨 天破 天马 罪至 大德 五鬼
未	哭神 五墓 地狱 井煞 枯煞 小耗 天印 天羊 福神 阴奸 邪神 卯床 下丧 月鬼 秽煞 丧魄 炉煞 丧门 狱神 皇恩 会神 白衣
申	杀神 绝气 战雌 月破 兵煞 虎加虎 大耗 道路 阳缠 阴绕 天猴 风伯 天解 驿马 奸门 地解 解神 信神 飞祸
酉	四废 丧车 书信 天机 天钱 轩辕 天鸡 折伤 天鬼 天吏 长绳 天咒 天信 破碎
戌	天喜 天耳 天书 愿神 地医 天狗 四足 月厌 石煞 火光 光影 黄旛 火怪 反激 兽煞 受死 皇恩大赦 死别 门煞 飞廉
亥	返魂 刀砧 飞魂 伏连 天诏 病煞 儿煞 哭忌 神煞 天猪 月合 天狱 墓门 酉酒 天网 女灾 雷煞 劫煞 阳煞 圣心 相负

二月煞

子	返魂 刀砧 飞魂 伏连 天诏 病煞 儿煞 哭忌 天怪 桃池 悬索 大时煞 天信 兽煞 罪至 月刑 瓦煞
丑	寡宿 三丘 关神 管神 生气 雨煞 邪鬼 反激 皇恩大赦 游神 泰神 忧神
寅	皇书 战雄 天吏 血支 天坑 佛煞 天牛 坟墓 烛命 月德 亡神 游祸 阳煞 奸神 归忌
卯	贼神 奸盗 天地转煞 丝麻 月建 小时 龙加龙 天虎 木煞 厌对 血光 大煞 伏骨 邪怪 天火 雨师
辰	浴盆 天目 龙神 天龙 游煞 草蛇 月害 阴煞 空竹 下丧 月鬼 秽煞 丧魄 月奸 天刑 受死 白衣 五鬼
巳	喝散 孤神 梁神 钥神 天医 雌虎 瘟煞 天巫 破器 化神 地咒 驿马 釜神 产煞 天厕 奸私 怪煞 圣心 戏神 天车 贼盗 破碎 飞廉 往亡 枉屈
午	火鬼 厄煞 孝杖 死神 电煞 朱鸟 火烛 阴奸 邪神 卯床 天鬼 天吏 长绳 天咒 盗神 天财 大德
未	哭神 五墓 地狱 死气 官符 孝服 谩语 朱花 阴绕 天猴 风伯 天解 光影 黄旛 火怪 天械 上丧 血忌
申	杀神 绝气 战雌 井煞 枯煞 小耗 天印 天羊 福神 轩辕 天鸡 折伤 天狱 墓门 酉酒 天网 女灾 雷煞 劫煞 天旺 成神 卯梯 天马 地解 解神 飞祸
酉	四废 丧车 月破 兵煞 虎加虎 大耗 道路 阳缠 天狗 四足 月厌 石煞 火光 坑坎 山魈 灾煞 镜煞 披麻 天破 皇恩 玉宇 天贼
戌	天喜 天耳 书信 天机 天钱 神煞 天猪 月合 五盗 小煞 天煞 迷惑 月煞 炉煞 丧门 狱神 金堂 会神 信神 梦神 死别 门煞
亥	返魂 刀砧 天书 愿神 地医 天鼠 天视 天盗 雷公 奸门 相负

三月煞

子	返魂 刀砧 天书 愿神 地医 风煞 大煞 伏骨 天破 圣心 归忌
丑	寡宿 三丘 关神 管神 飞魂 伏连 天诏 病煞 儿煞 哭忌 烛命 下丧 月鬼 秽煞 丧魄 炉煞 丧门 狱神 游神 忧神 泰神 梦神 破碎 白衣 相负 飞煞
寅	皇书 战雄 吏神 生气 雨煞 厌对 血光 驿马 奸门 兽煞 血忌 会神 信神 奸神 天贼 五鬼
卯	贼神 奸盗 天地转煞 丝麻 血忌 天坑 佛煞 天牛 坟墓 月害 阴煞 空竹 天鬼 天吏 长绳 天咒 天信
辰	浴盆 天目 龙神 月建 小时 龙加龙 天虎 木煞 破器 化神 地咒 光影 黄旛 火怪 反激 玉宇 皇恩大赦 月刑 门煞
巳	喝散 孤神 梁神 钥神 天龙 游煞 草蛇 阴奸 邪神 卯床 天狱 墓门 酉酒 女灾 雷煞 劫煞 天网 阳煞 金堂 戏神 天车 时盗
午	火鬼 天医 雌虎 瘟煞 天巫 天猴 风伯 天解 坑坎 山魈 灾煞 镜煞 披麻 邪怪 天火 雨师 天刑 大德 飞廉
未	哭神 五墓 地狱 厄煞 孝服 死神 电煞 朱鸟 火烛 轩辕 天鸡 折伤 五盗 小煞 天煞 迷惑 月煞 怪煞 罪至 月奸 枉屈
申	杀神 绝气 战雌 死气 官符 孝服 漫语 朱花 天狗 四足 月厌 石煞 火光 天盗 雷公 釜神 产煞 天厕 奸私 天财 飞祸 往亡
酉	四废 丧车 井煞 枯煞 小耗 天印 天羊 福神 神煞 天猪 月合 桃池 悬索 大时煞 盗神 地解
戌	天喜 天耳 月破 兵煞 虎加虎 大耗 道路 阳缠 天鼠 天视 邪鬼 天械 上丧 天马 解神 死别
亥	返魂 刀砧 书信 天机 天钱 天怪 月德 亡神 游祸 天旺 成神 皇恩 受死

四月煞

子	四废 丧车 书信 天机 天钱 烛命 天鬼 天吏 长绳 天咒 盗神 天马 游神 戏神 忧神 泰神
丑	天耳 天喜 天书 愿神 地医 厌对 血光 光影 黄旛 火怪 天械 上丧 皇恩 罪至 信神 归忌 相负
寅	返魂 刀砧 飞魂 伏连 天诏 病煞 儿煞 哭忌 月害 阴煞 空竹 天狱 墓门 酉酒 天网 女灾 雷煞 劫煞 天旺 成神 卯梯 飞祸 瓦煞
卯	返魂 刀砧 生气 雨煞 破器 化神 地咒 坑坎 山魈 灾煞 镜煞 披麻 天破 时盗 门煞
辰	寡宿 三丘 关神 管神 血支 天坑 佛煞 天牛 坟墓 阴奸 邪神 卯床 五盗 小煞 天煞 迷惑 月煞 炉煞 丧门 狱神 兽煞 大德 天车
巳	皇书 战雄 吏神 月建 小时 龙加龙 天虎 木煞 阴绕 天猴 风伯 天解 天盗 雷公 奸门 受死
午	贼神 奸盗 天地转煞 丝麻 天龙 游煞 草蛇 轩辕 天鸡 折伤 桃池 悬索 大时煞 天信 圣心
未	浴盆 天目 龙神 天医 雌虎 瘟煞 天巫 天狗 四足 月厌 石煞 火光 邪鬼 反激 皇恩大赦 梦神 死别 白衣飞廉 天贼 枉屈
申	喝散 孤神 梁神 钥神 厄煞 孝杖 死神 电煞 朱鸟 火烛 神煞 天猪 月合 月德 亡神 游祸 阳煞 天刑 血忌 月刑
酉	火鬼 死气 官符 孝服 谩语 朱花 天鼠 天视 大煞 伏骨 邪怪 天火 雨师 怪煞 地解 破碎 五鬼
戌	哭神 五墓 地狱 井煞 枯煞 小耗 天印 天羊 福神 天怪 下丧 月鬼 秽煞 月奸 天财 玉宇 解神
亥	杀神 绝气 战雌 月破 兵煞 虎加虎 大耗 道路 风煞 驿马 釜神 产煞 天厕 奸私 金堂 会神 奸神 往亡

160

五月煞

子	四废 丧车 月破 兵煞 虎加虎 大耗 道路 阳缠 厌对 血光 坑坎 山魈 灾煞 镜煞 披麻 邪怪 天火 雨师 天财 受死 解神 游神 戏神 忧神 泰神 天贼
丑	天喜 天耳 书信 天机 天钱 月害 阴煞 空竹 五盗 小煞 天煞 迷惑 月煞 月奸 圣心
寅	返魂 刀砧 天书 愿神 地医 破器 化神 地咒 天盗 雷公 釜神 产煞 天厕 奸私 天马 飞福 归忌 飞廉
卯	返魂 刀砧 飞魂 伏连 天诏 病煞 儿煞 哭忌 阴奸 邪神 卯床 桃池 悬索 大时煞 盗神 皇恩 血忌 时盗 往亡 五鬼 相负 瓦煞
辰	寡宿 三丘 关神 管神 生气 雨煞 天猴 风伯 天解 邪鬼 天械 上丧 大德 梦神 天车 白衣
巳	皇书 战雄 吏神 血支 天坑 佛杀 天牛 坟墓 轩辕 天鸡 折伤 月德 亡神 游祸 天旺 成神 梯煞 玉宇 破碎
午	贼神 奸盗 天地转煞 丝麻 月建 小时 龙加龙 天虎 木煞 天狗 四足 月厌 石煞 火光 大煞 伏骨 天破 兽煞 金堂 月刑
未	浴盆 天目 龙神 天龙 游煞 草蛇 神煞 天猪 月合 下丧 月鬼 秽煞 丧魄 炉煞 丧门 狱神 死别
申	喝散 孤神 梁神 钥神 天医 雌虎 瘟煞 天巫 天鼠 天视 驿马 奸门 罪至
酉	火鬼 厄煞 孝杖 死神 电煞 朱鸟 火烛 天怪 天鬼 天吏 长绳 天咒 天信 皇恩大赦 会神 枉屈
戌	哭神 五墓 地狱 死气 官符 孝服 谩语 朱花 风煞 光影 黄幡 火怪 反激 天刑 地解 门煞
亥	杀神 绝气 战雌 井煞 枯煞 小耗 天印 天羊 福神 怪煞 信神 奸神 烛命 天狱 墓门 酉酒 天网 女灾

六月煞

子	四废 丧车 井煞 枯煞 小耗 天印 天羊 福神 月害 阴煞 空竹 桃池 悬索 大时煞 天信 天刑 金堂 解神 会神 游神 戏神 忧神 泰神 归忌
丑	天喜 天耳 月破 兵煞 虎加虎 大耗 道路 破器 化神 地咒 邪鬼 反激 怪煞 破碎 白衣 月刑
寅	返魂 刀砧 书信 天机 天钱 阴奸 邪神 卯床 月德 亡神 游祸 阳煞 天财 罪至 飞祸
卯	返魂 刀砧 书信 愿神 地医 阴绕 天猴 风伯 天解 火煞 伏骨 邪怪 天火 雨师 皇恩大赦 时盗 飞廉 相负
辰	寡宿 三丘 关神 管神 飞魂 伏连 天诏 病煞 儿煞 哭忌 轩辕 天鸡 折伤 下丧 月鬼 秽煞 丧魄 月奸 天马 信神 大德 天车 瓦煞
巳	皇书 战雄 吏神 生气 雨煞 天狗 四足 月厌 石煞 火光 驿马 釜神 产煞 天厕 奸私 皇恩 天贼
午	贼神 奸盗 天地转煞 丝麻 血支 天坑 佛煞 天牛 坟墓 神煞 天猪 月合 天鬼 天吏 长绳 天咒 盗神 受死 往亡
未	浴盆 天目 龙神 月建 小时 龙加龙 天虎 木煞 天鼠 天视 光影 黄旛 火怪 天械 上丧 圣心 死别
申	喝散 孤神 梁神 钥神 天龙 游煞 草蛇 天怪 天狱 墓门 酉酒 天网 女灾 雷煞 劫煞 天旺 成神 梯煞 兽煞 五鬼
酉	火鬼 天医 雌虎 瘟煞 天巫 风煞 坑坎 山魈 灾煞 镜煞 披麻 天破 血忌 柱屈 门煞
戌	哭神 五墓 地狱 厄煞 孝杖 死神 雷煞 朱鸟 火烛 烛命 五盗 小煞 天煞 迷惑 月煞 炉煞 丧门 狱神
亥	杀神 绝气 战雌 死气 官符 孝服 谩语 朱花 厌对 血光 天盗 雷公 奸门 玉宇 奸神

七月煞

子	火鬼 死气 孝服 官符 谩语 朱花 破器 化神 地咒 大煞 伏骨 天破 大德 皇恩大赦
丑	哭神 五墓 地狱 井煞 枯煞 小耗 天印 天羊 福神 阴奸 邪神 卯床 下丧 月鬼 秽煞 丧魄 炉煞 丧门 狱神 受死 梦神 会神 归忌 五鬼
寅	杀神 绝气 战雌 月破 兵煞 虎加虎 大耗 道路 阳缠 天猴 天解 风伯 驿马 奸门 天刑 圣心 解神 月刑
卯	四废 丧车 书信 天机 天钱 轩辕 天鸡 折伤 天鬼 天吏 长绳 天咒 天信 怪煞
辰	天喜 天耳 天书 愿神 地医 天狗 四足 月厌 石煞 火光 光影 黄旛 火怪 反激 天财 血忌 死别 飞廉
巳	返魂 刀砧 飞魂 伏连 天诏 病煞 儿煞 哭忌 神煞 月合 天猪 天狱 墓门 酉酒 天网 女灾 雷煞 劫煞 阳煞 信神 飞祸 相负
午	返魂 刀砧 生气 雨煞 天鼠 天视 坑坎 山魈 灾煞 镜煞 披麻 邪怪 天火 雨师 天马 玉宇
未	寡宿 三丘 关神 管神 血支 坑煞 佛煞 天牛 坟墓 天怪 五盗 小煞 天煞 迷惑 月煞 月奸 皇恩 金堂 天车 白衣
申	皇书 战雄 吏神 月建 小时 龙加龙 天虎 木煞 风煞 天盗 雷公 金神 产煞 天厕 奸私 奸神
酉	贼神 奸盗 天地转煞 丝麻 天龙 游煞 草蛇 烛命 桃池 悬索 大时煞 盗神 罪至 戏神 时盗 破碎 往亡
戌	浴盆 天目 龙神 天医 雌虎 瘟煞 天巫 厌对 血光 邪鬼 天械 上丧 兽煞 天贼 忧神 泰神
亥	喝散 孤神 梁神 钥神 厄煞 孝杖 死神 电煞 朱鸟 火烛 月害 阴煞 空竹 月德 亡神 游祸 天旺 成神 卯梯 地解 进神 枉屈 瓦煞 游神

八月煞

子	火鬼 厄煞 孝杖 死神 电煞 朱鸟 火烛 阴奸 邪神 卯床 天鬼 天吏 长绳 天咒 盗神 兽煞 玉宇 大德 往亡
丑	哭神 五墓 地狱 死气 官符 孝服 谩语 朱花 天猴 阴绕 风伯 解神 光影 黄旛 火怪 天械 上丧 金堂
寅	杀神 绝气 战雌 井煞 枯煞 小耗 天印 天羊 福神 轩辕 天鸡 折伤 天狱 墓门 酉酒 天网 女灾 雷煞 劫煞 天旺 成神 卯梯 解神 归忌
卯	四废 丧车 月破 兵煞 虎加虎 大耗 道路 阳缠 天狗 四足 月厌 石煞 火灾 坑坎 山魈 灾煞 镜煞 披麻 天破 罪至 天贼 门煞
辰	天喜 天耳 书信 天机 天钱 神煞 天猪 月合 五盗 小煞 天煞 迷惑 月煞 炉煞 丧门 狱神 天刑 死别 白衣
巳	返魂 刀砧 天书 愿神 地医 天鼠 天视 天盗 雷公 奸门 怪煞 飞祸 破碎 五鬼 相负
午	返魂 刀砧 飞魂 伏连 天诏 病煞 儿煞 哭忌 天怪 桃池 悬索 大时煞 天信 天财 皇恩 大赦 会神 瓦煞
未	寡宿 三丘 关神 管神 生气 雨煞 风煞 邪鬼 反激 受死 信神 梦神 天车
申	皇书 战雄 吏神 血支 天坑 佛煞 天牛 坟墓 烛命 月德 亡神 游祸 阳煞 天马 圣心 奸神
酉	贼神 奸盗 天地 转煞 丝麻 月建 小时 龙加龙 天虎 木煞 厌对 血光 大煞 伏骨 邪怪 天火 雨师 皇恩 戏神 时盗 月刑
戌	浴盆 天目 龙神 天龙 游煞 草蛇 月害 阴煞 空竹 下丧 月鬼 秽煞 丧魄 月奸 血忌 忧神 泰神
亥	喝散 孤神 梁神 钥神 天医 雌虎 瘟煞 天符 破器 化神 地咒 驿马 釜神 产煞 天厕 奸私 地解 游神 飞廉 枉屈

九月煞

子	火鬼 天医 雌虎 瘟煞 天巫 天猴 风伯 天解 坑坎 山魈 灾煞 镜煞 披麻 邪怪 天火 雨师 大德 归忌 飞廉 五鬼
丑	哭神 五墓 地狱 厄煞 孝杖 死神 电煞 朱鸟 火烛 轩辕 天鸡 折伤 五盗 小煞 天煞 迷惑 月煞 月奸 破碎 白衣 柱屈
寅	杀神 绝气 战雌 死气 官符 谩语 朱花 孝服 天狗 四足 月厌 石煞 火光 天盗 雷公 釜神 产煞 天厕 奸私 兽煞 受死 皇恩大赦
卯	四废 丧车 井煞 枯煞 小耗 天印 天羊 福神 神煞 天猪 月合 桃池 悬索 大时煞 盗神 圣心
辰	天喜 天耳 月破 兵煞 虎加虎 大耗 道路 阳缠 天鼠 天视 邪鬼 天械 上丧 解神 梦神 死别 往亡
巳	返魂 刀砧 书信 天机 天钱 天怪 月德 亡神 游祸 天旺 成神 梯煞 血忌 会神 信神 飞祸
午	返魂 刀砧 天书 愿神 地医 风煞 大煞 伏骨 天破 天刑 地解
未	寡宿 三丘 关神 管神 飞魂 伏连 天诏 病煞 儿煞 哭忌 烛命 下丧 月鬼 秽煞 丧魄 炉煞 丧门 狱神 怪煞 玉宇 天车 月刑 相负 瓦煞
申	皇书 战雄 吏神 生气 雨煞 厌对 血光 驿马 奸门 天财 金堂 奸神 天贼
酉	贼神 奸盗 天地转煞 丝麻 血支 天坑 佛煞 天牛 坟墓 月害 阴煞 空竹 天鬼 天吏 长绳 天咒 天信 戏神 时盗
戌	浴盆 天目 龙神 月建 小时 龙加龙 天虎 木煞 破器 化神 地咒 光影 黄旛 火怪 反激 天马 罪至 门煞 忧神 泰神
亥	喝散 孤神 梁神 钥神 天龙 游煞 草蛇 阴奸 邪神 卯床 天狱 墓门 酉酒 天网 女灾 雷煞 阳煞 皇恩 游神

十月煞

子	贼神 奸盗 天地转煞 丝麻 天龙 游煞 草蛇 轩辕 天鸡 折伤 桃池 悬索 大时煞 天信 天马 时盗
丑	浴盆 天目 龙神 天医 雌虎 瘟煞 天巫 天狗 四足 月厌 石煞 火光 邪鬼 反激 皇恩 玉宇 死别 归忌 飞廉 天贼 枉屈
寅	喝散 孤神 梁神 钥神 厄煞 孝杖 死神 电煞 朱鸟 火烛 神煞 月合 天猪 月德 亡神 游祸 阳煞 金堂 大德
卯	火鬼 死气 官符 孝服 漫语 朱花 天鼠 天视 大煞 伏骨 邪怪 天火 雨师 会神
辰	哭神 五墓 地狱 井煞 枯煞 小耗 天印 天羊 福神 天怪 下丧 月鬼 秒煞 丧魄 月奸 兽煞 罪至 解神 戏神
巳	杀神 绝气 战雌 月破 兵煞 虎加虎 大耗 道路 风煞 驿马 釜神 产煞 天厕 奸私 皇恩大赦 奸神
午	四废 丧车 书信 天机 天钱 烛命 天鬼 天吏 盗神 地解
未	天喜 天耳 天书 愿神 地医 厌对 血光 光影 黄旛 火怪 天械 上丧 信神 白衣 往亡 相负
申	返魂 刀砧 飞魂 伏连 天诏 病煞 儿煞 哭忌 月害 阴煞 空竹 天狱 墓门 酉酒 天网 女灾 雷煞 劫煞 天旺 成神 梯煞 天刑 受死 瓦煞
酉	返魂 刀砧 生气 雨煞 破器 化神 地咒 坑坎 山魈 灾煞 镜煞 披麻 天破 怪煞 圣心 天车 破碎 门煞
戌	寡宿 三丘 关神 管神 血支 天坑 佛煞 天耳 坟墓 阴奸 邪神 卯床 五盗 小煞 天煞 迷惑 月煞 炉煞 丧门 狱神 天财 游神 梦神
亥	皇书 战雄 吏神 月建 小时 龙加龙 天虎 木煞 阴绕 天猴 风伯 天解 天盗 雷公 奸门 血忌 泰神 忧神 飞祸 月刑 五鬼

十一月煞

子	贼神 奸盗 天地转煞 丝麻 月建 小时 龙加龙 天虎 木煞 天狗 四足 月厌 石煞 火灾 大煞 伏骨 天破 天财 时盗
丑	浴盆 天目 龙神 天龙 游煞 草蛇 神煞 天猪 月合 下丧 月鬼 秽煞 丧魄 炉煞 丧门 狱神 梦神 死别
寅	喝散 孤神 梁神 钥神 天医 雌虎 瘟煞 天巫 天视 天鼠 驿马 奸门 天马 大德 归忌
卯	火鬼 厄煞 孝杖 死神 电煞 朱鸟 火烛 天怪 天鬼 天吏 长绳 天咒 天信 皇恩 受死 月刑 枉屈
辰	哭神 五墓 地狱 死气 官符 孝服 谩语 朱花 风煞 光影 黄幡 火怪 反激 圣心 戏神 白衣 门煞
巳	杀神 绝气 战雌 井煞 枯煞 小耗 天印 天羊 福神 烛命 天狱 墓门 酉酒 天网 女灾 雷煞 劫煞 阳煞 奸神 破碎
午	四废 丧车 月破 兵煞 虎加虎 大耗 道路 阳缠 厌对 血光 坑坎 血忌 山魁 灾煞 镜煞 披麻 邪怪 天火 雨师 兽煞 解神 天贼
未	天喜 天耳 书信 天机 天钱 月害 阴煞 空竹 五盗 小煞 天煞 迷惑 月煞 月奸 地解 五鬼
申	返魂 刀砧 天书 愿神 地医 破器 化神 地咒 天盗 雷公 釜神 产煞 天厕 奸私 玉宇 皇恩大赦 会神 信神 飞廉
酉	返魂 刀砧 飞魂 伏连 天诏 病煞 儿煞 哭忌 阴奸 邪神 卯床 桃池 悬索 大时 盗神 金堂 天车 相负 瓦煞
戌	寡宿 三丘 关神 管神 生气 雨煞 阴绕 天猴 风伯 天解 邪鬼 天械 上丧 天刑 天解 游神 往亡
亥	皇书 战雄 吏神 血支 天坑 佛煞 天牛 坟墓 轩辕 天鸡 折伤 月德 亡神 游祸 天旺 成神 卯梯 怪煞 罪至 泰神 忧神 飞祸

十二月煞

子	贼神 奸盗 天地转煞 丝麻 血支 天坑 佛煞 天牛 坟墓 神煞 天猪 月合 天鬼 天吏 长绳 天咒 盗神 天刑 血忌 时盗 归忌
丑	浴盆 天目 龙神 月建 小时 龙加龙 天虎 木煞 天鼠 天视 黄旛 光影 火怪 天械 上丧 怪煞 死别 破碎 白衣 往亡
寅	喝散 孤神 梁神 钥神 天龙 游煞 草蛇 天怪 天狱 墓门 酉酒 女灾 雷煞 劫煞 天旺 成神 卯梯 天财 玉宇 大德
卯	火鬼 天医 雌虎 瘟煞 天巫 风煞 坑坎 山魈 灾煞 镜煞 披麻 天破 金堂 柱屈 门煞
辰	哭神 五墓 地狱 厄煞 孝杖 死神 电煞 朱鸟 火烛 烛命 五盗 小煞 天煞 迷惑 月煞 炉煞 丧门 狱神 天马 会神 戏神
巳	杀神 绝气 战雌 死气 官符 孝服 谩语 朱花 厌对 血光 天盗 雷公 奸门 皇恩 罪至 奸神
午	四废 丧车 井煞 枯煞 小耗 天印 天羊 福神 月害 阴煞 空竹 桃池 悬索 大时 天信 解神
未	天喜 天耳 月破 兵煞 虎加虎 大耗 道路 阳缠 破器 化神 地咒 邪鬼 反激 地解 梦神
申	返魂 刀砧 书信 天机 天钱 阴奸 邪神 卯床 月德 亡神 游祸 阳煞 兽煞
酉	返魂 刀砧 天书 愿神 地医 阴绕 天猴 风伯 天解 大煞 伏骨 邪怪 天火 雨师 受死 天解 天车 飞廉 相负
戌	寡宿 三丘 关神 管神 飞魂 伏连 天诏 病煞 儿煞 哭忌 轩辕 天鸡 折伤 下丧 月鬼 秽煞 丧魄 月奸 圣心 信神 游神 月刑 五鬼 瓦煞
亥	皇书 战雄 吏神 生气 雨煞 天狗 四足 月厌 石煞 火光 驿马 釜神 产煞 天厕 奸私 皇恩大赦 忧神 泰神 飞祸 天贼

旬煞

	甲子	甲戌	甲申	甲午	甲辰	甲寅
子	六仪		三奇	三奇 响动		旬空
丑	三奇 盗神	三奇 丁神		五亡	闭口	旬空
寅			响动		旬空	六仪
卯	丁神		五亡	闭口	旬空	盗神
辰		响动		旬空	六仪	
巳		五亡	闭口	旬空	盗神	丁神
午	响动		旬空	六仪		
未	五亡	闭口	旬空	盗神	丁神	
申		旬空	六仪			响动
酉	闭口	旬空	盗神	丁神	五亡	
戌	旬空	六仪			响动	
亥	旬空	盗神	丁神		三奇 五亡	三奇 闭口

日煞　甲子

支	神煞
子	福星 进神 日盗
丑	贤贵 退神 游都 六合
寅	干德 日禄 恩赦 驿马
卯	日医 羊刃 三刑 死神 勾神
辰	日贼 支鬼 支墓 华盖 雷电 三合
巳	日刑 飞符 支德 破碎 劫煞
午	干奇 进神 日淫 支仪 支冲 灾煞 晴朗
未	干合 退神 日墓 鲁都 六害 四煞
申	日鬼 日冲 雨师 三合
酉	日官 飞刃 支破 绞神 咸池 白衣翰林
戌	举主 兼务 支鬼
亥	长生 日解 日奸 文星 日下大煞 病符 支亡

日煞　乙丑

支	神煞
子	进神 游都 六合 病符
丑	福星 退神 破碎 华盖
寅	劫煞
卯	日禄 支鬼 灾煞
辰	恩赦 日刑 飞符 羊刃 支破 支墓 死神 绞神 四煞 雷电
巳	干奇 三合 支仪
午	长生 进神 鲁都 日贼 日淫 支德 六害 咸池
未	退神 支冲 晴朗 白衣翰林
申	干德 干合 日官 日解 贤贵 支亡
酉	举主 兼务 日鬼 日奸 三合 雨师
戌	日墓 日冲 飞刃 三刑 勾神
亥	日医 文星 日下大煞 日盗 驿马

日煞　丙寅

支	神煞
子	日官 福星 进神 飞刃 灾煞
丑	日医 退神 病符 四煞
寅	长生 贤贵 文星 游都
卯	飞符 日盗 咸池
辰	干奇 日奸 支仪
巳	干德 日禄 恩赦 六害 三刑 死神 勾神 支亡 白衣翰林
午	进神 羊刃 三合
未	日解 退神 日下大煞 日淫 支德 支墓 雷电
申	举主 兼务 日刑 驿马 鲁都 晴朗 日贼 支冲 支鬼
酉	破碎
戌	干合 日墓 三合 华盖 雨师
亥	日鬼 日冲 支合 支破 绞神 劫煞

日煞　丁卯

支	神煞
子	福星 进神 日鬼 三刑 勾神 咸池
丑	日解 退神 日墓 日刑 日冲 飞刃
寅	贤贵 文星 飞符 病符 支亡
卯	干奇 支仪 白衣翰林
辰	六害
巳	游都 破碎 驿马
午	日禄 进神 支破 死神 绞神
未	恩赦 日医 举主 兼务 退神 羊刃 日下大煞 日淫 三合 支墓 华盖 雷电
申	日盗 日奸 支德 劫煞
酉	长生 支冲 支鬼 灾煞 晴朗
戌	支合 四煞
亥	干德 干合 日官 鲁都 日贼 三合 雨师

日煞　戊辰

子	进神 飞刃 三合 雨师
丑	干合 退神 飞符 支破 破碎 绞神 白衣翰林
寅	长生 干奇 日鬼 鲁都 日贼 支仪 支鬼 驿马
卯	日官 六害 病符
辰	三刑 支墓 华盖
巳	干德 日禄 恩赦 日医 日盗 日奸 劫煞
午	贤贵 文星 举主 兼务 进神 羊刃 灾煞
未	福星 退神 死神 勾神 四煞
申	日刑 游都 三合
酉	日解 支德 六合 咸池
戌	日墓 日下大煞 日淫 支冲 雷电 晴朗
亥	日冲 支亡

日煞　己巳

子	日盗
丑	干奇 贤贵 日墓 日刑 日冲 飞刃 游都 三合 支仪 华盖 雨师
寅	干合 干德 日官 六害 勾神 劫煞
卯	日医 进神 日鬼 灾煞
辰	退神 日贼 病符 四煞
巳	举主 兼务
午	日禄 文星 飞符 咸池
未	恩赦 福星 羊刃 鲁都
申	六合 支破 三刑 死神 绞神 支亡
酉	长生 进神 三合 破碎
戌	退神 日下大煞 日淫 支德 支墓 雷电
亥	日解 日奸 支冲 支鬼 白衣翰林

日煞　庚午

子	游都 支冲 支鬼 灾煞 晴朗
丑	福星 日墓 六害 四煞 雷电
寅	日刑 日冲 日下大煞 日淫 三合 雨师
卯	飞神 进神 支破 绞神 咸池
辰	退神 干合 举主 兼务
巳	长生 文星 日鬼 破碎 病符 支亡
午	日官 鲁都 日贼 三刑
未	干奇 飞符 六合 支仪
申	干德 日禄 恩赦 日解 贤贵 驿马
酉	进神 羊刃 日奸 死神 勾神 白衣翰林
戌	退神 三合 支墓 华盖
亥	日医 日盗 支德 劫煞

日煞　辛未

子	长生 支德 六害 咸池
丑	日医 福星 破碎 三刑 支冲 晴朗 雷电
寅	贤贵 日下大煞 游都 日淫 支亡
卯	举主 兼务 进神 日盗 三合 支鬼 雨师
辰	退神 日墓 日冲 日奸 飞刃 勾神 支墓
巳	干德 干合 日官 文星 驿马
午	日鬼 六合 病符
未	日解 日刑 华盖 白衣翰林
申	干奇 飞符 鲁都 日贼 支仪 劫煞
酉	日禄 进神 灾煞
戌	退神 羊刃 支破 死神 绞神 四煞
亥	三合

日煞　壬申

子	羊刃　三合
丑	日官　日解　支德　支墓
寅	贤贵　举主　兼务　三刑　支冲　驿马　雷电　晴朗
卯	进神
辰	退神　日鬼　日墓　华盖　雨师
巳	福星　日冲　日下大煞　游都　日淫　六合　三合　支破　绞神　劫煞　白衣翰林
午	飞刃　支鬼　灾煞
未	干合　日官　日医　病符　四煞
申	长生　文星　日盗　日奸
酉	干奇　进神　飞符　支仪　破碎　咸池
戌	退神　日鬼
亥	干德　日禄　恩赦　日刑　鲁都　日贼　六害　死神　勾神　支亡

日煞　癸酉

子	日禄　支破　死神　绞神
丑	恩赦　日鬼　羊刃　三合　支墓　华盖
寅	鲁都　日贼　支德　劫煞　雷电
卯	长生　进神　支冲　灾煞　晴朗　白衣翰林
辰	日官　退神　日鬼　六合　四煞
巳	干德　干合　日医　福星　日下大煞　日盗　日奸　日淫　三合　破碎　支鬼　雨师
午	贤贵　勾神　咸池
未	日鬼　日墓　日冲　飞刃
申	文星　游都　病符　支亡
酉	日解　进神　三刑
戌	日官　干奇　退神　日刑　飞符　支仪　六害
亥	举主　兼务　驿马

日煞　甲戌

子	福星　进神　日盗　灾煞
丑	日解　贤贵　退神　游都　破碎　死神　勾神　四煞　白衣翰林
寅	干德　日禄　恩赦　三合　支鬼
卯	日医　羊刃　支德　六合　咸池　雷电
辰	日贼　支冲　支墓　晴朗
巳	日刑　飞符　支亡
午	干奇　进神　日淫　三合　雨师
未	干合　退神　日墓　鲁都　支破　三刑　绞神
申	日鬼　日冲　驿马
酉	日官　飞刃　六害　病符
戌	举主　兼务　华盖
亥	长生　文星　日下大煞　日奸　支仪　劫煞

日煞　乙亥

子	进神　游都　支仪　咸池
丑	福星　进神　支鬼
寅	六合　支破　死神　绞神　支亡
卯	日禄　三合　雷电
辰	恩赦　日刑　飞符　羊刃　支德　支墓
巳	干奇　支冲　驿马　晴朗
午	长生　进神　鲁都　日贼　日淫
未	退神　三合　支鬼　华盖　雨师
申	干德　干合　日官　日解　贤贵　六害　勾神　劫煞
酉	举主　兼务　日鬼　日奸　破碎　灾煞
戌	日墓　日冲　飞刃　病符　四煞
亥	日医　文星　日下大煞　日盗　三刑　白衣翰林

日煞　丙子

子	日官 福星 进神 飞刃
丑	日医 退神 六合
寅	长生 贤贵 文星 游都 驿马
卯	飞符 日盗 三刑 死神 勾神
辰	干奇 日奸 三合 支鬼 支墓 华盖 雷电
巳	干德 日禄 恩赦 支德 破碎 劫煞
午	进神 羊刃 支仪 支冲 灾煞 晴朗
未	日解 退神 日下大煞 日淫 六害 四煞
申	举主 兼务 日刑 鲁都 日贼 三合 雨师
酉	支破 绞神 咸池 白衣翰林
戌	干合 日墓 支鬼
亥	日鬼 日冲 病符 支亡

日煞　丁丑

子	福星 进神 日鬼 六合 病符
丑	日解 退神 日墓 日刑 日冲 飞刃 破碎 华盖
寅	贤贵 文星 飞符 劫煞
卯	干奇 支鬼 灾煞
辰	支破 支墓 死神 绞神 四煞 雷电
巳	游都 三合 支仪
午	日禄 进神 咸池 支德 六害
未	恩赦 日医 举主 兼务 退神 羊刃 日下大煞 日淫 支冲 晴朗 白衣翰林
申	日盗 日奸 支亡
酉	长生 三合 雨师
戌	三刑 勾神
亥	干德 干合 日官 鲁都 日贼 驿马

日煞　戊寅

子	进神 飞刃 灾煞
丑	干合 退神 飞符 病符 四煞
寅	长生 干奇 日鬼 鲁都 日贼
卯	日官 咸池
辰	支仪
巳	干德 日禄 恩赦 日医 日盗 日奸 六害 三刑 死神 勾神 支亡 白衣翰林
午	贤贵 文星 举主 兼务 进神 羊刃 三合
未	福星 退神 支德 支墓 雷电
申	日刑 游都 支冲 支鬼 驿马 晴朗
酉	日解 日墓 破碎
戌	日下大煞 日淫 三合 华盖 雨师
亥	日冲 六合 支破 绞神 劫煞

日煞　己卯

子	日盗 三刑 勾神 咸池
丑	干奇 贤贵 日墓 日刑 日冲 飞刃 游都
寅	干德 干合 日官 病符 支亡
卯	日医 进神 日鬼 支仪 白衣翰林
辰	退神 日贼 六害
巳	举主 兼务 破碎 驿马
午	日禄 文星 飞刃 支破 死神 绞神
未	恩赦 福星 羊刃 鲁都 三合 支墓 华盖 雷电
申	支德 劫煞
酉	长生 进神 支冲 支鬼 灾煞 晴朗
戌	退神 日下大煞 日淫 六合 四煞
亥	日解 日奸 三合 雨师

日煞　庚辰

子	游都 三合 雨师
丑	福星 日墓 支破 破碎 绞神 白衣翰林
寅	日刑 日冲 日下大煞 日淫 支仪 支鬼 驿马
卯	进神 飞刃 六害 病符
辰	干合 举主 兼务 退神 三刑 支墓 华盖
巳	长生 文星 日鬼 劫煞
午	日官 鲁都 日贼 灾煞
未	干奇 飞符 死神 勾神 四煞
申	干德 日禄 恩赦 日解 贤贵 三合
酉	进神 羊刃 日奸 支德 六合 咸池
戌	退神 支冲 雷电 晴朗
亥	日医 日盗 支亡

日煞　辛巳

子	长生
丑	日医 福星 三合 支仪 华盖 雨师
寅	贤贵 日下大煞 游都 日淫 六害 勾神 劫煞
卯	举主 兼务 进神 日盗 灾煞
辰	退神 日墓 日冲 飞刃 日奸 病符 四煞
巳	干德 干合 日官 文星
午	日鬼 咸池
未	日解 日刑
申	干奇 飞符 鲁都 日贼 六合 支破 三刑 死神 绞神 支亡
酉	日禄 进神 三合 破碎
戌	恩赦 退神 羊刃 支德 支墓 雷电
亥	支冲 支鬼 驿马 晴朗 白衣翰林

日煞　壬午

子	羊刃 支冲 支鬼 灾煞 晴朗
丑	日官 日解 六害 四煞 雷电
寅	贤贵 举主 兼务 三合 雨师
卯	进神 支破 绞神 咸池
辰	退神 日鬼 日墓
巳	福星 日冲 日下大煞 游都 日淫 破碎 病符 支亡 白衣翰林
午	飞刃 三刑
未	干合 日官 日医 六合 支仪
申	长生 文星 日盗 日奸 驿马
酉	干奇 进神 飞符 死神 勾神
戌	退神 日鬼 三合 支墓 华盖
亥	干德 日禄 恩赦 日刑 鲁都 日贼 支德 劫煞

日煞　癸未

子	日禄 支德 六害 咸池
丑	恩赦 日鬼 羊刃 破碎 三刑 支冲 雷电 晴朗
寅	鲁都 日贼 支亡
卯	长生 进神 三合 支鬼 雨师
辰	日官 退神 支墓 勾神
巳	干德 干合 日医 福星 日下大煞 日盗 日奸 日淫 驿马 白衣翰林
午	贤贵 六合 病符
未	日鬼 日墓 日冲 飞刃 华盖
申	文星 游都 支仪 劫煞
酉	日解 进神 灾煞
戌	日官 干奇 退神 日刑 飞符 支破 死神 绞神 四煞
亥	举主 兼务

日煞 甲申

子	福星 进神 日盗
丑	贤贵 退神 游都 支德 支墓
寅	干德 日禄 恩赦 三刑 支冲 驿马 雷电 晴朗
卯	日医 羊刃
辰	日贼 三合 华盖 雨师
巳	日刑 飞符 六合 支破 绞神 劫煞 白衣 翰林
午	干奇 进神 日淫 支仪 支鬼 灾煞
未	干合 退神 日墓 鲁都 病符 四煞
申	日鬼 日冲 三合
酉	日官 飞刃 破碎 咸池
戌	举主 兼务
亥	长生 日解 文星 日下大煞 日奸 六害 死神 勾神 支亡

日煞 乙酉

子	进神 游都 支破 死神 绞神
丑	福星 退神 三合 支墓 华盖
寅	劫煞 雷电 支德
卯	日禄 支冲 灾煞 晴朗 白衣翰林
辰	恩赦 日刑 飞符 羊刃 四煞 六合
巳	干奇 三合 破碎 支鬼 雨师
午	长生 进神 鲁都 日贼 日淫 勾神 咸池
未	退神
申	干德 干合 日官 日解 贤贵 病符 支亡
酉	举主 兼务 日鬼 日奸 三刑
戌	日墓 日冲 飞刃 支仪 六害
亥	日医 文星 日下大煞 日盗 驿马

日煞 丙戌

子	日官 福星 进神 灾煞 飞刃
丑	日医 退神 破碎 死神 勾神 四煞 白衣翰林
寅	长生 贤贵 文星 游都 三合 支鬼
卯	飞符 日盗 支德 六合 咸池 雷电
辰	干奇 日奸 支冲 支墓 晴朗
巳	干德 日禄 恩赦 支亡
午	进神 羊刃 三合 雨师
未	日解 退神 日下大煞 日淫 支破 三刑 绞神
申	举主 兼务 日刑 鲁都 日贼 劫煞 驿马
酉	六害 病符
戌	干合 日墓 华盖
亥	日鬼 日冲 支仪 劫煞

日煞 丁亥

子	福星 进神 日鬼 支仪 咸池
丑	日解 退神 日墓 日刑 日冲 飞刃 支鬼
寅	贤贵 文星 飞符 六合 支破 死神 绞神 支亡
卯	干奇 三合 雷电
辰	支德 支墓
巳	游都 支冲 驿马 晴朗
午	日禄 进神 羊刃
未	恩赦 日医 退神 日下大煞 日淫 三合 支鬼 华盖 雨师
申	日盗 日奸 六害 勾神 劫煞
酉	长生 破碎 灾煞
戌	举主 兼务 病符 四煞
亥	干德 干合 日官 鲁都 日贼 三刑 白衣翰林

日煞　戊子

子	进神 飞刃
丑	干合 退神 飞符 六合
寅	长生 干奇 日鬼 鲁都 日贼 驿马
卯	日官 三刑 死神 勾神
辰	三合 支鬼 支墓 华盖 雷电
巳	干德 日禄 恩赦 日医 日盗 日奸 支德 破碎 劫煞
午	贤贵 文星 举主 兼务 进神 羊刃 支仪 支冲 灾煞 晴朗
未	福星 退神 六害 四煞
申	日刑 游都 三合 雨师
酉	日解 咸池 支破 绞神 白衣 翰林
戌	日墓 日下大煞 日淫 支鬼
亥	日冲 病符 支亡

日煞　己丑

子	日盗 六合 病符
丑	干奇 贤贵 日墓 日刑 日冲 飞刃 游都 破碎 华盖
寅	干德 干合 日官 劫煞
卯	日医 进神 日鬼 支鬼 灾煞
辰	退神 日贼 支破 支墓 死神 绞神 四煞 雷电
巳	举主 兼务 三合 支仪
午	日禄 文星 飞符 支德 六害 咸池
未	恩赦 福星 羊刃 鲁都 支冲 晴朗 白衣 翰林
申	支亡
酉	长生 进神 三合 雨师
戌	退神 日下大煞 日淫 三刑 勾神
亥	日解 日奸 驿马

日煞　庚寅

子	游都 灾煞
丑	福星 日墓 病符 四煞
寅	日刑 日冲 日下大煞 日淫
卯	进神 飞刃 咸池
辰	干合 举主 兼务 退神 支仪
巳	长生 文星 日鬼 六害 三刑 死神 勾神 支亡 白衣 翰林
午	日官 鲁都 日贼 三合
未	干奇 飞符 支德 支墓 雷电
申	干德 日禄 恩赦 日解 贤贵 支冲 支鬼 驿马 晴朗
酉	进神 羊刃 日奸 破碎
戌	退神 三合 华盖 雨师
亥	日医 日盗 六合 支破 绞神 劫煞

日煞　辛卯

子	长生 三刑 勾神 咸池
丑	日医 福星
寅	贤贵 日下大煞 游都 日淫 病符 支亡
卯	举主 兼务 进神 日盗 支仪 白衣 翰林
辰	退神 日墓 日冲 飞刃 日奸 六害
巳	干德 干合 日官 文星 破碎 驿马
午	日鬼 支破 死神 绞神
未	日解 日刑 三合 支墓 华盖 雷电
申	干奇 飞符 鲁都 日贼 支德 劫煞
酉	日禄 进神 支冲 支鬼 灾煞 晴朗
戌	恩赦 退神 羊刃 六合 四煞
亥	三合 雨师

日煞　壬辰

子	羊刃　三合　雨师
丑	日官　日解　支破　破碎　绞神　白衣翰林
寅	贤贵　举主　兼务　支仪　支鬼　驿马
卯	进神　六害　病符
辰	退神　日鬼　日墓　三刑　支墓　华盖
巳	福星　日冲　日下大煞　游都　日淫　劫煞
午	飞刃　灾煞
未	干合　日官　日医　死神　勾神　四煞
申	长生　文星　日盗　日奸　三合
酉	干奇　进神　飞符　支德　六合　咸池
戌	退神　日鬼　支冲　雷电　晴朗
亥	干德　日禄　恩赦　日刑　鲁都　日贼　支亡

日煞　癸巳

子	日禄
丑	恩赦　日鬼　羊刃　三合　支仪　华盖　雨师
寅	鲁都　日贼　六害　勾神　劫煞
卯	长生　进神　灾煞
辰	日官　退神　病符　四煞
巳	干德　干合　日医　福星　日下大煞　日盗　日奸　日淫
午	贤贵　咸池
未	日鬼　日墓　日冲　飞刃
申	文星　游都　六合　支破　三刑　死神　绞神　支亡
酉	日解　进神　三合　破碎
戌	日官　干奇　退神　日刑　飞符　支德　支墓　雷电
亥	举主　兼务　支冲　支鬼　驿马　晴朗　白衣翰林

日煞　甲午

子	福星　进神　日盗　支冲　支鬼　灾煞
丑	贤贵　退神　游都　六害　四煞　雷电
寅	干德　日禄　恩赦　三合　雨师
卯	日医　羊刃　支破　绞神　咸池
辰	日贼
巳	日刑　飞符　破碎　病符　支亡　白衣翰林
午	干奇　进神　日淫　三刑
未	干合　退神　日墓　鲁都　六合　支仪
申	日鬼　日冲　驿马　晴朗
酉	日官　飞刃　死神　勾神
戌	华盖　举主　兼务　三合　支墓
亥	日解　文星　日下大煞　日奸　支德　劫煞　长生

日煞　乙未

子	进神　游都　支德　六害　咸池
丑	福星　退神　破碎　三刑　支冲　雷电　晴朗
寅	支亡
卯	日禄　三合　支鬼　雨师
辰	恩赦　日刑　飞符　羊刃　支墓　勾神
巳	干奇　驿马
午	长生　进神　鲁都　日贼　日淫　六合　病符
未	退神　华盖　白衣翰林
申	干德　干合　日官　日解　贤贵　支仪　劫煞
酉	举主　兼务　日鬼　日奸　灾煞
戌	日墓　日冲　飞刃　支破　死神　绞神　四煞
亥	日医　文星　日下大煞　日盗　三合

日煞 丙申

子	日官 福星 进神 飞刃 三合
丑	日医 退神 支德 支墓
寅	长生 贤贵 文星 游都 三刑 支冲 驿马 雷电 晴朗
卯	飞符 日盗
辰	干奇 日奸 三合 华盖 雨师
巳	干德 日禄 恩赦 六合 支破 绞神 劫煞 白衣 翰林
午	进神 羊刃 支鬼 灾煞
未	日解 退神 日下大煞 日淫 病符 四煞
申	举主 兼务 日刑 鲁都 日贼
酉	支仪 破碎 咸池
戌	干合 日墓
亥	日鬼 日冲 六害 死神 勾神 支亡

日煞 丁酉

子	福星 进神 日鬼 支破 死神 绞神
丑	日解 退神 日墓 日刑 日冲 飞刃 三合 支墓 华盖
寅	贤贵 文星 飞符 支德 劫煞 雷电
卯	干奇 支冲 灾煞 晴朗 白衣翰林
辰	六合 四煞
巳	游都 三合 破碎 支鬼 雨师
午	日禄 进神 勾神 咸池
未	恩赦 日医 举主 兼务 退神 羊刃 日下大煞 日淫
申	日盗 日奸 病符 支亡
酉	长生 三刑
戌	支仪 六害
亥	干德 干合 日官 鲁都 日贼 驿马

日煞 戊戌

子	进神 飞刃 灾煞
丑	干合 退神 飞符 破碎 死神 勾神 四煞 白衣翰林
寅	长生 干奇 日鬼 鲁都 日贼 三合 支鬼
卯	日官 支德 六合 咸池 雷电
辰	支冲 支墓 晴朗
巳	干德 日禄 恩赦 日医 日盗 日奸 支亡
午	贤贵 文星 举主 兼务 进神 羊刃 三合 雨师
未	福星 退神 支破 三刑 绞神
申	日刑 游都 驿马
酉	日解 六害 病符
戌	日墓 日下大煞 日淫 华盖
亥	日冲 支仪 劫煞

日煞 己亥

子	日盗 支仪 咸池
丑	干奇 贤贵 日墓 日刑 日冲 飞刃 游都 支鬼
寅	干德 干合 日官 六合 支破 死神 绞神 支亡
卯	日医 进神 日鬼 三合 雷电
辰	退神 日贼 支德 支墓
巳	举主 兼务 支冲 驿马 晴朗
午	日禄 文星 飞符
未	恩赦 福星 羊刃 鲁都 三合 支鬼 华盖 雨师
申	六害 勾神 劫煞
酉	长生 进神 破碎 灾煞
戌	退神 日下大煞 日淫 病符 四煞
亥	日解 日奸 三刑 白衣翰林

日煞 庚子

子	游都 支德
丑	福星 日墓 六合
寅	日刑 日冲 日下大煞 日淫 驿马
卯	进神 飞刀 三刑 勾神
辰	干合 举主 兼务 退神 三合 支鬼 支墓 华盖 雷电
巳	长生 文星 日鬼 支德 破碎 劫煞
午	日官 鲁都 日贼 支仪 支冲 灾煞 晴朗
未	干奇 飞符 六害 死神 四煞
申	干德 日禄 恩赦 日解 贤贵 三合 雨师
酉	进神 羊刃 日奸 支破 绞神 咸池 白衣翰林
戌	退神 支鬼
亥	日医 日盗 病符 支亡

日煞 辛丑

子	长生 六合 病符
丑	日医 福星 破碎 华盖
寅	贤贵 日下大煞 游都 日淫 劫煞
卯	举主 兼务 进神 日盗 支鬼 灾煞
辰	退神 日墓 日冲 飞刀 日奸 支破 支墓 死神 绞神 四煞 雷电
巳	干德 干合 日官 文星 三合 支仪
午	日鬼 支德 六害 咸池
未	日解 日刑 支冲 晴朗 白衣翰林
申	干奇 飞符 鲁都 日贼 支亡
酉	日禄 进神 三合 雨师
戌	恩赦 退神 羊刃 三刑 勾神
亥	驿马

日煞 壬寅

子	羊刃 灾煞
丑	日官 日解 病符 四煞
寅	贤贵 举主 兼务
卯	进神 咸池
辰	退神 日鬼 日墓 支仪
巳	福星 日冲 日下大煞 游都 日淫 六害 三刑 死神 勾神 支亡 白衣翰林
午	飞刀 三合
未	干合 日官 日医 支德 支墓 雷电
申	长生 文星 日盗 日奸 支冲 支鬼 驿马 晴朗
酉	干奇 进神 飞符 破碎
戌	退神 日鬼 三合 华盖 雨师
亥	干德 日禄 恩赦 日刑 鲁都 日贼 六合 支破 绞神 劫煞

日煞 癸卯

子	日禄
丑	恩赦 日鬼 羊刃
寅	鲁都 日贼
卯	长生 进神
辰	日官 退神
巳	干德 干合 日医 福星 日下大煞 日盗 日奸 白衣翰林
午	贤贵
未	日鬼 日墓 日冲 飞刀
申	文星 游都
酉	日解 进神
戌	日官 干奇 退神 日刑 飞符
亥	举主 兼务

日煞　甲辰

子	福星 进神 日盗 三合 雨师
丑	贤贵 退神 游都 六合 支破 破碎 绞神 白衣翰林
寅	干德 日禄 恩赦 支仪 支鬼 驿马
卯	日医 羊刃 六害 病符
辰	日贼 三刑 支墓 华盖
巳	日刑 飞符 劫煞
午	干奇 进神 日淫 灾煞
未	干合 退神 日墓 鲁都 死神 勾神 四煞
申	日鬼 日冲 三合
酉	日官 飞刃 支德 咸池
戌	举主 兼务 支冲 雷电 晴朗
亥	长生 日解 文星 日下大煞 日奸 支亡

日煞　乙巳

子	进神 游都
丑	福星 退神 三合 支仪 华盖 雨师
寅	六害 勾神 劫煞
卯	日禄 灾煞
辰	恩赦 日刑 飞符 羊刃 病符 四煞
巳	干奇
午	长生 进神 鲁都 日贼 日淫 咸池
未	退神
申	干德 干合 日官 日解 贤贵 六合 支破 三刑 死神 绞神 支亡
酉	举主 兼务 日鬼 日奸 三合 破碎
戌	日墓 日冲 飞刃 支德 支墓 雷电
亥	日医 文星 日下大煞 日盗 支冲 支鬼 驿马 晴朗 白衣翰林

日煞　丙午

子	日官 福星 进神 飞刃 支冲 支鬼 灾煞 晴朗
丑	日医 退神 六害 四煞 雷电
寅	长生 贤贵 文星 游都 三合 雨师
卯	飞符 日盗 支破 绞神 咸池
辰	干奇 日奸
巳	干德 日禄 恩赦 破碎 病符 支亡
午	进神 羊刃 三刑
未	日解 退神 日下 大煞 日淫 六合 支仪
申	举主 兼务 日刑 鲁都 日贼 驿马
酉	死神 勾神 白衣翰林
戌	干合 日墓 三合 支墓 华盖
亥	日鬼 日冲 支德 劫煞

日煞　丁未

子	福星 进神 日鬼 支德 六害 咸池
丑	日解 退神 日墓 日刑 日冲 飞刃 破碎 三刑 支冲 雷电 晴朗
寅	贤贵 文星 飞符 支亡
卯	干奇 三合 支鬼 雨师
辰	支墓 勾神
巳	游都 驿马
午	日禄 进神 六合 病符
未	恩赦 日医 举主 兼务 退神 羊刃 日下 大煞 日淫 华盖 白衣翰林
申	日盗 日奸 支仪 劫煞
酉	长生 灾煞
戌	支破 死神 绞神 四煞
亥	干德 干合 日官 鲁都 日贼 三合

日煞　戊申

子	进神 飞刃 三合
丑	干合 退神 飞符 支德 支墓
寅	长生 干奇 日鬼 鲁都 日贼 三刑 支冲 驿马 雷电 晴朗
卯	日官
辰	三合 华盖 雨师
巳	干德 日禄 恩赦 日医 日盗 日奸 六合 支破 绞神 劫煞 白衣翰林
午	贤贵 文星 举主 兼务 进神 羊刃 支鬼 灾煞
未	福星 退神 病符 四煞
申	日刑 游都
酉	日解 支仪 破碎 咸池
戌	日墓 日下大煞 日淫
亥	日冲 六害 死神 勾神 支亡

日煞　己酉

子	日盗 支破 死神 绞神
丑	干奇 贤贵 日墓 日刑 日冲 飞刃 游都 三合 支墓 华盖
寅	干德 干合 日官 支德 劫煞 雷电
卯	日医 进神 日鬼 支冲 灾煞 晴朗 白衣翰林
辰	退神 日贼 六合 四煞
巳	举主 兼务 三合 破碎 支鬼 雨师
午	日禄 文星 飞符 勾神 咸池
未	恩赦 福星 羊刃 鲁都
申	病符 支亡
酉	长生 进神 三刑
戌	退神 日下大煞 日淫 支仪 六害
亥	日解 日奸 驿马

日煞　庚戌

子	游都 灾煞
丑	福星 日墓 破碎 死神 勾神 四煞 白衣翰林
寅	日刑 日冲 日下大煞 日淫 三合 支鬼
卯	进神 飞刃 支德 六合 咸池 雷电
辰	干合 举主 兼务 退神 支冲 支墓 晴朗
巳	长生 文星 日鬼 支亡
午	日官 鲁都 日贼 三合 雨师
未	干奇 飞符 支破 三刑 绞神
申	干德 日禄 恩赦 日解 贤贵 驿马
酉	进神 羊刃 日奸 六害 病符
戌	退神 华盖
亥	日医 日盗 支仪 劫煞

日煞　辛亥

子	长生 支仪 咸池
丑	日医 福星 支鬼
寅	贤贵 日下大煞 游都 日淫 六合 支破 死神 绞神 支亡
卯	举主 兼务 进神 日盗 三合 雷电
辰	退神 日墓 日冲 飞刃 日奸 支德 支墓
巳	干德 干合 日官 文星 支冲 驿马 晴朗
午	日鬼
未	日解 日刑 三合 支鬼 华盖 雨师
申	干奇 飞符 鲁都 日贼 六害 勾神 劫煞
酉	日禄 进神 破碎 灾煞
戌	恩赦 退神 羊刃 病符 四煞
亥	三刑 白衣翰林

日煞　壬子

子	羊刃
丑	日官 日解 六合
寅	贤贵 举主 兼务 驿马
卯	进神 三刑 死神 勾神
辰	退神 日鬼 日墓 三合 支鬼 支墓 华盖 雷电
巳	福星 日冲 日下大煞 游都 日淫 支德 破碎 劫煞
午	飞刃 支仪 支冲 灾煞 晴朗
未	干合 日官 日医 六害 四煞
申	长生 文星 日盗 日奸 三合 雨师
酉	干奇 进神 飞符 支破 绞神 咸池 白衣翰林
戌	退神 日鬼 支鬼
亥	干德 日禄 恩赦 日刑 鲁都 日贼 病符 支亡

日煞　癸丑

子	日禄 六合 病符
丑	恩赦 日鬼 羊刃 破碎 华盖
寅	鲁都 日贼 劫煞
卯	长生 进神 支鬼 灾煞
辰	日官 退神 支破 支墓 死神 绞神 四煞 雷电
巳	干德 干合 日医 福星 日下大煞 日盗 日奸 日淫 三合 支仪
午	贤贵 支德 六害 咸池
未	日鬼 日墓 日冲 飞刃 支冲 晴朗 白衣翰林
申	文星 游都 支亡
酉	日解 进神 三合 雨师
戌	日官 干奇 退神 日刑 飞符 三刑 勾神
亥	举主 兼务 驿马

日煞　甲寅

子	福星 进神 日盗 灾煞
丑	贤贵 退神 游都 病符 四煞
寅	干德 日禄 恩赦
卯	日医 羊刃 咸池
辰	日贼 支仪
巳	日刑 飞符 六害 三刑 死神 勾神 支亡 白衣翰林
午	干奇 进神 日淫 三合
未	干合 退神 日墓 鲁都 支德 支墓 雷电
申	日鬼 日冲 支冲 支鬼 驿马 晴朗
酉	日官 飞刃 破碎
戌	举主 兼务 三合 华盖 雨师
亥	长生 日解 文星 日下大煞 日奸 六合 支破 绞神 劫煞

日煞　乙卯

子	进神 游都 三刑 勾神 咸池
丑	退神 福星
寅	病符 支亡
卯	日禄 支仪 白衣翰林
辰	恩赦 日刑 飞符 羊刃 六害
巳	干奇 破碎 驿马
午	长生 进神 鲁都 日贼 日淫 支破 死神 绞神
未	退神 三合 支墓 华盖 雷电
申	干德 干合 日官 日解 贤贵 支德 劫煞
酉	举主 兼务 日鬼 日奸 支冲 支鬼 灾煞 晴朗
戌	日墓 日冲 飞刃 六合 四煞
亥	日医 文星 日下大煞 日盗 三合 雨师

日煞　丙辰

子	日官　福星　进神　飞刀　三合　雨师
丑	日医　退神　支破　破碎　绞神　白衣翰林
寅	长生　贤贵　文星　游都　支仪　支鬼　驿马
卯	飞符　日盗　六害　病符
辰	干奇　日奸　三刑　支墓　华盖
巳	干德　日禄　恩赦　劫煞
午	游神　羊刃　灾煞
未	日解　退神　日下大煞　日淫　死神　勾神　四煞
申	举主　兼务　日刑　鲁都　日贼　三合
酉	支德　六合　咸池
戌	干合　日墓　支冲　雷电　晴朗
亥	日鬼　日冲　支亡

日煞　丁巳

子	福星　进神　日鬼
丑	日解　退神　日墓　日刑　日冲　飞刀　三合　支仪　华盖　雨师
寅	贤贵　文星　飞符　六害　勾神　劫煞
卯	干奇　灾煞
辰	病符　四煞
巳	游都
午	日禄　进神　咸池
未	恩赦　日医　举主　兼务　退神　羊刃　日下大煞　日淫
申	日盗　日奸　六合　支破　三刑　死神　绞神　支亡
酉	长生　三合　破碎
戌	支德　支墓　雷电
亥	干德　干合　日官　鲁都　日贼　支冲　支鬼　驿马　晴朗　白衣翰林

日煞　戊午

子	进神　飞刀　支冲　支鬼　灾煞　晴朗
丑	干合　退神　飞符　六害　四煞　雷电
寅	长生　干奇　日鬼　鲁都　日贼　三合　雨师
卯	日官　支破　绞神　咸池
辰	
巳	干德　日禄　恩赦　日医　日盗　日奸　破碎　病符　支亡
午	贤贵　文星　举主　兼务　进神　羊刃　三刑
未	福星　退神　六合　支仪
申	日刑　游都　驿马
酉	日解　死神　勾神　白衣翰林
戌	日墓　日下大煞　日淫　三合　支墓　华盖
亥	日冲　支德　劫煞

日煞　己未

子	日盗　支德　六害　咸池
丑	干奇　日墓　日刑　日冲　飞刀　游都　破碎　三刑　支冲　雷电　晴朗
寅	干德　干合　日官　支亡
卯	日医　进神　日鬼　三合　支鬼　雨师
辰	退神　日贼　支墓　勾神
巳	举主　兼务　驿马
午	日禄　贤贵　文星　飞符　六合　病符
未	恩赦　福星　羊刃　鲁都　华盖　白衣翰林
申	支仪　劫煞
酉	长生　进神　灾煞
戌	退神　日下　大煞　日淫　支破　死神　绞神　四煞
亥	日解　日奸　三合

日煞　庚申

子	游都 三合
丑	福星 日墓 支德 支墓
寅	日刑 日冲 日下大煞 日淫 三刑 支冲 驿马 雷电 晴朗
卯	进神 飞刃
辰	干合 举主 兼务 退神 三合 华盖 雨师
巳	长生 文星 日鬼 六合 支破 绞神 劫煞 白衣翰林
午	日官 鲁都 日贼 支鬼 灾煞
未	干奇 飞符 病符 四煞
申	干德 干禄 恩赦 日解 贤贵
酉	进神 羊刃 日奸 支仪 破碎 咸池
戌	退神
亥	日医 日盗 六害 死神 勾神 支亡

日煞　辛酉

子	长生 支破 死神 绞神
丑	日医 福星 三合 支墓 华盖
寅	贤贵 日下大煞 游都 日淫 支德 劫煞 雷电
卯	举主 兼务 进神 日盗 支冲 灾煞 晴朗 白衣翰林
辰	退神 日墓 日冲 飞刃 日奸 六合 四煞
巳	干德 干合 日官 文星 三合 破碎 支鬼 雨师
午	日鬼 勾神 咸池
未	日解 日刑
申	干奇 飞符 鲁都 日贼 病符 支亡
酉	日禄 进神 三刑
戌	恩赦 退神 羊刃 支仪 六害
亥	驿马

日煞　壬戌

子	羊刃 灾煞
丑	日官 日解 破碎 死神 勾神 四煞
寅	贤贵 举主 兼务 三合 支鬼
卯	进神 支德 六合 咸池 雷电
辰	退神 日鬼 日墓 支冲 支墓 晴朗
巳	福星 日冲 日下大煞 游都 日淫 支亡
午	飞刃 三合 雨师
未	干合 日官 日医 支破 三刑 绞神 白衣翰林
申	长生 文星 日盗 日奸 驿马
酉	干奇 进神 飞符 六害 病符
戌	退神 日鬼 华盖
亥	干德 日禄 恩赦 日刑 鲁都 日贼 支仪 劫煞

日煞　癸亥

子	日禄 支仪 咸池
丑	恩赦 日鬼 羊刃 支鬼
寅	鲁都 日贼 六合 支破 死神 绞神 支亡
卯	长生 进神 三合 雷电
辰	日官 退神 支德 支墓
巳	干德 干合 日医 福星 日下大煞 日奸 日盗 日淫 支冲 驿马 晴朗
午	贤贵
未	日鬼 日墓 日冲 飞刃 三合 支鬼 华盖 雨师
申	文星 游都 六害 勾神 劫煞
酉	日解 进神 破碎 灾煞
戌	日官 干奇 退神 日刑 飞符 病符 四煞
亥	举主 兼务 三刑 日淫

184

卷三　毕法赋

●**前后引从升迁吉**，引干宜进职，引支宜迁宅。第一

夫前引后从格有二等：如遇初传居干前为引，末传居干后为从，值此格者必升擢官职；又如遇初传居支前为引，末传居支后为从，值此格者必迁修家宅。二事皆吉。

○**拱贵格**　引从天干格内，如庚辰日，寅加酉为初传，子加未为末传，此乃初末引从庚干在内。干上丑为昼贵人，兼三传下贼上，岂不应升擢官职也？夜占丑墓神覆日，亦无畏，缘中传未作天乙冲破丑墓，仍为吉课也。

　　合朱蛇贵
　　戌亥子丑　　　　　后勾白贵　　　财戌寅后⊙
　勾酉　　寅后　　　寅酉午丑　　　父癸未空
　青申　　卯阴　　　酉辰丑庚　　　子丙子蛇
　　未午巳辰
　　空白常玄

○**两贵引从天干格**　如壬子日，初传巳加子为昼贵，末传卯加戌为夜贵，亦是墓神覆日，赖中传之戌冲辰，不畏墓也。凡值此例，必得上人提携，又或两处贵人引荐成事，如辰为月将尤妙也。

　　青空白常
　　戌亥子丑　　　　　青贵勾后　　　财乙巳贵
　勾酉　　寅玄　　　戌巳酉辰　　　官庚戌青
　合申　　卯阴　　　巳子辰壬　　　子　卯阴◎
　　未午巳辰
　　朱蛇贵后

○**初末引从地支格**　如己亥日，初传巳加子，末传卯加戌，亦系引从地支格。虽初末夹其支墓覆支，赖中传之戌冲辰，亦无畏，宜迁修家宅则吉。又如丁亥日，初传巳加子，末传卯加戌，亦初末引从地支格。奈昼夜天将皆是白虎居于支上，岂宜迁修宅舍乎？殊不知亦赖中传戌蛇冲辰虎，不为害也。

如用辰为月将尤为妙也。或占人行年、本命又居巳位，以巳上二戌冲辰，众凶皆散矣。

朱合勾青
戌亥子丑　　　蛇常玄勾　　父　巳玄◎
蛇酉　寅空　　酉辰巳子　　兄戌戌朱⊙
贵申　卯白　　辰亥子巳　　官癸卯白
未午巳辰
后阴玄常

蛇朱合勾
戌亥子丑　　　贵白常合　　兄癸巳常
贵酉　寅青　　酉辰巳子　　子丙戌蛇
后申　卯空　　辰亥子丁　　父辛卯空
未午巳辰
阴玄常白

昼夜贵人临干支上拱其年命在内者　宜告贵用事，必得两贵人成就。如丁酉日，酉加丁、亥加酉，占人年命在申。丁巳日，亥加丁、酉加巳，占人年命在午。癸亥日，巳加癸、卯加亥，占人行年在子。凡干支夹拱，在下层惟甲子、甲辰、癸亥、癸卯，在上层惟庚午、庚戌、丁己巳、丁己酉。

勾合朱蛇
未申酉戌年命　阴贵贵朱　　财丁酉朱
青午　亥贵　　丑亥亥酉　　官己亥贵
空巳　子后　　亥酉酉丁　　子辛丑阴
辰卯寅丑
白常玄阴

○二贵拱年命格　如癸未日，初传巳加子，末传卯加戌，占人行年、本命在亥，宜告贵成事，名末助初财福德，亦贵人助贵人也。

青空白常
戌亥子丑　　　贵白空蛇　　财辛巳贵
勾酉　寅玄　　巳子亥午　　官甲戌青
合申　卯阴　　子未午癸　　子己卯阴
未午巳辰
朱蛇贵后

○干支拱定日禄格　惟伏吟卦为的。如丁巳、己巳、癸亥，皆伏吟，宜占食禄事。癸亥为嫌禄空。

勾合朱蛇
巳午未申　　勾勾朱朱　　兄丁巳勾
青辰　酉贵　巳巳未未　　财庚申蛇
空卯　戌后　巳巳未丁　　父甲寅白
寅丑子亥
白常玄阴

○干支拱夜贵、昼贵格　惟伏吟为的。如庚午、己酉，支干拱夜贵；甲子，支干拱昼贵。皆伏吟卦，宜告贵人求事。

朱蛇贵后
巳午未申　　蛇蛇后后　　兄壬申后
合辰　酉阴　午午申申　　财丙寅青
勾卯　戌玄　午午申庚　　官己巳朱
寅丑子亥
青空白常

勾青空白
巳午未申　　后后蛇蛇　　兄丙寅蛇
合辰　酉常　子子寅寅　　子己巳勾
朱卯　戌玄　子子寅甲　　官壬申白
寅丑子亥
蛇贵后阴

○初中拱地盘贵人格　如庚午日，干上戌、支上申，乃支干并初中拱夜贵也。又庚午日，干上酉、支上未，又庚午日，干上午、支上辰，乃支干初中皆拱地盘之夜贵，皆宜告贵而成合事。余皆依此。

贵后阴玄
未申酉戌　　玄后白玄　　兄壬申后
蛇午　亥常　戌申子戌　　父　戌玄◎
朱巳　子白　申午戌庚　　子甲子白⊙
辰卯寅丑
合勾青空

●首尾相见始终宜。攻必取，战必胜。第二
谓干上有旬尾、支上有旬首，名周而复始格，亦名一旬周遍格。凡值此者，占事不脱，所谋皆成，占赴试宜代工，占讼宜换司易局，占交加用事去而复来，惟不宜占释散事，如有忧疑，其事尽在未能决断。惟乙未、辛丑、丙申、壬寅、戊申五日有之。干支隔四位方有，前四日俱甲午旬，惟戊申乃甲辰旬。

```
勾合朱蛇
辰巳午未        合朱空青        财戊戌阴
青卯    申贵    巳午寅卯        兄癸卯青⊙
空寅    酉后    午未卯乙        子甲午朱
丑子亥戌
白常玄阴
```

```
贵后阴玄
丑寅卯辰        蛇玄勾贵        财壬子蛇
蛇子    巳常    子辰酉丑        子戊申青
朱亥    午白    辰申丑戌        兄甲辰玄
戌酉申未
合勾青空
```

干上有旬首、支上有旬尾，惟乙丑、辛未、丙寅、戊寅、壬申五日有之，诸占亦照前段。惟戊寅乃甲戌旬，其余四日俱甲子旬。

```
蛇朱合勾
丑寅卯辰        青玄常贵        子己巳青
贵子    巳青    巳酉申子        财乙丑蛇
后亥    午空    酉丑子乙        官癸酉玄
戌酉申未
阴玄常白
```

```
合勾青空
戌亥子丑        青贵常合        财丙子青
朱酉    寅白    子未卯戌        父辛巳阴
蛇申    卯常    未寅戌戌        兄甲戌合
未午巳辰
贵后阴玄
```

○天心格　乃年月日时皆在四课之内。凡占乃非常之事，即日而成。或干天庭之事，定然成就。如占阴私、常用、鄙俚之事，返成咎也。

○回还格　乃三传在四课之中。如辛亥日，干上酉、亥上戌，三传戌酉申是也。此以不备言之。至于干支自作三合者，内多回还格，乃干支相会，不可作不备言之。如丁卯、丁亥、己卯、己亥，皆干上卯或干上亥。诸如此类，占凶凶成，占吉吉就，凡事只宜守旧，不能动作。如占病，其病难退。讼不解。如女命占得干加支，男命占得支加干，来意占婚尤验。宜详其生克空脱刑冲破害墓言也。

　　朱蛇贵后
　　辰巳午未　　　玄常阴玄　　　父庚戌常
　合卯　　申阴　　酉戌申酉　　　兄己酉玄
　勾寅　　酉玄　　戌亥酉辛　　　兄戊申阴
　　丑子亥戌
　　青空白常

　　朱合勾青
　　丑寅卯辰　　　常贵贵勾　　　子辛未常⊙
　蛇子　　巳空　　未亥亥卯　　　父丁卯勾
　贵亥　　午白　　亥卯卯丁　　　官　亥贵◎
　　戌酉申未
　　后阴玄常

　●帘幕贵人高甲第，班超封万里之侯。第三

　　帘幕官者，如昼占乃夜贵，夜占乃昼贵。如占科目，专视此神，临于占人年命之上，或临日干上，试必高中矣。凡庶人占得帘幕，得林下官扶持；如有官人占得之，为休官之象。

　　旬首作帘幕官者，临年命、日干之上尤的。惟乙、己、辛日有之。

　　又辰戌作旬首临年命、日干者，必中魁元，乃甲辰、甲戌两旬二十日有之。

　　○斗鬼相加格　或丑加未，或未加丑，作年命、日干者，亦中魁元。缘丑中有斗，未中有鬼，斗鬼二字合而为魁故也。

　　亚魁星　天盘酉临年命、日干者，占试必高中，缘酉为从魁也。以上诸说忌空。

　　○德入天门格　乃日德加亥为用，士人占之必高中。亥为天门，德者得也。

　　○真朱雀格　如六己日，于四季年占，用夜贵，逆布，乃朱雀乘午，占春闱，其文贴上意，必得高中。缘朱雀主文书，生太岁，又生日干。如真朱雀克太岁，占讼必达朝廷，罪必致死，惟申酉岁的。

朱雀乘神克帘幕官，占试其文不贴主文意。

朱雀乘丁马，榜将出忌。

昼夜贵人拱年命者，赴试必中。如丁酉日，干上酉、支上亥，占人年命在申，大宜占试，缘干支上神作昼夜贵人拱年命上河魁。

朱蛇贵后

未申酉戌	常阴阴贵	财丁酉贵
合午　亥阴	丑亥亥酉	官己亥阴
勾巳　子玄	亥酉酉丁	子辛丑常
辰卯寅丑		

青空白常

○源消根断格　如癸卯日，干上卯、支上巳，年命在寅，大宜占试，不在此论，缘只取二贵拱年命也。但高中矣，恐以不摄终成痨瘵。

朱合勾青

未申酉戌	朱贵贵阴	官乙未朱⊙
蛇午　亥空	未巳巳卯	父丁酉勾
贵巳　子白	巳卯卯癸	兄己亥空
辰卯寅丑		

后阴玄常

帘幕贵人尤分喜畏，细具于后。甲日不喜未墓为之，庚日不喜丑墓为之，又甲寅日亦不喜丑空为之，庚寅日不喜未空为之。丙寅日、丁卯日不喜亥空为之，己卯、乙亥日不喜申空为之，壬子、癸丑日不喜卯空为之，壬寅、癸卯日不喜巳空为之，六辛日不喜午克为之，又辛亥日不喜寅空为之。空亡尤甚，使试官置卷不视，徒劳一次。

占武举　以巳为弓弩，申为矢箭。申加午，必箭中红心。如申加寅申巳亥，为四脚花。以第几课发用，言其箭中之数。四墓脱垛。

●催官使者赴官期。第四

凡占上官赴任，见日鬼乘白虎加临日干或年命之上，乃名催官使者，纵是远缺，必催速赴任也。如催官使者空亡，又是虚信，或被遣差。

催官符　如官星临日干、年命者，其三传上神生其官星是也。

恩主举荐例　传、年、日辰有父母爻者是，亦为食禄之地，如值长生作贵人亦如之。如乙日见日贵为父母，己日见夜贵为长生。外乙卯日昼贵空，己卯日夜贵空，不用。

四时返本煞　占赴任极迟。夫返本煞者，春得金局、夏得水局、秋得木局、冬得火局是也。如赴任占得返吟，多不满任。

●**六阳数足须公用，**《随》六三："系丈夫，失小子。随有求，得，利居贞。"扬兵于九天之上。第五

○六阳格　谓支干、四课、三传皆居六阳之位是也，凡占皆利公干而不利私谋。假令庚子日，第一课戌加庚，第二课子加戌，第三课寅加子，第四课辰加寅作初传，其中传午加辰，末传申加午，卦名登三天，宜占天庭事，有动达高尊之象。如君子占之，稍畏，初中空亡而减力；如常人占之，赖初中空却省力也，尤未免公干，明白事理。

```
       空白常玄
      未申酉戌        合蛇后玄      父  辰合◎
  青午     亥阴       辰寅子戌      官甲午青⊙
  勾巳     子后       寅子戌庚      兄丙申白
      辰卯寅丑
       合朱蛇贵
```

○悖戾格　亦名倒拔蛇。如甲午日，干上子，虽四课、三传皆处六阳之地，缘三传退间，主事间阻艰难。兼被初传戌财引入中末鬼乡，凡占事皆艰辛，尤不免公用也。如甲戌日，干上子，四课、三传亦皆处六阳位。以上是自夜传出昼，尤明白。

```
       朱合勾青
      卯辰巳午        蛇合玄后      财戊戌玄
  蛇寅     未空       寅辰戌子      官丙申白
  贵丑     申白       辰午子甲      子甲午青
      子亥戌酉
       后阴玄常


       朱合勾青
      卯辰巳午        青白玄后      子壬午青⊙
  蛇寅     未空       午申戌子      财庚辰合
  贵丑     申白       申戌子甲      兄戊寅蛇
      子亥戌酉
       后阴玄常
```

○五阳格　课传居五阳之上者。或占人年命填之，亦名六阳，事主公用明白，利公不利私也。此例极多，不暇细具。

●六阴相继尽昏迷。《随》六二："系小子，失丈夫。"伏兵于九地之下。第六

○六阴格　谓课传皆居六阴之位是也。凡占利阴谋私干，不利公用，尤尽昏迷也。或自昼传夜，昏迷愈甚。如己卯日，第一课酉加己，第二课亥加酉作初传，第三课巳加卯，第四课未加巳，中传丑加亥，末传卯加丑，课名溟濛，凡占事必是阴谋奸私之象，兼天将天后、螣蛇、六合、玄武，支干上皆乘盗气，又是弹射，发用坐于空乡，至费力而不可言也。占病必死，求望皆为脱耗。又己亥日，干上巳同。

```
    青勾合朱
    未申酉戌      青白蛇合      财乙亥蛇⊙
空午      亥蛇      未巳亥酉      兄丁丑后
白巳      子贵      巳卯酉己      官己卯玄
    辰卯寅丑
    常玄阴后


    合勾青空
    卯辰巳午      白玄合青      官癸卯合⊙
朱寅      未白      未酉卯巳      兄辛丑蛇
蛇丑      申常      酉亥巳己      财己亥后
    子亥戌酉
    贵后阴玄
```

○五阴格　课传止五阴者，占人年命填之，凡占利私不利公，利小人不利君子。

○源消根断格　如癸卯、癸未、癸巳，干上卯，课传俱在五阴之位，又是下生上神，迤逦而脱去，占病缘不摄而致病，岂不危绝乎？凡占皆脱耗，其法如神，切宜秘之。又如辛卯日，干上子，自干至支及初中末迤逦下生上神，尽被脱盗，虽不系五阴位全，其理一同。以上例除占病外，诸占未免脱耗，日渐消烁也。

```
朱合勾青
未申酉戌        朱贵贵阴        官乙未朱⊙
蛇午　亥空      未巳巳卯        父丁酉勾
贵巳　子白      巳卯卯癸        兄己亥空
辰卯寅丑
后阴玄常


蛇朱合勾
未申酉戌        蛇后常空        官癸巳后
贵午　亥青      未巳寅子        父　未蛇◎
后巳　子空      巳卯子辛        兄乙酉合⊙
辰卯寅丑
阴玄常白
```

● **旺禄临身徒妄作，不战而屈人之兵。第七**

谓日之禄神又作日之旺神临于干上者，切不可舍此而别谋动作。如乙卯日，干上卯，幸得日之旺禄，何不守此？乃舍而就初传之财、中末之生，殊不知皆是旬内空亡。既逢于空，不免啰唢再归干上就禄就旺，诚所谓"到处去来，不如在此"之语也。又乙酉、乙亥日干上卯，癸巳、癸丑日干上子，辛卯、辛丑、辛酉日干上酉，己亥、己酉、己巳日干上午，虽不系己土旺神，亦可用也。以上皆在钤内。

```
勾青空白
辰巳午未        蛇朱朱合        财　丑蛇◎
合卯　申常      丑寅寅卯        父　子贵◎⊙
朱寅　酉玄      寅卯卯乙        父癸亥后⊙
丑子亥戌
蛇贵后阴
```

又如辛巳日，虽干上酉为日之旺禄，奈是旬空。既旺禄空亡，必所得不偿所费，反不宜坐用，未免弃禄而就三传之财，及别谋改业，遂致亨旺，切不可如前论之。

```
朱蛇贵后
辰巳午未        合朱阴玄        财己卯合
合卯　申阴      卯辰申酉        财戊寅勾
勾寅　酉玄      辰巳酉辛        父丁丑青
丑子亥戌
青空白常
```

又如癸亥日，干上虽乘子，为日之旺禄，亦是旬空，未免弃禄而就初传之戌，乃值日鬼，乘白虎，又不免向前投中传酉，又值败气，又坐鬼乡，酉加戌为鬼乡也，迤逦至于末传申，始逢日之长生。凡值此课，未免舍空禄而就艰难中更进一步，始得如意。此汰奇妙。丁亥日干上午、乙巳日干上卯同。

蛇贵后阴
辰巳午未		常白空青	官壬戌白
朱卯	申玄	酉戌亥子	父辛酉常
合寅	酉常	戌亥子癸	父庚申玄
丑子亥戌			

勾青空白

外有乙未日，干上卯，缘是闭口之禄，而不可守，遂投初传，奈是昴星不入之财，不免中传，再归干上受其旺禄，又不能守，致于末传，弃禄而归于末传宅上，受其干墓之乡。以此占之，乃见食于人，把心不定，终处于家中，受困厄而已。

勾青空白
辰巳午未		青空朱合	财戌戌阴
合卯	申常	巳午寅卯	兄癸卯合⊙
朱寅	酉玄	午未卯乙	子甲午空
丑子亥戌			

蛇贵后阴

○禄被玄夺格　如辛卯日，干上酉为日旺禄，缘昼乘玄而夜乘虎，遂不可守，未免投初传丑，又是日墓，中传子又是脱气，末传又是丁亥乘虎而遥伤日干。自末传至干虽欠一位，终不能复投旺禄也。此例尚有，皆在铃内，甚详。又辛未日，干上酉，夜乘虎，支上午火，初巳，中归巳乡，末丁卯。

朱蛇贵后
辰巳午未		青勾阴玄	父己丑青
合卯	申阴	丑寅申酉	子戌子空
勾寅	酉玄	寅卯酉辛	子丁亥白
丑子亥戌			

青空白常

　朱合勾青
　辰巳午未　　　合勾空白　　　官己巳合
蛇卯　　申空　　　巳午申酉　　　父戊辰朱
贵寅　　酉白　　　午未酉辛　　　财丁卯蛇
　丑子亥戌
　后阴玄常

●**权摄不正禄临支。**不为敌国之游士，亦作幕府之客臣。第八

　谓日干禄神加临支辰上者，凡占不自尊大，受屈折于他人。如占差遣，主权摄不正，或遥授职禄，或正宜食宅上之禄，或将本身之职禄替于儿男。斯占尤的。且夫此例每日有一课，可逐类而言之。假令甲子日寅加子、乙丑日卯加丑之类，不欲细具，皆仿此。

　空白常玄
　未申酉戌　　　合蛇青合　　　财戊辰合
青午　　亥阴　　　辰寅午辰　　　子庚午青
勾巳　　子后　　　寅子辰甲　　　官壬申白
　辰卯寅丑
　合朱蛇贵

　青勾合朱
　未申酉戌　　　白玄勾空　　　官壬申勾
空午　　亥蛇　　　巳卯申午　　　财　戊朱◎
白巳　　子贵　　　卯丑午乙　　　父甲子贵☉
　辰卯寅丑
　常玄阴后

　禄被支墓克脱　外有日干之禄加支上，被支辰墓其禄，或被支克其禄神者，必因起盖房宅而失其禄，或被支辰脱其禄神者，必因起盖房宅而以禄偿债。假令辛丑日，酉加丑，乃禄神受墓；乙酉日，卯加酉，乃禄神受宅克；乙巳日，卯加巳，乃禄神受脱。此例极多，不暇细具，余仿此。

　青勾合朱
　丑寅卯辰　　　蛇玄勾贵　　　官　巳蛇◎
空子　　巳蛇　　　巳酉寅午　　　父辛丑青☉
白亥　　午贵　　　酉丑午辛　　　兄丁酉玄
　戌酉申未
　常玄阴后

　蛇贵后阴
　亥子丑寅　　　　合玄常朱　　　兄辛卯玄
朱戌　　卯玄　　　酉卯辰戌　　　官乙酉合
合酉　　辰常　　　卯酉戌乙　　　兄辛卯玄
　申未午巳
　勾青空白
　合勾青空

　　卯辰巳午　　　　蛇合贵朱　　　财癸丑蛇☉
朱寅　　未白　　　丑卯子寅　　　父辛亥后
蛇丑　　申常　　　卯巳寅乙　　　官己酉玄
　子亥戌酉
　贵后阴玄

●避难逃生须弃旧，四面受敌，亦有无敌之处。第九

○避难逃生格　如甲子日，戌加子作初传，虽曰日财，乃是旬空，中传申金又是日鬼，末传午火作日之脱气，且三传既无所益，不免只就干上子水而受生，乃应避难而逃生之语。丁卯日干上亥，乙亥日干上酉，戊寅日干上申，庚戌日干上午，辛未日干上丑，戊午日干上辰，己巳日干上酉，辛酉日干上亥，壬申日干上寅，庚辰日干上子。

　朱合勾青
　卯辰巳午　　　　白玄玄后　　　财　戌玄◎
蛇寅　　未空　　　申戌戌子　　　官壬申白☉
贵丑　　申白　　　戌子子甲　　　子庚午青
　子亥戌酉
　后阴玄常

　朱蛇贵后
　酉戌亥子　　　　贵勾常贵　　　子辛未勾
合申　　丑阴　　　亥未卯亥　　　官　亥贵◎
勾未　　寅玄　　　未卯亥丁　　　父丁卯常☉
　午巳辰卯
　青空白常

避难逃生　如甲子日，辰加寅为初传，虽曰日财，奈昼夜天将皆是六合，其财受上下夹克，终不可得，中传午火乃日之脱气，末传申金又是日鬼。三

传既无所益，不免日干就子支上而受生，亦谓之避难而逃生。

空白常玄
未申酉戌　　　合蛇青合　　　财戊辰合
青午　　亥阴　　辰寅午辰　　　子庚午青
勾巳　　子后　　寅子辰甲　　　官壬申白
辰卯寅丑
合朱蛇贵

又如庚子日，子加申，此乃支神上门而脱干，兼三传水局皆作脱气，乃昼夜天将蛇龙武皆是水中之兽也，愈击其水而蚀庚金，诚所谓脱耗迍邅而不可逃。熟视之，天盘申金坐于辰土之上就生，子水坐于申金之上长生，岂能蚀天上之申金？亦为避难逃生也。

勾合朱蛇
酉戌亥子　　　青玄玄蛇　　　父　辰玄◎
青申　　丑贵　　申辰辰子　　　兄丙申青⊙
空未　　寅后　　辰子子庚　　　子庚子蛇
午巳辰卯
白常玄阴

占人本命作丁神，动摇不安，而坐长生之上，亦为避难逃生。

避难逃生而终不能逃生者例　如丁亥日，干上戌，夜占昴星，三传午戌寅。缘始弃干上之墓，遂投初传之禄，奈是旬空，不免弃空禄而再归干上中传戌墓，终不可受其久困，又投末之长生，奈值白虎，未免止居宅中，受惊危之长生尔。

蛇贵后阴
申酉戌亥　　　勾白常后　　　兄　午合◎
朱未　　子玄　　巳寅丑戌　　　子丙戌后⊙
合午　　丑常　　寅亥戌丁　　　父庚寅白
巳辰卯寅
勾青空白

○避难逃生得财格　如壬午日，辰加亥作初传，乃是墓神覆日为用。三传辰酉寅，不免弃墓而投中传酉金之生，又是旬空，遂再投末传寅木，又是脱气，然后弃其三传，而壬干加午而取财也。

　　青空白常
　　戌亥子丑　　　　后空勾后　　　　官庚辰后
勾酉　　寅玄　　　辰亥酉辰　　　　父　酉勾◎
合申　　卯阴　　　亥午辰壬　　　　子戌寅玄⊙
　　未午巳辰
　　朱蛇贵后

　　如丙寅日，寅加丙，申财加亥乘玄，三传亥申巳，缘申见在之财落空，又焉能求外来之财也？

　　合勾青空
　　寅卯辰巳　　　　玄贵贵合　　　　官　亥贵◎
朱丑　　午白　　　申亥亥寅　　　　财壬申玄⊙
蛇子　　未常　　　亥寅寅丙　　　　兄己巳空
　　亥戌酉申
　　贵后阴玄

○舍益就损格　亦名不受福德。《贲》初九："贲其趾，舍车而徒。"如壬寅日，不就干上之申金为长生，愿以壬干加寅木而受脱。

　　合朱蛇贵
　　寅卯辰巳　　　　玄空贵玄　　　　财　巳贵◎
勾丑　　午后　　　申亥巳申　　　　子壬寅合⊙
青子　　未阴　　　亥寅申壬　　　　兄己亥空
　　亥戌酉申
　　空白常玄

○舍就皆不可格　如乙酉日干上亥，辛丑日干上未。惟有庚子日，干上辰，乃空亡；庚午日，干上戌，乃空亡。

　　贵后阴玄
　　子丑寅卯　　　　蛇常空蛇　　　　父丁亥蛇
蛇亥　　辰常　　　亥辰午亥　　　　子　午空◎
朱戌　　巳白　　　辰酉亥乙　　　　财己丑后⊙
　　酉申未午
　　合勾青空

　　贵后阴玄
　　丑寅卯辰　　　　玄青蛇玄　　　　子庚子蛇⊙
蛇子　　巳常　　　辰申子辰　　　　兄丙申青
朱亥　　午白　　　申子辰庚　　　　父　辰玄◎
　　戌酉申未
　　合勾青空

○墓作太阳格　谓墓神覆日，却作太阳，处难中得上人提携。共有五等：一就干上之生，二就支上之生，三日干坐地盘之生，四本命乘丁坐地盘长生，五日干下临财乡。

●**朽木难雕别作为。**第十

谓斫轮课中卯为空亡者，故名朽木不可雕也。凡值此例，宜改科易业而别作营生。如庚戌日卯加申，辛亥日卯加辛，此二者尤的。余有癸丑日，卯加申发用。

蛇贵后阴
子丑寅卯
朱亥　　辰玄　　　蛇常合阴　　　父庚戌合⊙
合戌　　巳常　　　子巳戌卯　　　官乙巳常
　　　　　　　　　巳戌卯庚　　　子壬子蛇
酉申未午
勾青空白

○斧斤不利格　如丁丑日，卯加申为发用，乃申酉空亡，卯木加空地，非朽木难雕之例也。凡谋不遂。

蛇朱合勾
子丑寅卯
贵亥　　辰青　　　勾玄阴合　　　父己卯勾⊙
后戌　　巳空　　　卯申酉寅　　　子甲戌后
　　　　　　　　　申丑寅丁　　　兄辛巳空
酉申未午
阴玄常白

●**众鬼虽彰全不畏，**虽有乌合之敌众，难当虎豹之雄师。第十一

假令壬辰日，戌加未为初传，丑加戌为中传，辰加丑为末传。三传戌丑辰，皆是日鬼，诚为凶也，殊不知干上先有寅木可以敌其三传之土，制鬼贼，不能为害。兼是蒿矢择比为用，又坐空乡，鬼力至轻也。凡占未免先值惊危，下稍无畏，但言必有人相谋害，终不能为祸也。如用夜贵，初乘白虎，尚可畏焉；如用日贵，全无畏矣。且论寅木，切不可作脱气言之，实为救神。其寅木论如孔氏门下有子路，能御侮者也。又如壬戌日干上寅，丙子、丙申、丙辰干上丑，皆是。己亥日，干上申，夜贵，必得贵人力。

青空白常
申酉戌亥
勾未　　子玄　　　白勾朱后　　　官丙戌白⊙
合午　　丑阴　　　戌未巳寅　　　官己丑阴
　　　　　　　　　未辰寅壬　　　官壬辰蛇
巳辰卯寅
朱蛇贵后

　　家鬼取家人　　如己丑日干上申，支上寅为用，三传寅卯辰，如用夜贵，必得贵人解救，自支寅木发用，中末传俱归木乡。凡值支上有鬼引入鬼乡者，皆如此说。如丙申日干上丑、丙寅日干上辰，从支阴发用为鬼，亦以家鬼断，赖干上有救，有官人可，病讼凶。

```
　朱蛇贵后
　午未申酉　　　青空后贵　　　官庚寅空
合巳　　戌阴　　卯寅酉申　　　官辛卯青
勾辰　　亥玄　　寅丑申己　　　兄壬辰勾
　卯寅丑子
　青空白常
```

```
　朱合勾青
　丑寅卯辰　　　蛇青阴朱　　　官庚子蛇⊙
蛇子　　巳空　　子辰酉丑　　　财丙申玄
贵亥　　午白　　辰申丑丙　　　子　辰青◎
　戌酉申未
　后阴玄常
```

○家人解祸格　　如癸亥日，辰加癸为用，三传辰未戌皆是土神，并来伤干，兼夜天将皆是蛇勾虎，诚为凶也。殊不知支上有寅木可以敌鬼，不为凶咎。此例必得宅中之人解祸。余仿此。

```
　青空白常
　申酉戌亥　　　朱后勾蛇　　　官丙辰蛇⊙
勾未　　子玄　　巳寅未辰　　　官己未勾
合午　　丑阴　　寅亥辰癸　　　官壬戌白
　巳辰卯寅
　朱蛇贵后
```

○引鬼为生格　　谓初传日鬼，而生其末传来育干者是也。如丙子日，并干上子为初传，虽是鬼，却生末传寅木，作丙火之长生，反不畏干上之子水，亦赖宅上未土为救，是丙子日是也。丙午日亦有丑土为救也。余不为救。己丑日卯加申，甲寅、甲午日酉加寅，乃先凶后吉。

蛇朱合勾

子丑寅卯		合常常蛇		官丙子蛇
贵亥	辰青	寅未未子		子癸未常
后戌	巳空	未子子丙		父戌寅合

酉申未午
阴玄常白

勾青空白

子丑寅卯		白贵蛇空		官辛卯白
合亥	辰常	卯申酉寅		兄丙戌朱
朱戌	巳玄	申丑寅己		父癸巳玄

酉申未午
蛇贵后阴

○传鬼为生格　三传皆作日鬼，反生起干上之神而育干者是也。如庚午日，干上辰，三传戌午寅火局虽全伤日干，殊不知三传反生干上辰土而育养庚金也。又癸巳日，巳加酉用，昼将皆土克日，殊不知土将生三传金局，三传金局生干，乃凶返吉也。

贵后阴玄

丑寅卯辰		合后蛇玄		父　戌合◎
蛇子	巳常	戌寅子辰		官庚午白⊙
朱亥	午白	寅午辰庚		财丙寅后

戌酉申未
合勾青空

勾合朱蛇

丑寅卯辰		常勾贵常		财癸巳贵
青子	巳贵	酉丑巳酉		官己丑勾
空亥	午后	丑巳酉癸		父乙酉常

戌酉申未
白常玄阴

○贵德临身消除万祸格　如乙丑、乙巳日，并酉加巳为初传，三传金局并来伤其乙干。如用昼贵，凶不可遏。设用夜贵，反为吉言。初传酉金上被腾蛇克，下被巳火伤，又被中传丑土来墓，末传巳火来克，其酉金全无力来克干。纵然干上乘申金，又为贵人，又为日之德神临身，能伏诸煞。

蛇朱合勾
　　酉戌亥子　　　蛇玄勾贵　　官癸酉蛇
贵申　　丑青　　酉巳子申　　财乙丑青
后未　　寅空　　巳丑申乙　　子己巳玄
　　午巳辰卯
阴玄常白

○天将为救神格　如辛巳日，午加辛为用，三传火局并来伤干，诚为凶也。如观天将，昼夜皆是贵勾常土神，而窃其火气，生其日干，亦宜免祸。

青勾合朱
　　丑寅卯辰　　　玄青勾贵　　官壬午贵
空子　　巳蛇　　酉丑寅午　　财戌寅勾
白亥　　午贵　　丑巳午辛　　父甲戌常
　　戌酉申未
常玄阴后

○脱气为救格　如壬子日，未加卯为用，三传木局并来脱干。且此例既无日鬼，岂宜处于众鬼虽彰全不畏者之例？三传木局切不可作脱气言之，如用夜将，缘三传天将皆是勾常贵人，土神并来伤壬干，反赖三传木局去其土将，岂不应斯格也？余五壬日，干上卯，夜贵，并如其说。壬戌、壬子、癸卯、癸亥，三传未卯亥，夜同。

空白常玄
　　酉戌亥子　　　青蛇勾贵　　官丁未勾⊙
青申　　丑阴　　申辰未卯　　兄辛亥常
勾未　　寅后　　辰子卯壬　　子　卯贵◎
　　午巳辰卯
合朱蛇贵

●虽忧狐假虎威仪。夫仗他人之力，乞儿向火，何倚冰山之徒。第十二

○狐假虎威格　如丁未日，干上子，其丁火实畏子水所克，反倚赖支属土，却能制其子水，不敢来伤丁干也。疑丁火喻狐，未土喻虎，故名为狐假虎威仪之例也。凡占切不可动谋，如动用，离其未土，其子水随迹而伤丁火也。

　　蛇贵后阴
　　戌亥子丑　　　　空后空后　　　兄乙巳空
　朱酉　　寅玄　　　巳子巳子　　　子庚戌蛇
　合申　　卯常　　　子未子丁　　　父　卯常◎
　　未午巳辰
　　勾青空白

又辛亥日，干上亥，昼虎夜玄，皆乘脱气，尤赖亥水坐于戌土之上，尚惧戌土，不致辛金全脱。尤不宜动作，稍如前例。余五辛日亦可如此说。

　　贵后阴玄
　　午未申酉　　　　青空空白　　　父癸丑青
　蛇巳　　戌常　　　丑子子亥　　　财　寅勾◎
　朱辰　　亥白　　　子亥亥辛　　　财　卯合◎⊙
　　卯寅丑子
　　合勾青空

●**鬼贼当时无畏忌，吴释越而终为越灭吴。第十三**

假令戊子日，干上午，三传寅卯辰皆是日鬼，如春占木旺，诚所畏也，殊不知木至春令而荣旺，既贪荣盛而无意克土，故戊土不畏木克也。此例虽春占无畏，防至夏秋其祸仍发，如有祸时便宜断绝，免致后患。其余传内全逢日鬼者，各详四季天令而言之。

　　青空白常
　　午未申酉　　　　蛇贵空青　　　官庚寅蛇
　勾巳　　戌玄　　　寅丑未午　　　官辛卯朱
　合辰　　亥阴　　　丑子午戌　　　兄壬辰合
　　卯寅丑子
　　朱蛇贵后

○三合为鬼格　亦如前说。

●**传财太旺反财亏。汉黩武而海内空虚。第十四**

假令戊申日，干上丑，三传子申辰皆作日之财，兼昼夜天将皆是水中之兽，又于秋冬水生旺之月占求财事，即无财也。如取其财，切防反费己财，缘水自贪其生旺，不能与我作财。只待身旺之月，财气稍衰之月令，方可取其财。例尤多，余亦仿此。

　　贵后阴玄

　　丑寅卯辰　　　　蛇玄勾贵　　　财壬子蛇

蛇子　　巳常　　　子辰酉丑　　　子戊申青

朱亥　　午白　　　辰申丑戌　　　兄甲辰玄

　　戌酉申未

　　合勾青空

○进退连茹为财格　如网江鱼之喻。求财不宜坐财墓，亦忌财加鬼墓。

○财神空亡格　求财反费己财。缘见在之财已空，求外来之财岂有得也？如辛亥日，干上寅，支上卯，二财皆空。庚戌日同。

　　合勾青空

　　酉戌亥子　　　　蛇玄贵常　　　父丁未蛇⊙

朱申　　丑白　　　未卯午寅　　　子辛亥青

蛇未　　寅常　　　卯亥寅辛　　　财　卯玄◎

　　午巳辰卯

　　贵后阴玄

●**脱上逢脱防虚诈。**金以议和愚宋，而宋以议和自愚。第十五

　　谓日干生其上神，上神又生天将者，故名脱上脱。凡占尽被脱耗，多虚诈不实之象也。假令六庚日，干上子，夜将，上乘青龙，此乃庚干生上神，子水又生青龙木将，那更三传皆是水局并来盗日，凡占岂不遭虚诈乎？内有庚子日，子加庚，乃支上门来脱干，三传又来脱之，并三传天将夜昼俱是蛇龙玄，尽被脱盗。倘熟视之，其庚居天盘坐辰土之上受生，子水居申金之上受长生，终不能脱尽，不可不知。六甲日干上巳，昼占上乘太常；六乙日干上午，昼占上乘天空；六丁日干上丑，昼占上乘太阴。

　　朱合勾青

　　酉戌亥子　　　　蛇玄玄青　　　父　辰玄◎

蛇申　　丑空　　　申辰辰子　　　兄丙申蛇⊙

贵未　　寅白　　　辰子子庚　　　子庚子青

　　午巳辰卯

　　后阴玄常

○无依脱耗格　惟丁未日反吟，昼占，乃干生丑，丑生将，一火逢九土，如忧事不止一件。若止见一件，别项又来，必有大灾。

贵后阴玄

亥子丑寅	勾阴勾阴	兄乙巳空
蛇戌　　卯常	未丑未丑	子癸丑阴
朱酉　　辰白	丑未丑丁	子癸丑阴
申未午巳

合勾青空

六己日干上酉，夜占上乘天后。

蛇贵后阴

未申酉戌	白玄玄后	兄癸丑白
朱午　　亥玄	丑亥亥酉	官　卯青◎
合巳　　子常	亥酉酉己	父乙巳合⊙
辰卯寅丑

勾青空白

〇脱盗格　乃干上逢脱气，天将作玄武者例，亦如前说。六辛日干上亥，夜占乘玄武；六壬日干上寅，昼占乘玄武；六癸日干上寅，昼占上乘玄武。余有甲午日，午加甲，三传又是火局，并支来盗干，虚诈尤甚。

勾合朱蛇

酉戌亥子	后合合白	兄壬寅后
青申　　丑贵	寅戌戌午	子甲午白
空未　　寅后	戌午午甲	财戌戌合
午巳辰卯

白常玄阴

内辛亥日干上亥，尤可恶，缘支干上皆脱，初墓又坐脱方，中末空亡，昼虎夜玄之将日上俱值，其凶可见。

勾青空白

午未申酉	后阴阴玄	父癸丑后
合巳　　戌常	丑子子亥	财　寅贵◎
朱辰　　亥玄	子亥亥辛	财　卯蛇◎⊙
卯寅丑子

蛇贵后阴

●空上乘空事莫追。陈隋基业于盛唐，五代收功于宋祖。第十六

谓上见旬空乘天空者，凡占指空话空，全无实象。如甲申日，干上未，昼占，上乘天空。余占日上空亡，上乘天空，皆仿此。

　　　合朱蛇贵
　　　戌亥子丑　　　白贵蛇空　　　父戌子蛇⊙
　勾酉　　寅后　　午丑子未　　　子癸巳常
　青申　　卯阴　　丑申未甲　　　财丙戌合
　　　未午巳辰
　　　空白常玄

　　○脱空格　谓干上有脱气，乘天空，亦名脱空神。凡占皆无中生有，尽是脱空，全无实迹，不足取信也。如辛卯日干上子，昼占上乘天空，初传又是遥克，中末皆空亡，凡占尽被脱空。六辛日干上子，昼占乘空。六乙日干上午，昼占乘空。余日皆仿此。但凡遥克为用，作空亡，或坐空乡，或乘天空者，凡占皆虚无实也。

　　　蛇朱合勾
　　　未申酉戌　　蛇后常空　　官癸巳后
　贵午　　亥青　　未巳寅子　　父　未蛇◎
　后巳　　子空　　巳卯子辛　　兄乙酉合⊙
　　　辰卯寅丑
　　　阴玄常白

　　●进茹空亡宜退步，《坎》初六："习坎，入于坎窞，凶。"遇此课宜班师。第十七]

　　假令壬子日，干上子，三传寅卯辰皆是空亡。既向前值三空亡，即宜退步，抽身缩首，却就支干上，子与丑合，反有所得，庶使壬水不被传木全脱，可以全身远害。不利托人。

　　　蛇朱合勾
　　　午未申酉　　玄常常白　　子　寅玄◎
　贵巳　　戌青　　寅丑丑子　　子　卯阴◎⊙
　后辰　　亥空　　丑子子壬　　官甲辰后⊙
　　　卯寅丑子
　　　阴玄常白

　　如甲午日，干上卯，三传辰巳午亦皆是空亡，亦宜退步，庶乎甲木不被传火脱尽。奈支干前后夹定脱气在内，尽被脱空而无穷也。如遇丑为年命，始宜退步，就其禄神。

蛇贵后阴

午未申酉　　　后贵合勾　　　财　辰合◎

朱巳　戌玄　　　申未辰卯　　　子　巳朱◎⊙

合辰　亥常　　　未午卯甲　　　子甲午蛇⊙

卯寅丑子

勾青空白

〇脱空格　如癸丑日，干上寅自是空亡，那更寅卯辰为三传，使癸水生其脱空，虽有千金亦不周其足。如昼占，乘玄武在干上尤甚，占讼费而不直，占病脱而虚甚，终不能退步。

蛇朱合勾

午未申酉　　　阴玄阴玄　　　子　寅玄◎

贵巳　戌青　　　卯寅卯寅　　　子　卯阴◎⊙

后辰　亥空　　　寅丑寅癸　　　官甲辰后⊙

卯寅丑子

阴玄常白

●踏脚空亡进用宜。四课三传俱退连茹。丁巳日，干上午，三传卯寅丑，宜深入重地。第十八

谓退步传全值空亡者，故名踏脚空亡。既退后遇空，宜进而不宜退也。如戊申日，干上辰，三传卯寅丑皆作日之鬼，幸遇鬼空，足可以脱灾避难，惟不宜守旧，缘干上乘墓，反宜于三传之外向前一步，便逢禄神。此却不利有官人占之，缘官爻空亡故也。

合勾青空

辰巳午未　　　青空朱合　　　官　卯朱◎

朱卯　申白　　　午未卯辰　　　官　寅蛇◎⊙

蛇寅　酉常　　　未申辰戌　　　兄癸丑贵⊙

丑子亥戌

贵后阴玄

〇寻死格　如丙午日，干上辰，三传卯寅丑。虽三传生日，岂宜皆空？如占病，乃寻死格也。占父母病，死尤急。如占子息病，无畏。占讼理亏，必官人不主张，缘生我者空亡故也。如乙卯日，干上卯，亦若寻死格。以上例，如背后有三阱坑，岂宜退乎？如退则脚下踏空，反陷其身。凡占宜催督。

青空白常
辰巳午未　　青空勾青　　父　卯勾◎
勾卯　申玄　　辰巳卯辰　　父　寅合◎⊙
合寅　酉阴　　巳午辰丙　　子癸丑朱⊙
丑子亥戌
朱蛇贵后

勾青空白
辰巳午未　　蛇朱朱合　　财　丑蛇◎
合卯　申常　　丑寅寅卯　　父　子贵◎⊙
朱寅　酉玄　　寅卯卯乙　　父癸亥后⊙
丑子亥戌
蛇贵后阴

○踏脚空亡格　惟不宜进前者例，但占事虚声而无成就耳。如甲子日，戌加子为初传，乃是本旬之空；申加戌为中传，乃后旬之空；午加申为末传，乃外后旬之空亡。故向后全无实意，尽无成就。甲申日午加申，乙卯日丑加卯，丙辰日丑加卯，丁巳日丑加卯。

朱合勾青
卯辰巳午　　白玄玄后　　财　戌玄◎
蛇寅　未空　　申戌戌子　　官壬申白⊙
贵丑　申白　　戌子子甲　　子庚午青
子亥戌酉
后阴玄常

●胎财生气妻怀孕，第十九

谓日干之胎神作日之妻财，又逢月内之生气者，如占妻，必孕也。如壬寅日，干上午，七月占，午加亥为发用。壬水胎在午，又是日之妻财，及七月生气在午，占妻必有孕而无疑。

青勾合朱
子丑寅卯　　蛇常勾后　　财甲午后
空亥　辰蛇　　辰酉丑午　　官辛丑勾
白戌　巳贵　　酉寅午壬　　父丙申玄
酉申未午
常玄阴后

五壬日，干上午，七月占皆同。六庚、六辛日，干上卯，四月占皆然。

六戊、六己日，干上子，正月占亦主孕喜。何故言戊己土神胎亦在子？或有用午为胎神者，不可不知，未免略具拟《土神歌》于后。歌云："戊己当绝在亥怀，明知子上是胞胎"云。云支之胎神作月内生气，亦占妻有胎孕尤的，不必作干之财。惟此胎神临妻之年命尤好，或临支上亦同。妻财作生气，纵不作胎神亦可用。

○损胎格　如壬辰日，干上午为发用，又七月占，虽妻财作胎神乘生气，必后有损孕，缘午作空亡故也。余仿此。

青勾合朱

子丑寅卯　　后空勾后　　财　午后◎

空亥　辰蛇　午亥丑午　　官己丑勾⊙

白戌　巳贵　亥辰午壬　　父甲申玄

酉申未午

常玄阴后

○姜孕格　如辛癸己日，胎神为生气，乃妻妾之妹有孕，尤验。如丙丁日，胎神在子，如正月占，非妻有孕，亦是偏室也。

○私孕格　如辛癸日，乘玄有私。外有甲乙日，胎神在酉，十月占；丙丁日，胎神在子，正月占。非妻有孕，必是偏室婢妾有胎孕也。如作空、乘死气，必是鬼胎也。

○互胎格　如戊寅日，干上酉乃支之胎神，支上午乃干之胎神，又作夫妻之行年、本命，必然妻怀孕喜，不必寻生气及财神也。乙丑、己未、癸未，干上子；己未、癸丑、己丑、辛未、丁丑，干上午；甲申，干上卯；庚寅，干上酉。以上并是干上得支之胎神，支上得干之胎神也。

朱合勾青

酉戌亥子　　合后空朱　　兄丁丑空⊙

蛇申　丑空　戌午丑酉　　父壬午后

贵未　寅白　午寅酉戌　　子　酉朱◎

午巳辰卯

后阴玄常

○忧子格　论孕产乃六合三月占加申，四月占加酉，乃月之死气克六合，至产则忧子凶。此二例乃天后、六合为子母之类也。

○忧母格　如十一月占，天后乘辰；五月占，天后乘戌；八月占，天后乘丑；二月占，天后乘未。以上者，乃月内死气克天后也。如至产期，必忧母凶。

〇子恋母腹格　如干加支、支加干而互相生者，乃名子恋母腹，利占孕则保育，不利占产。如至产期占之，迟生则吉。外有支加干而克干者，主产速，或无克亦速产。支为母，俯首已见其子也。

〇损孕格　如壬辰日午加亥，癸巳日午加丑，庚戌日卯加申，辛亥日卯加戌，戊午日子加巳，己未日子加未，甲戌、乙亥日酉加巳午，丙辰、丁巳日子加辰戌丑未。以上例，缘胎神作空、受克，占产当日便生，占孕必损。

```
     青勾合朱
     戌亥子丑          贵青勾玄          财　午玄◎
空酉      寅蛇          卯戌亥午          兄丁亥勾⊙
白申      卯贵          戌巳午癸          官壬辰后
     未午巳辰
     常玄阴后
```

```
     蛇贵后阴
     子丑寅卯          青贵空蛇          财　子蛇◎
朱亥      辰玄          申丑未子          兄己未空⊙
合戌      巳常          丑午子戌          官甲寅后
     酉申未午
     勾青空白
```

月厌煞　如三月占，不宜申加母年命上；九月占，不宜寅加母年命上。缘死气作月厌，占产必凶。六月占巳加母年命，十二月占亥加母年命上。缘生气作月厌，占产必速生。

养神二血法　如丙丁戊己日，胎神在子，养神在丑。如在正月占，言血支、血忌皆在丑，并养神而克胎神。如占产，生速；如或占孕，有损无疑。如在十二月占，言血支、血忌皆在子，作胎神，如占产亦生速，如占孕亦防损。以上血忌作空亡，或坐空乡，占孕、占产亦无妨也。

〇三玄胎格　如寅加亥，为生玄胎，怀孕之时渐有生意，生下男女必兴旺家门也。如寅加巳，为病玄胎，如值此，怀孕之时母常有病，生下男女多病，不甚长进。寅加辰为衰玄胎卦，惟乙未日亥加丑，昴星一课是也，怀孕之时家道日渐衰替，生下男女身躯衰弱，全无生意。

```
     合勾青空
     卯辰巳午        合青贵朱        父己亥后
朱寅      未白      卯巳子寅      兄壬寅朱⊙
蛇丑      申常      巳未寅乙      子　巳青◎
     子亥戌酉
     贵后阴玄
```

○昂星格　刚日生女，或柔日虎视生男。取俯仰而生故也。

○胎受克绝格　胎神临本日及临绝受克。六壬日午加亥，六庚日卯加申，乃胎临本日，占产可言当日便生，且安好。或六癸日午加亥，六辛日卯加申，乃胎神临绝受克，占孕、占产俱畏。六戊日子加巳同。六甲日亦如前说，且占产稍不畏矣。

小产法　如母之年命上神冲克胎神者，纵作生气，必是小产，此法极验。

○胎神坐长生格　如丙丁戊己日子加申，庚辛日卯加亥，壬癸日午加寅，甲乙日酉加巳，大宜占孕。惟不利占产，反凶。

○腹胎格　腹加胎神。丑为腹也。如甲乙日丑加酉，丙丁戊己日丑加子，庚辛日丑加卯，戊己壬癸日丑加午。如值此，来意妻必有孕。缘胎在腹内。丑为腹之类，加临胎神故也。

○腹空格　如天盘之丑作空或落空，如占产则生速。缘腹空而必已诞其子。占孕必损孕。

○全伤格　支干全伤，子母俱凶。独支受伤，害母。独干受伤，害子。如产期，以本月之内破胎之日生，或害胎之日生，或刑胎之日生，或月内生气之日生，或以子息爻中长生之日生，或以五行养处生。如甲乙日，以戌为养神。或以逐季之天喜神所临之日生。妙矣。夫天喜者，乃诸季养神也。以上不利占孕，反有损。

纳音法　又妻本命纳音之胎神冲破之日生产。尤验。

○夹定三传格　如干支夹定三传，或初末六合，如占产，子母俱不可保，缘气塞于中故也。如约母之年命透出支干之外，可免母之凶也。

●**胎财死气损胎推。第二十**

戊己日子为胎财，七月死气在子；庚辛日卯为胎财，十月死气在卯；壬癸日午为胎财，正月死气在午；甲乙日酉为胎财，四月死气在酉，甲戌旬鬼胎空亡。余亦仿此，全如前篇论。但凡胎神作月内之死气，妇孕不育。

●**交车相合交关利**，临机应变，或战或守，或退或和，视课体而行焉。

第二十一

且夫交车合者十等论，内有交车长生，有交车财，有交车脱，有交车害，有交车空，有交车刑，有交车克，有交车冲，有三交交车，有三合交车，视干支上神交互合也，分具于后。

交车长生　大宜合本而作营生。庚寅，干上亥，支上巳；甲申，干上巳，支上亥；戊申，伏吟；戊寅，返吟。

青勾合朱
申酉戌亥　　　青常后朱　　兄甲申青
空未　子蛇　　申巳寅亥　　子丁亥朱
白午　丑贵　　巳寅亥庚　　财庚寅后
巳辰卯寅
常玄阴后

交车合财　惟宜交关取财，以财交涉最好。辛丑，干上子，支上卯；辛巳，干上申，支上卯；壬申，返吟；辛卯，伏吟；癸未，午加癸，子加未。

蛇朱合勾
未申酉戌　　　后玄常空　　财癸卯玄
贵午　亥青　　巳卯寅子　　官　巳后◎
后巳　子空　　卯丑子辛　　父乙未蛇⊙
辰卯寅丑
阴玄常白

交车脱　虽相交涉而用事，彼此各怀相脱之意。如壬午，干上未，支上寅；乙亥，寅加乙；戊辰，酉加戊；丁卯，戌加丁；甲申，巳加甲；庚寅，亥加庚，各自脱；壬辰，酉加壬；乙未，午加乙，自脱。

勾合朱蛇
丑寅卯辰　　　白合朱阴　　官甲戌白
青子　巳贵　　戌寅卯未　　财壬午后
空亥　午后　　寅午未壬　　子戊寅合
戌酉申未
白常玄阴

交车害　彼此各相谋害，但不宜相交用事，各有戾害。辛酉，伏吟；乙卯，伏吟；丁丑，午加丁；己丑，午加己。

青空白常

辰巳午未　　　贵蛇空白　　官丙子蛇

勾卯　　申玄　　亥子巳午　　官乙亥贵

合寅　　酉阴　　子丑午丁　　子甲戌后

丑子亥戌

朱蛇贵后

交车空　如占事，始初相交之时极和极美，后总成画饼。靡不有初，鲜克有终也。

交车刑　如结交朋友，正和美中必致争竞，各无礼也。丙寅、戊寅伏吟，辛未、辛丑伏吟。

空白常玄

巳午未申　　　合合空空　　兄己巳空

青辰　　酉阴　　寅寅巳巳　　财壬申玄

勾卯　　戌后　　寅寅巳丙　　父丙寅合

寅丑子亥

合朱蛇贵

交车冲　不论亲疏，先合而后离，夫妇、父子、兄弟、客主皆然。丁丑、癸未、甲申、庚寅，俱伏吟。

空白常玄

巳午未申　　　朱朱常常　　子丁丑朱

青辰　　酉阴　　丑丑未未　　子甲戌后

勾卯　　戌后　　丑丑未丁　　子癸未常

寅丑子亥

合朱蛇贵

交车克　乃蜜中砒、笑里刀之喻也，匿怨而友其人。如相交涉，必至争讼。庚子，丑加庚；庚戌，卯加庚；辛未，午加辛，自克。

合朱蛇贵

戌亥子丑　　　合常白贵　　官　巳常◎

勾酉　　寅后　　戌巳午丑　　父戊戌合⊙

青申　　卯阴　　巳子丑庚　　财癸卯阴

未午巳辰

空白常玄

交车三交　乃三交为三传，凡因交关用事，必有奸私，或相交涉二三事。

己酉，辰加己；丁卯，戌加丁；丁酉，辰加丁；己卯，戌加己。子午日无。

　　朱合勾青

　　寅卯辰巳　　　　合空蛇勾　　　父丙午空

蛇丑　　午空　　　卯午丑辰　　　官　卯合◎

贵子　　未白　　　午酉辰巳　　　财壬子贵⊙

　　亥戌酉申

　　后阴玄常

交车三合　乃三合为三传。又支干交车相合亦名交合格。凡值此者，家合仁义，外人相助，而有成合。惟忌空亡。乙丑，子加乙，三传巳丑酉；辛未，午加辛，三传卯亥未之类。以上谓日干与支上神作六合，地支与干上神作六合，故名交车合，凡占皆主交关、交易、交加、交换而成合也。惟不利占解散诸事矣。此例如六十日内，除甲寅、庚申、丁未、己未、癸丑五日系八专日，干支不分，交车无合，其余五十五日每日一课，更宜详其相合凶吉而言之。内有伏吟相会合者亦同其说。

　　蛇朱合勾

　　丑寅卯辰　　　　青玄常贵　　　子巳巳青

贵子　　巳青　　　巳酉申子　　　财乙丑蛇

后亥　　午空　　　酉丑子乙　　　官癸酉玄

　　戌酉申未

　　阴玄常白

内辛未日，干上午，支上卯，三传卯亥未，如占交易后必龃龉，始见龃龉后却和合。因发用乘丁也。又丙寅日返吟亦同。

　　青勾合朱

　　丑寅卯辰　　　　白合勾贵　　　财丁卯合

空子　　巳蛇　　　亥卯寅午　　　子　亥白◎

白亥　　午贵　　　卯未午辛　　　父辛未后⊙

　　戌酉申未

　　常玄阴后

●上下皆合两心齐。上下同心，三军协力。第二十二

谓支干上神作六合，地盘支干亦作六合。如乙酉、丙申、戊申、辛卯、壬寅，此五日伏吟者是也。

青空白常

巳午未申　　　　玄玄勾勾　　　　财壬辰勾

勾辰　　酉玄　　酉酉辰辰　　　　官乙酉玄

合卯　　戌阴　　酉酉辰乙　　　　兄辛卯合

寅丑子亥

朱蛇贵后

○干支相会合格　如乙酉日，酉加乙或辰加酉；丙申日，申加丙或巳加申；戊申日，申加戊或巳加申；辛卯日，卯加辛或戌加卯；壬寅日，寅加壬或亥加寅。缘上下作六合者。

朱蛇贵后

戌亥子丑　　　　青阴阴合　　　　财　未青◎

合酉　　寅阴　　未寅寅酉　　　　父戊子贵☉

勾申　　卯玄　　寅酉酉乙　　　　子癸巳白

未午巳辰

青空白常

○上下俱合格　如日干与上神作六合，地支亦与上神作六合者例。如甲申日，干上亥与甲干作六合，支上巳与地支申作六合；丁丑日，干上午，支上子，己丑日同；癸未日，干上子，支上午；庚寅日，干上巳，支上亥。

蛇朱合勾

寅卯辰巳　　　　蛇勾白阴　　　　子癸巳勾

贵丑　　午青　　寅巳申亥　　　　兄庚寅蛇

后子　　未空　　巳申亥甲　　　　父丁亥阴

亥戌酉申

阴玄常白

○独支干上神作六合格　如戊辰日，干上丑与支上子作六合；又戊辰日，干上未与支上午作六合；辛未日，干上寅，又干上申；乙亥日，干上酉，又干上卯；丙子日，干上卯，又干上酉；戊子日，干上卯，又干上酉。

贵后阴玄

丑寅卯辰　　　　青蛇勾贵　　　　财甲子蛇

蛇子　　巳常　　申子酉丑　　　　子壬申青

朱亥　　午白　　子辰丑戌　　　　兄戊辰玄

戌酉申未

合勾青空

〇交互六合格　如干上神与支作六合，支上神与干作六合。如乙丑日，干上子，支上酉；丙寅日，干上亥，支上申；戊辰日，干上酉；辛未日，干上午；乙亥日，干上寅；丙子日，干上丑；戊寅日，干上亥。每日皆有，内有一字空亡，反为凶咎。以上相合互合，凡占主客相顺，神合道合之象。

```
　　蛇朱合勾
　丑寅卯辰　　　青玄常贵　　子己巳青
贵子　　巳青　　巳酉申子　　财乙丑蛇
后亥　　午空　　酉丑子乙　　官癸酉玄
　　戌酉申未
　　阴玄常白
```

〇外好里槎芽格　凡占皆如其言。缘支干上神虽作六合，奈何地盘支干却作六害故也。如壬申日，干上寅与支上亥作六合，殊不知壬干与申支作六害。乙卯日，干上丑与支上子作六合，其支干卯辰却作六害，奈合空亡而害实在，凡事空喜而实害。辛酉日，干上丑与支上子作六合，俱空，独留支干酉戌六害。又辛酉日，干上未与支上午作六合，支干酉戌自作六害。乙卯日，干上未与支上午作六合，卯辰支干自作六害。丙寅日，干上寅与支上亥作六合，干丙与支寅却作六害。戊寅日，干上寅与支上亥作六合，干戊与支寅却作六害。

```
　　合勾青空
　申酉戌亥　　　玄空贵玄　　财己巳贵
朱未　　子白　　寅亥巳寅　　父壬申合
蛇午　　丑常　　亥申寅壬　　兄　亥空◎
　　巳辰卯寅
　　贵后阴玄
```

〇日辰邻近格　缘干支相会，上神作六合者，凡占皆主有变换，彼我共谋求合之事也。如壬子日，子加亥与支上丑作六合，又是支加干，兼支干相邻近也。戊午日，干上午与支上未作六合，又是支加干，兼支干相邻近。丙午日同。值此例者，客主相顺，神和道合。

```
　　蛇朱合勾
　午未申酉　　　玄常常白　　子　寅玄◎
贵巳　　戌青　　寅丑丑子　　子　卯阴◎⊙
后辰　　亥空　　丑子子壬　　官甲辰后⊙
　　卯寅丑子
　　阴玄常白
```

○干支相会格　缘上神相合而不相邻近者例，亦可相共谋而成合事。丙寅日，寅加巳，亥加寅；丙戌日，戌加巳，及卯加戌；戊戌日，戌加巳，及卯加戌；壬辰日，辰加亥，及酉加辰。

　　合勾青空
　　寅卯辰巳　　　　玄贵贵合　　　官　亥贵◎
朱丑　　午白　　申亥亥寅　　　财壬申玄⊙
蛇子　　未常　　亥寅寅丙　　　兄己巳空
　　亥戌酉申
　　贵后阴玄

●**彼求我事支传干**，彼有事必来求于我者。第二十三

谓初传从支上起，末传归干上者，凡占必主他人委托我干谋事体，吉凶皆成。故占吉则吉遂，占凶则凶成，行人至，求取得。如癸酉日，初传从支上巳起，末传至干上酉止，乃三传巳酉丑也。

　　勾合朱蛇
　　丑寅卯辰　　　　勾贵贵常　　　财己巳贵
青子　　巳贵　　丑巳巳酉　　　官乙丑勾
空亥　　午后　　巳酉酉癸　　　父癸酉常
　　戌酉申未
　　白常玄阴

●**我求彼事干传支**。第二十四

谓初传从干上起，末传归在支上者，凡事勉强，不免俯求于人，亦为人抑勒，难自屈伸。旺相尤吉，死囚不安。又主为卑下所屈，兼礼下求人之意，只宜低心下意，不宜高上，百事不举，家宅不和，行人未来，病者难愈，死。如丁亥日，自干上酉作初传起，至支上丑作末传止。

　　勾合朱蛇
　　未申酉戌　　　　常阴贵朱　　　财乙酉朱⊙
青午　　亥贵　　卯丑亥酉　　　官丁亥贵
空巳　　子后　　丑亥酉丁　　　子己丑阴
　　辰卯寅丑
　　白常玄阴

●**金日逢丁凶祸动**，海内方宁，不料盗贼蜂起。第二十五

如有官人占之，则赴任极速，不欲占人行年上神克去六丁所乘之神。常人占之，反宜制丁乘神。谓庚辛二干，三传、年命、日辰逢旬内六丁神者，

必主凶动。如乘勾陈，必被官词勾追；如乘月之死气，必亲族在外府郡报死亡而动往；乘贵人，必贵人差往；乘玄武，欲逃，或妻有血灾，蛇雀尤的。

庚午、辛未二日见卯是丁神，则因妻而凶动，不然取财而祸起，或先得财而后凶。

庚辰、辛巳二日见丑是丁神，则因父母之墓田而凶动，尤分旺相为田，死囚为墓。内辛巳日昼将顺行，丑乘白虎作丁神而遥伤日干，其凶动尤速。

庚寅、辛卯二日见亥是丁神，则因子息而凶动。内辛卯日昼将逆行，亥乘白虎，凶动尤速。

庚子、辛丑二日见酉是丁神，则因兄弟或己身而凶动，尤分庚日是兄，辛日是弟及己身，及禄有动摇。内辛丑日夜将顺行，酉乘白虎，其凶尤速。

庚戌、辛亥二日见未是丁神，则因父母长上而凶动。内辛亥日夜将逆行，未乘白虎，其凶亦速。

庚申、辛酉二日见巳是丁神，则因官鬼及长上而凶动，尤分庚日主鬼动，辛日主官摇动。

〇火鬼蛇雀克宅格　缘火鬼乘朱雀而克宅神，其末传又乘丁而遥克日干者例。惟庚辰日卯加辰，冬占用昼将是也。如值此课，必遭天火焚伐而无怨也。

```
合勾青空
辰巳午未        蛇朱青空        财己卯朱
朱卯    申白        寅卯午未        财戊寅蛇
蛇寅    酉常        卯辰未庚        父丁丑贵
丑子亥戌
贵后阴玄
```

余有火鬼乘蛇雀而克宅者例。春占火鬼是午，如甲申、戊申、庚申三日，并午加申用，夜将乘螣蛇而克宅，宜以井底泥涂灶禳之，后例亦同。

```
勾合朱蛇
卯辰巳午        合蛇玄白        子    午蛇◎
青寅    未贵        辰午戌子        财壬辰合⊙
空丑    申后        午申子甲        兄庚寅青
子亥戌酉
白常玄阴
```

夏占火鬼是酉，如甲寅、庚寅、戊寅三日，酉加寅用，夜将乘朱雀克宅；乙卯、己卯二日酉加卯，夜将乘螣蛇克宅；丁卯日酉加卯，昼将乘朱雀克宅。

```
　青空白常
　子丑寅卯        玄朱玄朱        官辛酉朱
勾亥　　辰玄      辰酉辰酉        财丙辰玄
合戌　　巳阴      酉寅酉甲        父癸亥勾
　酉申未午
　朱蛇贵后
```

```
　合勾青空
　亥子丑寅        白蛇常朱        兄乙卯白
朱戌　　卯白      卯酉辰戌        官辛酉蛇
蛇酉　　辰常      酉卯戌乙        兄乙卯白
　申未午巳
　贵后阴玄
```

秋占火鬼是子，如甲午、庚午、戊午三日，并子加午，昼将乘螣蛇而克宅；丁巳日，子加巳，昼将乘螣蛇而克宅；辛巳日，子加巳，夜将乘朱雀而克宅。

```
　朱蛇贵后
　亥子丑寅        白蛇后青        兄壬寅后
合戌　　卯阴      午子寅申        官丙申青
勾酉　　辰玄      子午申甲        兄壬寅后
　申未午巳
　青空白常
```

冬占火鬼是卯，如甲辰、戊辰、庚辰三日，并卯加辰，昼将乘朱雀克宅；癸未日，卯加未，昼将乘朱雀克宅；辛丑日，卯加丑，夜将乘螣蛇克宅；壬辰日，卯加辰，昼将乘朱雀克宅。

```
　合勾青空
　辰巳午未        蛇朱后贵        父壬子后
朱卯　　申白      寅卯子丑        父辛亥阴
蛇寅　　酉常      卯辰丑甲        财庚戌玄
　丑子亥戌
　贵后阴玄
```

○人宅罹祸格　缘日上神克日，而辰上神乘丁又克日，主身宅皆凶，人且灾而宅必动摇，惟有官人占赴任极速，宜乎昼将。凡六庚日巳加庚，六辛日午加辛者，皆丁神临宅。

○蛇虎遁鬼格　专论蛇虎二爻，谓六甲日遁旬内之庚，乘白虎在六处，并辛日遁旬内之丁，乘螣蛇在六处者，凡占至凶、至危、至怪、至动，纵空亡不能解救。如甲子日，庚午加戌，三传戌午寅；又庚午加子，返吟；又庚午加日，三传辰申子，并用昼将。此乃遁旬内之庚，乘白虎而遥伤日干者例。辛巳日，丁丑乘蛇加巳临宅，三传午寅戌；又丁丑加申，三传卯申丑，丁在末传；又丁丑加酉，三传酉丑巳，丁在中传，并用夜将。此乃遁旬内之丁，乘蛇遥伤日干者例。

```
        贵后阴玄
        丑寅卯辰        玄青白合        财 戌合◎
    蛇子      巳常      辰申午戌        子庚午白⊙
    朱亥      午白      申子戌甲        兄丙寅后
        戌酉申未
        合勾青空
```

```
        蛇贵后阴
        丑寅卯辰        青蛇贵常        官壬午常
    朱子      巳玄      酉丑寅午        财戌寅贵
    合亥      午常      丑巳午辛        父甲戌勾
        戌酉申未
        勾青空白
```

○凶怪格　谓月厌、大煞、天目、墓神、丁神皆主怪异凶灾，并临年命、日辰。如乙巳日干上未，四月占；庚辰、辛巳日干上丑，十月占。此主极怪极凶。

○马载虎鬼格　如甲寅日，申加午为末传，昼将又乘白虎；又伏吟，又申加戌，又申加亥，并用昼将。戊午日，寅加未，昼将。戊辰日，寅加未，又寅加酉，又寅加亥，并用夜将，白虎克干。余甲戌及戊申，此二日虽有此例，赖鬼空亡，不能为害。其余日辰极多，不暇细具，凡占主凶速。

```
        空白常玄
        未申酉戌        青合青合        财丙辰合
    青午      亥阴      午辰午辰        子戌午青
    勾巳      子后      辰寅辰甲        官庚申白
        辰卯寅丑
        合朱蛇贵
```

```
空白常玄
未申酉戌        蛇后青合        财庚辰合
青午    亥阴    寅子午辰        子壬午青
勾巳    子后    子戌辰甲        官  申白◎
辰卯寅丑
合朱蛇贵
```

○蛇虎乘丁格　如乙亥日丑加亥，辛亥日未加亥者，乃丁作白虎而克支辰，必因家宅而有动，不然屋宇塌倒以致损人口，或染灾病而不可免。余日鬼乘丁作螣蛇，尤凶尤怪。乙未日，干上酉，夜乘蛇亦凶。外有丁神作日鬼，乘白虎而克日干者，未免本身有凶动也，惟有己巳一日，卯加己，夜将乘虎而克干者是也。

```
蛇贵后阴
未申酉戌        青白贵朱        官  申贵◎
朱午    亥玄    卯丑申午        财甲戌阴⊙
合巳    子常    丑亥午乙        父丙子常
辰卯寅丑
勾青空白
```

```
朱合勾青
戌亥子丑        玄勾空蛇        子  巳玄◎
蛇酉    寅空    巳子寅酉        财戌戌朱⊙
贵申    卯白    子未酉乙        兄癸卯白
未午巳辰
后阴玄常
```

```
青空白常
丑寅卯辰        蛇青合白        官丁卯白
勾子    巳玄    酉丑亥卯        财  亥合◎
合亥    午阴    丑巳卯己        兄辛未后⊙
戌酉申未
朱蛇贵后
```

●水日逢丁财动之。掠敌人之粮必得。第二十六

惟畏占人行年上神克去六丁所乘之神，则财不动。谓壬癸二日，三传、年命、日辰之六处逢旬内之丁神者，必主财动，及远方封寄财物付本身之象。

如未有妻，则有娶妻之喜；如已有妻，则主别妻之忧。

如壬申、癸酉二日，见卯是丁，则因子息动而有财，内癸酉日因门户之财动，或为子息而得财。

```
合朱蛇贵
子丑寅卯        勾后贵白        子丁卯贵
勾亥    辰后    亥辰卯申    官  戌青◎
青戌    巳阴    辰酉申癸    财己巳阴☉
酉申未午
空白常玄
```

壬午、癸未二日，见丑是丁，则因官鬼之财动，内癸未日伏吟与癸丑日同说。

```
贵后阴玄
巳午未申        阴阴勾勾        官丁丑勾
蛇辰    酉常    未未丑丑    官甲戌白
朱卯    戌白    未未丑癸    官癸未阴
寅丑子亥
合勾青空
```

壬辰、癸巳二日见亥为丁，则因己身或兄弟之财动，内有癸巳日见亥，丁马交加，财动尤速。

```
青空白常
申酉戌亥        常青勾蛇        父甲申青
勾未    子玄    亥申未辰    兄丁亥常
合午    丑阴    申巳辰癸    子庚寅后
巳辰卯寅
朱蛇贵后
```

壬寅、癸卯二日，见酉是丁，则因父母或长上而财动，内癸卯日又因门户之财动。

```
青空白常
申酉戌亥        空合勾蛇        父丁酉空
勾未    子玄    酉午未辰    兄庚子玄
合午    丑阴    午卯辰癸    子癸卯贵
巳辰卯寅
朱蛇贵后
```

壬子、癸丑二日，见未是丁，则因官鬼之财动，内癸丑日干上未并初传是丁，缘三传皆鬼，不可取财。

```
　空白常玄
　亥子丑寅　　　常朱常朱　　　官丁未朱
青戌　　卯阴　　丑未丑未　　　官癸丑常
勾酉　　辰后　　未丑未癸　　　官丁未朱
　申未午巳
　合朱蛇贵
```

壬戌、癸亥二日，见巳是丁，则因妻之财动，内有癸亥，巳为丁马交加，财动尤速，离妻娶妻尤的。

```
　合朱蛇贵
　寅卯辰巳　　　贵玄阴白　　　财丁巳贵
勾丑　　午后　　巳申未戌　　　子甲寅合
青子　　未阴　　申亥戌癸　　　兄癸亥空
　亥戌酉申
　空白常玄
```

○财乘丁马格　缘财神乘丁或为驿马者，必因出入求财，或因妻动用。如丁马交加，必因妻财而非细之动。如己丑日亥为财乘丁马，甲辰、乙巳见未，丙申、丁酉见酉，戊子日见亥，甲戌、乙亥日见丑。

太常乘日之长生临日干上者，来人必占婚姻之喜，或有锡赐物帛之事。如六甲日，亥加寅，夜将乘太常；六己，申加未，昼将乘太常。

太常乘日之长生临支上者，宅中必有婚礼之喜，或宜开彩帛铺，或开酒食店肆，后有长进。如甲子日夜占，亥加子作太常，为日长生，又是交车合。并甲戌日亥加戌，夜将，亦是交车合，乘太常作日之长生。斯二例占婚尤的。甲寅日，亥加寅，夜。己未日，申加未，旦。

```
　合朱蛇贵
　辰巳午未　　　玄常白空　　　父甲子白
勾卯　　申后　　戌亥子丑　　　父　亥常◎
青寅　　酉阴　　亥子丑甲　　　财　戌玄◎⊙
　丑子亥戌
　空白常玄
```

蛇贵后阴

午未申酉	白常合勾	财庚辰合
朱巳　　戌玄	子亥辰卯	子辛巳朱
合辰　　亥常	亥戌卯甲	子壬午蛇

卯寅丑子
勾青空白

〇牛女相会格　缘丑中有牛宿，子中有女宿，子与丑合，乘太常为用。如乙丑、己丑，子加丑；丙子、壬子，丑加子。乘太常，大宜占婚姻。内壬子日是芜淫课，后必不成。

勾合朱蛇

辰巳午未	玄常空青	父甲子常
青卯　　申贵	亥子寅卯	父　亥玄◎
空寅　　酉后	子丑卯乙	财　戌阴◎⊙

丑子亥戌
白常玄阴

蛇朱合勾

午未申酉	玄常常白	子　寅玄◎
贵巳　　戌青	寅丑丑子	子　卯阴◎⊙
后辰　　亥空	丑子子壬	官甲辰后⊙

卯寅丑子
阴玄常白

●**传财化鬼财休觅**，不宜掠军粮，不可受敌贿赂。第二十七

谓三传皆作日之财而生起干上日鬼而伤其日干者，必因取财而致祸，及防妻与鬼交而损失。余生支上鬼者，主破家。如辛亥日，干上午，三传未卯亥皆作木局，为日之财，其财且不可取。欲待不取，奈财在目前，争忍舍之？设取其财，即生起干上之午火而伤辛金，难免其凶祸也。此财如在虎口，又喻如刀上蜜，焉可舐？稍识事君子，见其财自祸而出，必不取之，庶得全身远害。此例虽不利取财，惟宜以己财而告贵人成其事，言用昼贵，乃以财生贵，必宜侥求关节，事必谐也。余辛卯、辛未二日，干上午，同前说。丁巳、丁丑二日，干上亥。

青勾合朱

丑寅卯辰	合后勾贵	父丁未后
空子　　巳蛇	卯未寅午	财　卯合◎
白亥　　午贵	未亥午辛	子辛亥白⊙

戌酉申未

常玄阴后

若丁酉日，干上亥，三传亥卯未全生，但日上见鬼耳，幸为贵德，宜告贵得益，宜为长上占之。

朱蛇贵后

酉戌亥子	空阴常贵	官己亥贵
合申　　丑阴	巳丑卯亥	父癸卯常
勾未　　寅玄	丑酉亥丁	子乙未勾

午巳辰卯

青空白常

若壬戌日，干上未，夜乘太常，三传全脱，占病则因伤食以致邪祟侵缠，尤恐不救，如得占人年命去其干上之鬼稍轻。

朱蛇贵后

丑寅卯辰	蛇玄贵常	官己未常
合子　　巳阴	寅午卯未	子乙卯贵
勾亥　　午玄	午戌未壬	兄癸亥勾

戌酉申未

青空白常

内有丁丑日，干上亥，三传酉丑巳，其全财不能生亥水。言初中空陷，末作天空；夜占三传天将皆土，能克去亥鬼，致使财亦不可取，祸亦不伤身，未免经由此二事后始无一成。并丁巳、丁酉二日，各视天将言之。。

贵后阴玄

酉戌亥子	贵勾空阴	财　酉贵◎
蛇申　　丑常	酉巳卯亥	子丁丑常⊙
朱未　　寅白	巳丑亥丁	兄辛巳勾

午巳辰卯

合勾青空

○传财化鬼格　缘三传作日之财，而反生起支上神而来伤日干者，此等祸害必自宅中而发，惟要行年、本命上神克制其鬼，庶不致深害。如乙巳，未加乙，三传未戌丑，支上申；乙亥，丑加乙，三传丑戌未，支上申；丁亥，申加丁，三传申酉戌，支上子。惟宜纳粟得官，或以财告贵，买恩泽而补授，极妙。但有官人占之则吉，必升擢官职也。

贵后阴玄
　申酉戌亥　　　玄贵阴蛇　　　财丁未蛇
蛇未　　子常　　亥申戌未　　　财庚戌阴
朱午　　丑白　　申巳未乙　　　财癸丑白
　巳辰卯寅
合勾青空

又如四己日，己卯、己亥、己酉、己未，干上亥虽为日财，奈三传曲直木局并来伤干，亦宜纳粟求官。

合朱蛇贵
　酉戌亥子　　　蛇青玄蛇　　　兄癸未青
勾申　　丑后　　亥未卯亥　　　财乙亥蛇
青未　　寅阴　　未卯亥己　　　官己卯玄
　午巳辰卯
空白常玄

〇因财致祸格　或畏妻室。如乘凶将，或被妻伤者。缘财爻反克干上之神者是也。如庚辰日，干上丑，初传寅木为财，乘白虎而伤干上丑土，必被妻伤其命，又被丑一旬中之丁作墓而覆日，亦是命运灾衰以致然耳。不然娶恶妻而不孝父母。

合勾青空
　戌亥子丑　　　白朱后空　　　财戊寅白☉
朱酉　　寅白　　寅酉午丑　　　父癸未贵
蛇申　　卯常　　酉辰丑庚　　　子丙子青
　未午巳辰
贵后阴玄

〇财遁鬼格　缘日上神作财，却遁旬中干鬼，必因财致祸，为食丧身，因妻成讼。如甲戌日，干上庚辰；甲辰日，干上庚戌；乙丑日，干上辛未；乙未日，干上辛丑；丙寅日，干上壬申；壬戌日，干上戊午；癸酉日，干上己巳；丁卯日，干上癸酉；戊辰日，干上甲子。

空白常玄

未申酉戌	蛇后青合	财庚辰合
青午　　亥阴	寅子午辰	子壬午青
勾巳　　子后	子戌辰甲	官　申白◎

辰卯寅丑

合朱蛇贵

○借钱还债格　如辛酉日，干上卯，支上寅；壬子日，干上巳；丙午日，干上申。外有乙未日伏吟。凡支干相同者不宜求财耳，此曰借钱还债不明。

勾青空白

戌亥子丑	蛇常朱玄	父己未蛇
合酉　　寅常	未寅申卯	子　子空◎
朱申　　卯玄	寅酉卯辛	官丁巳后⊙

未午巳辰

蛇贵后阴

● 传鬼化财钱险危。占兵同前。第二十八

谓三传俱鬼，则能去比肩，既无夺财之神，于传内有一作财现，其财安稳而无破也。谓三合课中，虽作日之鬼，两课俱空，独存一字中间为财者，乃全鬼变为财，其财终是危险中出，纵得之亦不安稳，倘君子识事，必不取其财也。如占人年命上乘日鬼，其祸仍发，亦不为财也。如丙申、丙子、丙辰三日，并干上丑土可以敌其水局，独存申金为财，如用旦将少畏，龙蛇玄皆水兽，恐为祸也。

朱合勾青

丑寅卯辰	蛇青阴朱	官庚子蛇⊙
蛇子　　巳空	子辰酉丑	财丙申玄
贵亥　　午白	辰申丑丙	子　辰青◎

戌酉申未

后阴玄常

○取还魂债格　缘三传全为脱气，反生干上财神者例。如己丑，干上亥，三传酉丑巳，虽为日之脱气，殊不知金局生起干上亥水作日之财。己巳，干上亥空亡，尤为的验。壬寅日返吟，甲戌、甲申、甲午、甲辰、甲寅日干上戌。

　合朱蛇贵
　酉戌亥子　　　合白玄蛇　　　子乙酉合
勾申　　丑后　　酉巳卯亥　　　兄己丑后
青未　　寅阴　　巳丑亥己　　　父癸巳白
　午巳辰卯
　空白常玄

又如丁丑日，酉加巳用，其土将生空亡之财，亦如前说。

　贵后阴玄
　酉戌亥子　　　贵勾空阴　　　财　酉贵◎
蛇申　　丑常　　酉巳卯亥　　　子丁丑常⊙
朱未　　寅白　　巳丑亥丁　　　兄辛巳勾
　午巳辰卯
　合勾青空

有三传为脱气，生起支上财神者。如壬寅、壬戌二日，并支上午；甲午日，支上戌。亦为取还魂债。

　勾青空白
　酉戌亥子　　　青蛇朱阴　　　官乙未朱
合申　　丑常　　戌午未卯　　　兄己亥空
朱未　　寅玄　　午寅卯壬　　　子癸卯阴
　午巳辰卯
　蛇贵后阴

○求财急取格　如乙未日，未加乙，虽曰财就人格，惟宜速去取之，如缓则财反被未来墓其乙木，却恐为祸。

　勾合朱蛇
　申酉戌亥　　　后朱朱青　　　财乙未青⊙
青未　　子贵　　丑戌戌未　　　财戊戌朱
空午　　丑后　　戌未未乙　　　财辛丑后
　巳辰卯寅
　白常玄阴

又如辛卯日，卯加辛，虽名财就人格，亦宜速取其财，如少缓亦被卯木克其戌土，反有害也。

勾青空白
　　戌亥子丑　　　　白朱朱玄　　　　财辛卯玄
合酉　　寅常　　　丑申申卯　　　兄甲申朱
朱申　　卯玄　　　申卯卯辛　　　父己丑白
　　未午巳辰
　　蛇贵后阴

○空财格　如丙子日，酉加巳，乃空财。如用夜将，反生三传之财，亦宜索债。

贵后阴玄
　　酉戌亥子　　　　蛇青常贵　　　　财　酉贵◎
蛇申　　丑常　　　申辰丑酉　　　子丁丑常⊙
朱未　　寅白　　　辰子酉丙　　　兄辛巳勾
　　午巳辰卯
　　合勾青空

○危中取财格　缘干克支辰为财，支上神为鬼者，不免自惊危中取财。如甲辰日，乃甲木克辰土为财，如辰上乘申是也。甲戌日，支上申空亡，似乎无畏。乙丑、乙未二日，支上酉；丙申日，支上亥；丁酉日，支上子；戊子日，支上寅；己亥日，支上卯；庚寅日，支上巳；辛卯日，支上午作空亡，不可畏之。

勾合朱蛇
　　酉戌亥子　　　　蛇青合白　　　　官戌申青
青申　　丑贵　　　子申戌午　　　父壬子蛇
空未　　寅后　　　申辰午甲　　　财甲辰玄
　　午巳辰卯
　　白常玄阴

朱合勾青
　　卯辰巳午　　　　青白玄后　　　　子壬午青⊙
蛇寅　　未空　　　午申戌子　　　财庚辰合
贵丑　　申白　　　申戌子甲　　　兄戊寅蛇
　　子亥戌酉
　　后阴玄常

●眷属丰盈居狭宅，凡占兵利先举。第二十九

谓三传生其日干，反脱其支辰者是也。值此必人口丰隆而居宅窄狭也。如甲申日，干上午，三传辰申子水局全来生日，乃应人口丰盈也；申金为支

大六壬口诀纂

辰，反生三传之水局，乃应屋舍窄狭也。如得此课，切不可迁居宽广之屋舍，恐反生灾咎。此乃造化使然，不可逆天理而妄作也。其余占别事，即我盛而他衰，我胜而他负，后例准此。乙酉日，干上申，三传申子辰；又干上巳，三传亥子丑。

```
    勾合朱蛇
    酉戌亥子        玄蛇合白        财壬辰玄
青申    丑贵       辰子戌午       官甲申青
空未    寅后       子申午甲       父戌子蛇
    午巳辰卯
    白常玄阴
```

○人旺弃宅格　缘三传生其日干而克其支辰者，占人虽亨旺，而无正屋可居，纵为官，多是寄居，或欲逃亡而弃其家，尤的。如丁未日卯加未，又亥加未用，癸卯日酉加巳用，甲午日子加丑，丙戌日卯加辰用。

```
    朱合勾青
    丑寅卯辰        贵勾贵勾        父　卯勾◎
蛇子    巳空       亥卯亥卯       官辛亥贵⊙
贵亥    午白       卯未卯丁       子丁未常
    戌酉申未
    后阴玄常
```

○赘婿格　缘支加干而被干克者，其支上又乘脱气或克支者，必无正屋可居。如丙申日，申加丙，亥脱申；丁酉日，酉加丁，亥脱酉；戊子日，子加戊，未克子；己亥日，亥加己，卯脱亥。

```
    蛇贵后阴
    申酉戌亥        白阴阴蛇        财丙申蛇⊙
朱未    子玄       寅亥亥申       官己亥阴
合午    丑常       亥申申丙       父壬寅白
    巳辰卯寅
    勾青空白
```

```
    蛇贵后阴
    子丑寅卯        后空空蛇        财戊子蛇
朱亥    辰玄       寅未未子       兄　未空◎
合戌    巳常       未子子戌       官庚寅后⊙
    酉申未午
    勾青空白
```

●屋宅宽广致人衰。占兵利为主而后应，或营空虚。第三十谓三传窃盗日干反生支辰者是也。凡值此课，必宅不容人居止，不然人口少而居宽广之屋舍，致使人口日渐衰羸，患难俱生。惟宜弃此住场而别迁居止，庶免此患。余占事皆我衰而他旺，我负他胜，后例准此。如甲辰日，戌加寅；甲戌日，寅加戌；又壬午日，未加卯。

贵后阴玄
丑寅卯辰　　　青蛇白合　　　财庚戌合⊙
蛇子　　巳常　　申子午戌　　　子丙午白
朱亥　　午白　　子辰戌甲　　　兄　寅后◎
戌酉申未
合勾青空

○卖宅备患格　缘三传生支克干，惟宜兑卖宅舍，以钱预备灾患之费。如癸酉日，辰加丑用；己巳日，卯加未；丙寅日，子加丑；癸酉日，伏吟。

青空白常
申酉戌亥　　　贵玄勾蛇　　　官戌辰蛇
勾未　　子玄　　卯子未辰　　　官辛未勾
合午　　丑阴　　子酉辰癸　　　官　戌白◎
巳辰卯寅
朱蛇贵后

○狮兽冲宅格　缘对邻兽头吻冲其本家，或有狮子道路冲宅，以致家道衰替。如对邻空亡，不足畏也。如壬辰日，申加戌作白虎冲支上寅；辛巳日伏吟，亥作虎冲支上巳；甲午、庚午二日伏吟，子作虎冲支上午；辛丑日，酉加未作虎冲支上卯。

贵后阴玄
卯辰巳午　　　合蛇常空　　　子庚寅蛇
蛇寅　　未常　　子寅未酉　　　兄戊子合
朱丑　　申白　　寅辰酉壬　　　官丙戌青
子亥戌酉
合勾青空

○血厌克宅格　缘天后乘血支、血忌作月厌临支克支，凡交易买卖铺店皆宜忌此。如七月癸亥日，辰作天后加亥，乃夜占，缘七月血忌在辰，月厌亦在辰，又墓克其宅神故也。止有七月占有血忌与月厌同处，余只有天后临血支、血忌者。

青空白常

戌亥子丑　　　　勾后空蛇　　　财戌午蛇⊙

勾酉　　寅玄　　酉辰亥午　　兄癸亥空

合申　　卯阴　　辰亥午癸　　官丙辰后

未午巳辰

朱蛇贵后

●三传递生人举荐，生干客胜，生支主胜。第三十一

此格有二等。一者自初传生中，中生末传，末传生日干；二者自末生中传，中传生初传，初传生日干。凡占值二例，必隔三隔四有人于上位推荐之意，所谓皆赖众人之说。如欲干官及请举文状，皆宜得之，必得始终成就也。惟宜详初末空亡，如值空亡者，虽有举荐之心，终无成就之实，乃便作闲话多、赤心少之语也。如辛丑日，卯加丑为初传，生其中传巳，中传巳生末传未，未土生辛干，此中空，末落空，如年月并干事人命填实可成。又辛酉日干上寅，癸未日干上卯，甲子、壬申、壬辰、甲申、壬寅、壬子、壬戌并干上午，丙子、丙寅、丙辰、丙午、丙申、丙戌干上申，三传申亥寅。此数日内有传空者，有传不空者，如丙子初中空，丙寅中末空。

青空白常

未申酉戌　　　　合蛇贵阴　　　财癸卯蛇

勾午　　亥玄　　巳卯寅子　　官　巳合◎

合巳　　子阴　　卯丑子辛　　父乙未青⊙

辰卯寅丑

朱蛇贵后

○将生财神格　缘三传作财，其天将又生财神者，大宜取财。如六丙日酉加巳，夜。

○支干相生格　如壬戌日干上申，支上未土生申金，金来生日，可无畏。未为鬼，然后作福。

合朱蛇贵

寅卯辰巳　　　　蛇阴贵玄　　　财丁巳贵

勾丑　　午后　　辰未巳申　　子甲寅合

青子　　未阴　　未戌申壬　　兄癸亥空

亥戌酉申

空白常玄

○两面刀格　如六戊日伏吟，巳申寅，末传寅能助初生干，必能克干。

俗谚云："成也萧何，败也萧何"，作两面刀。

外有三传生干，天将又生传者。例如六癸日，三传酉丑巳，或巳丑酉，旦占，天将贵常勾。

●**三传互克众人欺。克干客败，克支主败。第三十二**

此例亦有二等。一者初克中，中克末，末克日干；二者末克中，中克初，初克日干。凡占值此二例，必有人递互而相克害我也，遂使众口一词总相欺凌，或如常人所为凶横，遂被他人雷攻状论。如或见在朝官占得此课，宜自检束提防，合台阁上言之意，斯占尤的。如丙辰日，初传寅加酉克中传未，其中传未克末传子，末传子克日干丙火。辛酉日干上卯，己巳日伏吟，六戊日伏吟。如丙子日，末传寅加未克中传未，中传未克初传子，初传子克丙火日干。

蛇朱合勾

戌亥子丑		青贵空蛇	父甲寅青
贵酉	寅青	寅酉卯戌	子己未阴
后申	卯空	酉辰戌丙	官　子合◎

未午巳辰

阴玄常白

○**求财大获格**　如庚辰日，干上丑，三传寅未子，自庚金克初传寅为财，初传寅木克中传未土，中传未土克末传子水为财也。总为财故，求财可以大获。此法极好，他课例推。又乙酉日未加寅，又如乙丑日干上酉，三传寅未子。

合朱蛇贵

戌亥子丑		后勾白贵	财戊寅后⊙
勾酉	寅后	寅酉午丑	父癸未空
青申	卯阴	酉辰丑庚	子丙子蛇

未午巳辰

空白常玄

○**土将助财格**　如六丙日，酉加巳，三传皆财，夜将又皆土神，尽生起财神，大宜求财事，尤宜成合万事，却不利父母，占病死，兼此人不义，多贪横发。

○**雀鬼格**　朱雀作日鬼加干，如在朝官，防弹章，及不宜上书献策，反受责黜。六丙日干上亥，夜；六庚日干上巳，暮；六甲日干上酉，夜；六戊日干上卯，旦。壬癸日未乘雀，旦贵顺行有之，但不临干，如临年命亦可用。

　　○三传内战格　缘三传俱下贼上，迤逦克去，递相侵伐，乃名三传内战，凡占必是有窝犯，讼自家庭而出。如癸酉日，未加寅，下克上，中传子加未受克，末传巳加子亦受克，且天盘未克子，子克巳，地盘寅克未，未克子，尽相伤伐而无穷矣。又如戊辰日，寅加酉为发用，亦同。

　　　青空白常
　　　戌亥子丑　　　　朱玄空蛇　　　官辛未朱
　　勾酉　　寅玄　　　未寅亥午　　　兄甲子白
　　合申　　卯阴　　　寅酉午癸　　　财己巳贵
　　　未午巳辰
　　　朱蛇贵后

　　●有始无终难变易，占兵有先后，互为胜负。第三十三

　　此一句乃是二项事体。夫有始无终者，乃因初传是日之长生，末传为干之墓是也。夫难变易者，乃初为干墓，末为干之长生是也。如乙未日，初传亥加未为干之长生，末传未加卯为干墓，占得此例者，如初起谋事之时如花似锦，将后必无成合。又如乙丑日，亥加丑，初传亥，末传未，皆自生传墓也，亦如前说。又如丙寅日戌加寅，初传戌为干墓，末传寅乃丙火长生之地，占事先难后易。又如壬子、壬寅二日，辰加寅为初传，申加午为末传，此乃自墓传生，先迷后醒。如占得此例，谋事之初虽值艰难，以后却有成合，凡占未免先暗后明。

　　　合朱蛇贵
　　　酉戌亥子　　　　玄蛇贵勾　　　父己亥蛇
　　勾申　　丑后　　　卯亥子申　　　兄癸卯玄
　　青未　　寅阴　　　亥未申乙　　　财乙未青
　　　午巳辰卯
　　　空白常玄

　　　朱合勾青
　　　丑寅卯辰　　　　白后阴朱　　　子　戌后◎
　　蛇子　　巳空　　　午戌酉丑　　　兄庚午白⊙
　　贵亥　　午白　　　戌寅丑丙　　　父丙寅合
　　　戌酉申未
　　　后阴玄常

○舍损就益格　如甲辰日，丑加甲，丑乃日之破碎，支上卯又作六害，又是干之羊刃，宜弃此而就三传子亥戌，为生干，凡占不免舍无益而就亨旺也。占得此例，一则有寿，二则自微至显。又如甲子日，亥加甲，六月占，乃父母爻作空亡，又是死气，又为木之长生，主父母灾，如父母殁后不论。余极多，仿此。

合勾青空

辰巳午未	蛇朱后贵	父壬子后
朱卯　　申白	寅卯子丑	父辛亥阴
蛇寅　　酉常	卯辰丑甲	财庚戌玄
丑子亥戌		
贵后阴玄		

蛇朱合勾

寅卯辰巳	青常白阴	子庚午青
贵丑　　午青	午酉申亥	兄丁卯朱
后子　　未空	酉子亥甲	父甲子后
亥戌酉申		
阴玄常白		

●苦去甘来乐里悲。不成功处反成功。第三十四

此一句亦宜分为二项说。且夫苦去甘来者，如戊午日，末传申生中传亥水，中传水生初传寅木而克日干之戊土，诚为被寅木之苦，殊不知反赖末之申金冲克其寅，又为戊土之长生，乃应苦去甘来之喻也，凡占未免先受磨折，后却安逸。又如六戊日伏吟，乃初克中，中克末，末克日干，亦是先被寅苦，殊不知又赖寅径生其巳火而生戊干也。以上二例，亦可作成败萧何。

蛇朱合勾

寅卯辰巳	后朱阴蛇	官甲寅蛇
贵丑　　午青	子卯亥寅	财癸亥阴
后子　　未空	卯午寅戌	子庚申白
亥戌酉申		
阴玄常白		

○一喜一悲格　如癸亥日，干上戌乘龙克日，乃幸中不幸；支上申乘虎生日，乃不幸中幸。又癸卯日，干上申乘虎，支上戌乘龙。又壬寅、壬子，戌加子发用，夜将同。如干上长生于月令无气，却喜传中见鬼。乃甲日上见

亥，月令无气，传中见申酉，为可生亥水也，亦名不幸中幸。

蛇贵后阴
寅卯辰巳　　　阴白常青　　　财丁巳阴
朱丑　　午玄　　巳申未戌　　　子甲寅蛇
合子　　未常　　申亥戌癸　　　兄癸亥勾
亥戌酉申
勾青空白

○乐里生忧格　如庚寅日，干上巳乃庚金之长生，支上亥乃寅木之长生，此乃先各有长生之意，然后递互相参，其庚金反被亥水脱，寅木又被巳火脱，却反为两边脱盗，凡占皆然。又甲申日，干上亥，支上巳，同前。

蛇朱合勾
寅卯辰巳　　　白阴蛇勾　　　官癸巳勾
贵丑　　午青　　申亥寅巳　　　财庚寅蛇
后子　　未空　　亥寅巳庚　　　子丁亥阴
亥戌酉申
阴玄常白

又庚辰日，干上戌生干，支上午生辰，此例止宜坐待用事，尽有其益，如若动，其支干皆坐于克乡。

空白常玄
未申酉戌　　　白青后玄　　　兄　申白◎
青午　　亥阴　　申午子戌　　　父甲戌玄⊙
勾巳　　子后　　午辰戌庚　　　子丙子后
辰卯寅丑
合朱蛇贵

如庚午日，干上辰土生庚金，支上寅木生午火，亦宜坐用，倘动，其支干坐于脱气乡。

贵后阴玄
丑寅卯辰　　　合后蛇玄　　　父　戌合◎
蛇子　　巳常　　戌寅子辰　　　官庚午白⊙
朱亥　　午白　　寅午辰庚　　　财丙寅后
戌酉申未
合勾青空

如庚子日，干上巳作干之长生，殊不知巳火亦能克庚金，且支上酉生支，殊不知水败于酉。

蛇朱合勾

寅卯辰巳		青常蛇勾		官甲午青
贵丑	午青	午酉寅巳		财癸卯朱
后子	未空	酉子巳庚		子庚子后

亥戌酉申

阴玄常白

如癸酉、癸丑、癸巳三日，酉加癸，昼占，三传虽金生日，其天将皆来伤日，虽有面前之生，背后反为深害，占病死，占讼刑，乃应俗谚云："贪得一粒粟，失却半年粮"，凡占俱如此。

如庚辰日，干上巳虽曰日之长生，却被末传生中传，中传生初传之巳火而克庚干。

蛇朱合勾

寅卯辰巳		玄贵蛇勾		官辛巳勾⊙
贵丑	午青	戌丑寅巳		财戌寅蛇
后子	未空	丑辰巳庚		子乙亥阴

亥戌酉申

阴玄常白

丙申日夜占，干上申，三传申亥寅，初传申加巳作日之财，受上下夹克而无用，中传为日之鬼，末传乘虎遁壬水克干，先是初生中，中生末，末生日干，后却变出许多不美，亦如前说。以上诸例，变宫商薰露。

蛇贵后阴

申酉戌亥		白阴阴蛇		财丙申蛇⊙
朱未	子玄	寅亥亥申		官己亥阴
合午	丑常	亥申申丙		父壬寅白

巳辰卯寅

勾青空白

○恩多怨深格　缘干生初，恩也，初生中，中生末，末却克日干，反成仇是也。如己巳日，申加巳生中传之亥水，中传水生末传之寅木，反克日干之己土。乙亥、乙未、乙巳、乙卯四日，午加亥用。

```
    勾合朱蛇
    申酉戌亥      蛇勾后朱      子壬申勾
青未    子贵      亥申丑戌      财 亥蛇◎
空午    丑后      申巳戌己      官丙寅阴⊙
    巳辰卯寅
    白常玄阴
```

○不幸中幸、幸中不幸格　缘白虎作长生，青龙却乘日鬼是也。凡占皆然。如六戊日伏吟，旦占，三重白虎作长生，乃不幸中幸；如夜占，三重青龙作日干之鬼，乃幸中不幸。外有戊己日返吟，三月占，生气克日主病，死气生日主生。

●**人宅受脱俱招盗**，占兵主客俱不利。第三十五

此例有二等。一者支上干上皆乘脱气，二者干上脱支，支上脱干。以上二例，凡占人被脱赚，家宅必被盗窃财物。如占病，定然起盖屋宅费用，以致心气脱弱而成虚惫，宜服补元气药饵获愈。内有支干递互相脱者，及相交涉，必是我欲脱漏彼，彼已辨脱漏我之意也。既各怀脱漏之意，故应遗典云"天网恢恢，疏而不漏。"

遥克、昴星、别责、乘空落空为初传发用，将乘玄武者，凡占定主失脱，此法极验。如乙亥日蒿矢，酉玄加亥用；丙子日弹射，申玄加子用，旦将；己巳日弹射，亥玄加酉；辛丑日别责，巳玄加申，夜将；庚午日昴宿，戌加酉，昼将、夜将有之。又有庚子日元首，辰空，玄加子，昼夜将皆乘玄武；辛亥，卯加戌，旦将。此等日乃空亡乘玄武为用，但初传不系遥克并昴星。

```
    合勾青空
    卯辰巳午      白玄贵朱      官 酉玄◎
朱寅    未白      未酉子寅      财癸未白⊙
蛇丑    申常      酉亥寅乙      子辛巳青
    子亥戌酉
    贵后阴玄
```

○财空乘玄格　或临支发用，亦防失脱。如甲子日，戌加子，旦占上乘玄武。此例极多。

朱合勾青
卯辰巳午　　　白玄玄后　　财　戌玄◎
蛇寅　未空　　申戌戌子　　官壬申白☉
贵丑　申白　　戌子子甲　　子庚午青
子亥戌酉
后阴玄常

○鬼脱乘玄格　缘日鬼或脱气乘玄武，来意占失脱，为发用尤的。如己酉日，卯加酉，昼；辛丑日，亥加丑，夜。

蛇贵后阴
亥子丑寅　　　合玄青后　　官　卯玄◎
朱戌　卯玄　　酉卯未丑　　子己酉合☉
合酉　辰常　　卯酉丑己　　官　卯玄◎
申未午巳
勾青空白

蛇朱合勾
卯辰巳午　　　白玄勾空　　子己亥玄
贵寅　未青　　酉亥午申　　兄丁酉白
后丑　申空　　亥丑申辛　　父乙未青
子亥戌酉
阴玄常白

●干支皆败势倾颓。占兵同前。第三十六

谓干支上皆逢败气者，占身气血衰败，占宅屋舍崩颓，日渐狼狈，全无长进。更不可捕捉奸私，告讦他人阴事，倘若到官，必牵连我之旧过，同时败露，各获罪也。其余占用，彼此皆值衰败也，乃应俗谚云"杀人一万，自损三千"之意也。如甲申日，干上子，支上午；庚寅日，干上午，支上子；丙申、丙寅日，干上卯。

朱合勾青
卯辰巳午　　　合青玄后　　子　午青◎
蛇寅　未空　　辰午戌子　　财壬辰合☉
贵丑　申白　　午申子甲　　兄庚寅蛇
子亥戌酉
后阴玄常

○破败神临宅格　缘支上有败气，又为破碎煞，必宅中有人不利，而致日渐衰残，家道破败，宜详其破败者类神是何人。如己巳、己亥二日，干上乘酉，乃干之败气，又作支之破碎，故总名为破败神也。以类推之，旦占必家中有破败之子，缘酉为己土之子息故也，夜乘天后因妾败。又戊申、戊寅日干上酉同，壬寅、壬申、癸巳、癸亥四日干上酉，亦然。其酉亦为婢类，亦缘酒色而败家。其余破败神临之同说。数假令皆破败神临干，非临支。

```
    青勾合朱
    未申酉戌        合青蛇合      财 亥蛇◎
空午    亥蛇        酉未亥酉      兄乙丑后☉
白巳    子贵        未巳酉己      官丁卯玄
    辰卯寅丑
    常玄阴后
```

●末助初兮三等论，占兵视其或利主或利客。第三十七

谓末传助其初传而生日干者，亦有末助初而克干者，亦有末助初传而作日之财神者。此三等皆是旁有相助，而各成其上说。内末助初生日者，欲年命制末始可言吉，年命生末反凶。如庚午日干上午，三传午辰寅，末传寅加辰生起初传午火而克伐庚金，末传之寅木乃教唆词讼之人也，其为公曹、吏、道士，为胡须人，或属虎人，或姓从木，详天将逐类而言之。尤不宜求财取财，反为祸也。又庚辰、庚申二日，寅加辰；辛未日，卯加戌；甲辰日，辰加子。

```
    朱合勾青
    卯辰巳午        蛇合合青      官庚午青
蛇寅    未空        寅辰辰午      父戊辰合
贵丑    申白        辰午午庚      财丙寅蛇
    子亥戌酉
    后阴玄常
```

○抱鸡不斗格　缘己亥、己酉，卯丑亥为传；庚寅日，午辰寅为传；癸亥日，丑卯巳为传。虽末助初而克干者，因初传或空亡或落空，本无意克其日干，其末传徒为冤憎。奈初传无力，终不能克干，故喻名抱鸡不斗之例也。

```
    合勾青空
    卯辰巳午        白玄合青      官癸卯合☉
朱寅    未白        未酉卯巳      兄辛丑蛇
蛇丑    申常        酉亥巳己      财己亥后
    子亥戌酉
    贵后阴玄
```

○枉做恶人格　如庚戌日，午辰寅为三传，末空，干上午。又庚子日，午辰寅为三传，末传落空，亦是末助初传而克日干者。缘末传空亡，不能助其初传，其教唆人必自败露，俗云枉做恶人之喻也。

```
      朱合勾青
      卯辰巳午        青白合青      官丙午青
    蛇寅    未空      午申辰午      父甲辰合
    贵丑    申白      申戌午庚      财　寅蛇◎
      子亥戌酉
      后阴玄常
```

○谒求祸出格　乃支上神作财生干上神为鬼者，大不利谒贵求财，犯之即有祸出。如甲子、甲午日干上酉，甲辰、甲戌日干上申，乙亥、乙巳日干上酉，乙卯、乙酉日干上申，丙寅日干上子，又干上亥。

```
      蛇贵后阴
      子丑寅卯        后空玄勾      兄丙寅后
    朱亥    辰玄      寅未辰酉      官癸酉勾
    合戌    巳常      未子酉甲      财戊辰玄
      酉申未午
      勾青空白
```

二等者，如辛酉日，末传巳加子助其初传之未土生日干者例，必旁有人暗地相助推荐而致亨旺。如值末传空亡，亦名闲话多，赤心少也。六戊日伏吟，己巳日伏吟，己丑、辛亥、己巳、己卯、己亥、己未、辛酉七日并干上子。

```
      勾青空白
      戌亥子丑        蛇常朱玄      父己未蛇
    合酉    寅常      未寅申卯      子　子空◎
    朱申    卯玄      寅酉卯辛      官丁巳后⊙
      未午巳辰
      蛇贵后阴
```

三等者，如甲辰日，干上子，三传戌申午，末传午加申助其初传之戌土而作甲干之财者。凡占值此，必暗有人以财相助也。如占博弈，宜此末助初为财者例。来意占婚尤的。如甲寅、甲午、癸未日，干上子。

　　朱合勾青
　　卯辰巳午　　　　后蛇玄后　　　　财庚戌玄
蛇寅　　未空　　　子寅戌子　　　官戌申白
贵丑　　申白　　　寅辰子甲　　　子丙午青
　　子亥戌酉
　　后阴玄常

末助初传作日财反克干上神者，如甲子日，干上子，三传戌申午。又壬申日，干上酉，三传午辰寅同。

　　朱合勾青
　　卯辰巳午　　　　白玄玄后　　　　财　戌玄◎
蛇寅　　未空　　　申戌戌子　　　官壬申白⊙
贵丑　　申白　　　戌子子甲　　　子庚午青
　　子亥戌酉
　　后阴玄常

○自招其祸格　缘年命自助其初传而克干者，乃自招其祸，必失理也。

●**闭口卦体两般推。捕盗亦可察。第三十八**

《心镜》云：阳神作玄武，度四是终阴。闭口卦正宜捕盗贼而追逃亡。此课纵值，目前时师多未尝拈出，故立成法于后。

地盘旬首上神乘玄武者，每日有一二课，推之如甲子旬中甲子日，辰、戌加子，且夜皆乘玄武。戊辰，戌加子，且夜。乙丑日，卯加子，且。乙丑日，亥加子，夜。戊辰日，辰加子，夜且。庚午日，戌加子，且夜。庚午日，辰加子，且夜。己巳日，卯加子，且。己巳日，亥加子，夜。丙寅日伏吟，夜。丙寅日，申加子，且。丙寅日，寅加子，且。丁卯伏吟，夜。丁卯日返吟，夜。

　　勾合朱蛇
　　酉戌亥子　　　　青玄合白　　　　财戌辰玄
青申　　丑贵　　　申辰戌午　　　官壬申青
空未　　寅后　　　辰子午甲　　　父甲子蛇
　　午巳辰卯
　　白常玄阴

甲申旬中，甲申日，辰、戌加申，且夜。戊子日，辰加申，且夜；又戌加申，且夜。庚寅日，辰、戌加申，且夜。乙酉，亥加申，夜；卯加申，且。丙戌日，子、午加申，夜；又伏返二吟，且。丁亥日，午、子加申，夜；伏返二吟，且。壬辰日，子、午加申，夜；伏返二吟，且。乙酉日，巳加申，夜；酉加申，且。

贵后阴玄

丑寅卯辰　　　　蛇玄白合　　　　财丙戌合

蛇子　　巳常　　子辰午戌　　　　子　　午白◎

朱亥　　午白　　辰申戌甲　　　　兄庚寅后⊙

戌酉申未

合勾青空

甲戌旬中，凡甲戌庚伏吟、返吟，旦夜皆是。乙亥日，巳、亥加戌，夜；卯酉加戌，旦。己卯日，卯、酉加戌，旦；巳、亥加戌，夜。

勾青空白

子丑寅卯　　　　青阴阴合　　　　子壬午阴

合亥　　辰常　　丑午午亥　　　　财丁丑青

朱戌　　巳玄　　午亥亥乙　　　　官　　申贵◎

酉申未午

蛇贵后阴

甲午、甲辰、甲寅三旬，止有天盘之旬首乘玄武，无地盘旬首乘玄武，因玄武不到东南方也，亦可如其说。凡旬尾加旬首作玄武者，惟甲子、甲申二旬，甲戌旬无之。

句尾加旬首为发用者例，更值初末上下六合，则气塞于中，如占病即是痖重，或患禁口痢，不然咽喉肿塞，或痰厥症，不纳饮食。如占胎产，定是哑儿。如占失脱，纵有旁人见其贼盗偷物，竟不肯言之。凡求人说事，人但闭口而不语有无之意。余占更详天将而言其事类。且如上乘贵人，告贵不允；上乘朱雀，占讼屈枉难伸；乘白虎，占讼使人不明而获罪。余皆仿此，但不免应闭口之意。此法尤好。如甲申、丙戌、丁亥、壬辰、庚寅日并巳加申用，甲寅、戊午、癸亥、丙辰、丁巳、己未、庚申日并亥加寅。内惟丙辰、丁巳为闭口发用，若甲午、庚子、丁酉日卯加午，甲辰日丑加辰，乙巳日丑加辰，甲子、丁卯日酉加子，甲戌、乙亥日未加戌，以上不必皆属闭口发用，但旬尾加旬首即有闭口之意。六旬中皆有。

蛇朱合勾

寅卯辰巳　　　　蛇勾白阴　　　　子癸巳勾

贵丑　　午青　　寅巳申亥　　　　兄庚寅蛇

后子　　未空　　巳申亥甲　　　　父丁亥阴

亥戌酉申

阴玄常白

禄作闭口　缘辛未日，酉加寅，大不利占病，缘日禄作闭口，非旬尾加旬首。如乙未日，卯加申、酉，夜又乘白虎，或乘玄武，不在传课，就天盘言也，亦非旬尾加旬首。辛未日，酉加戌，夜亦乘白虎。外有丙戌、戊子日，巳为闭口禄神，但不乘虎。壬戌日，亥为闭口，亦无白虎。

空白常玄

子丑寅卯　　　合常空后　　　兄癸酉合

青亥　　辰阴　　酉寅子巳　　　父戌辰阴

勾戌　　巳后　　寅未巳辛　　　子　亥青◎

酉申未午

合朱蛇贵

财作闭口，或食神空亡，皆如其说。丙寅日，干支上酉；丁卯日，干支上酉；甲戌日，干支上未；壬辰、癸巳日，干支上巳；庚子、辛丑日，干上卯；甲辰、乙巳日，干支上丑；戊午、己未日，干支上亥。

朱蛇贵后

酉戌亥子　　　蛇青阴朱　　　财癸酉朱

合申　　丑阴　　戌午丑酉　　　子乙丑阴

勾未　　寅玄　　午寅酉丙　　　兄己巳空

午巳辰卯

青空白常

●太阳照武宜擒贼，不利劫营伐路。第三十九

谓玄武坐于太阳月将之上，占贼必败。缘贼人喜夜而可以隐形，岂宜被太阳之光照耀，以致盗贼之形现露，不劳捕捉，必然自败。纵太阳月将乘天空，或作空亡，及坐空亡，尤好，缘太阳不被云翳，掩其光明也。惟畏占时在夜，贼反幸也。尤宜逐季推寻日出日入之时，极准。如止以卯为日出，酉为日入者，则玄武止有临地盘之申上者为旦也，缘玄武不临地盘寅卯辰巳午未故也。如推究节气日出日入者，则玄武纵临酉戌，尚可作太阳照武之用也。如壬申日返吟卦，十月占，且支上寅木乃是日之盗气，上又乘玄武，必是家中人作盗，后必败露，缘寅为月将照破玄武是也。

空白常玄

亥子丑寅　　　合玄空贵　　　子丙寅玄

青戌　　卯阴　　申寅亥巳　　　父壬申合

勾酉　　辰后　　寅申巳壬　　　子丙寅玄

申未午巳

合朱蛇贵

如辛亥日亥将戌时，三传丑寅卯，此课所合主失脱而无疑也，缘干上亥是日之盗神，又乘玄武，又初传是日之墓神，中传虽寅卯为日财，又是旬空。虽是太阳照武，奈是戌时，太阳已归地下，其贼难获。此例极多，余皆仿此也。

勾青空白

午未申酉　　　　后阴阴玄　　　父癸丑后

合巳　　戌常　　　丑子子亥　　财　寅贵◎

朱辰　　亥玄　　　子亥亥辛　　财　卯蛇◎⊙

卯寅丑子

蛇贵后阴

玄武虽不临太阳之上，如加于卯辰巳午申天盘之上者，尚可捕盗。或玄武临天马、六丁，更临酉戌亥子丑上，其贼终不败露，必以远去。如占失财，其财坐长生之上者，其财终不致失，或所失者物类坐于长生之上，亦不失矣。

天网四张格最宜占贼，必获。谓用神与正时同克日是也。惟在破网卦，反难捉贼矣。破网者，有神克其初传者是也。

贼向防连坐者例，缘玄武所临之神有神作六合是也。如玄武加子临丑，子与丑作六合故也。

捉贼不如赶贼格假令甲日占，以申为贼，不可便以丙火去克之，虽去其鬼贼，亦窃甲干之气，尤忧所费。以此推之，不如以壬水暗窃其申金，尤生其甲木，故应前言。

游都之下捉贼必获。游都煞者，甲己日丑，乙庚日子，丙辛日寅，丁壬日巳，戊癸日申。

玄武加丁主失脱。

贼捉贼者，如壬癸日，辰戌未丑等为传，三传自相刑冲，可以凶制凶。又内有四金字可以化鬼也。又玄之本家上神能制玄，亦是。

鬼作生气，贼来不已。日之劫财，或占失财，亦以此为贼。或鬼贼本家与玄武本家上神乘太阳，占盗贼立获。

●后合占婚岂用媒。《大过》九五："枯杨生花"，《家人》九三："嗃嗃"、"嘻嘻"。占兵有敌与臣下私谋者。第四十

谓干为夫，支为妻，凡占婚，全看此，岂宜支干上乘天后、六合以应私情？那更女之行年居在干上，男之行年居在支上？此乃私情先相交通，至嫁娶之期何用媒伐乎？如占婚，值此者必有先奸后娶之意也。如丁卯日干上寅，

昼乘六合，支上戌乘天后；又干上子夜乘六合，支上申乘天后；又干上戌乘天后，支上午乘六合，夜。更看那边空亡，审其真伪，此乃怀虚意也。

```
    蛇朱合勾
    子丑寅卯      空后阴合      子　戌后◎
贵亥　　辰青      巳戌酉寅      兄巳巳空⊙
后戌　　巳空      戌卯寅丁      官甲子蛇
    酉申未午
    阴玄常白
```

●**富贵干支逢禄马，功成受赏。第四十一**

谓干上有支驿马，支上有干禄神者，故名真富贵卦。凡君子占之，加官添俸，富贵双全；常人占之，病讼俱凶，宅移身动。如丙寅日，干上申乃支驿马，支上巳乃干禄神。余仿此。

```
    合朱蛇贵
    申酉戌亥      合空贵合      财壬申合
勾未　　子后      申巳亥申      官　亥贵◎
青午　　丑阴      巳寅申丙      父丙寅玄⊙
    巳辰卯寅
    空白常玄
```

●**尊崇传内遇三奇。如占大吉，有成功封拜之喜。第四十二**

且夫三奇者有二等，有三传全遇甲庚戊者，有三传全遇乙丙丁者。其法亦有二，有遁旬中之干者，有遁五子元建之法者。凡值此二例，君子占之，官居一品之尊，贵入岩廊。纵使常人占之，虽无吉泰之兆，亦可消除灾祸。

遁旬中之干者，如己卯日，干上午，第四课发用，初传丁丑加寅，中传丙子，末传乙亥。又己巳日，丁卯加辰，丙寅加卯，乙丑加寅。又壬申日，初传乙丑加子，中传丙寅，末传丁卯。戊辰日，初传丁卯加辰，中传丙寅，末传乙丑。

```
    勾青空白
    辰巳午未      蛇朱青空      兄丁丑蛇
合卯　　申常      丑寅巳午      财丙子贵
朱寅　　酉玄      寅卯午己      财乙亥后
    丑子亥戌
    蛇贵后阴
```

遁甲己还生甲者，如辛巳日，干上午，初传甲午加戌，中传庚寅，末传戊戌。己酉日，初传乙亥加戌，中传丙子，末传丁丑。余仿此。

●**害贵讼直作屈断，虽有深谋密计，终主败露无成。第四十三**

如甲申日，未加甲为夜贵，乃日之墓神，丑作昼贵，其又受寅木克，又作天空，初传子与未又为害。如占讼，理虽直而必致曲断，事小而必大凶。余占皆弄巧成拙，止宜识时而屑就，庶不为大祸。其余五甲日，未加寅用夜贵，亦如其说。又如乙酉日，未加寅作初传，害中传之昼贵，其象稍相类，占亦如前说。

```
    合勾青空
    戌亥子丑        后空青贵      父戌子青⊙
朱酉    寅白        午丑子未      子癸巳阴
蛇申    卯常        丑申未甲      财丙戌合
    未午巳辰
    贵后阴玄

    朱蛇贵后
    戌亥子丑        青阴阴合      财 未青◎
合酉    寅阴        未寅寅酉      父戌子贵⊙
勾申    卯玄        寅酉酉乙      子癸巳白
    未午巳辰
    青空白常
```

曲直作鬼枷锢，如六己日，逢曲直课是也。卯加亥先曲后直，卯加未先直后曲。凡申加午为白虎投朱雀，午加辰为朱雀投勾陈，皆主讼。

●**课传俱贵转无依。李广不封侯，乐毅见疑。第四十四**

如丁酉日，第一课干上酉乃夜贵，第二课酉上见亥乃昼贵，第三课酉亥相加，第四课又归亥乡，然后三传酉亥丑。此四课、三传皆是昼夜贵人。邵先生每嫌此例，名曰遍地贵人，贵多者不贵，凡占不归其一，反无依倚，或权摄所委不一，托事无成。如用夜贵，乃名咄目煞，如贵人咄目专视，反坐罪也，大不利告贵，占讼尤凶。外有三传皆是贵人者，亦可用。辛巳日，干上午；丁卯日，干上酉；乙亥日，干上子，又干上午。

```
    勾合朱蛇
    未申酉戌        阴贵贵朱      财丁酉朱
青午    亥贵        丑亥亥酉      官己亥贵
空巳    子后        亥酉酉丁      子辛丑阴
    辰卯寅丑
    白常玄阴
```

●**昼夜贵加求两贵，**亦可请谒于诸侯。第四十五

谓六处有旦暮天乙相加者。如占告贵求事，必干涉两贵人而成就。或占谒贵，必不得面其贵人，缘贵人往见别贵，多不在宅，纵然在宅，必会贵客而排筵。盖贵临贵位，乃官人见贵人也。如是同官占之，反宜谒见。以后虽值昼夜贵人相加在传，视其合用之贵，如空亡，不可如前说。如六丁日，亥加酉，昼；丁巳、丁丑、丁亥、丁卯日，酉加亥，夜；六丙日，酉加亥，夜；六癸日，巳加卯，旦；癸未、癸亥、癸巳、癸酉日，卯加巳，夜；辛酉日，午加寅，旦；辛巳日，寅加午，夜；乙酉日，子加申，旦，申加子，夜；甲戌庚日返吟。余虽有之，缘不在传课，不欲具载。

○**贵覆干支格**　缘干支上皆乘旦夜贵人例，凡占亦得两贵人周全而成合事。如甲申日，干上丑，支上未；庚寅日，干上未，支上丑；己卯日，干上子，支上申；己亥日，干上申，支上子；丁巳日，干上亥，支上酉；丁酉日，干上酉，支上亥。

```
　　合勾青空
辰巳午未　　　青空后贵　　　父戊子后
朱卯　　申白　午未子丑　　　父丁亥阴
蛇寅　　酉常　未申丑甲　　　财丙戌玄
丑子亥戌
　　贵后阴玄
```

○**两贵空害格**　如己卯日，干上子，支上申，用夜贵，乃空亡之贵加宅上，又克宅，干上之旦贵却作勾陈，又为六害，凡占必家庭神位不齐，尊卑相厌，邪正同处，以致人口灾患。又不宜告贵，反有怒心。或夜贵人加在昼贵人上，宜求关节也。

```
　　朱合勾青
戌亥子丑　　　青贵玄勾　　　父辛巳玄
蛇酉　　寅空　丑申巳子　　　兄甲戌朱
贵申　　卯白　申卯子己　　　官己卯白
未午巳辰
　　后阴玄常
```

●**贵人差迭事参差。**既有权臣在内，岂有忠臣在外而立功乎？第四十六

谓昼贵临于夜地，夜贵却临旦方，故名贵人差迭。如占告贵人，事多不归一，如俗谚云"尖担两头脱"之语。此例极多，不暇细具，或每日内有二课者，

但仿此而言之。如甲子日，丑为昼贵坐于酉上，未为夜贵却坐在卯上是也。

勾合朱蛇

酉戌亥子	青玄合白	财戌辰玄
青申　　丑贵	申辰戌午	官壬申青
空未　　寅后	辰子午甲	父甲子蛇
午巳辰卯		

白常玄阴

○贵人顺治格　缘一日内全无逆贵人者。凡告贵皆顺，竟无阻却，兼宜催督，频复进取。惟有巳为月将，甲戊庚日有之。内有空亡贵人，乃无用；如丑未坐于辰戌上，贵人怒嗔。

○贵人逆治格　缘一日内全无顺贵人者。凡告贵竟无相允意，止宜退步，不宜进前，如进则反挫。惟亥为月将，甲戊庚日有之，内忌空亡。

日贵在夜，开眼作暗。

夜贵在日，自暗而明。

贵在干前，事不宜迫，迫则反为贵所怒。

贵在日后，宜催，不催事反被漫矣。

●**贵虽在狱宜临干**，第四十七

谓天乙贵人加临地盘辰戌上者，虽名入狱，如是乙、辛二日占，却名贵人临身，反宜干投贵人周全成事。余者八干，且暮贵人坐地盘辰戌之上，始名天乙入狱，干官贵怒，惟宜私谋阴祷，亦名贵人受贿。如辰戌二日占之，乃为贵人入宅，却非坐狱论也。

●**鬼乘天乙乃神祇。**当行反间，可得敌臣之助。第四十八

如六辛日，午加干，如用旦占，虽是日鬼临身，缘是贵人，切勿作鬼祟看之，占病必是神祇为害。如临宅上者，必是家堂神像不肃而致病患，宜修设功德，安慰宅神，庶得无咎。又六丙日昼将，亥加巳或亥加支；六丁日昼将，亥加未或亥加支；六乙日，申加乙或申加支。

○空亡贵人格　缘贵作空亡者，亦是神祇挠害，占讼大凶。亦为之闲贵人，尤忌。

○贵人作墓格　六甲日，夜贵作墓神加干；六庚日，丑为旦贵作墓神加干。

○贵人脱气格　如六壬日、六癸日，以卯为夜贵，作脱气，必被贵人脱赚，或被神祇以致脱耗。

●**两贵受克难干贵**，去鲁适周，终身不遇知己之主。第四十九

凡昼夜贵人皆立受克之方者，切不可告贵用事。缘二贵自受克制，必自怒而不能成就我也。不论在传不在传，皆可用之。占得此课，不如不告天乙，谩被怒阻也。如六乙、六己日，申加午，子加戌；六丙、六丁日，亥加未，酉加巳；六辛日，午加子，寅加申；六壬、六癸日，巳加亥，卯加酉。惟甲戊庚三干全无此例。

○白虎或乘临丑格　乃贵人怒恶之貌，凡占干贵官，值此必招贵人嗔怒，占讼尤宜详此。缘丑乃天乙之本家，不宜见白虎也，或有欲告贵人求文书事。

○贵人忌惮格　缘朱雀乘神克贵人，不可告贵求托，必贵人忌惮而不肯用事。如甲日，丑加寅，乃旦贵临身，如占用文书之事不吉，缘朱雀乘卯克天乙之丑土故也。又六己日，申为夜贵临身，朱雀乘午而克贵。又六己日，昼贵人是子临身，朱雀乘戌克贵。

○真朱雀格　缘朱雀临午，惟宜求文书于朝廷，或达于至尊之前。惟宜戊己之年，或辰戌丑未年占之，乃真朱雀生太岁故也。忌申酉年占之。

●**二贵皆空虚喜期**。《咸》象曰："山上有泽，咸。君子以虚受人。"功无成而终，多不见用。第五十

如旦暮贵人皆空亡者，如干投贵人，事已蒙许允，后却被人搀越，凡占皆不免有此，却终成拙。或有人报喜，且勿信，或同名姓人，后非我喜，诚为虚喜而已，反有所费也。俗谚云："争似不来还不往，亦无欢笑亦无忧。"如丁丑日，酉加未作空，亥加酉又落空之类，主如告贵，先则已允，但事未决，后换旬始有望。

```
        勾合朱蛇
    未申酉戌      空常贵朱      财　酉朱◎
青午　　亥贵      巳卯亥酉      官乙亥贵⊙
空巳　　子后      卯丑酉丁      子丁丑阴
    辰卯寅丑
        白常玄阴
```

●**魁度天门关隔定**，《贲》六五："贲于丘园，束帛戋戋，吝，终吉。"犹驾舟楫而登剑阁，如御辎重而过江津。第五十一

谓戌为天魁，亥为天门，凡戌加亥为用者。凡占谋用皆被阻隔。或壬癸日占，旦暮皆乘白虎，占病多是隔气，或食积隔，或是邪祟为灾，服药宜下之为佳。占盗贼难获，访人不见，诸占未免关隔二字而已。

如壬午、壬辰、壬子、壬戌、癸亥五日，并戌加亥为用，旦暮天将皆是白虎。又乙亥、丙子、丁亥、戊子、乙未、己亥、庚子、己酉、辛亥，此九日亦见戌加亥为用者，宜观昼夜之天将言其吉凶之兆。

```
  蛇贵后阴
  辰巳午未      蛇贵常白      官甲戌白
朱卯    申玄    辰巳酉戌    父  酉常◎
合寅    酉常    巳午戌壬    父  申玄◎·
  丑子亥戌
  勾青空白
```

●**罡塞鬼户任谋为。**当行周文仁义之师。第五十二

谓辰为天罡，寅为鬼户。凡辰加寅为罡塞鬼门，不论在传不在传皆名罡塞鬼户，使众鬼不能窥觑，惟宜闪灾避难、阴谋私祷，或吊丧问病、合药书符。

如甲戌庚日尤的，缘旦贵登天门，天罡塞鬼户，凡占无不亨利。又如己丑日，卯加丑为初传，乃是日之鬼，中传巳又入鬼乡，末传未空，诚为凶课，如用辰为月将尤妙，名天网四张，赖天罡塞鬼户，使万鬼潜，恶兽伏，所作任意谋为，无阻无障碍也。

```
  青勾合朱
  未申酉戌      白玄蛇合      官辛卯玄
空午    亥蛇    巳卯亥酉    父癸巳白
白巳    子贵    卯丑酉己    兄  未青◎
  辰卯寅丑
  常玄阴后
```

○**贵塞鬼户格**　缘三传作日鬼，赖贵人塞鬼户也，亦任谋为。如壬戌、壬辰日巳加寅，癸丑、癸亥、癸酉、癸未四日亦巳加寅，三传辰未戌皆鬼，如用旦贵乃名贵人临寅，鬼门杜鬼，贼不出，万事宽。以上诸例，如不在传上，或行年、本命在寅是也。

```
  合勾青空
  申酉戌亥      后常贵玄      官丙辰后·
朱未    子白    辰丑巳寅    官己未朱
蛇午    丑常    丑戌寅壬    官壬戌青
  巳辰卯寅
  贵后阴玄
```

○神藏煞没格　如甲戊庚三日，以丑未临亥者尤的，余日有神藏无煞没，有煞没无神藏。缘贵人登天门，百煞拱护，凡谋亨利。且夫六神藏者，如甲戊庚日，丑未为旦暮贵，加地盘亥，乃名贵登天门，螣蛇临地盘子名坠水，朱雀临地盘癸丑名投江，勾陈临地盘卯名受制，天空临地盘巳名投绝，白虎临地盘午名烧身，玄武临地盘申名现形，此乃六神藏也。夫四煞没者，缘辰戌丑未五墓煞陷于四维而没故也。惟四孟月内占尤的，缘四维为月将故也。余月尚未可用。

●**两蛇夹墓凶难免**，兵战流血，视其主客孰先预焉。第五十三

独有丙戌日，戌加巳，及支辰来墓日干，兼旦夜天将皆乘蛇，及地盘之巳亦是螣蛇之位，故名为两蛇夹墓之例也。如占病，必有积块在腹中，因此疾以至不救。或行年、本命是戌，死而尤急。如年命居亥，上乘天罡，可用辰虎冲戌蛇，故名破墓，庶得少延。如丙申日得此，终不能为救，缘辰作空虎，无力冲其戌蛇也。外四丙日亦然，但不得如丙戌日例。以上占讼必被囚禁，凡占事已见凶祸，卒难脱免，转昏转晦，不能亨快。占病难愈，占产凶。此例邵师为抱石投江之喻。

```
蛇贵后阴
戌亥子丑      合常常蛇      财甲申合
朱酉    寅玄   申卯卯戌      子巳丑阴
合申    卯常   卯戌戌丙      兄  午青◎
未午巳辰
勾青空白
```

外有六己日，辰加未，夜占乃两常夹墓；辰加辰伏吟，两勾夹墓。六壬日，辰加亥，乃两后夹墓。六辛日，丑加申，两虎夹墓。六甲日，未加丑，夜贵，两贵夹墓；未加戌，旦贵，两空夹墓。六乙日，未加巳，两蛇夹墓。六壬、六癸日，辰加巳，两蛇夹墓。六庚日，丑加丑，两贵夹墓；丑加戌，两空夹墓。六丁日，戌加巳，两蛇夹墓。六己日，辰加辰，两勾夹墓之兆矣。

●**虎视逢虎力难施。**《颐》六四："虎视眈眈，其欲逐逐，无咎。"项羽临垓下，韩信入未央。第五十四

谓虎视课者，乃柔日也；昴星课者，乃刚日也。缘鸡鸣而仰首，虎视而俯首也。如柔日虎视卦中，天将又乘白虎者，论如前后皆有猛虎，纵勇夫至于此时亦难施力，凡占岂免至惊至危乎？如丁亥日，夜将，寅加亥作白虎在末传；丁丑日，辰加未，夜将，又辰加丑，旦将；辛卯日，子加卯，夜将。

蛇贵后阴

申酉戌亥	勾白常后	兄　午合◎
朱未　　子玄	巳寅丑戌	子丙戌后⊙
合午　　丑常	寅亥戌丁	父庚寅白

巳辰卯寅

勾青空白

辛未日，亥加戌，旦将，虽白虎临戌亥是空亡，缘临干上，乃白虎临身，兼中传并干上是两重虎，又支上乘申，乃初末申亦作白虎之本位，乃支干三传乘其虎五，凡值此课，惊天动地而凶祸难免也。

贵后阴玄

午未申酉	玄阴空白	兄壬申阴
蛇巳　　戌常	酉申子亥	子　亥白◎⊙
朱辰　　亥白	申未亥辛	兄壬申阴

卯寅丑子

合勾青空

及有戊寅日，丑加酉，旦占虽是刚日，亦可如说。俗谚云："双拳不敌四手"，何况逢两猛虎乎？《履》六三："咥人凶"，九四："愬愬终吉"。

外有己巳日，干上申，初传申，中传申，又是虎视卦，凡占既历四重虎穴，岂免至惊至危？

空白常玄

午未申酉	白空玄常	子壬申常
青巳　　戌阴	未午酉申	子壬申常
勾辰　　亥后	午巳申己	父庚午空

卯寅丑子

合朱蛇贵

又己酉日，第四课白虎未加申，末传又是申，又是虎视卦体，凡占亦如值三虎。

勾青空白

辰巳午未	白常青空	兄庚戌阴
合卯　　申常	未申巳午	父丙午空
朱寅　　酉玄	申酉午己	子戊申常

丑子亥戌

蛇贵后阴

又癸未日乃虎视卦，初传申，中传寅亦是虎，而末传又是申，喻如四虎。

```
    蛇朱合勾
    午未申酉        勾合阴玄        父  申合◎
贵巳    戌青        酉申卯寅        子戌寅玄
后辰    亥空        申未寅癸        父  申合◎
    卯寅丑子
    阴玄常白
```

乙未日，寅加辰亦是虎，又是虎视卦，未乘白虎临酉，酉为年命者更凶。

```
    合勾青空
    卯辰巳午        合青贵朱        父巳亥后
朱寅    未白        卯巳子寅        兄壬寅朱⊙
蛇丑    申常        巳未寅乙        子  巳青◎
    子亥戌酉
    贵后阴玄
```

●**所谋多拙逢罗网**，犹瞽者纳诸陷阱之中。第五十五

谓干上乘干前一辰，支上乘支前一辰，故名天罗地网。凡得此卦，网罗兜裹身宅，诸占岂能亨快？此例，如进连茹课中多有，不欲细具。如甲申日，干上卯，支上酉，余仿此。凡占止利守己，则为支干乘旺。倘若动谋，变为罗网缠其身宅，及作羊刃之煞伤其身而毁其宅。又乘凶将，凶祸尤甚。如占身，欲年命上神冲破支干之网，始无咎也。或遇空亡，亦名破网破罗。

干上乘支之网，支上乘干之罗者例，凡占事，我欲网罗他，他已网罗我，互相暗昧。如庚寅日，干上卯，支上酉。余于四绝体中多有。值干之天罗地网，有官人主丁父服；值支之天罗地网，主丁母服。丁丑日，干上寅，为互网，又干上申，为皆网。癸未日，干上寅、申；己丑日，干上寅、申；庚寅日，干上卯、酉；丙申日，干上午；庚申日，干上酉；戊申日，干上午；壬寅日，干上子。

```
    蛇贵后阴
    子丑寅卯        玄勾合阴        父丙戌合
朱亥    辰玄        辰酉戌卯        官癸巳常
合戌    巳常        酉寅卯庚        子戊子蛇
    酉申未午
    勾青空白
```

●**天网自裹己招非**。霍光有废立之功，卒招夷族之祸。第五十六

如甲申日，未加寅，乃墓神覆日，如占人本命又是未生，乃名天网自裹。凡值此课，必是自招其祸，非干他人亏算暗昧，不免所作昏晦，如处云雾，常被揶揄，必是命运灾衰，星辰不顺，惟宜醮谢本命星位，庶免前殃。余干仿此。或是用起并时同克日，课又值本命作日墓神，尤为凶甚。

合朱蛇贵

戌亥子丑		白贵蛇空	父戊子蛇⊙
勾酉	寅后	午丑子未	子癸巳常
青申	卯阴	丑申未甲	财丙戊合

未午巳辰

空白常玄

○丁神厌目格　如乙巳日，未加乙，乃墓神覆日。如夜占，上乘螣蛇。如四月占，又为月厌，亦是飞廉大煞，亦是天目煞，又乘旬内之丁神。如占人未为本命，必是夜多怪梦，而至身位灾衰，亦宜祷禳上天星煞，庶免极凶。余甲辰旬中遇未加支，于四月占，皆如前说，必宅中多怪现形，未为丁神，乘厌、目等凶煞故也。

贵后阴玄

申酉戌亥		玄贵阴蛇	财丁未蛇
蛇未	子常	亥申戌未	财庚戌阴
朱午	丑白	申巳未乙	财癸丑白

巳辰卯寅

合勾青空

● **费有余而得不足，四夷虽服，而海内空虚矣。第五十七**

如丙午日，干上寅，支上卯。此支干全生，岂宜俱空？其第二、第四课却全见鬼贼。

合勾青空

寅卯辰巳		蛇勾贵合	官壬子蛇⊙
朱丑	午白	子卯亥寅	财己酉阴
蛇子	未常	卯午寅丙	兄丙午白

亥戌酉申

贵后阴玄

如壬午日，干上申虽为日之长生，奈是旬空。既见生不生，不如无生，不免寻初传巳火为财，又坐空乡，又为破碎，反至破费钱财。岂宜中传见寅为脱气，及支上卯木并力而盗脱其日干？以此推之，得之不足，费之有余，亦喻所得不偿所费。

```
    合朱蛇贵
    寅卯辰巳        青朱贵玄      财辛巳贵⊙
勾丑      午后    子卯巳申      子戌寅合
青子      未阴    卯午申壬      兄乙亥空
    亥戌酉申
    空白常玄
```

又如癸未日，干上申金乃长生作空，支上寅木乃脱气却实。

```
    青勾合朱
    子丑寅卯        常合朱玄      子己卯朱⊙
空亥      辰蛇    酉寅卯申      官甲戌白
白戌      巳贵    寅未申癸      财辛巳贵
    酉申未午
    常玄阴后
```

又戊子日，干上午虽是生气，奈是旬空，既生我者空亡，岂宜三传寅卯辰皆鬼，引起干午反为羊刃？其凶难免，如亥子本命稍缓。

```
    青空白常
    午未申酉        蛇贵空青      官庚寅蛇
勾巳      戌玄    寅丑未午      官辛卯朱
合辰      亥阴    丑子午戌      兄壬辰合
    卯寅丑子
    朱蛇贵后
```

又癸未日，丑加巳，三传金局生日，岂可初末空亡，独留中传丑土不空，并旦将贵勾常土将并来克干？

```
    勾合朱蛇
    丑寅卯辰        空朱贵常      财辛巳贵⊙
青子      巳贵    亥卯巳酉      官丁丑勾
空亥      午后    卯未酉癸      父  酉常◎
    戌酉申未
    白常玄阴
```

又乙巳日，干上卯空，情愿以干加支而受脱也。

```
    勾青空白
    辰巳午未        合勾朱合      兄  卯合◎
合卯      申常    卯辰寅卯      兄  寅朱◎⊙
朱寅      酉玄    辰巳卯乙      财癸丑蛇⊙
    丑子亥戌
    蛇贵后阴
```

以上总皆生空，脱与鬼皆实之论耳。

贪他一粒米，失却半年粮格。如甲寅日，干上卯乃日之旺神，三传辰巳午，彼此引入，初传辰乃干上卯之六害，中末盗气，此乃"贪他一粒米"云云也。

```
青空白常
午未申酉        合朱合朱        财丙辰合
勾巳    戌玄    辰卯辰卯        子丁巳勾
合辰    亥阴    卯寅卯甲        子戌午青
卯寅丑子
朱蛇贵后
```

●用破身心无所归。志决身藏，三军务劳。第五十八

如戊申日，干上未，三传子寅辰。初传虽是日财，奈坐戌土之上受克，又乘白虎，缘恋此惊危之财，引入中末鬼乡，尤幸鬼亦空亡。凡占乃应俗谚云"争似不来还不往，亦无欢笑亦无愁。"

```
贵后阴玄
未申酉戌        白玄阴贵        财壬子白
蛇午    亥常    子戌酉未        官 寅青◎
朱巳    子白    戌申未戌        兄甲辰合⊙
辰卯寅丑
合勾青空
```

又丙寅日，申加巳，夜乘蛇夹克财，中末空陷。

```
蛇贵后阴
申酉戌亥        蛇勾阴蛇        财壬申蛇
朱未    子玄    申巳亥申        官 亥阴◎
合午    丑常    巳寅申丙        父丙寅白⊙
巳辰卯寅
勾青空白
```

丁卯日，酉加丁，旦乘朱雀夹克财，中末鬼空。

```
勾合朱蛇
未申酉戌        勾空贵朱        财癸酉朱
青午    亥贵    未巳亥酉        官 亥贵◎
空巳    子后    巳卯酉丁        子乙丑阴⊙
辰卯寅丑
白常玄阴
```

癸未日，巳加子作财，乃传墓入墓，中末虽是日鬼，缘贪墓其巳火，不能为鬼。

　　青空白常
　　戌亥子丑　　　　贵白空蛇　　　财辛巳贵
勾酉　　寅玄　　　巳子亥午　　　官甲戌青
合申　　卯阴　　　子未午癸　　　子己卯阴
　　未午巳辰
　　朱蛇贵后

己酉日，亥加巳作财，受克，虽三传克干，奈中末空亡。

　　合朱蛇贵
　　酉戌亥子　　　　白后玄蛇　　　财辛亥蛇
勾申　　丑后　　　巳丑卯亥　　　官　卯玄◎
青未　　寅阴　　　丑酉亥己　　　兄丁未青⊙
　　午巳辰卯
　　空白常玄

壬寅日返吟，弃干上空财就初末脱气，幸受申生干也。

　　空白常玄
　　亥子丑寅　　　　玄合空贵　　　子壬寅玄
青戌　　卯阴　　　寅申亥巳　　　父丙申合
勾酉　　辰后　　　申寅巳壬　　　子壬寅玄
　　申未午巳
　　合朱蛇贵

壬寅日伏吟，干上虽逢日之禄，如昼占乃乘天空，中值脱，末财又空。

　　贵后阴玄
　　巳午未申　　　　合合空空　　　兄己亥空
蛇辰　　酉常　　　寅寅亥亥　　　子壬寅合
朱卯　　戌白　　　寅寅亥壬　　　财　巳贵◎⊙
　　寅丑子亥
　　合勾青空

以上总皆财禄俱作空、被克，无实得之意耳。

●**华盖覆日人昏晦，**君有羁縻之令，将有无用之功。第五十九

谓辰之华盖作干之墓神，临于干上为发用者是也。凡占身位多昏多晦，卒难明白，或遭冤枉，难以分诉。占行人不归，尽在彼处不如意也。如壬申、

壬辰二日，辰加壬为用；乙亥、乙未二日，未加乙为用。

青空白常

戌亥子丑　　　蛇常勾后　　官戌辰后⊙

勾酉　　寅玄　　午丑酉辰　　父癸酉勾

合申　　卯阴　　丑申辰壬　　子丙寅玄

未午巳辰

朱蛇贵后

●**太阳射宅屋光辉。**无邀正正之旗，无击堂堂之阵。第六十

如丙午日，戌加午乃是支墓，如占家宅，诚为宅舍不亨快。如用戌为月将，反名太阳照辉家宅，其屋必向阳而明朗，不然常有上人光饰，尤胜。如太岁、贵人入宅，多美。其余占彼我，乃我不利而利于他人，以支属他人也。

蛇贵后阴

戌亥子丑　　　白贵常蛇　　子甲辰白

朱酉　　寅玄　　辰亥卯戌　　财己酉朱

合申　　卯常　　亥午戌丙　　父　寅玄◎

未午巳辰

勾青空白

又如乙卯日，子将卯时，此乃太阳作贵人而生宅，如占宅，下必有宝藏。或又是子年占之，其年必产贵子。其子虽是旬空，缘太阳乃悬空之象，不畏空亡故也。余论太阳，惟忌坐于夜方，而不可用。或太阳临身，甚宜辨明雪恨。

朱合勾青

寅卯辰巳　　　玄贵阴蛇　　财　丑蛇◎

蛇丑　　午空　　酉子戌丑　　财壬戌阴⊙

贵子　　未白　　子卯丑乙　　财己未白

亥戌酉申

后阴玄常

●**干乘墓虎无占病，**不利交兵接刃。第六十一

惟六辛日，丑加戌，旦将乘白虎，作墓神。内辛酉日，丑为空墓，尤可畏也。及辛巳日，尤可畏，缘丑作丁神，乘虎作墓，占病必死。诸占且昏且迷，又且凶恶，提防仇人冤执而遭捶楚。如冬占稍轻，缘丑至冬旺可作库说。

```
朱合勾青
申酉戌亥        青朱阴白        兄　申朱◎
蛇未　　子空    亥申辰丑        子乙亥青⊙
贵午　　丑白    申巳丑辛        财戌寅常
巳辰卯寅
后阴玄常
```

外有六乙日，昼贵顺行，虽是未乘白虎，止有临行年、本命上者，即无加干者也。夏占稍轻，缘未旺亦为库也。其余干无此例。

○虎鬼加干格　如六己日，卯加己，夜；六壬日，戌加壬，且夜；六癸日，戌加癸，昼。

除乙辛二日外，如甲丙戊庚壬丁己癸八日无之。

●**支乘墓虎有伏尸。**《大过》九三："栋挠，凶。"不利深沟高垒。第六十二

此例有二等，一者干墓临支，二者支墓临支。以上二例，占宅必有伏尸鬼为祸，或有形响，如又克宅者为的。

假令乙亥日，未为干墓，临支而克支，如且占，上乘白虎。其余乙未日伏吟，并乙酉日，未加酉，虽是墓虎临支而不克支。外有辛未、辛酉二日，虽是丑加支，缘不克支，稍轻。其墓作月将，不在其限。

```
蛇朱合勾
丑寅卯辰        合白常贵        财癸未白
贵子　　巳青    卯未申子        兄己卯合
后亥　　午空    未亥子乙        父乙亥后
戌酉申未
阴玄常白
```

第二等者，假令丙子日，辰加子，且占，乃支墓临支而克支乘虎，如占家宅，值此课者必家中有孝服动，或有丧吊，其年内必有停丧。尤详其墓属何类，而言其人死。又丁亥日，辰加亥，夜。

```
朱蛇贵后
酉戌亥子        合白阴朱        财　酉朱◎
合申　　丑阴    申辰丑酉        子丁丑阴⊙
勾未　　寅玄    辰子酉丙        兄辛巳空
午巳辰卯
青空白常
```

○虎鬼克支格　缘支鬼乘白虎而克支者例。如壬子日，戌加子，且；丁

丑日，寅加丑，夜；壬寅日返吟，夜；癸卯日，申加卯，夜；壬午日返吟，昼；乙未、己未日，卯加未，夜；丙申日，午加申，昼；癸亥日，戌加亥，旦暮，皆乘虎。

　　朱蛇贵后
　　卯辰巳午　　　　玄白阴常　　　　官庚戌白
　合寅　　未阴　　　申戌未酉　　　　父戌申玄
　勾丑　　申玄　　　戌子酉壬　　　　财丙午后
　　子亥戌酉
　　青空白常

○墓门开格　如卯酉日占，干墓乘蛇虎加支，主重重有丧。

○蛇墓克支格　缘干墓乘腾蛇而加支又克支者，必宅内怪异频见。如丙子日，戌加子，夜；壬子日，辰加子，夜。余有虽临支而不克者，稍轻，然亦未免怪异。外有三十三日例，不欲细具。

　　空白常玄
　　卯辰巳午　　　　后蛇勾空　　　　子丁丑勾
　青寅　　未阴　　　申戌丑卯　　　　官乙亥朱
　勾丑　　申后　　　戌子卯丙　　　　财　酉贵◎
　　子亥戌酉
　　合朱蛇贵

以上例，不免召法官行遣或安镇之吉。此乃墓门开，占病主死三两口，乘白虎者亦的也。

●**彼此全伤防两损**，鹬蚌相持，坐收渔人之利。第六十三

谓支干各被上神克伐者，故名。此例如占讼，必两家皆被罪责，诸占必两边各有所亏。如占身，被伤；占宅，崩损。如丁亥日，干上子水克丁火，支上辰土克亥水者类是也。诸例欲去其所克者。

　　蛇贵后阴
　　戌亥子丑　　　　朱白空后　　　　兄癸巳空
　朱酉　　寅玄　　　酉辰巳子　　　　子丙戌蛇
　合申　　卯常　　　辰亥子丁　　　　父辛卯常
　　未午巳辰
　　勾青空白

内辛未日，干上午，支上卯，如占交易等，后必龃龉，如先有龃龉，后却和合。

青勾合朱
丑寅卯辰　　　　白合勾贵　　　财丁卯合
空子　　巳蛇　　亥卯寅午　　　子　亥白◎
白亥　　午贵　　卯未午辛　　　父辛未后⊙
戌酉申未
常玄阴后

●**夫妇芜淫各有私。两敌阴相图议。第六十四**

谓干被支上神克，支却被干上神克者，为芜淫卦。既名芜淫卦者，何故夫妇各有私乎？缘夫妇乃人之大伦，既无夫妇好合之情，必有奸私不协之意，却详甚处有情而言夫妇之私情也？假令《心镜》中，以甲子日干上戌、支上申一课为例，乃"甲将就子受申克，子近甲兮魁必侵。妻怀内喜私情有，申子相生水合金"是也。余有癸巳、壬午干上子，庚子、乙亥干上丑诸例。凡占不可执为芜淫卦，非专言夫妇而已。如先有人相允许，后各不相顾接，似乎无情也，尤彼此各怀恶意。

贵后阴玄
丑寅卯辰　　　　玄青白合　　　财　戌合◎
蛇子　　巳常　　辰申午戌　　　子庚午白⊙
朱亥　　午白　　申子戌甲　　　兄丙寅后
戌酉申未
合勾青空

真解离卦　缘干克支上神，支克干上神，或夫妇行年又值此者尤的。如甲子日，干上午，支上辰，干克支上辰土，支克干上午火。如男命年在支上，女命年在干上，此时占人必占解离事。以后例内惟详空亡而言之。《小畜》九三："舆说辐，夫妻反目。"

勾合朱蛇
酉戌亥子　　　　青玄合白　　　财戌辰玄
青申　　丑贵　　申辰戌午　　　官壬申青
空未　　寅后　　辰子午甲　　　父甲子蛇
午巳辰卯
白常玄阴

●**干墓并关人宅废，关即寡也。第六十五**

谓日干之墓作四季之关神发用者是也。宜分干、支发用。如日干之两课上作发用者，主人衰。如支辰之两课上作发用者，主宅废。

夫关神者，春丑、夏辰、秋未、冬戌。如乙丑、乙未、乙酉、乙亥四日，于秋季占之，未乃干之墓，作关神，为发用，临于干上，乃应人口灾衰。余六甲日，除甲辰秋占，未作丁更凶，其余各占皆如前说。

贵后阴玄
申酉戌亥　　　　蛇勾阴蛇　　　　财辛未蛇
蛇未　子常　　　未辰戌未　　　　财　戌阴◎
朱午　丑白　　　辰丑未乙　　　　财乙丑白⊙
巳辰卯寅
合勾青空

如丁卯日，戌加卯为发用，冬占，乃干墓临支上，乃应宅隳废。余仿此。

蛇朱合勾
子丑寅卯　　　　空后阴合　　　　子　戌后◎
贵亥　辰青　　　巳戌酉寅　　　　兄己巳空⊙
后戌　巳空　　　戌卯寅丁　　　　官甲子蛇
酉申未午
阴玄常白

○墓神覆日作生气格　如占作库务差遣必得，勿作墓看之。

●支坟财并旅程稽。钟邓终没于蜀。第六十六

谓地支之墓却作日干之财者，必主贩商折本，在路阻程，凡谋塞滞不亨通也。如甲子日辰加子，乃支之墓神而作干之财为发用；甲午日，戌加寅用；甲午日，戌加子用；乙酉日，丑加辰用。

勾合朱蛇
酉戌亥子　　　　青玄合白　　　　财戌辰玄
青申　丑贵　　　申辰戌午　　　　官壬申青
空未　寅后　　　辰子午甲　　　　父甲子蛇
午巳辰卯
白常玄阴

○疑惑格　卯酉日占事，如行年又在卯酉之上者，必行人进退疑惑。见《心镜》内龙战卦中具载，尤忌天车煞。天车煞者，春丑、夏辰、秋未、冬戌。

●受虎克神为病证，受虎克之国，民流兵疫。第六十七

金神乘白虎，必是肝经受病，可治肺而不可治肝；木神乘白虎，必是脾经受病，可治肝而不可治脾；水神乘白虎，必是心经受病，可治肾而不可治心；火神乘白虎，必是肺经受病，可治心而不可治肺；土神乘白虎，必是肾经受病，

可治脾而不可治肾。以上五法，常为得验，惟虎受克及空亡不必治之。

〇运粮神格　占治病，专视日干之食神，尤妙。于行年乘之，乃名运粮神，忌空亡。

〇禄粮神格　缘宜观干之禄神，亦名禄粮神。惟不可落空亡及作闭口，或受克。如占久病，必绝食而饿死。如辛未日，酉加寅，乃是禄坐绝乡，又作闭口，又名无禄卦，占病必死，占食禄事例亦忌此。

```
　　　空白常玄
　　　子丑寅卯　　　合常空后　　　兄癸酉合
　青亥　　辰阴　　　酉寅子巳　　　父戌辰阴
　勾戌　　巳后　　　寅未巳辛　　　子　亥青◎
　　　酉申未午
　　　合朱蛇贵
```

绝体卦乃是柔干之禄受绝，返吟卦乃是刚干之禄受绝。绝嗣体先亡为祟。

〇生死格　宜观生气、死气，尤验。如正月生气在子，死气在午，乃生气克死气也。如在甲寅旬中占之，乃生气空亡而死气实在，占病可畏。如行年上神是亥水，尚可医疗，缘亥水克其午之死气故也。如死气克生气，又落空亡，或行年上神生其死气者，必死。如生气与死气不相克者，占病虽无妨，但迁延而未的痊瘳而已。

白虎乘日鬼而作空亡，必已病而未瘥。

〇虎墓格　缘日干之墓乘白虎在六处者，如占病必是积块病，宜以破积药治之。如六乙日，且将顺行，乃未乘白虎。内乙酉日，未空亡，无畏，或易疗，非年深积块尔。又六辛日，且将顺行，亦丑乘白虎。辛酉日，丑空亡，亦容易治疗。

〇虎乘丁鬼格　如六辛日有白虎乘丁者，占病必知所患疼痛之处也。如辛卯日，亥加丑作中传，且占乃亥乘白虎作丁神，必为头疼以致不救。

```
　　　合朱蛇贵
　　　卯辰巳午　　　白青贵阴　　　父己丑青
　勾寅　　未后　　　亥丑午申　　　子丁亥白
　青丑　　申阴　　　丑卯申辛　　　兄乙酉玄
　　　子亥戌酉
　　　空白常玄
```

余观丁虎乘类而言之，丑为脾疼或腹疼，卯手疼或目疼，巳齿疼或咽喉疼，未胃疼或积瘕疼，酉大肠，亥临戌亥子丑寅卯为头，亥临辰巳午未申酉为肾，余逐类言之。如日鬼临于六处，不乘白虎，但拟其鬼为病证。如火为鬼，便言肺病；水为鬼，便言心病；金为鬼，便言肝病；土为鬼，肾病；木为鬼，脾病。如鬼受克并空亡，不必疗亦瘥。

蒿矢卦亦宜言有疼痛处。金加火上，筋骨疼痛，惟庚日，申酉加巳午尤的。

连茹卦作日之财，占病必因伤食而得。如行年、命上神能制其财神者，尚可医疗。如年命上神生其财神，必死。

○斫轮格　如卯加申，戌加卯，占病必手足不举，或有伤。

○空禄格　缘日之禄神作空亡，又坐克方，占病必绝食而饿死。如甲辰日，寅加酉，夜又乘白虎；返吟，夜。乙巳日卯加申，夜；返吟，夜。丁亥日午加亥，夜。日之食神在禁方，与前课同。

合勾青空
戌亥子丑　　　白朱青贵　　　兄　寅白◎
朱酉　　寅白　　寅酉子未　　　财丁未贵☉
蛇申　　卯常　　酉辰未甲　　　父壬子青
未午巳辰
贵后阴玄

○禄神闭口格　缘禄神作闭口，为旬尾，乘白虎者是也。如乙未，卯加申，又返吟，夜。丙戌、戊子，巳为禄神闭口。辛未日，酉加戌，夜。壬戌日，亥为闭口禄。

勾青空白
子丑寅卯　　　蛇空阴合　　　子甲午阴
合亥　　辰常　　酉寅午亥　　　财辛丑青
朱戌　　巳玄　　寅未亥乙　　　官丙申贵
酉申未午
蛇贵后阴

○六片板格　缘六合乘申临卯，为之尸入棺。缘申者，为身也。于三月占尤的，乃是死身，即死尸也，且上有六合，下有卯木，是为棺也。尸入棺，占病必死，尤宜详其类神而言之。或申加卯，不乘六合，于九月占，但病在床而未愈，缘申是生气，卯为木床。癸卯日，申加卯，占父母长上病，死尤速，缘父母爻入棺故也。

青空白常
　　戌亥子丑　　　　常合空蛇　　　财甲午蛇
勾酉　　寅玄　　　　丑申亥午　　　兄己亥空
合申　　卯阴　　　　申卯午癸　　　官　辰后◎
　　未午巳辰
　　朱蛇贵后

又如丙戌、丁卯二日，申加卯，旦将，上乘六合，如占妻病必死，缘妻财爻亦入棺故也。以上皆三月占尤验。

蛇贵后阴
　　戌亥子丑　　　　合常常蛇　　　财甲申合
朱酉　　寅玄　　　　申卯卯戌　　　子己丑阴
合申　　卯常　　　　卯戌戌丙　　　兄　午青◎
　　未午巳辰
　　勾青空白

○白虎入丧车格　缘申加巳发用为的，占病可畏。

○人入鬼门格　如庚日，申为本命，返吟课，占病必死。

收魂神，乃戊日辰为玄武是也，夜顺昼逆有之，于十一月占之，缘辰为死气尤的。

浴盆煞，缘忌浴盆有水。且浴盆者，春辰、夏未、秋戌、冬丑。乃如地盘见浴盆，上忌乘亥子水；如天盘见浴盆，上忌乘天后、玄武二将。如占小儿病，死尤急，缘亥为孩，子为子息，故不要见水也。天后亦是子，玄武亦是亥。

○寒热格　如巳午加亥子，如或克日，主痨病。十干返吟，必心患痁痈。

○晏喜致病格　如癸酉、亥、丑三日，并支上未作太常为用，夜将有之。壬戌、子、寅日，并支上未作太常，夜贵有之。以上六日例，缘未为太常克干，居于宅上，或为发用，如占病必因喜事及宴饮，或往亲家带病而归。或是大官占之，必因赴宴席过觞而得病。余占皆因前事而致不美。

贵后阴玄
　　卯辰巳午　　　　阴常空勾　　　官辛未常
蛇寅　　未常　　　　巳未酉亥　　　财己巳阴
朱丑　　申白　　　　未酉亥癸　　　子丁卯贵
　　子亥戌酉
　　合勾青空

〇因妻致病格　如壬子、癸丑二日，未遁旬丁者，必往妻家得病，极验。惟宜占人行年、本命上有卯木为救；如乘寅木，必得神护，尤宜命法官治之为妙，倘少缓，寅木反被未墓，反难救也。

〇血厌病虎作鬼格　白虎乘病符克干尤可畏，或年命上乘血支、血忌者，必是血病。或女命占病，又带月厌作血支、血忌，病是血崩或堕胎，尤验。

●制鬼之位乃良医。访贤求救于制鬼。第六十八

凡鬼喜见者，惟妻占夫与有官人为宜，其余凶。

巳午作虎鬼，不宜灸；申酉作虎鬼，不宜针。如乙丑日，酉加乙乃日之鬼，却赖支上有午火而克其酉金，此午火便是良医，或是本家亲人能医，或得家堂祖宗神位保护，其余可逐类而言之。除占病外，凡占虽值危难灾患之中，必得人解纷，诚为救神也。其神临于占人行年、本命之上者，宜雪理辨明，乃自解其祸也。如制鬼之神上乘贵人，以后必得上人除释过愆，如见被囚禁，必有赦原而可免祸；或乘蛇虎，必得神护，更详神类而还谢。且夫制鬼之神，如占病，即是良医，缘皆是日之食神故也。

```
朱合勾青
  戌亥子丑      合阴空蛇      兄丙寅空
蛇酉    寅空    亥午寅酉      财辛未后
贵申    卯白    午丑酉乙      父甲子勾
  未午巳辰
  后阴玄常
```

赶贼神宜占捕盗，即制鬼之神。如甲戌日，干上酉虽为日鬼，奈是旬中空亡，不足为畏，兼支上巳火坐于墓上，亦不能为救。似此一例求医，其医虽言病证甚的，其实庸愚不能治疗，奈何有福而成功也，毕竟巳火克空鬼。又己丑日，干上卯，支上酉；壬辰日，干上戌，支上卯。其余救神不在支上而临三传之上，及临行年、本命，亦可为救。

```
蛇贵后阴
  子丑寅卯      蛇常玄勾      父丙子蛇
朱亥    辰玄    子巳辰酉      财癸未空
合戌    巳常    巳戌酉甲      兄戊寅后
  酉申未午
  勾青空白
```

虎鬼临处为畏期。且如制鬼之神加亥子，宜服汤药；加寅卯并四土之上，

亦服丸散；加巳午，宜灸；加申酉，宜针砭。其余制鬼神空亡者，乃言不副行之喻。医神所生为瘥期，所克为死期，乃天地医也。

○天医作虎鬼格　不宜医者治。虎乘干鬼，必有不明之人作祸。

○病体难担荷格　如丁巳日，干上申，三传申酉戌俱日财，占病必因伤食而得，以致不救。缘丁火逢病、死、墓，更于秋冬占之无疑也。如求财，春夏二季却有，缘干强之故，尤宜详空而忧喜俱无。如占病，三传俱财，无制财者必死，有制财者可救。丁丑、丁未、丁亥日，干上申用。

```
    青勾合朱
    午未申酉        勾青朱合        财庚申合
  空巳    戌蛇      未午酉申        财辛酉朱
  白辰    亥贵      午巳申丁        子壬戌蛇
    卯寅丑子
    常玄阴后
```

●**虎乘遁鬼殃非浅**，入崄巇之敌境，遇伏藏之强卒。第六十九

谓白虎加临旬内之干为日鬼者例。此乃课师不可得而知之，其应如神，凡占皆畏，其咎弥深，难以消除，纵空亡亦不能为救。如甲子日昼占，乃虎加庚午临戌；又旦占，虎加庚午临子在支上；又旦占，庚午作虎加干，或返吟。乙丑日昼占，虎临辛未加戌。戊辰日夜占，虎临甲子加戌。

```
    贵后阴玄
    丑寅卯辰        玄青白合        财  戌合◎
  蛇子    巳常      辰申午戌        子庚午白⊙
  朱亥    午白      申子戌甲        兄丙寅后
    戌酉申未
    合勾青空
```

○明暗二鬼格　乃干上神作日干明鬼，又支上神遁旬干作日干暗鬼。如六甲日，申加甲，庚加支；六乙日，酉加乙，亦庚加支；六丙日，亥加丙，即壬加支；六丁日，子加丁，即壬加支；六戊日，寅加戊，即乙加支；六己日，卯加己，即乙加支；六壬日，未加壬，即戊加支。六癸日占无。

●**鬼临三四讼灾随**。先和好而后有兵谋。第七十

谓日干之鬼临于第三四课全者，官词病患继踵而至，惟宜修德作福，及归正道，庶得稍轻，犹未免其病词二事也。如或全值空亡，始能免此，尤未免先见此而后无虑。

如乙未日，申加未为第三课，酉加申为第四课之类。

空白常玄

午未申酉	玄常空青	官丁酉玄
青巳　　戌阴	酉申午巳	财戌戌阴
勾辰　　亥后	申未巳乙	父巳亥后
卯寅丑子		

合朱蛇贵

如甲戌日，酉加戌为第三课，申加酉为第四课，虽曰日鬼加临辰两课，尤幸皆作空亡，不能为害，未免虚挠而已，似乎可畏。

合勾青空

辰巳午未	白常后贵	父丙子后
朱卯　　申白	申酉子丑	父乙亥阴
蛇寅　　酉常	酉戌丑甲	财甲戌玄
丑子亥戌		

贵后阴玄

○岁破作鬼临支格　又克支，主讼灾。

○天鬼作日鬼格　在六处，占病必是疫气。如天鬼作日鬼空亡者，未免似其疫，随即无事，但未免头疼发热而已。

○朱勾相会格　如丙辰，午加辰，乃朱雀入勾陈，必有非细之讼。

●**病符克宅全家患**，兵疲师老，为主将犹宜深忌焉。七十一

夫病符者，每年旧太岁是也。且如子年亥为病符，丑年子为病符，余年仿此。若病符临支又克支者，乃主合家病患，更乘天鬼，定遭时疫而无疑也。病符乘白虎而临支克支尤凶。如病符作月之生气，尤主合家病；或作月之死气，必死。以上乘天鬼尤凶。天鬼者，正月酉，逆行四仲。涉害深者必久病。

○宜成合旧诸事格　缘病符临宅反来生宅，或生日干，或作日财，或作贵人者，却宜成合残年旧事，一切逐类而言之，勿作病符论。

●**丧吊全逢挂缟衣**。主帅丧亡，三军皆服缟素。第七十二

谓岁前二辰为丧门，岁后二辰为吊客。如支干上全逢此二位凶煞，主凶。又于占人行年、本命上神乘之，其年必哭送亲姻，身披孝服也。若论支干上全逢丧吊者，惟甲午、丁亥、己亥、庚子、癸巳，乃干上乘吊客，支上乘丧门；甲戌、丁卯、己卯、庚辰、癸酉，乃干上乘丧门，支上乘吊客。

○内外孝服格　如日鬼作死气而乘太常加干上，必主有外孝服至。且如

六辛日，午加戌，正月夜占，为死气作太常；六壬日，未加亥，二月夜占；又六壬日，丑加亥，八月旦占；六癸日，未加丑，夜占，二月为死气。

内辛亥日，太常临午加戌，支上未亦为太常，上又乘白虎作丁神而克支，此例必有内外孝服。

```
蛇贵后阴
丑寅卯辰      后白贵常      父丁未白
朱子    巳亥    卯未寅午      财  卯后◎
合亥    午常    未亥午辛      子辛亥合⊙
戌酉申未
勾青空白
```

内壬子日，太常临未加亥，支上申又乘白虎，三月占又是死气乘虎入宅，亦主内外孝服。

```
朱蛇贵后
丑寅卯辰      后白贵常      官丁未常
合子    巳阴    辰申卯未      子  卯贵◎
勾亥    午玄    申子未壬      兄辛亥勾⊙
戌酉申未
青空白常
```

又壬戌日，太常临丑而克壬干，支上子为白虎，作空亡羊刃入宅。

```
朱合勾青
未申酉戌      玄白阴常      兄  子白◎
蛇午    亥空    寅子卯丑      子甲寅玄⊙
贵巳    子白    子戌丑壬      官丙辰后
辰卯寅丑
后阴玄常
```

○孝白盖妻头格　如癸亥、卯、未三日，干上未，夜将，酉年二月，丑为年命，如是妻占夫病必死，缘妻之年命上乘华盖，作太常，为日鬼，又是死气，为吊客故也。如八月内占之，乃未为生气，尚有孝服未已。又如日干之鬼作死气，乘太常加于支上，主有内服至，再见丧吊更凶。

```
勾合朱蛇
亥子丑寅      勾阴朱常      财丁巳阴
青戌    卯贵    亥巳丑未      兄癸亥勾
空酉    辰后    巳亥未癸      财丁巳阴
```

申未午巳
白常玄阴
又乙未日，申加未，三月占，用旦将，作死气，乘太常入宅。

空白常玄
午未申酉　　　玄常空青　　　官丁酉玄
青巳　　戌阴　　酉申午巳　　财戊戌阴
勾辰　　亥后　　申未巳乙　　父己亥后
卯寅丑子
合朱蛇贵
又戊戌日，卯加戌，十月占，用夜将，乃卯作死气，乘太常入宅而又克宅，凶尤甚也。

合勾青空
戌亥子丑　　　蛇常常合　　　子丙申蛇
朱酉　　寅白　　申卯卯戌　　兄辛丑空
蛇申　　卯常　　卯戌戌戊　　父甲午后
未午巳辰
贵后阴玄
又戊子日，卯加子作太常死气入宅刑宅，亦十月占，用夜将有之。

蛇朱合勾
申酉戌亥　　　后常勾蛇　　　官辛卯常
贵未　　子青　　午卯亥申　　父　午后◎
后午　　丑空　　卯子申戌　　子乙酉朱⊙
巳辰卯寅
阴玄常白
又壬子日，丑加子，八月占，用昼将，乃日鬼乘太常作死气入宅克宅。

蛇朱合勾
午未申酉　　　玄常常白　　　子　寅玄◎
贵巳　　戌青　　寅丑丑子　　子　卯阴◎⊙
后辰　　亥空　　丑子子壬　　官甲辰后⊙
卯寅丑子
阴玄常白
又辛酉日，午加酉，正月占，用夜将，乃死气作日鬼乘太常入宅克宅，凶甚。

```
贵后阴玄
寅卯辰巳        后常阴白      官戊午常
蛇丑    午常    卯午辰未      财乙卯后
朱子    未白    午酉未辛      子  子朱◎
亥戌酉申
合勾青空
```

又壬戌日，未加戌，二月占，夜将，乃死气作鬼乘太常入宅。

```
蛇贵后阴
寅卯辰巳        后常阴白      财丁巳阴
朱丑    午玄    辰未巳申      子甲寅蛇
合子    未常    未戌申壬      兄癸亥勾
亥戌酉申
勾青空白
```

又癸亥日，未加亥，二月夜将，乃死气作日鬼乘太常入宅又克宅，凶。

```
朱蛇贵后
丑寅卯辰        贵常阴空      官己未常
合子    巳阴    卯未巳酉      子乙卯贵
勾亥    午玄    未亥酉癸      兄癸亥勾
戌酉申未
青空白常
```

又癸酉日，未加酉，二月，夜将，乃死气作日鬼乘太常入宅。

```
贵后阴玄
卯辰巳午        阴常空勾      官辛未常
蛇寅    未常    巳未酉亥      财己巳阴
朱丑    申白    未酉亥癸      子丁卯贵
子亥戌酉
合勾青空
```

辛未日，九月，旦将，寅加未作死气乘太常入宅又克宅。

```
空白常玄
子丑寅卯        合常空后      兄癸酉合
青亥    辰阴    酉寅子巳      父戊辰阴
勾戌    巳后    寅未巳辛      子  亥青◎
酉申未午
合朱蛇贵
```

甲、戊、庚戌三日，卯加戌，十月占，夜将，乃死气作太常入宅又克宅。

　　合勾青空
　　戌亥子丑　　　　蛇常青贵　　　父丙子青
朱酉　　寅白　　　申卯子未　　　子辛巳阴
蛇申　　卯常　　　卯戌未甲　　　财甲戌合
　　未午巳辰
　　贵后阴玄

己亥日，辰加亥，十一月占，昼夜将，乃死气作太常入宅又克宅。

　　朱蛇贵后
　　戌亥子丑　　　　合常白贵　　　父　巳白◎
合酉　　寅阴　　　酉辰巳子　　　兄戊戌朱⊙
勾申　　卯玄　　　辰亥子己　　　官癸卯玄
　　未午巳辰
　　青空白常

辛亥日，戌加亥，五月占，旦夜将，乃死气作太常入宅又克宅。

　　朱蛇贵后
　　辰巳午未　　　　玄常阴玄　　　父庚戌常
合卯　　申阴　　　酉戌申酉　　　兄己酉玄
勾寅　　酉玄　　　戌亥酉辛　　　兄戊申阴
　　丑子亥戌
　　青空白常

○墓门开格　如岁后五墓又为干墓，临卯酉，作蛇又作月厌，必主重丧。

如子年四月乙酉日，未加酉，夜乘蛇，上同。

　　青勾合朱
　　卯辰巳午　　　　合蛇常空　　　财　未蛇◎
空寅　　未蛇　　　巳未子寅　　　子癸巳合⊙
白丑　　申贵　　　未酉寅乙　　　兄辛卯青
　　子亥戌酉
　　常玄阴后

又午年十月辛酉日，丑加酉，乘蛇作月厌，为岁后五墓而又作干墓。

　　青勾合朱
　　酉戌亥子　　　　玄蛇常贵　　　财甲寅贵
空申　　丑蛇　　　巳丑午寅　　　官戊午常
白未　　寅贵　　　丑酉寅辛　　　父壬戌勾
　　午巳辰卯
　　常玄阴后

●**前后逼迫难进退，**前有强硬之敌，后有羁縻之兵。第七十三假令壬寅日，干上子，三传辰巳午皆空，而不可进。欲退后一步，逢地下寅盗气。又退一步，逢丑为干鬼。乃前不可进，后不可退。以此推之，惟宜守干上之旺，切不可往谋，动用则虚耗百出。

蛇朱合勾

午未申酉	后阴常白	官　辰后◎
贵巳　戌青	辰卯丑子	财　巳贵◎⊙
后辰　亥空	卯寅子壬	财甲午蛇⊙

卯寅丑子

阴玄常白

又癸巳日干上子，乙巳日干上卯，三传卯寅丑；甲寅日干上卯，三传辰巳午；壬申日干上子，三传丑寅卯；癸卯日干上寅，三传辰巳午。此于逼迫二字不合，若克处回归又受克还似。

初传被下克，继归地盘之本宫，又被上神所克格此例乃克处回归又受克，虽虎贲之勇亦不可为。如癸巳、卯、丑、亥四日，午加癸为初传，乃午火受癸水所克，及归本家午上，又被亥水所克，使其午火去住不能也。且午火之类神为日之财，主财聚散，如用夜将，玄武加午主失财，其午火之上亥亦为玄武，主重重失财；亦为日干之妻，主妻常病；亦为马，或有马而常被人挠；亦为屋类，主频迁徙而耗费用；亦为心类，主心病；亦为眼，主常患眼目。以上之类皆不宜占。

青勾合朱

戌亥子丑	贵青勾玄	财　午玄◎
空酉　寅蛇	卯戌亥午	兄丁亥勾⊙
白申　卯贵	戌巳午癸	官壬辰后

未午巳辰

常玄阴后

○全伤坐克格　如支干各受上神克，又坐被克方者。假令甲午、寅，丙寅、午、辰、戌，癸卯、巳，并是返吟。

○顾祖格并回环格　止宜守旧，亦进退不能也。

●**空空如也事休追。**如云事休追，不可受降盟约。第七十四

谓三传皆空亡者是也，于进退连茹课中多有。三合课，两传空亡，纵有一传不空而上乘天空将者，亦系此例，不欲细具。凡值此例，占事皆主指空话空，全无实象，惟宜解散忧疑，欲成事而不可得也。如鬼空尤妙。如遇占

病，久病者死，新病者安。欲望事成合，须待改旬再谋之方可也。凡鬼空亦宜制之，不然亦有虚挠之凶，为我难见彼之象。

○四课全空格　四课无形，事不出名。纵然出也，也是虚声。如乙巳日，干上寅为空亡，第二课又入空亡乡，支上卯作空亡，第四课又入空亡乡，此乃四课皆空，故应前言。丙午日干上寅，戊辰日返吟，戊戌日返吟。以上前例内，如年命上乘空亡，但非成事，或替他人占事。或初传遥克作空亡，坐空乡，尤无力也。

合勾青空

			蛇合贵朱		财癸丑蛇⊙	
卯	辰	巳午	丑卯	子寅	父辛亥后	
朱寅		未白				
蛇丑		申常	卯巳	寅乙	官己酉玄	

子亥戌酉

贵后阴玄

●**宾主不投刑在上**，犹金宋之和议而毕竟南侵。第七十五

凡支干上乘刑者有三等，凡占未免相刑之意，所谋交涉事，必各有异心。

一字刑者，乃四课上神全逢辰午酉亥者是也。甲辰日，第一课酉加寅，第二课辰加酉，第三课亥加辰，第四课午加亥，此乃四课上神全逢辰午酉亥者也。又癸亥日干上午同。又乙酉日，第一课亥加辰，第二课午加亥，第三课辰加酉，第四课复亥加辰，支干上乘辰午酉亥，又克支干者，尤可畏也。壬午日，干上辰克干壬，支上亥克支午。又己酉日，辰加己上为墓覆干，午加酉而克支。丙戌日，干上亥克干，支上辰墓支。如甲子日，支上辰，其三传辰申子，乃名自刑在干支上。又如乙丑日，支上酉，其三传巳丑酉，亦支上重逢自刑。又丙寅日，干上酉，其三传酉丑巳，乃干上重逢自刑之酉也。余并仿此。

蛇贵后阴

子	丑	寅卯	白朱	玄勾	子丙	午白
朱亥		辰玄	午亥	辰酉	财癸丑贵	
合戌		巳常	亥辰	酉甲	官戌申青	

酉申未午

勾青空白

二字刑者，乃支干上全乘子卯者是也。子卯相刑者，两边无礼。乙未、丙申、戊申、壬申、辛丑五日，干上子，支上卯；乙丑、丙寅、戊寅、辛未、

壬申五日，干上卯，支上子。以上十日，乃支干上神各无礼之刑也。

　　　蛇朱合勾
　　　丑寅卯辰　　　后合常贵　　　兄癸卯合
　　贵子　　巳青　　亥卯申子　　　父己亥后
　　后亥　　午空　　卯未子乙　　　财乙未白
　　　戌酉申未
　　　阴玄常白

三字刑者，乃三传寅巳申或丑戌未是也。寅巳申三刑者，未免无恩之义，凡占必恩返怨也。如丑戌未者，凡占多恃势而凌弱。尤宜观干上之神，带生旺，不空，乘吉将，乃名能刑于他人也。三传寅巳申、巳申寅或申寅巳，丑戌未、戌未丑或未丑戌，俱是也。

○金刚格　巳酉丑三合为三传，支干上复见酉者，乃应金刚自刑其方。缘巳刑申，丑刑戌，惟酉不能刑，故自刑其西方也。

○火强格　寅午戌三合为三传，支干上复见午者，乃应火强自刑其方。缘寅能刑巳，戌能刑未，惟午不能刑，故自刑其南方也。

○水流趋东格　申子辰为三传，干支上复见辰者，乃应水流趋东也。缘子能刑卯，申能刑寅，惟辰不能刑，故趋其辰之本宫也，以辰为水之墓库耳。

○木落归根格　亥卯未为三传，干支上复见亥字者，乃应木落归本也。缘卯能刑子，未能刑丑，惟亥不能刑，故归其亥之本宫也。兼亥为木局之本，夫本者，乃木之父母乡故也。以上皆不宜值之。

如占讼，不论一字刑、二字刑、三字刑，皆被刑责。如乘凶将，凶尤甚矣。惟空亡及皇恩或天赦可解，亦宜问罪犯轻重而言赦宥。如犯重，但刑稍轻而未免遭刑；如情轻，则无刑也。庶使明其五刑之罪，而无误矣。皇恩者，正月起未，顺行六阴位。天赦者，春戌寅、夏甲午、秋戊申、冬甲子。

○四胜煞格　乃干上酉、支上午，或支上酉、干上午者皆是。又就自刑中单言酉午为四胜煞，凡占各逞其能，或被邀功逞俊之意。如乙丑、丙寅、戊寅、辛未、壬申五日，干上酉，支上午；又壬寅、乙未、丙申、戊申、辛丑五日，干上午，支上酉。以前无恩刑等中，如甲子日，寅刑干上巳，子刑支上卯；丙子日，干上申，日刑干上申，子刑支上卯；辛丑日，戌刑干上未，丑刑支上戌；癸卯日，丑刑干上戌，卯刑支上子；辛卯日，戌刑干上未，卯刑支上子。于前例中，如此五日乃支干相刑，其上神又是子卯无礼刑。外有甲寅、庚申、己未、丁未、癸丑五日，或干上乘辰午酉亥，亦作自刑例。

○助刑戕德格　乃六处有神作支之自刑，又作干鬼，又结连三传为鬼是也。庚午，午加庚发用，又午加未，暮将。天乙临于本身可以解凶。

　　勾合朱蛇
　　卯辰巳午　　　青合合蛇　　　官庚午蛇
　青寅　未贵　　　寅辰辰午　　　父戊辰合
　空丑　申后　　　辰午午庚　　　财丙寅青
　　子亥戌酉
　　白常玄阴

●彼此猜忌害相随。威振人主者身危，功盖天下者不赏。第七十六

此例有五等。一者，乃干支上下皆各作六害。凡值此者，彼此各相猜忌，主客不相顾接，乃两意相谋，各有戾害。如甲申日，干上巳与干为六害，支上亥与支为六害。外有庚寅、丁丑、己丑、癸未等日，皆干支上下作六害者。

　　青勾合朱
　　申酉戌亥　　　后朱青常　　　官甲申青
　空未　子蛇　　　寅亥申巳　　　父丁亥朱
　白午　丑贵　　　亥申巳甲　　　兄庚寅后
　　巳辰卯寅
　　常玄阴后

二者，支干上神作六害者，亦各相猜忌而言。如乙亥日，干上子与支上未为六害。辛巳、壬午、丙子、戊子日，干上子，支上未。

　　蛇朱合勾
　　丑寅卯辰　　　合白常贵　　　财癸未白
　贵子　巳青　　　卯未申子　　　兄己卯合
　后亥　午空　　　未亥子乙　　　父乙亥后
　　戌酉申未
　　阴玄常白

三者，支干天盘、地盘皆作六害，此等戾害尤甚。如辛酉日返吟，支干戌酉为六害，上神辰卯六害。又壬申、乙卯、丙寅返吟，又乙卯、戊寅、丙寅、壬申、辛酉日伏吟有之。

　　青空白常
　　亥子丑寅　　　合玄勾阴　　　财乙卯玄
　勾戌　卯玄　　　酉卯戌辰　　　兄辛酉合
　合酉　辰阴　　　卯酉辰辛　　　财乙卯玄
　　申未午巳
　　朱蛇贵后

四者，支干三传皆作六害，此例所作全无和气。如辛卯日，干上未，支

上子，三传又子未子皆作六害。辛未日，干上亥，支上申，三传又申亥申皆作六害。

```
    勾合朱蛇
    寅卯辰巳        玄空朱后        子戊子空
青丑    午贵        酉子辰未        父  未后◎
空子    未后        子卯未辛        子戊子空
    亥戊酉申
    白常玄阴
```

五者，支干上下交互作六害者，必我先立意害于他，人已辨意而相害我也。如乙未日，干上子与地支未作六害，支上卯与干作六害，然后支干上子卯相刑，其例深可恶也。甲申日，干上亥，支上巳；庚寅日，干上巳，支上亥；丁卯、己卯日干上辰。

```
    蛇朱合勾
    丑寅卯辰        后合常贵        兄癸卯合
贵子    巳青        亥卯申子        父己亥后
后亥    午空        卯未子乙        财乙未白
    戊酉申未
    阴玄常白
```

○自身熬煎、他人逸乐格　如辛丑日，干上酉与干作六害，支上子与丑却作六合也。乙未、乙丑日，并干上卯；辛未日，干上酉。

```
    朱蛇贵后
    辰巳午未        白空阴玄        子庚子空
合卯    申阴        亥子申酉        子己亥白
勾寅    酉玄        子丑酉辛        父戊戊常
    丑子亥戊
    青空白常
```

●**互生俱生凡事益**，非我求童蒙。南唐有顺正之忠，宋祖存褒封之惠。第七十七

虽有生而作墓、败、空亡者，知其人宅盛衰，彼此旺败。

○互生格　干上神生支，支上神生干是也。此例两相有益，各有生意。如辛卯日，干上亥生支，支上辰生干；庚戌日，干上巳生支，支上未生干。庚子日，干上酉虽生支而却败其支，支上丑虽生干而却是干之墓；庚午日，干上卯虽生支而却败其支，支上丑虽生干而却墓其干；丁酉日，干上丑虽生

支而却墓其支，支上卯虽生干而却败其干；己酉日，干上辰虽生支而却墓其干，支上午虽生干而却克其支；辛巳日，干上卯虽生支而却败其支，支上戌虽生干而却墓其支；辛亥日，干上酉虽生支而却败其支，支上戌虽生干而自克其支；壬午日，干上寅生支，支上酉虽生干而作空亡，又为败气也。如值此等例，虽有生旺之名，反作衰败空耗矣。

　　贵后阴玄

　　午未申酉　　　　蛇朱空白　　　父壬辰朱

　蛇巳　　戌常　　　巳辰子亥　　　官癸巳蛇

　朱辰　　亥白　　　辰卯亥辛　　　官　午贵◎

　　卯寅丑子

　　合勾青空

○俱生格　乃干上神生干，支上神生支是也。此例各有生意，彼此和顺，或两家合本作营生尤应也。如逢月生气尤的。支干全受上神生，丙寅、丁酉日并干上寅，庚午、子、戌、申日并干乘辰。丙寅日，干上卯虽生干而亦败其干，支上子虽生支而亦败其支。丁卯日，干上卯虽生干而亦败其干，支上亥虽生支而奈作旬空。乙卯日，干上子虽生干而作空败，支上亥为长生，此一课乃利宅不利人，利彼不利己。己巳日，干上巳生干，支上卯虽生支而反败支，此一例乃利己不利彼，利人不利宅。丙子日，干上寅实生其干，支上酉虽生支而反败其支，又作旬空。丙午日，干上寅，支上卯，皆作空亡。

　　合勾青空

　　寅卯辰巳　　　　玄贵贵合　　　官　亥贵◎

　朱丑　　午白　　　申亥亥寅　　　财壬申玄⊙

　蛇子　　未常　　　亥寅寅丙　　　兄己巳空

　　亥戌酉申

　　贵后阴玄

○自在格　惟甲子、乙亥、丙寅、丁卯、戊午、己巳、庚辰、辛未、壬申、癸酉十日，并支加干上而生日也。

　　朱合勾青

　　卯辰巳午　　　　白玄玄后　　　财　戌玄◎

　蛇寅　　未空　　　申戌戌子　　　官壬申白⊙

　贵丑　　申白　　　戌子子甲　　　子庚午青

　　子亥戌酉

　　后阴玄常

●**互旺皆旺坐谋宜。**运筹于帷幄之中，决胜于千里之外。第七十八

〇**互旺格**　止甲申、庚寅二日有之。甲申日，干上酉乃是支之旺神，支上卯乃是干之旺神。庚寅日，干上卯乃是支之旺神，支上酉乃是干之旺神。凡值此者，惟宜两相投奔，各有兴旺，客旺主而主旺客，人旺宅而宅旺人，夫旺妻而妻旺夫，父旺子而子旺父，兄旺弟而弟旺兄，朋友彼已皆然。

```
   蛇贵后阴
   子丑寅卯       合阴玄勾       财丙戌合
朱亥      辰玄    戌卯辰酉       子癸巳常
合戌      巳常    卯申酉甲       父戌子蛇
   酉申未午
   勾青空白
```

〇**皆旺格**　支干上皆乘旺神者，乃彼已、客主、夫妇、父子皆然兴旺。凡谋事，顺利自在，不劳其力，惟宜坐待，不利谋动，止可就本身之宅职而静听迁转。或已遭失而欲复旧事极妙。倘若意外之求，或远动而谋用，则变为网罗缠绕身宅，乃作羊刃煞也，反为灾祸。如或坐待，则人口通泰，宅又兴旺大利，无心中得人照扶而兴发，所占最的。甲申日，干上卯，支上酉；庚寅日，干上酉；壬申、寅日，干上子；丙申、寅日，干上午。忌空亡。

```
   青空白常
   午未申酉       玄常合朱       财壬辰合
勾巳      戌玄    戌酉辰卯       子癸巳勾
合辰      亥阴    酉申卯甲       子　午青◎
   卯寅丑子
   朱蛇贵后
```

●**干支值绝凡谋决，**立三穴而欲晋室，终不能遂其谋。第七十九

如甲申、甲寅日返吟，乃支干上皆乘绝神。又丙申、丙寅日，亦是返吟，绝神作鬼，止宜结绝凶事，亦宜释解官讼，占病痊。

```
   贵后阴玄
   亥子丑寅       合玄空贵       父壬寅玄
蛇戌      卯常    申寅巳亥       财丙申合
朱酉      辰白    寅申亥丙       父壬寅玄
   申未午巳
   合勾青空
```

丙辰、丙戌日如昼占，亦宜告贵结绝凶吉二事，皆可成。

贵后阴玄

　亥子丑寅　　　白蛇空贵　　　兄丁巳空

蛇戌　　卯常　　辰戌巳亥　　　官癸亥贵

朱酉　　辰白　　戌辰亥丙　　　兄丁巳空

　申未午巳

　合勾青空

戊、庚、壬寅，戊、庚、壬申六日返吟，缘绝神作日之财神，止宜结绝财物事，惟不利占妻病，必死，又作月内之死气者，妻死尤速。

朱蛇贵后

　亥子丑寅　　　后青常朱　　　官戌寅后⊙

合戌　　卯阴　　寅申巳亥　　　子　申青◎

勾酉　　辰玄　　申寅亥戌　　　官戌寅后⊙

　申未午巳

　青空白常

壬辰、壬戌日如旦占，亦宜告贵结绝财事。

空白常玄

　亥子丑寅　　　后青空贵　　　财癸巳贵

青戌　　卯阴　　辰戌亥巳　　　兄丁亥空

勾酉　　辰后　　戌辰巳壬　　　财癸巳贵

　申未午巳

　合朱蛇贵

以上返吟，结绝事极速，缘绝神投绝乡故也。亦不宜占食禄事，缘禄神投绝。如占病，又作死气，必绝食而死。

外有乙未日，干上申为乙木之绝，支上亥乃未土之绝，如夜占，却宜告贵结绝事理。又辛未日，干上寅，支上亥，如夜占，亦宜结绝告贵之事。又癸未日，干上巳，支上亥，昼占，亦宜告贵结绝事理。丁未日，支干上皆乘亥。己未日，干上亥，又干上巳。以上皆宜结绝，亦不宜占食禄事。此内言土有言寄寅者，故以亥为绝也。

蛇朱合勾

　酉戌亥子　　　白合勾贵　　　父己亥合

贵申　　丑青　　卯亥子申　　　兄癸卯白

后未　　寅空　　亥未申乙　　　财乙未后

　午巳辰卯

　阴玄常白

○绝神加生格　如庚辰，寅加亥为用是也。凡巳加寅，申加巳，亥加申，寅加亥，最不宜占结绝事，缘绝神反坐长生之上，凡占事卒未了，当必止了又兴。或年命乘之。

青勾合朱

申酉戌亥　　　　合空后朱　　　财戊寅后

空未　　子蛇　　　戌未寅亥　　　官辛巳常

白午　　丑贵　　　未辰亥庚　　　兄　申青◎

巳辰卯寅

常玄阴后

○递互作绝神格　最宜两相退换屋宇，或兑替差遣、交代职任等事。如甲申、庚寅二日伏吟。又癸未日，干上亥，支上巳；丁丑日，干上亥，支上巳；丁未日，干上亥；癸丑日，干上巳。

勾青空白

巳午未申　　　　白白蛇蛇　　　兄庚寅蛇

合辰　　酉常　　　申申寅寅　　　子癸巳勾

朱卯　　戌玄　　　申申寅甲　　　官甲申白

寅丑子亥

蛇贵后阴

●**人宅皆死各衰羸。**全师皆没。第八十

○干支上互乘死气格　如戊申日，干上子，支上卯；庚申日，干上子；庚寅日，干上午，支上子；甲寅日，干支上午。以上例惟不宜吊丧问病，如乘月内之死气尤的，如占病必死。

蛇贵后阴

子丑寅卯　　　　合阴空蛇　　　财壬子蛇

朱亥　　辰玄　　　戌卯未子　　　兄丁未空

合戌　　巳常　　　卯申子戌　　　官　寅后◎

酉申未午

勾青空白

○支干全乘死气格　如庚寅、庚申、辛丑日，并干上子；乙丑、甲申、甲寅日，干上午；己未、壬申、壬寅日，并干上卯；丙寅、丙申、丁丑日，并干上酉。此例止宜休息万事，不利动谋。

勾合朱蛇

酉戌亥子　　　合白玄蛇　　　父壬辰玄

青申　丑贵　　戌午辰子　　　兄甲申青

空未　寅后　　午寅子庚　　　子戊子蛇

午巳辰卯

白常玄阴

●**传墓入墓分憎爱，当知主客孰憎孰爱。第八十一**

此等例，详初传是何类神而言之。如是日之财神、禄神、长生、官星等，不可值中末之墓。如是日之鬼及盗气等，却喜中末墓也。细具于后。

生我者传墓入墓如辛未日，三传巳戌卯。巳加子作初传，乃日之长生，岂宜中传戌来墓巳，末传又入戌乡。又巳巳、卯、未、亥、丑日，并巳加子为用，大不利占生计及长上之事。如辛未日，有官人占之，缘官星、德神、长生入墓；如常人占之，反喜鬼入墓也。

勾青空白

戌亥子丑　　　后空朱玄　　　官己巳后

合酉　寅常　　巳子申卯　　　父　戌勾◎

朱申　卯玄　　子未卯辛　　　财丁卯玄⊙

未午巳辰

蛇贵后阴

○德禄传墓格　如丙子日巳加子为用，癸未、壬子日巳加子为用，乃财神入墓；戊子日，巳加子用，乃德禄并生气入墓。

蛇贵后阴

戌亥子丑　　　蛇空常蛇　　　兄辛巳空

朱酉　寅玄　　戌巳卯戌　　　子甲戌蛇

合申　卯常　　巳子戌丙　　　父己卯常

未午巳辰

勾青空白

○长生入墓格　如庚子，巳加子用，常人占之喜鬼入墓。

合朱蛇贵

戌亥子丑　　　合常白贵　　　官　巳常◎

勾酉　寅后　　戌巳午丑　　　父戊戌合⊙

青申　卯阴　　巳子丑庚　　　财癸卯阴

未午巳辰

空白常玄

〇脱气入墓格　乙未日，巳加子用。

〇财神传墓格　丙戌日申加卯，庚辰日寅加酉用，乃财入墓；庚戌日申加卯用，乃德入墓格。

```
    蛇贵后阴
    戌亥子丑        合常常蛇      财甲申合
朱酉      寅玄      申卯卯戌      子己丑阴
合申      卯常      卯戌戌丙      兄　午青◎
    未午巳辰
    勾青空白
```

〇长生脱气入墓格　戊戌日，申加卯用。

〇鬼入墓格　戊辰日，寅加酉用。以上占行人来迟。

```
    合朱蛇贵
    戌亥子丑        后勾阴合      官丙寅后
勾酉      寅后      寅酉卯戌      兄辛未空
青申      卯阴      酉辰戌戌      财甲子蛇
    未午巳辰
    空白常玄
```

●不行传者考初时。第八十二

夫不行传者，乃中末空亡是也。中末既空，但只以初传断其凶吉，言其事类。此例极多，不必细具，或一日内有三五课者。如甲子日，干上巳，初传申是日之鬼，中传亥是日之长生，末传寅是日之德禄。既长生、德禄皆空，岂宜独存初传之申金，为日之鬼而坐实地。若以初传用事，必好事无而恶事有也。以后如值初传凶者，若是遥克者好恶俱无，皆仿此，亦名守株待兔。

```
    青勾合朱
    申酉戌亥        白阴青常      官壬申青
空未      子蛇      午卯申巳      父　亥朱◎
白午      丑贵      卯子巳甲      兄丙寅后⊙
    巳辰卯寅
    常玄阴后
```

独足卦己未日，干上酉。凡占万事皆不可行。此一例乃初中末并支干皆在未上，于七百二十课中止有此一课，故名独足。既止有一足，焉可行乎？如欲贩商，利行舟而不利陆路。如欲逃亡者亦然。占病死。

青勾合朱
未申酉戌　　蛇合蛇合　　子辛酉合
空午　亥蛇　　亥酉亥酉　　子辛酉合
白巳　子贵　　酉未酉巳　　子辛酉合
辰卯寅丑
常玄阴后

虽众皆知有此独足例，殊不曾稽考己未伏吟卦亦名独足。且己未伏吟，虽有未丑戌为三传，缘中传乃旬内空亡，既中传空亡，岂能刑其末传之戌乎？且中末既无，惟支与干并初传皆在未上，与独足何异耶？凡谋皆不能成也。

青空白常
巳午未申　　白白白白　　兄己未白
勾辰　酉玄　　未未未未　　兄　丑蛇◎⊙
合卯　戌阴　　未未未巳　　兄壬戌阴
寅丑子亥
朱蛇贵后

●**万事喜忻三六合，民安物阜，君正臣良。第八十三**

谓三传寅午戌等，或干上或支上见未；三传亥卯未等，或干支上见戌；三传申子辰等，或干支上见丑；三传巳酉丑等，或干支上见辰。以上乃三合课，又与中间一字作六合者也。故经云："三六相呼见喜忻，纵然带恶不成嗔。"且夫带恶者，乃金日得寅午戌，土日得亥卯未，木日得巳酉丑，火日得申子辰，纵然三传克干，亦不能为祸，尚可成合。其余占虽曰不可行事者，事亦可成就也，何况三传生日或作日之财，又三六相呼，凡谋皆遂，全无障碍，不然有人在中相助而成合事。惟不宜占解释忧疑事。如占病，其势弥笃。如占行人，喜忻而来。如乙酉日，申加辰用，三传申子辰水局并来生干，又支上见丑，乃名三合中有六合，为全吉之课。兼三传之天将昼夜皆是贵勾常土神，并作日之财，尽可求财。舍占财外，大不宜尊长，及不利占作生计，缘天将上神克生气故也。

合朱蛇贵
酉戌亥子　　白后贵勾　　官甲申勾
勾申　丑后　　巳丑子申　　父戊子贵
青未　寅阴　　丑酉申乙　　财壬辰常
午巳辰卯
空白常玄

又如丙申、子、辰三日，干上丑，三传皆水局来伤日干，殊不知三合六合相呼之格，带恶不成噴之义也。兼干上丑亦可以敌其传水。凡谋皆有成意，终是可畏，但顾目下成合，余畏拨置事也。

朱合勾青

丑寅卯辰　　　蛇青阴朱　　　官庚子蛇☉

蛇子　　巳空　　子辰酉丑　　　财丙申玄

贵亥　　午白　　辰申丑丙　　　子　辰青◎

戌酉申未

后阴玄常

又辛未日，干上寅；壬午日，干上卯；辛亥日，干上午；壬寅日，干上未；戊申日，干上丑。三合课中，又逢天将六合居干支上者，亦可用，但力稍轻。

●**合中犯煞蜜中砒。饵兵勿食。第八十四**

三传寅午戌，如支或干上有午为自刑，见丑为六害，见子为冲；三传亥卯未，如干支上见子为无礼刑，见辰为六害，见酉为冲；三传申子辰，如干支上有卯为无礼刑，见未为六害，见午为冲；三传巳酉丑，如干支上有酉为自刑，见戌为六害，见卯为冲。以上乃"三合犯煞少人知，惟防好里定相欺。笑里有刀谁会得，事将成合失便宜。"凡占值此者，必至恩中变冤，合中有破。虽是属我之事，亦被人在中阻隔。俗谚云"笑里刀，蜜里砒"，正此意也。其中犯煞空亡，徒为冤憎，下稍成阻，不免失应其事。

●**初遭夹克不由己，指日克汴，而班师之诏屡颁。第八十五**

谓初传坐于克方，又被天将所伤，故取名夹克。凡占必身不由己，及受人驱策，尤宜详其受夹克者是何类而言之。且如夹克者是财，必财不由己费用。或是日之同类受夹克者，乃自身不由己。惟是日鬼受夹克者为妙，乃当忧不忧之义也。如六甲日，戌加寅为初传，昼夜天将皆乘六合木神，此乃夹克其财。六壬日，午加亥为初传，昼夜天将玄武水神及天后水神，此乃夹克日财，必财不由己而费用。外有甲辰日，辰加卯为初传，昼夜将皆是六合木神夹克其财。又甲申日，戌加卯，同上，或妻常病。

青空白常

午未申酉　　　青勾合朱　　　财甲辰合☉

勾巳　　戌玄　　午巳辰卯　　　子乙巳勾

合辰　　亥阴　　巳辰卯甲　　　子丙午青

卯寅丑子

朱蛇贵后

○家法不正格　缘三传皆受夹克例。惟乙丑、卯、亥日，并寅加酉，且占有之。

朱蛇贵后
戌亥子丑　　　蛇空阴合　　　兄丙寅阴
合酉　　寅阴　　亥午寅酉　　　财辛未青
勾申　　卯玄　　午丑酉乙　　　父甲子贵
未午巳辰
青空白常

○俯丘仰仇格　甲子日夜将，寅加未为用，乃俯见丘，仰见丑。乙巳日，酉加丑。乙未日，卯加未，夜。

青空白常
子丑寅卯　　　白贵玄朱　　　兄丙寅白
勾亥　　辰玄　　寅未辰酉　　　官癸酉朱
合戌　　巳阴　　未子酉甲　　　财戊辰玄
酉申未午
朱蛇贵后

●将逢内战所谋危。不知祸起萧墙内，空筑防胡万里城。第八十六

六合内战为发用者，凡用事，将成合而被人搅扰也。如癸巳日昼占，六合临申，申金加巳火之上。

合勾青空
申酉戌亥　　　空合朱后　　　父甲申合
朱未　　子白　　亥申未辰　　　兄丁亥空
蛇午　　丑常　　申巳辰癸　　　子庚寅玄
巳辰卯寅
贵后阴玄

天后内战为发用者，如丁卯，戌加卯，旦占，必妻常作闹而不足或妻多病。

蛇朱合勾
子丑寅卯　　　空后阴合　　　子　戌后◎
贵亥　　辰青　　巳戌酉寅　　　兄己巳空⊙
后戌　　巳空　　戌卯寅丁　　　官甲子蛇
酉申未午
阴玄常白

○夜贵内战格　六癸日，卯临申为用，必因贵人而作内乱。

○螣蛇内战格　丙辰日旦占，子临辰为用。
○朱雀内战格　丁丑日夜占，乃朱雀乘亥临丑为用。
○勾陈内战格　丁丑日昼占，乃勾陈乘卯临申为用。
○青龙内战格　壬寅日夜占，乃青龙乘申临巳为用。
○白虎内战格　丁亥日昼占，乃白虎乘午临亥为用。
○太常内战格　丁酉日昼占，乃太常乘卯临酉为用。玄武无内战。
○天空内战格　如丁丑日，卯加申为用，夜占。
○太阴内战格　壬辰、戌日返吟，夜占，乃太阴乘巳临亥为用。

且夫十一天将皆有内战，此例余尚有之，不暇细具，未免略具一例，余皆仿此而逐类言其内战之意也。

○三传日辰内战格　支干三传皆下克上者，凡占皆是家法不正，或自窝犯，或丑声出于堂中，以致争竞，斯占极验。如癸酉日，癸水克上神之午火，酉金克上神之寅木，初传未加寅，中传子加未，末传巳加子，皆下贼上，凡占全无和气，占讼被刑，占病必死，吉事不成。惟宜占官，从微而迤逦迁转，大有兴盛，舍此皆凶。已酉、辛酉日未加寅，戊辰日寅加酉，皆如前说。

　　青空白常
　　戌亥子丑　　　朱玄空蛇　　　官辛未朱
勾酉　　寅玄　　　未寅亥午　　　兄甲子白
合申　　卯阴　　　寅酉午癸　　　财己巳贵
　　未午巳辰
　　朱蛇贵后

●人宅坐墓甘招晦，鲁酒薄而邯郸围。第八十七

谓天盘支干皆坐于地盘墓上者，乃心肯意肯，情愿受其暗昧，凡事皆自招其祸，切不可怨天尤人也。不惟本身甘招其祸，犹且将家宅亦情愿假借与他人作践，欲脱赁终不能出脱也。如壬寅日，亥加辰，寅加未；壬申日，亥加辰，申加丑；己未日，未加辰；丁丑日，未加戌，丑加辰；庚寅日，申加丑，寅加未；庚申日，申加丑。刚日四绝体也。

　　青勾合朱
　　子丑寅卯　　　蛇常勾后　　　财甲午后
空亥　　辰蛇　　　辰酉丑午　　　官辛丑勾
白戌　　巳贵　　　酉寅午壬　　　父丙申玄
　　酉申未午
　　常玄阴后

○互坐丘墓格　干坐于支墓之上，支坐于干墓之上者，乃彼此各招其昏晦，惟不宜两相投奔，必是愚蠢人也。如丁丑日，未加辰，丑加戌；戊寅日，巳加未，寅加辰；甲申日，寅加丑，申加未；庚寅日，申加未，寅加丑；戊申日，巳加丑，申加辰。余传内虽有所喜之神，其年命上却克去者，乃心多退懒，自不肯向前。

合朱蛇贵

申酉戌亥		勾白阴蛇	兄壬午青
勾未	子后	未辰丑戌	子甲戌蛇
青午	丑阴	辰丑戌丁	子庚辰白

巳辰卯寅

空白常玄

● **干支乘墓各昏迷**。第八十八

如支干全被上神墓者，且人如云雾中行，其家宅敝而自尘暗，凡彼此占不亨快。经云："墓覆日辰，人宅昏沉。"壬申日，干上辰，并支上丑；壬寅日，干上辰，支上未；己未日，干支上辰；丙寅日，干上戌，支上未；丙申日，干上戌，支上丑；乙丑日，干上未。以上诸例，乃干支两课皆见墓神。经云："干支墓全逢，所为皆不通。两处欲克害，犹忌合墓神。"如甲申日，干上未，如用夜贵，则两处皆空，足可解疑。

合勾青空

戌亥子丑		后空青贵	父戌子青⊙
朱酉	寅白	午丑子未	子癸巳阴
蛇申	卯常	丑申未甲	财丙戌合

未午巳辰

贵后阴玄

○互乘墓神格　干乘支之墓，支乘干之墓者，此例我欲昏昧他，却被他已昏昧我也。道典云："天网恢恢，疏而不漏。"戊寅日，干上未，支上辰；戊申日，干上丑，支上辰；辛未日，干上辰，支上丑。甲申日，干上丑实，支上未空；庚寅日，干上未空，支上丑实；乙未日，干上辰空，支上未实。

空白常玄

未申酉戌		青合常空	兄庚辰合
青午	亥阴	午辰酉未	父壬午青
勾巳	子后	辰寅未戌	子申白◎

辰卯寅丑

合朱蛇贵

○欲弃屋宇格　凡干加支，求宅必得，缘己身入宅故也。或被支辰所克，或被脱，虽目下强得其屋，后无益也。凡支加干，得之尤不费力，缘宅来就人故也，亦不可受宅克墓脱。如我有屋宅欲出脱者，如值干加支乃人尚恋宅，或支加干乃屋尚恋人，二项皆不能脱也。其支干相加，宅生其人，切不可弃之，后有长进；如被克脱墓者，终被屋所累矣。

●**任信丁马须言动，**〔如占访人，虽不藏匿，必在他处相见。有仓卒之军旅。第八十九〕

夫任信者，伏吟卦也。如刚日，名自任，可委托于他人；柔日，名自信，可取信于自己。凡值伏吟卦，切不可便言伏匿而不动，于传中及支干上有旬内丁神或乘天马、驿马者，必静而求动，不可不知。如壬辰、戊午、丙辰、甲寅、庚申、癸未、癸丑、己酉、辛亥，以上俱丁神在传，如占访人，必出外干事，如先允许，后必改易，故名无任无信也。天马逐月推之。如卦内无天马、驿马、旬丁者，如始欲谋事，尽伏尽匿，终不可动谋矣。如已尝得人先蒙许允，后必有信也。凡占静中求动终是静，或动中求静终是动，诸占不易之故也。

贵后阴玄

巳午未申	蛇蛇空空	兄丁亥空
蛇辰　　酉常	辰辰亥亥	官壬辰蛇
朱卯　　戌白	辰辰亥壬	官丙戌白
寅丑子亥		

合勾青空

伏吟卦内无丁马，却占人本命、行年上乘魁罡及天马者，亦主动，尤速。又乙酉、己丑、癸巳三日伏吟，如占人年命是亥，乃丁马，又如占身，动急。又乙卯、己未、癸亥三日伏吟，如占人年命是巳，亦丁马交加，身动尤急。

青空白常

巳午未申	玄玄勾勾	财壬辰勾
勾辰　　酉玄	酉酉辰辰	官乙酉玄
合卯　　戌阴	酉酉辰乙	兄辛卯合
寅丑子亥年命		

朱蛇贵后

非伏吟而乘丁马者，亦主动。如癸亥日，干上巳为财动，余同。又癸酉、己未、丙子、戊寅、辛巳、丁亥、甲午、庚戌九日伏吟，占行人必中路被阻，缘中传空亡而不能刑至末传，故前后难进退尔。余占必先有允，而后无实惠也。

贵后阴玄

巳午未申		常常勾勾	官乙丑勾
蛇辰	酉常	酉酉丑丑	官　戊白◎⊙
朱卯	戊白	酉酉丑癸	官辛未阴
寅丑子亥			

合勾青空

六丁加天马，或天马加六丁，必非细动也。如甲子日，卯加甲，十一月占事也。余皆仿此言之。如值丑为本命，乃名本命恋宅，乃无动意，此法极验。

青空白常

午未申酉		蛇贵合朱	财戊辰合
勾巳	戊玄	寅丑辰卯	子己巳勾
合辰	亥阴	丑子卯甲	子庚午青
卯寅丑子			

朱蛇贵后

伏吟卦六丙日吉，缘初传为德禄，中传为财，末传为长生。各忌空亡。

伏吟卦六戊日伏吟凶，缘初传巳火克中传申金，中传克末传寅木而伤日干，似乎无和气也。且戊日伏吟，切不可被时师惑作甲戊庚三奇言之，且初传天盘乃巳火，地盘乃戊土，岂可言三传甲戊庚耶？不可不知。

勾青空白

巳午未申		后后勾勾	父癸巳勾
合辰	酉常	子子巳巳	子甲申白
朱卯	戊玄	子子巳戊	官庚寅蛇
寅丑子亥			

蛇贵后阴

● **来去俱空岂动宜。**《复》："七日来复。"虚张攻势。第九十

夫来去者，返吟卦也。缘初传与末传，初中末往来交互也。故凡占得返吟卦，切不可便言凡事往来动移，内有三传皆空亡者，虽有动意，实不动也，尤详其空亡有用及无用言之。

己酉返吟，三传卯酉卯，此乃鬼皆空亡，正宜处难中解祸，余占空空然。

蛇贵后阴

亥子丑寅　　　合玄青后　　官　卯玄◎

朱戌　　卯玄　　酉卯未丑　　子己酉合⊙

合酉　　辰常　　卯酉丑己　　官　卯玄◎

申未午巳

勾青空白

乙丑日三传戌辰戌，此传财俱空亡，止宜占病，不宜问婚，妻及财凶。

蛇贵后阴

亥子丑寅　　　后青常朱　　财　戌朱◎

朱戌　　卯玄　　丑未辰戌　　财戌辰常⊙

合酉　　辰常　　未丑戌乙　　财　戌朱◎

申未午巳

勾青空白

戊辰日返吟，三传巳亥巳，此乃生气落空亡，不利长上。或六月、十二月占之，尊长病死尤的。

朱蛇贵后

亥子丑寅　　　玄合常朱　　父己巳常⊙

合戌　　卯阴　　辰戌巳亥　　财　亥朱◎

勾酉　　辰玄　　戌辰亥戌　　父己巳常⊙

申未午巳

青空白常

戊寅、午、戌、申、子，己亥、庚戌、甲辰等日返吟皆空，更宜逐类推之。

〇德丧禄绝格　乃阳日返吟者是。若阴日子加巳，乃四绝体也。

〇移远就近格　天罡乘青龙、六合在日上，乃真斩关卦。如占时发用者，名动中不动，寻远在近处，兼中末空亦然。如初见太岁，中末见月建或日辰，亦名移远就近，将缓为速。又如己丑日，干上辰，支上戌，虽干支上全乘魁罡，缘干上墓覆，又是柔日昂星，伏匿万状，终不能动。

朱合勾青

寅卯辰巳　　　白阴蛇勾　　财戌子贵

蛇丑　　午空　　未戌丑辰　　兄壬辰勾⊙

贵子　　未白　　戌丑辰己　　兄丙戌阴

亥戌酉申

后阴玄常

庚寅日，干上辰，支上戌，亦是真斩关卦，必主动，缘中末空亡，反不能动。又干上戌，支上辰同。后二假令，乃言斩关卦之义，非返吟也，须知。

贵后阴玄

丑寅卯辰	白合蛇玄	父丙戌合
蛇子　巳常	午戌子辰	官　午白◎
朱亥　午白	戌寅辰庚	财庚寅后☉

戌酉申未

合勾青空

似返吟卦。癸未日，干上寅，虽不系返吟卦，缘三传申寅申，往来皆在支干上，似乎与返吟相类也。如占事，虽不免往来交通，下稍全无一事，缘始末皆空，又是柔日昴星，故伏匿也。如用昼贵，三传合玄合，阴私万状，兼支干上皆乘脱气，占事不出旋窝。

蛇朱合勾

午未申酉	勾合阴玄	父　申合◎
贵巳　戌青	酉申卯寅	子戌寅玄
后辰　亥空	申未寅癸	父　申合◎

卯寅丑子

阴玄常白

诸返吟卦望事难成而覆破，访人差迭，复被诱差迭。

●**虎临干鬼凶速速**，克干客败，伤支主输。第九十一

谓日干之鬼上乘白虎者，凡占凶祸，速中又速。如六己日，卯加未，夜占；六壬日，戌加亥，且夜占；六癸日，戌加丑，昼占。此三干乃虎鬼临干者。六甲日，申乘白虎，且将顺行有之，但不临干而在五处。六戊日，寅乘白虎，夜将顺行有之，亦不临干。六庚日，午乘白虎，且将逆行，不临干而在五处。若乙丙丁辛四干，无此例。惟宜详其虎鬼，或空亡，或鬼坐鬼方，或坐生方，及虎之阴神能制虎者，虽目前值其灾祸，后却无畏也。

如甲子日，申加戌，昼将，上乘白虎作中传，诚为可畏，殊不知申坐戌空，又赖虎之阴神上乘午火而制虎鬼。经云："虎之阴神还制虎，生者安宁病者愈。"此虎鬼论如小人，稍得其势即为祸患，极速；倘受制伏，随即缩首拘捉，灰飞烟灭而不能为害也。

　　朱合勾青
　　卯辰巳午　　　白玄玄后　　　财　戌玄◎
蛇寅　　未空　　　申戌戌子　　　官壬申白⊙
贵丑　　申白　　　戌子子甲　　　子庚午青
　　子亥戌酉
　　后阴玄常

又如甲子日，申加午，昼将，上乘白虎作末传，其申不空，诚为可畏，尤赖申金坐于午火之上。经云："鬼坐鬼方无所畏。"

　　空白常玄
　　未申酉戌　　　合蛇青合　　　财戌辰合
青午　　亥阴　　　辰寅午辰　　　子庚午青
勾巳　　子后　　　寅子辰甲　　　官壬申白
　　辰卯寅丑
　　合朱蛇贵

又如戊寅日，寅加亥，夜将，上乘白虎作中传，纵干上有申金，缘作空亡而不能克其寅鬼，诚为凶也，殊不知寅木坐于亥水之上，寅木受亥水作长生，不来为害。经云："鬼自就生不来侵。"

　　蛇朱合勾
　　申酉戌亥　　　蛇阴勾蛇　　　子　申蛇◎
贵未　　子青　　　申巳亥申　　　财乙亥勾⊙
后午　　丑空　　　巳寅申戌　　　官戌寅白
　　巳辰卯寅
　　阴玄常白

其余虎鬼无制、不空等，占讼被刑，占病作死气必死，所占万事祸不可逃，惟有官人占之赴任却名催官符，赴任极速，反不宜受制及空。余仿此。

○马载虎鬼格　乃虎鬼作日之驿马是也，凶祸尤速。占讼必得罪于远方，极妙。如戊辰日，夜将，得寅加未作末传，乃鬼乘白虎，又是驿马。又戊辰日，寅加酉，夜；又戊辰日，寅加亥，夜；戊子日，寅加未，夜；甲寅日，申加午，昼；甲寅日伏吟，昼；甲寅日，申加戌，昼；甲午日，申加午，昼。甲戌、戊申二日虽有，因虎鬼空亡，不足论也。

青空白常

子丑寅卯　　　后勾贵青　　　财甲子青

勾亥　辰玄　　午亥未子　　　兄辛未贵

合戌　巳阴　　亥辰子戌　　　官丙寅白

酉申未午

朱蛇贵后

● **龙加生气吉迟迟。第九十二**

谓青龙乘生干之神，又作月内之生气者，虽目下未足峥嵘，却徐徐而发福也。此例喻君子欲施惠于人，未尝启齿，缓而作吉，尤奈岁寒尔。如六丙日，寅加巳，夜将乘青龙，三月占尤的。六丁日，干上寅，夜将，三月占。内丙午、丁未日，空亡不用。六戊日，干上申，昼乘青龙，九月占。内戊寅日申空。六己日，干上巳，昼将，六月占。内己亥日巳空。余干无例。

青空白常

寅卯辰巳　　　玄贵朱青　　　兄壬午玄⊙

勾丑　午玄　　午酉亥寅　　　父己卯空

合子　未阴　　酉子寅丙　　　官丙子合

亥戌酉申

朱蛇贵后

● **妄用三传灾福异，第九十三**

时师起三传尚有错误，想灾福应无的验也。且问三传错误者何？如辛酉日，干上亥，既是辛日，岂可便以亥加戌为初传乎？

贵后阴玄

午未申酉　　　白常空白　　　父　丑青◎⊙

蛇巳　戌常　　亥戌子亥　　　子癸亥白

朱辰　亥白　　戌酉亥辛　　　子癸亥白

卯寅丑子

合勾青空

又如乙酉日，亥加辰，既是乙日，岂可便以亥加辰为初传乎？

贵后阴玄

子丑寅卯　　　蛇常空蛇　　　子　午空◎

蛇亥　辰常　　亥辰午亥　　　财己丑后⊙

朱戌　巳白　　辰酉亥乙　　　官甲申勾

酉申未午

合勾青空

乙巳日，干上卯，既是乙日，岂可便以卯加辰为初传乎？

勾青空白
辰巳午未　　　　合勾朱合　　　财甲辰勾
合卯　　申常　　卯辰寅卯　　　兄　卯合◎
朱寅　　酉玄　　辰巳卯乙　　　兄　寅朱◎⊙
丑子亥戌
蛇贵后阴

戊寅日，第四课申加巳，有克。

青勾合朱
申酉戌亥　　　　青常朱青　　　财乙亥朱
空未　　子蛇　　申巳亥申　　　官戊寅后
白午　　丑贵　　巳寅申戌　　　父辛巳常
巳辰卯寅
常玄阴后

又如甲辰日，干上戌，时师皆以戌加寅涉害为用，三传戌午寅皆作脱气，凡占谋用无成，有忧皆散，殊不知乃择比为用，非涉害也。何故？缘甲木与子水比和，戌土畏甲木而不比，乃子申辰作三传，皆来生日，凡占欲成合而不利解释灾祸，但凶吉二事皆成也，后学何得以知之？

贵后阴玄
丑寅卯辰　　　　青蛇白合　　　父壬子蛇
蛇子　　巳常　　申子午戌　　　官戊申青
朱亥　　午白　　子辰戌甲　　　财甲辰玄
戌酉申未
合勾青空

又甲戌日，干上辰，乃子加戌为用，非辰加寅用也。

空白常玄
未申酉戌　　　　蛇后青合　　　父丙子后
青午　　亥阴　　寅子午辰　　　兄戊寅蛇
勾巳　　子后　　子戌辰甲　　　财庚辰合
辰卯寅丑
合朱蛇贵

又戊辰、戊二日返吟，丙子、戊辰日干上子，戊子一日干上寅，庚辰、丁亥二日干上卯，壬戌、甲申日干上辰，庚子日干上午，乙卯日干上申，乙卯日干上寅，庚寅日干上午，甲申日干上戌，各有其说也。

●喜惧空亡乃妙机。强敌宜落空亡。第九十四

凡空亡，有要见、有不要见者，后学不辨，一例而言之，诚可惜哉！且夫天盘作空亡者，谓之游行空亡，其吉凶有七八分。如地盘作空亡者，谓之落底空亡，其吉凶有十分。此不可不知之。且言要空亡者，乃克、盗、墓神及神遥克日，以上皆要空亡。惟生我者及救神，并天德、生气、财官及日遥克神并不宜空亡，皆反为凶兆。尤有遇、有不遇者。共列五等于后。

见生不生者　甲乙日以亥为生，其亥水居申上，他自恋生，不来生我。或是亥水居于辰戌丑未之上，为土所制，纵日辰、行年上见之亦不能生我。至于亥入空亡则大凶。如生我者空亡，占父母上人病主不救，占干上位亦是徒然。略举一例，十干仿此，各令占之，亦如上说。

见克不克者　如甲乙日以申酉为克，其金居巳午火上，他自受克，何暇克我？又申酉坐于辰戌丑未上，他自恋生，亦不来克我。鬼陷空亡亦不能为害，惟鬼作空亡加日辰、传、年命上，无制伏者极凶，或失人口，或犯官司，取费百出。十干仿此。

见财无财者　如甲乙日以辰戌丑未为财，其财居寅卯上，不可取财也。或财作空亡，虽得反有所费。财陷空亡亦不得，尤费财。如财居申酉脱气之上，反有所费。十干仿此。戊辰日干上酉，壬午日干上未，壬寅日干上子，庚子日干上酉，丙午日干上午，己酉日干上申。

勾合朱蛇

酉戌亥子		蛇青贵勾	财甲子蛇
青申	丑贵	子申丑酉	兄戌辰玄
空未	寅后	申辰酉戌	子壬申青
午巳辰卯			

白常玄阴

见救不救者　如甲乙日，传内先有申酉金，于日辰上见巳午火，乃为救神。其巳午火居亥子上，或作空亡，或陷空亡，或在寅卯上，他自贪生，此不能为救也。如此反为灾咎。如不见日鬼，其救神即盗神也。余八干仿此。

见盗不盗者　如甲乙日，见巳午火居亥子之乡，或入空亡之内，皆是盗我之气不得也，反变成吉。十干日同。今人不看如何，见生便言生，见财便说财，见鬼便言有鬼，有救便言救，不知其所立之地、所行之方如何耳，不为分别，惜哉！

○德贵合局生身格　亦贵德临身消除祸患格。如乙酉日，干上申，昼占，虽三传水局生日，缘天将昼夜皆贵勾常土神，使水局不能生其乙木。如用夜贵，尚赖贵临本身，尤能勉强倚贵而求生计。

```
    蛇朱合勾
  酉戌亥子        玄青勾贵        官甲申贵
贵申    丑青      巳丑子申        父戊子勾
后未    寅空      丑酉申乙        财壬辰常
  午巳辰卯
    阴玄常白
```

○长上灾凶格　乃长生空亡者例。戊寅日，申为长生作空亡；庚子日，巳为长生作空亡；壬午日，申为长生作空亡；甲子日，亥为长生作空亡；丙午日，寅为长生作空亡。月内生气亦忌空亡。

○喜惧格　一则一喜，一则一惧者例。谓干上长生，三传皆鬼。

●六爻现卦防其克，第九十五

财爻现卦必忧父母。歌云："三传俱作日之财，得此须忧长上灾。年命日辰乘干鬼，争知此类不为乖。"如辛未日，干上午，三传卯亥未木局，三传皆作日之财。虽忧父母，赖干上先有午火生其父母爻，窃其财爻，此名传财化鬼。人但知言父母等类，而不知言传财化鬼，如欲占财则有灾祸耳。余日辰、年命上无官鬼爻者，乃可言父母灾也。亦必支干、年命上先有父母爻，后被传财克者，始可言父母长上灾。如无父母爻，则亦不言。

```
    青勾合朱
  丑寅卯辰        白合勾贵        财丁卯合
空子    巳蛇      亥卯寅午        子  亥白◎
白亥    午贵      卯未午辛        父辛未后⊙
  戌酉申未
    常玄阴后
```

此例如丁丑日，干上先见卯为父母爻，岂应三传金局之财来伤卯木？此方可言长上灾，或求财而妨生计，或被恶妻逆其翁姑，此二事尤的。又有己丑日干上午，庚辰日干上未，丁酉日干上卯，戊戌日干上午，皆如前说。必待财旺月乃忧长上，其财休囚，却为财也。

朱合勾青

丑寅卯辰　　　空阴贵勾　　　兄辛巳空⊙

蛇子　　巳空　　巳酉亥卯　　　子丁丑朱

贵亥　　午白　　酉丑卯丁　　　财　酉阴◎

戌酉申未

后阴玄常

外有乙亥日，欲赖支上申生父母爻而窃其财爻，殊不知申空亡，仍主父母之灾。

朱合勾青

寅卯辰巳　　　青常阴蛇　　　财丁丑蛇

蛇丑　　午空　　巳申戌丑　　　财甲戌阴

贵子　　未白　　申亥丑乙　　　财癸未白

亥戌酉申

后阴玄常

父母爻现卦必忧子息。歌云："父母现卦子孙忧，日辰年命细参求。同类比肩居在上，男儿昌盛不为仇。"如戊寅日，干上丑，三传戌午寅火局皆作父母爻，虽忧子息，赖干上先有丑土生其子息，窃其父母。

贵后阴玄

丑寅卯辰　　　白合勾贵　　　兄甲戌合

蛇子　　巳常　　午戌酉丑　　　父壬午白

朱亥　　午白　　戌寅丑戌　　　官戊寅后

戌酉申未

合勾青空

若子息爻现卦必忧官事。歌云："子息见时官事无，古法流传实不虚。岂知四处财爻现，官迁讼罪病难苏。"己巳日，干上亥，三传酉丑巳金局皆作子息爻，虽忧官职，缘干上先有亥水生其官鬼窃其子息爻。余如前说，官讼则忌。

合朱蛇贵

酉戌亥子　　　后合玄蛇　　　子癸酉合

勾申　　丑后　　丑酉卯亥　　　兄乙丑后

青未　　寅阴　　酉巳亥己　　　父己巳白

午巳辰卯

空白常玄

官鬼爻现卦忧己身及兄弟。歌云："官星鬼贼作三传，本身兄弟不宜占。父母之爻如透出，已身昆仲总安然。"如乙丑日，干上子，三传巳丑酉金局皆鬼爻，虽忧已身及兄弟，奈干上先有子水生其已身、兄弟，窃其官鬼爻也。余仿此。

```
   蛇朱合勾
   丑寅卯辰      青玄常贵      子己巳青
贵子    巳青     巳酉申子     财乙丑蛇
后亥    午空     酉丑子乙     官癸酉玄
   戌酉申未
   阴玄常白
```

同类现卦必忧妻及去财。歌云："干支同类在传中，钱财耗散及妻凶。支干上神乘子息，妻宫无恙反财丰。"如丙寅日，干上丑，三传戌午寅皆是日之同类，虽忧妻位及损耗钱财，奈干上先有丑土生其财爻，窃其比肩。余仿此。

```
   朱合勾青
   丑寅卯辰      白后阴朱      子  戌后◎
蛇子    巳空     午戌酉丑     兄庚午白⊙
贵亥    午白     戌寅丑丙     父丙寅合
   戌酉申未
   后阴玄常
```

六爻相生而成类者。乃三传生起干上之爻象者。

传财化鬼者。如辛未日，干上午，三传卯亥未生起干上之午鬼者。

```
   青勾合朱
   丑寅卯辰      白合勾贵      财丁卯合
空子    巳蛇     亥卯寅午     子  亥白◎
白亥    午贵     卯未午辛     父辛未后⊙
   戌酉申未
   常玄阴后
```

传鬼化父母者。如乙巳日，干上子，三传酉巳丑生起干上之子水父母。

```
   蛇朱合勾
   丑寅卯辰      玄蛇常贵      官己酉玄
贵子    巳青     酉丑申子     子乙巳青
后亥    午空     丑巳子乙     财癸丑蛇
   戌酉申未
   阴玄常白
```

传父母化兄弟。如戊午日，干上丑，三传戌午寅生起干上之丑为兄弟爻。

贵后阴玄
丑寅卯辰　　　合后勾贵　　　兄壬戌合
蛇子　巳常　　戌寅酉丑　　　父戊午白
朱亥　午白　　寅午丑戌　　　官甲寅后
戌酉申未
合勾青空

传兄弟化子息。如丁亥日昴星，干上戌，三传午戌寅生起干上之戌土为子息，乃不言墓。

合朱蛇贵
申酉戌亥　　　空玄阴蛇　　　兄　午青◎
勾未　子后　　巳寅丑戌　　　子丙戌蛇⊙
青午　丑阴　　寅亥戌丁　　　父庚寅玄
巳辰卯寅
空白常玄

传子息化财爻。如甲寅日，干上戌，三传戌午寅生起干上之戌土为财。以上如或占病，或父母、兄弟、子孙、妻妾、己身有病。如逐类现卦，虽曰不吉，其各类加干，令得地，反不为凶。如位死绝，又坐克方，死而无疑。

贵后阴玄
丑寅卯辰　　　白合白合　　　财壬戌合
蛇子　巳常　　午戌午戌　　　子戊午白
朱亥　午白　　戌寅戌甲　　　兄甲寅后
戌酉申未
合勾青空

三传内现类而传自墓克者例。皆是午丑申作三传者，如乙亥、酉、未、巳、卯五日，并午加亥为用。如有官人占之，不可占官，如常人占之，反宜急难除祸。缘末传之申金为官鬼，被初传午火所克，又被中传丑来墓申，兼末之申金自坐于丑墓之上，其申金全无气象。

贵后阴玄
子丑寅卯　　　后空空蛇　　　子壬午空
蛇亥　辰常　　丑午午亥　　　财丁丑后
朱戌　巳白　　午亥亥乙　　　官　申勾◎
酉申未午
合勾青空

又如丙辰、丁亥二日，亦是午丑申为三传，乃申金财全无气象，亦缘被初克、中墓也。己亥日长生无气，庚辰日德禄无气，辛亥日兄弟爻无气，六壬日长生无气，以上皆是午丑申为三传者。

```
  蛇朱合勾
  子丑寅卯        白贵常蛇        兄戌午白
贵亥    辰青      午亥未子        子  丑朱◎
后戌    巳空      亥辰子丙      财庚申玄☉
  酉申未午
  阴玄常白
```

○支干同类格　难求财，缘支干各相争夺。惟有十二日：甲寅、乙卯、庚申、辛酉、丙午、丁巳、壬子、癸亥、己丑、己未、戊辰、戊戌。

○白蚁食尸格　壬癸日，申坐丑上，夜将上乘白虎，此乃父母爻乘白虎坐墓，必父母墓中生白蚁，或兴祸端。如父母在，主病灾，更作月内死气、死神，占父母病必死。又六戊日，午加戌，昼将上乘白虎；六己日，巳坐戌，旦将乘白虎。皆如前说。余干逐类而推之。

```
  合朱蛇贵
  子丑寅卯        蛇常朱玄        财丙午玄
勾亥    辰后      寅未丑午        官癸丑朱
青戌    巳阴      未子午壬        父戌申白
  酉申未午
  空白常玄
```

○懒去取财格　六甲日，干上寅或卯，纵传内见财爻，如求财必心多退悔，懒去取财，恐争夺也。余日逐类看所乘何神而言其事类。

○德丧禄绝格　阳日返吟，阴日四绝体。

●旬内空亡逐类推。财空库储乏，鬼空敌人遁，救空谋策拙，比空赞佐慵，生空防失惠。第九十六

甲子旬戌亥空亡。甲子、乙丑日妻财及父母空。丙寅、丁卯日暮贵及官鬼空。戊辰、己巳日兄弟及妻财空。庚午、辛未日父母及子息空。壬申、癸酉日官鬼及兄弟空，壬日德禄皆空。以上纵戌亥在六处亦不可用。

甲戌旬申酉空亡。甲戌、乙亥日官鬼空。丙子、丁丑日妻财空。戊寅、己卯日子息空。庚辰日德禄空。辛巳日兄弟、己身空。壬午、癸未日父母空。以上纵申酉在传、年、日辰上亦不中用。

甲申旬午未空亡。甲申、乙酉日子息墓，妻财空。丙戌、丁亥日兄弟、子息空。戊子、己丑日父母、兄弟空，内己日禄空。庚寅、辛卯日官鬼、父母空。辛日旦贵空。壬辰、癸巳日妻财、官鬼空。内甲戊庚三日夜贵空。

甲午旬辰巳空亡。甲午、乙未日妻财、子息空。丙申、丁酉日子息、兄弟空。戊戌、己亥日兄弟、父母空。庚子、辛丑日父母、官鬼空，及长生空。辛日官、德空。壬寅、癸卯日墓、官鬼、妻财空，并昼贵尤不得力。内丙戊日德禄空。

甲辰旬寅卯空亡。甲辰、乙巳日兄弟、己身并禄空，甲日德空。丙午、丁未日父母空。戊申、己酉日官鬼空，内己日德空。庚戌、辛亥日妻财空，内辛日夜贵空。壬子、癸丑日子息空，止宜脱祸。

甲寅旬子丑空亡。甲寅、乙卯日父母、妻财空。丙辰、丁巳日官鬼、子息空。戊午、己未日妻财、兄弟空。庚申、辛酉日子息及父母或墓空。壬戌、癸亥日兄弟、官鬼空。甲戊庚乙己五日旦贵空。

自古十恶大败日者，乃无禄之日也。且甲辰、乙巳、壬申、丙申、丁亥、庚辰、戊戌、癸亥、辛巳、己丑此十日内禄神空亡故也。

●所筮不入仍凭类，第九十七

如占失脱，虽玄武并脱气、日鬼不在六处，亦宜用此类而言其方所、色目也。其余所占万类，皆如其法也。

●非占现类勿言之。凡行师之日，以干为三军，支为营垒。第九十八

如前贤有诸秘法，用之极灵，且如白虎临寅在支上发用者，必宅中屋梁摧折之惊，斯法极验。设有占课君子问求财事卜得此课，切不可言其梁栋摧折，大抵与求财异。如此条贯，犯之极多，时师不可不为自警。举此一隅，余其可知之。

●常问不应逢吉象，贵课利贵人不利小人。太平时虽有破敌之策，而无所用之日。第九十九

诸龙德、铸印、高盖乘轩、斫轮、官爵、富贵、三光、三奇、三阳之吉泰卦，但有官君子占之则为吉兆，或迁官转职，或面君而奏事也。如常人占得上项吉卦，恐致灾咎临身，反大难压，喻常流百姓既不趋事贵人，兼以本身无官无禄，岂宜占得面君及见贵之卦乎？必因讼而名达朝廷，不然必到讼庭而面见太守而遭罪。占病必见阎王。如得远干出外，可免病讼。

●已灾凶兆返无疑。第一百

凡值丧魂、魄化、天祸、天寇、伏殃、天狱、天网四张、天地二烦诸凶否卦，如已见病讼灾迍之后占得前项诸凶卦，其灾却有消除祸害之意，反不足为虑。如未见病讼之前占得此者，必病讼丧祸并至，更无疑也。

天罡之神临身命、行年，静者主动，动者主静。如占讼，入狱者即出狱也。及问罪犯曾与不曾，然后言之。余占凶者却吉，占吉者却凶。

〇结绝格　六丙日，干上亥，或常问必主病讼。如已见凶灾，反宜结绝旧事。又作昼贵，尤宜告贵人而结绝凶事。

〇以凶制凶格　六癸日，辰加丑，此乃墓神覆克日，诚为凶也。如夜将，又乘蛇，尤凶。以末戌乘白虎冲辰，为之破墓冲鬼，以凶制凶，凶即散而无咎也。又四癸日，戌加丑，昼将，亦赖末之蛇冲虎，辰冲戌，尤宜解忧。外无癸酉、癸亥日也。

```
    青空白常
    申酉戌亥      勾蛇勾蛇     官甲辰蛇
勾未      子玄     未辰未辰     官丁未勾
合午      丑阴     辰丑辰癸     官庚戌白
    巳辰卯寅
    朱蛇贵后
```

六壬课式理微幽，先圣遗文在熟思。虽彰卦体并神煞，奈何浅学尚迟疑。
临占转觉难开语，盖缘毕法未全知。辄拟师言成短句，幸垂斫削作歌诗。

卷四　口鉴

●**前后引从升用祺**，第一

《毕法》作："前后引从升迁吉"。祺，吉祥也。言遇前后引从之格，占者必升迁有吉祥也。其格有二：初传居干前曰引，末传居干后曰从，此格主升迁官职；初传居支前，末传居支后，此格主迁修家宅。二格皆吉兆也。

假令庚辰日八课，寅加酉为初传，子加未为末传，乃初末引从庚上昼将，谓之拱贵，主升迁官职也。

假令甲午日八课，初传子加未，末传戌加巳，乃初末引从地支午，主迁修宅舍也。

●**首尾相见始终宜**。第二

《毕法》同。谓干上有旬尾，支上有旬首，凡占百事不脱，所谋皆成，占赴试宜代工，占讼宜换司，占交加用事去而复来，惟不宜释散事。假令乙未日二课，干上卯乃旬尾，支上午乃旬首。又丙申日三课，戊申日五课，辛丑日八课，壬寅日九课。外有年月日时全在四课之内名天心格，凡占主非常之事，即日成之。占阴私小事得此，反有咎也。

假令甲子年七月初四乙巳日巳将酉时占，乃子年申月巳日酉时，一课子加乙，二课申加子，三课丑加巳，四课酉加丑，是年月日时皆在四课之中。外有四课在三传之内，三传在四课之中，名回环格，吉凶皆不成，只宜守旧。

●**帝幕贵人登第兆**，第三

《毕法》作："帝幕贵人高甲第"。帝幕官谓昼占得夜贵，夜占得昼贵是也。占赴试专视此神，若临日干及年命上必中高第。或六甲旬首临之亦同为吉兆，盖旬首是名仪神，又为开口故也。此课惟六辛、六乙、六己日有之。又甲戌、甲辰二旬内占得辰戌临年命，必作魁元。又日德加亥为德入天门，天乙加亥为贵登天门，必中高甲无疑。

占武试以巳为弓，以申为箭，如申加午，必中红心，申加四孟为四角花，加季不中，以课第分，前数《毕法》详矣。

●催行使者赴官期。第四

《毕法》作："催官使者赴官期"。凡占上官赴任，见官星临日干、年命，遇三传上神生干者，名催官使者，必速赴任。

又口诀云：虎乘日鬼催官使。又传生干上鬼，亦名催官。

●六阳数足须公用，第五

《毕法》同。谓四课三传六阳支皆全，凡占利公用不利私谋。假令庚子日十一课，一课戌加庚，二课子加戌，三课寅加子，四课辰加寅，三传辰午申，六阳俱足，占天庭大事最利，若空亡则减力难成。

●四课传阴有暗迷。第六

《毕法》作："六阴相继尽昏迷"。谓四课三传六阴支皆全，凡占利阴谋不利公干。若自昼传入夜，其暗尤甚。如己巳、己卯二日十一课，又名溟濛卦，昏迷更甚也。

●脱上脱生情作诞，第七

《毕法》作："脱上逢脱防虚诈"。谓日干生其上神，上神又生天将，故名脱上生脱，凡占多被脱耗，为虚诈不实之象。如六庚日九课，干上子，夜将青龙，此乃庚金生子水，子水又生青龙木是也。又甲午日九课，午加甲，三传寅午戌火局，并干支为子孙，脱盗尤甚。

●空来空处事难追。第八

《毕法》作："空上乘空事莫追"。谓干上见旬空，又乘天空者，凡占指空话空，全无实象。如甲申八课，干上未，旦占，加天空是也。

●空神茹进回身可，第九

《毕法》作："空神连茹回身可"。谓三传空亡连茹而进，占者宜退步避虚诈也。此课末传是旬首。假令壬子日十二课，干上子，三传寅卯辰皆是空亡，即宜退步，安静自守。盖因干支上子与丑合，互有所得，庶使壬水不被传木全脱，可以远害故也，惟不利托人，恐被其欺诈无及也。又丁丑日十二课，三传申酉戌，申酉旬空，戌为旬首。癸丑日十二课，三传寅卯辰同。

●虚将无前进用宜。第十

《毕法》同。谓三传空亡连茹而退，却宜上前也。此课末传是旬尾。假令戊申日二课，干上辰，三传卯寅丑皆作日之鬼，幸空亡可以脱灾，只宜向前作为，不宜守旧也。惟官爻空不利占功名。

又如丙午日二课，干上辰，三传卯寅丑皆生日，岂宜皆空？不利占文书及父母，若占子息无妨。

●**彼要托吾枝历干，第十一**

《毕法》作："彼若托吾支传干"。枝，支也。干，干也。谓初传从支上起，末传归干上者，凡占主他人托我干事，吉凶皆成，行人至，所求得。

如癸酉日五课，初传从支上巳起，末传归干上酉止。庚辰日五课，初子末辰。甲申日四课，初巳末亥。丁亥日三课，初酉末巳。

●**我将求彼干传枝。第十二**

《毕法》作："我求彼事干传支"。谓初传从干上起，末传归于支上者，凡事勉强，不免俯求于人，亦被人抑勒难自屈伸，旺相尤吉，囚死不安，只宜低下，不宜高亢。如丁亥日十一课，自干上酉作初传，末传归至支上丑。甲午日十一课，自干上辰传至支上申。癸未日四课，自干上戌传至支上辰。

●**传神生序多人荐，第十三**

《毕法》作："三传递生人举荐"。此例有二：一、初生中，中生末，末生干；二、末生中，中生初，初生干。凡占值此二例，必隔三隔四有人于上位推荐，凡事有成，只恐空亡则无成就。如辛丑日十一课，三传卯巳未，巳空。辛酉日九课，三传寅午戌。癸未日十一课，三传巳未酉，酉空。丁卯日十课，三传酉子卯。丁巳日十课，三传申亥寅。以上皆顺生至干例也。又如乙丑日三课，三传亥酉未，亥空，此逆生至干例也。

●**课传伤连众辈欺。第十四**

《毕法》作："三传互克众人欺"。此例亦有二：一、初克中，中克末，末克干；二、末克中，中克初，初克干。凡占值此主众人递互相欺，尝被攻讦，居官必遭弹劾，且有人作两面刀相伤，惟逢空无妨。如丙辰日八课，三传寅未子，子空，此顺克至干之例。又如丙寅日六课，三传子未寅，此逆克至干之例也。若欲知何人暗害，如戊日伏吟，三传巳申寅，顺克至干，而初传巳又生干，全看巳类神，必是工匠或干办或属蛇人，原系我之亲暱反作两面刀相伤。余仿此。

●**有始无终难变易，第十五**

《毕法》同。一句事分两项：就长生、墓库上看，有始无终者，乃初传是日之长生，末传为日之墓是也；难变易者，初为干墓，末乃干之长生是也。

如乙未日九课，初传亥加未为干之长生，末传未加卯为干之墓，占值此例，始虽善谋，终必无成，是有始无终也。

如丙寅日五课，初传戌为干墓，而末传为丙火之长生，占值此例，始虽艰难，后却成合，是难而变易也。又如壬子、壬寅两日十一课，皆三传辰午申，亦自墓传生，难变易也，为先迷后得之象。

●**甘来苦去乐生悲。**第十六

《毕法》作："苦去甘来乐里悲"。此句亦分两项：

苦去甘来者，如戊午日四课，末传申加亥，申生中传亥水，亥水又生初传寅木，寅木却克日干之戊土，是戊土被寅木之苦，赖末传之申金冲克寅木，且申金又为戊土之长生，占得此例，先受艰阻，后却安逸也。

乐生悲者，如庚寅日四课，干上巳乃庚金之长生，支上亥乃寅木之长生，是先时各有长生之意，后以干支互参，庚金被亥水脱气，寅木被巳火脱气，反为脱盗矣。

又如癸酉、癸丑、癸巳三日第五课，酉加癸干，三传金局虽生日干，其昼夜天将皆土，却来伤日，主面前生之，背后反为深害，谚云："贪得一粒粟，失却半年粮。"

外有一等恩多怨深者，初生中，中生末，末却克干。如己巳日十课，初申生中亥，中亥生末寅，末寅却克干之己土是也。

又有一等不幸中幸、幸中不幸者，缘白虎却作长生，青龙却乘日鬼是也。如六戊日伏吟，旦占，白虎临申作长生，乃不幸中幸；夜占，青龙临寅作日干之鬼，乃幸中之不幸。

●**宅人受脱多招盗，**第十七

《毕法》作："人宅受脱俱招盗"。此例亦有二等：一、干支上皆乘脱气；二、干上脱支，支上脱干。得此者，主人被脱赚，家被窃盗。如占病，因起造房屋费用而致心气脱弱，遂成虚羸，宜补元气方始得愈。若干支互脱之卦，必主彼此怀谋。

假令庚辰日九课，辛巳、辛卯二日十一课，庚寅日九课、十课，壬寅日九课，皆支干上乘脱气，占病必主吐泄。

假令乙酉日五课，辛酉日十二课，丁酉日九课，皆支上脱干，干上脱支，占财主东手来，西手去。

又有初传是遥克，或是昴星，又是空亡，发用将乘玄武者，凡占值此必主失脱。如乙巳日十一课遥克，庚午日十二课昴星是也。

●**枝干逢衰尽已颓。**第十八

《毕法》作："干支皆败势倾颓"。谓干上、支上皆逢败气，如占身主血气衰败，占宅舍日渐崩颓，尤不可捕捉奸私，占讦官事恐致牵连败戾。如甲申日三课，干上子，支上午；甲寅日三课，干支上子；壬申日三课，干上酉，支上子；丙申日三课，干上卯，支上午；丙寅日三课，干上卯，支上子是也。

外有宅上逢破败者，必主宅中之人立身不正致家道破败，须详类是何人。假如己巳、己亥二日十一课，干上乘酉乃干之败气，又作支之破碎，总名破败神，以类推之，酉金为己土之子，又为酒，为婢妾，必主子孙因酒色败家。

●龙虎加临分喜畏，第十九

《毕法》作："虎临干鬼凶速速，龙加生气喜迟迟"。言青龙喜临生气，白虎畏乘干鬼也。

凡青龙加临生神又作月内之生气，必迟迟发福。如六丙日四课，寅加巳，夜将青龙，三月占是也。又如六丁日六课，寅加未，夜将龙加寅，三月占。六己日三课，巳加未，昼将龙加巳，六月占之类。

凡白虎乘干鬼，占凶祸最速。如六己日五课，卯加未，夜占。六壬日二课，戌加亥，旦占。六癸日四课，戌加丑，旦占。皆虎作干鬼。

又白虎作鬼，若遇空亡或有制伏，差为可解。如甲子日三课，申加戌，旦占，上乘白虎作中传，诚为可畏，殊不知申坐戌空，又赖虎之阴神上乘午火制伏虎鬼。经云：虎之阴神还制鬼，生者安宁病者愈。盖凡遇虎作干鬼，如得势即为患最速，倘受制伏便灰飞烟伏，不能为害矣。

●亲戚护救辨安危。第二十

《毕法》作："亲戚护救安危辨"。亲戚乃课内之六亲也。如传中财爻见，必忧父母。歌云：三传俱作日之财，得此须忧长上灾。如辛未日五课，干上午，三传亥卯未木局，皆作日财，虽忧父母，赖干上先有午火生其父母爻，又窃其财，故占父母无妨，占财有害。他如父母见，忧在子孙，然干上先见兄弟便有救。如戊戌日五课，三传寅戌午火局，干上丑为兄弟生其子孙是也。余详具《毕法》。

●谋为被拙逢罗网，第二十一

《毕法》云："所谋多拙网罗欺"。又云："天罗自裹招迷惑"。《口鉴》二卷一百十九条又云："天罗自裹身难动"。一百二十四条又云："罗网干支禄寿危"。谓干上乘干前一神，支上乘支前一神，名天罗地网，占得此例，如罗网缠身，动止不能如意。如甲申日，干上卯，支上酉之类。

又有干乘支之网，支乘干之罗，占事彼此互换暗昧，如黑雾中行，恍惚不精灵也。为官者，干上值，丁父忧，支上值，丁母忧。如丁丑日六课，干上寅，支上申。庚寅日六课，干上卯，支上酉是也。

外如六甲日八课，未加寅乃墓神覆日，如占人本命又是未，名天罗自裹，凡祸自招，非由天孽。

●宅舍生光遇昼辉。第二十二

《毕法》作："太阳射宅屋光辉"。昼辉，太阳星，即月将也。假令丙午日九课，戌加午乃干支之墓，占宅似为不快，若月将是戌，为太阳返照，主宅舍生光，遇太岁尤吉，然必须昼占方的。又如乙卯日，子将卯时，乃太阳作贵人生宅，若占宅，必下有宝藏。如子年占之，必生贵子。虽是旬空，但太阳乃悬空法象，空则愈见光辉。若为发用及临身宅，最吉。

●助予传干三等论，第二十三

《毕法》作："末助初传三等论"。有末助初生干者，有末助初而克干者，有末助初而作干之财者，此三等皆主傍助而各有成。末助初生干者，必年命上制其末鬼，方可言生。若年命上生末，反成咎也。

末助作官，如庚午日三课，末传寅木乃教唆词讼之人也，其类为曹吏，为道士，为胡子，或属虎，或姓从木傍，详寅之类而推之。尤不宜求财，若值空亡，其教唆者必自败露。

末助生干，如辛酉日八课，末传巳加子助初传未土生日干辛金，占得此者，必有人暗相荐助，若值末传空亡，徒付闲话。

末助求财，如甲辰日三课，末传午火助初传戌土作甲干之财，占值此例，必暗中有人以财相助，更于博弈尤宜。

●匿亡卦体两般推。第二十四

《毕法》作："闭口卦体两般推"。此闭口卦例。《心镜》云：阳神作玄武，度四是终阴。宜捕盗贼、追逃亡。其例有二：

一、谓地盘之旬首上乘玄武。如甲子旬，甲子日九课，辰加子，昼夜；甲子日三课，戌加子，昼夜；戊辰日三课，戌加子，昼夜。甲申旬，乙酉日十课，亥加申，夜占。余仿此。天盘上旬首乘玄武者亦然。

二、谓旬尾加旬首为用者是也。此例若更值初乘上下六合，则气塞于中。如占病，即是哑瘰，或禁口痢，或咽喉肿塞，或痰厥不进饮食。如占产，必哑儿。占失脱，纵有人见贼，亦不肯言。占求索，人但闭口不语有无也。此例皆在第四课。如甲申、丙戌、丁亥、庚寅、壬辰并巳加申为用。如甲寅、丙辰、丁巳、己未、癸亥并亥加寅为用。如甲午、丁酉、庚子并卯加午为用。如甲辰日，丑加辰为用。此例凡在课或在传，皆同。更详天将言其事类。如上乘贵人，告贵不允；上乘朱雀，理讼不伸之类。外旬首加旬尾同。

其闭口卦，视玄武阳阴神例，另详《九宗广》，皆捕捉诀也。

●阳星照武宜擒盗，第二十五

《毕法》同。言玄武坐太阳之上，占贼必败。缘贼喜夜，可以隐形，被太阳一照，必败露也，但须昼占为的，若占时在夜，盗贼反幸。

假令壬申日寅将申时返吟课，支上寅木是日之盗气，又乘玄武，必是家人为盗后自败露，缘月将照破玄武也。

又如辛亥日亥将戌时十二课，主失脱无疑。盖干上亥是日之盗神，又乘玄武，初传丑又是日之墓神，末传寅卯虽为日财，又是旬空，虽云太阳照武，奈至戌时，是太阳已落，其贼难获。

如占失财，日财坐长生上者不失，物类坐长生亦不失。

●合后占婚岂用媒。第二十六

《毕法》同。谓干为夫，支为妻，干支上乘天后、六合，应有私情，更女之行年居干上，男之行年居支上，乃私相交合，不用媒妁，为先奸后娶之意。

假令丁卯日六课，干上寅乘六合，支上戌乘天后，昼占。又丁卯日十课，干上戌乘天后，支上午乘六合，夜占。

●富贵干支逢禄马，第二十七

《毕法》同。谓干上有支之驿马，支上有干之禄神，名为富贵卦。君子占之，加官进爵，常人占之，病讼俱兴，宅移身动。

假令丙寅日十课，干上申乃支之驿马，支上巳乃干之禄神。戊寅日十课，干上申乃支之驿马，支上巳乃干之禄神。

●尊崇传课遇三奇。第二十八

《毕法》作："尊崇传内遇三奇"。三奇有二等：有三传全遇甲戊庚，有全遇乙丙丁者。其取甲戊庚、乙丙丁之诀亦有二：有遁旬中之干者，有遁五子元建之干者。凡值此二例，君子占之，加官进禄，常人占之，得福消灾。

旬中之干，如己卯日二课，初传丑加寅，丑为旬丁；中传子加丑，子为旬丙；末传亥加子，亥为旬乙是也。壬申日十二课，三传丑寅卯，乃旬中乙丑、丙寅、丁卯也。余仿此。

五子元建，如辛巳日五课，三传午寅戌，以辛从戌起之诀遁之，为甲午、庚寅、戊戌，是甲戊庚三奇也。

外又有用正时遁者，名曰复建。

● **干临旺气休谋动，第二十九**

《毕法》作："旺禄临身休妄动"。谓日之禄神又作日之旺神临于干上，凡占不宜舍近谋远。

假令乙卯日二课，干上卯为日之旺神，又为乙之禄神，只宜守此旺禄，若贪丑财在初而就之，恐丑与中传之子皆是旬空，徒往无益也。

他如乙酉、乙亥、乙未三日，俱干上卯。癸未日，干上子。丁酉、己丑日，俱干上午。辛巳日，干上酉并同。以上皆第二课。

● **支寄干神必受亏。第三十**

《毕法》作："权摄不正禄临支"。课日干之禄神加临支神之上，凡占不自尊重，受屈抑于他人。如占差遣，主权摄不正，或遥受职禄，或止宜合宅之禄，或将本身之禄替与子孙。如甲子日十一课，寅加子；乙丑日十一课，卯加丑之类。又如辛丑日五课，酉加丑乃禄神投墓。

外有日干之禄虽寄于支上，反被日上神所克，所占必因起造房屋而失其禄，或被支神脱其禄神，亦主因修造宅舍以禄偿债。如乙亥日九课，乙上申克亥上卯，是干禄临支而为干上克之例。如乙酉日返吟课，乙禄在卯，加于酉上，卯被酉克，是干禄见支伤之例。又如乙巳日三课，卯加巳，卯木生巳火，是干禄被支神所脱之例也。余仿此。

● **魁度天门须阻隔，第三十一**

《毕法》作："魁度天门关隔定"。戌为河魁，亥为天门，凡占遇戌加亥为用，诸事必有阻隔。

● **罡塞鬼户任谋为。第三十二**

《毕法》同。辰为天罡，寅为鬼户，凡辰加寅，不论在传不在传，皆名罡塞鬼户，使众鬼不能窥觑，宜轻灾避难、阴谋私祷、吊丧问病、合药书符。如甲戊庚日十一课，昼贵登天门，天罡塞鬼户，凡占皆利也。

又如己丑日十一课，卯加丑为初传，乃日鬼，中传巳加卯，又入鬼乡，末传空亡，占时又是卯，名天网四张，但罡塞鬼户，使众鬼潜，万怪伏，所作任意，谋无阻碍。

外有一等，三传作日鬼，得贵人塞鬼户，亦任谋为。如癸酉、癸未、癸丑、癸亥四日十课，昼贵是也。又壬辰、壬戌二日十课同。

又有六神藏、四煞没之例。六神藏，如甲戊庚日，十一课昼贵在丑，五课夜贵在未，临地盘亥名贵登天门；螣蛇临地下子名坠水；朱雀临地盘丑名投江，丑中癸是水故也；勾陈临地盘卯名受刑，又名受剥，又名受制，因勾陈属土，被卯木所克故也；天空临地盘巳名投绝，因天空属戊为土，土长生于申，绝于巳故也；白虎临地盘午名烧身；玄武临申之地盘名现形。此六神藏也。六神皆凶煞，故喜其藏。四煞没，缘辰戌丑未中有五墓煞在内，凡每日十一课，辰加巳，戌加亥，丑加寅，未加申，四孟为四维，乃四角也，今四季墓神临于四维，此四煞没也。然惟甲戊庚三日，十一课旦占，五课夜占，是贵登天门，又是六神藏、四煞没，为吉卦也。须在四孟月占，则月将是四维更为的确。

凡亥为天门，巳为地门，申为人门，寅为鬼门。鬼门之设，按《观象玩占》云：东北艮方，寅位也，治立春后四十五日，风名条风，取冬春之交，万物变条鬯，达之意也。若有暴风起其方，为鬼行人道，主天下荒多旱疫，令人病洩变容。

●**胎财生气妻怀孕，第三十三**

《毕法》同。又云："胎财死气损胎推"。谓日干之胎神作日之妻财，又逢月内之生气者，占妻必孕育。如壬寅日六课，干上午，七月占，午加亥为用，盖壬水胎在午，又是壬干之妻财，七月生气在午，占妻必有孕无疑。

凡壬日六课，七月占，皆同。惟壬辰日六课，干上午，七月占，干上午为用，虽妻财作胎神乘生气，但午为旬中空亡，必致损胎。

又六戊日第六课，六己日第八课，干上子，正月占，亦主妻有孕，不必作胎神也。

又支之胎神作月内生气，亦主妻有孕，不必作干之财。如亥子日，支上午为用，七月占是也。

外有甲乙日胎神在酉十月占，丙丁日胎神在子正月占，非妻孕即婢妾有子也，惟乘死气主死胎。[①]

●**夫妇芜淫意有私。第三十四**

---

① 按：生气须合年月日看，若止论月，惟四月庚辛日、七月壬癸日有此课矣，不太拘乎？张希昌记。

《毕法》作："夫妇芜淫各有私"。与别责卦之芜淫不同。谓干被支上神克，支被干上神克，为芜淫卦，主夫妇不协，各有私情。如甲子日五课，干上戌，支上申。《心镜》歌曰：甲将就子忧申克，子近甲兮魁必侵。妻怀内喜私情有，甲子相生水合金。

又如癸巳日二课，壬午日十二课，干上子；庚子日八课，乙亥日四课，干上丑。其例不一。

又芜淫卦不可执为夫妇，凡交际往来，如先前相合、相好、相允诺，后却不相顾接，全无情意，各怀不善，皆同此断。

●**受虎克神为病症，第三十五**

《毕法》同。此句虎兼鬼。受虎克神，谓被虎所克之神，病症当视之也。假令金神乘虎，必肝经受病，可治肺，不可治肝；木神乘虎，必脾经受病；水神乘虎，心经受病；火神乘虎，肺经受病；土神乘虎，肾经受病。惟乘神落空亡，不必治也。凡白虎乘神虽就天上言，而地下亦要参看。

外有日鬼临于六处，不乘白虎，亦可拟其病症。火为鬼，病在肺；水为鬼，病在心；金为鬼，病在肝；土为鬼，病在肾；木为鬼，病在脾。如鬼受克或空亡，不疗自痊。凡日鬼须兼看所临地盘，不然则一日之内同一病症矣。

人占病症，亥上虎鬼主头疼，丑脾疼或腹疼，卯手疼或目疼，戌足疼或咽喉疼，未胃疼或积瘕，酉小肠疼或血病。又亥鬼临戌亥子丑寅卯，病在头；辰巳午未申酉，病在肾。

附六处解：一云本命、行年、日干并三传为六处，一云本命、行年、太岁、月建、日干、发用为六处。

●**救干制鬼是良医。第三十六**

《毕法》同。此句鬼兼虎。谓六处有生干之神及克虎鬼之神，其病可医也。假令乙丑日八课，酉加乙乃日之鬼，赖支上有午火克制酉金，此午火便是良医，或本家亲人能医，或得家堂香火保佑。余类推言之。

假令甲戌日六课，干上酉虽为日鬼，喜空亡，不忌，且支上巳火临戌为坐墓，巳为甲之子孙，其类为医人，今既坐墓，必庸医不能奏功也。

凡制鬼之神为亥子，宜服汤药；如寅卯或四季，宜丸散；巳午火，宜灸；申酉，宜针。若制鬼者空亡，有名无实。

●**鬼潜畏地眉生锁，第三十七**

《毕法》同。谓地盘亦克日也。凡克日者所居之地亦见鬼，名曰鬼得地，占值此，主愁眉不开。如庚辰日十二课，胜光发用，夜将得腾蛇临巳，合克庚金为鬼乡之鬼，无救神是可愁也。又辛巳日十二课，午为辛之鬼临巳，亦然。

● **煞见亲乡意免悲。** 第三十八

《毕法》同。亦看鬼所临地盘也。式中见官鬼，若可愁畏，但遇地下是今日干之亲戚，即无损害之情，为可喜也。当以阳干生今日为父，阴干生今日为母；以阳支生今日为伯叔，阴支生今日为伯母叔婶；纳音阳干生今日为岳父，阴干生今日为岳母；今日比阳干为兄弟，阴干为姊妹；今日比阳支为族兄弟，阴支为族姊妹；今日生阳干为子，阴干为女，今日生纳音为外甥；今日克阴干为妻，阴支为妾；今日生阳支为侄，阴支为侄女。

假令正月甲寅日癸酉时，日上辰为用神，复遁得丙是为子孙，便用壬戌为父，癸亥为母，子为伯叔，乙为姊妹，甲为兄弟，丙为男，丁为女，己为妻，丑未为妾。又如三月甲子日子时占第四课，亥临干是长生，乃父母，亥上申虽为日鬼，得父母之救，可免悲也。此类又须活看。

● **传遇丁神须详论，** 第三十九

《毕法》作："金日逢丁凶祸动，水日逢丁财动之"。凡课传内逢旬中之丁神，必主有动。若火作丁神，其动尤速，甲寅旬之丁巳是也。惟庚辛日则为凶动，壬癸日为财动。凶动如官司勾追，或报亲戚在外逃亡。支上逢丁火鬼加临，主住宅火灾，宜迁居。逐类言之。余干逢丁乘白虎，凶动尤急。庚午、辛未见卯是丁，因妻财而祸起；庚辰、辛巳见丑是丁，因父母、墓田起祸，旺相为田，囚死为墓；庚寅、辛卯见亥是丁，因子息而凶动；庚子、辛丑见酉是丁，因兄弟、己身起祸，庚日为兄弟，辛日为己身，又为禄动；庚戌、辛亥见巳为丁，主官鬼凶动。

财动者，主妻妾之喜，或远方封寄财物，余详天将言之。如壬申、癸酉见卯是丁，主子孙之财动；壬午、癸未见丑是丁，主官鬼之财动；壬辰、癸巳见亥是丁，主己身及兄弟之财动；壬寅、癸卯见酉是丁，主父母及长上之财动；壬子、癸丑见未是丁，主官鬼之财动；壬戌、癸亥见巳是丁，主妻妾之财动。

● **课逢空体细推之。** 第四十

《毕法》作："喜惧空亡乃妙推"。凡六甲空亡又名天地空，有要见者、有不要见者。生我者空，有生名、无生实，喜反为忧，占病讼、危求望，皆不吉。克我者空，灾反为庆，官事解、忧疑释。蛇虎勾雀玄空则吉。盗我者空，则不失脱。占时空，主谋事不成。生我者空，而盗我、克我者存，则大忌，百事无成。救神空则不能制鬼，我克者空则不利求财。

初传空亡，忧喜皆不成，谋望出旬，托人多诈，求财干事不实，又主虚事起。中传空广名为折腰，凡事有阻节。末传空亡，主事无结局。如中末俱空，只以初传不空者招祸福。《毕法》云"不行传者考初时"是也。或初中或中末空者，即为三传皆空，因不空者，亦坐空临空故也，亦主吉凶皆无成。如初中空亡、末传不空，只以末传言其吉凶。干上空亡，名空中实，虽空不空，若占散事，不能便脱，若要成事，却又不成。支阴空亡，多主戏谑欺诈。比肩空亡，占兄弟凶，占妻财吉。

凡空亡，事之吉凶皆散。若虽是旬空，却当时旺相，主过旬后或吉或凶，又须应验不成空也。

凡太岁、月建、月将、本命、行年皆不成空。

凡日干空亡，如甲子旬空戌亥。辛未日占，辛中有戌，壬申日占，壬中有亥，此二日课地盘不论空，天盘辛日戌、壬日亥仍作空也。

又有真空，如甲午、己亥二日辰巳空，乙巳、庚戌二日寅卯空，丙辰、辛酉二日子丑空，丙寅、辛未二日戌亥空，丁丑、壬午二日申酉空，戊子、癸巳二日午未空，主大事永属无成。

又有截空，如甲己日申酉空，乙庚日午未空，丙辛日辰巳空，丁壬日寅卯空，戊癸日子丑空，主一日事见之无用。

又有旬中孤，每日戊己所临是也。盖旬空为虚，对虚为孤，亦与旬空同论。

●命年日岁观传变，第四十一

《毕法》同。命为身之应，所占与日干同，大抵不得与岁月日上神相伤，各视其所得言之，占事宜与日及类神相合、相生才为有成。年为用之助，大要不得与日及用相伤，克日为不吉，克用事不成。命上见财问财吉，逢鬼主官病，余仿此例。年命上神与太岁为刑，常人主官府忧疑事。若逢太岁乘天乙临德生，主大人有天庭文书恩泽之喜，或主横财及横发得官。年命上见月将，能除一切凶祸。若见解神，主火灯惊恐。见魁罡，作凶将，不利。如见二马，迁官奉诏，出行大吉。若带破，无成。见天喜及乘吉将，百事有庆。见月厌作死气，主冤家人鬼相逼。见凶将，乘传送，疾病服药。乘登明，主水厄。贵人临之，非常吉庆，虽克亦不成凶。螣蛇、白虎，非常灾滞，更乘死气诸煞，大凶。

太岁，五行之标，岁功之本，人莫敢犯之，主天廷王者之事。太岁作贵人，不必入传，皆为救助，公讼尤得贵人之力，惟不救病耳，若为鬼则凶，月建次之。太岁在传，主一年之吉凶，月建主一月也。如今年子，三传亥子丑，定是隔年事；若戌亥子，是二三年事也。月建亦如此看。如行年上见太岁，是今一年事。如初传太岁，中末见月建或日支干，名移远就近，以缓为速，主旧事即结局也。

又月将乃太阳星，占病见之为救神，他占为之临日，如若有克，动乃作发用神为龙德卦，主有天恩之喜。

●**生克消息审课机。第四十二**

《毕法》同。课传以类神为主，或不入传，又不在年月与本日干支，但以所占事类决之。如占失脱，虽六处不见玄武并食神或日鬼，但以玄武之所居详其生克刑合喜畏而推定方所色目可也。余占万类皆同此看。按：《毕法》又云"所筮不入仍凭类"，其意亦同。

凡课体取用只论生克二字，生我者为父母，为印绶，为恩主；我生者为子孙，为盗气；克我者为官星，为鬼贼；我克者为妻妾，为财气。凡占视财官父子等类神，以春夏秋冬旺相休囚死等，再将本日十衡定过去、现在、未来，又视类所立地盘并所行之天上，其神若何，不当见生便说有生，见财便说有财，见鬼便说有鬼，见救便说有救，如此详审断事方准也。

凡六亲有五等遇而不遇，曰：见生不生，不如无生；见克不克，从其鬼贼；见财无财，枉费心怀；见救不救，实须自受；见盗不盗，本根无耗。切须详之。

见生不生，如甲乙日亥为生，然亥水坐申上，他自恋生，不来生我，或亥居土乡，为土所制，亦不能生我。逢空亦然。余仿此。又兼看所行之地。

见克不克，如甲日申为鬼，乙日酉为鬼，设使申酉居巳午火上，他自受制，何暇克我？或申酉居土乡，亦自恋父母不来克我矣。

见财无财，如甲乙日以辰戌丑未为财，然四土若坐寅卯上，财被人制，是不可取之财也。若在申酉食神之上，必反有所费，其财岂为我有？

见救不救，如甲乙日传内有申酉金是鬼也，须干支上见巳午火方为救神，若巳午之上见亥子，火自受克，安能制金？或巳午在寅卯之间，又自贪生不去克鬼，不能为救也。

见盗不盗，如甲乙日以巳午为盗气，然巳午居亥子之间，或陷空亡，何能为盗？

凡课传中父母见则忧子息，而日辰、年命上见兄弟，则子孙无忧。余仿此。二十条亲戚护救下详矣。

凡占应期，如寅午戌取天罡为应，盖逢火局取火墓之冲也，然必传课中有天罡方应，不然应在九月或戌日，又有寅午戌日竟取戌为期者。余仿此。又有虚一待用，如三合止见二位，名折腰，取其一为应期，亦有取一之冲者。

●**上下多情无龃龉，第四十三**

《毕法》同。谓干支上神作六合，或地盘干支作六合，占值此例，凡事顺遂，情意相得，如乙酉、丙申、戊申、辛卯、壬寅，此五日返吟。

又如乙酉日八课，丙申日十课，辛卯日八课，壬寅日十课，乙酉日六课，丙申日四课，辛卯日六课，壬寅日四课，乃支干相会，而上下作六合，亦同，谓主客相顺，神合道合。

又甲子日四课、十二课，乃干或支上下作六合，凡占彼我共谋，变换求合之事。

又壬申日十课，乙卯日四课，干支上作六合却空，其支干却作六害，名为外好内槎芽，乃遇合虚喜，而害在其中，凡事虚名无实。

又壬子日十二课，戊午日十二课，丙午日十二课，谓干支上六合，支加干，兼支干相邻近，主主客情顺，凡事成就。

●**交车相遇得便宜。第四十四**

《毕法》同。谓日干与支上神作六合，日支与干上神作六合，故名交车合，占此主交关互换，皆有成就，惟不利解散凶事。此例如八专五日无之，余五十五日每日有之。其课有十等：

一曰交车长生，宜合本营生。谓支上神乃干之长生，又作六合；干上神乃支之长生，又作六合。如甲申、庚寅二日十课，戊申日伏吟，戊寅日返吟是也。

二曰交车合财，宜交关取财，以财交涉。谓支上神，干之财也，又作六合；干上神，支之财也，又作六合。如辛巳日三课，辛卯日伏吟，辛丑日十一课是也。

三曰交车脱，虽交相用事而各怀相脱之意，不可信，不可恃也。谓支上神乃干之子孙，干上神乃支之子孙。如戊辰日九课，壬辰日三课是也。

四曰交车害，主彼此虽合，各相谋害。谓四课天地盘又作六合，又作六害。如辛卯、乙卯二日返吟，丁丑、己丑二日八课是也。

五曰交车空，主靡不有初，鲜克有终。谓干支上神并是旬空，又互相合。如辛卯日九课是也。

六曰交车刑，主和顺之中有争竞无礼之事。谓四课上下作六合，又作三刑。如辛丑日十一课是也。

七曰交车冲，主先合后离，谓四课上下作六合，又作六冲。如丁丑、癸未日八课，甲申、庚寅二日十课是也。

八曰交车克，乃蜜中砒、笑里刀，匿怨而友其人之谓也。干支上下作六合，却又相克。如丙寅日返吟，辛未日五课，庚子日八课，庚戌日六课是也。

九曰交车三交，主有奸私交涉之事。谓干支上下互为六合，三传又是四仲三交课。如丁卯日十课，己酉日四课是也。

十曰交车三合，谓干支上下互作六合，三传又是三合局，主家人亲睦，外人和顺，凡事成就，惟忌空亡。如戊辰、乙巳二日九课，辛未、丙子二日五课是也。

外又有不在中等例者，亦是交车合，则每日有一课，如甲子日二课，干神甲与支上亥合，支神子与干上丑合，俱交车，处则杂乱不伦，须就课推详可也。

● **传财化鬼财休觅**，第四十五

《毕法》同。三传皆作日之财，反生起干上日鬼伤其日干，占得此例，必因取财致祸，及防妻病损失。若生支上鬼者，必主破家。

假令辛亥日五课，干上午，三传未卯亥木局，为日之财，若取之，即生起干上午火伤其辛金，祸难免矣，故君子守而勿取可也。

又如壬寅日五课，干上未，三传戌午寅；壬午日五课，干上未，三传戌午寅。此二课虽与辛亥日五课一例，但二课发用亦是鬼，更为助恶。若占病，则因伤食以致邪气侵缠，必得年命之上有木神相救，庶几无恙。

又如辛未日五课，干上午，三传卯亥未；丁巳日九课，干上亥，三传酉丑巳。此二局财局固生鬼矣，但发用即财，若辛未课春占，又年命上水神制午；丁巳课秋占，又年命上土神制亥，财亦可得。惟又如丁丑日九课，干上亥，三传酉丑巳金局，虽是全财，不能生亥水，因初传酉旬空，中传丑坐酉空，昼占末传巳加天空，夜占天将天乙、太常、勾陈皆土反克害鬼，致使财不可取，祸亦不及也。又辛卯日五课，干上午，三传未卯亥，未空。

有三传作日之财反生支上神来克干者，此等祸患必自宅中而发，须要年命上神克其鬼，庶不为害。假令乙亥日四课，三传丑戌未皆土，全财生亥上申金来克乙干。又丙申日九课，支上子，三传酉丑巳。壬寅日五课，支上戌，三传戌午寅。乙巳日十课，支上申，三传未戌丑。皆是此例。

●**传鬼成财用亦危。第四十六**

《毕法》作："传鬼成财财险危"。谓三传三合局作日之鬼，独中间一字为财，干上却是子孙制三传之鬼，是一字之财乃官鬼所变，终有危险不安稳也。又有三传全鬼制克比肩、劫财之神，传内一位财见而无刑破，则可以为用。设使年命上有鬼，鬼猛犹存，不为财也。如丙申日五课，三传子申辰水局作鬼，中传申为财，干上是丑，生申财、克水。又丙子日五课，干上丑，三传申辰子。丙辰日五课，干上丑，三传子申辰。

又有三传作子孙全脱，生起干上之财神，名曰取还魂债。如甲申日五课，三传戌午寅火局，为日之子孙，火生土，生干上戌为日之财是也。又甲戌日五课，干上戌，三传戌午寅。己丑日九课，干上亥，三传酉丑巳。甲午、甲辰、甲寅三日五课，干上戌，三传戌午寅皆是。外如甲子日五课，干上戌为日之财，三传戌午寅火局，为日之子孙生戌土，但戌为旬空，所获未遂，或出旬方有也。又有己巳日九课，干上亥为日之财，三传酉丑巳金局，为日之子孙生亥水，三传虽不空亡，而干上财空，亦不能遂意也。

●**初遇夹克身不定，第四十七**

《毕法》作："初遇夹克不由己"。谓初传用神坐于克方之上，又被天将所伤，名为夹克。占值此主身不由己，受人驱策，尤宜详其克者是何类神。如夹克者是财，则财必不由己而费，或同类受克乃身不由己，惟鬼受夹克为吉，乃当忧不忧之义也。如六甲日第五课，戌加寅为初传，昼夜天将皆乘六合木神，乃夹克其财。六壬日第六课，午加亥为初传，昼夜天将乘玄武、天后水神，亦夹克日之财。又甲子日十课，干上巳，申加巳为用，夜将腾蛇，申为日鬼，两火夹克之。乙丑日八课，干上酉，寅加酉为用，昼将太阴，寅为兄弟，两金夹克之。

●**将逢内战事难支。第四十八**

《毕法》作："将逢内战所谋危"。地盘克天盘，天盘又克天将，名内战。若初传月将为地下所克，月将又克天将贵神，主有灾害，当视天将详之。如丁巳日十课，申加巳为用，申上临六合，昼占贵逆行也，为巳火克申金，申金克六合木，以六合断其凶兆，主事将成合被人搅扰之象。又丁卯日六课，戌加卯为用，昼占天后临戌，为卯制戌，戌制天后，凡事被妻作闹因多不足或妻常患病。又六癸日六课、七课夜占，卯为发用，天乙加之，地下坐申酉，必因贵人起衅遂致内乱，盖卯为私门，酉又为婢妾故也。又丙辰日五课，子加辰上为用，昼占腾蛇临之，必主家中有怪异之事，或梦不宁而起衅也。外又有干支三传皆下贼上，名曰辰三传内战，主家法不正或自窝犯或丑声内出以致争竞也。如癸酉日八课，癸上午，水克火，酉上寅，金克木，三传未子巳，未克子，子克巳，凡占全无和气，占讼必刑，占病必死，占事不美，凡百皆凶，惟占官从微升迁，得此等卦为吉兆也。

●**干支坐墓甘招损，第四十九**

《毕法》作："人宅坐墓多招晦，干支乘墓各昏迷"。

谓天盘干支坐于地盘墓上，乃心安意肯，情愿受其暗昧，凡事皆自招其祸，不得怨天尤人也，不惟本身甘受祸，家宅亦情愿借与人作践，终不能脱，此坐墓之例也，惟丑未日有之。

又有乘墓者，谓干支被上神所墓，如人在云雾中不得快乐，凡有作为，不见明白，无出头之日也。

其干坐干墓、支坐支墓，如乙丑日六课，干上亥，亥水墓于辰，支上申，申金墓于丑，干上亥为人，支上申为宅，乃人宅坐墓也。如丁丑日五课，干上卯、支上酉；丁丑日六课，干上寅、支上申；辛未日五课，干上午、支上卯；辛未日六课，干上巳、支上寅；辛丑日五课，干上午、支上酉；辛丑日六课，干上巳、支上申；乙未日五课，干上子、支上卯；癸未日六课，干上申、支上寅；癸丑日五课，干支上皆酉；癸丑日六课，干支上皆申；己未日五课，干支上皆卯；己未日六课，干支上皆寅；己丑日五课，干上卯、支上酉；己丑日六课，干上寅、支上申；乙丑日五课，干上子、支上酉，皆人宅坐墓例也。

又有干坐支墓、支坐干墓，如丁丑日十一课，干上酉墓于丑，支上卯墓于未，今支丑、干丁，丁中有未，是干支互相坐墓也。又如丁丑日十二课，干上申、支上寅；癸未日十一课，干上卯、支上酉；癸未日十二课，干上寅、支上申；己丑日十一课，干上酉、支上卯；己丑日十二课，干上申、支上寅，皆干支互相坐墓例也。

其干乘干墓、支乘支墓，如壬申日八课，干上辰、支上丑，壬水墓于辰，申金墓于丑，乃干支乘墓也；又如壬寅日八课，干上辰、支上未；甲申日八课，干上未、支上丑；甲寅日八课，干支上皆未；丙寅日八课，干上戌、支上未；庚寅日八课，干上丑、支上未；庚申日八课，干支上皆丑，皆干支乘墓例也。

又有干乘支墓、支乘干墓，如戊寅日十 课，干上未、支上辰，未为寅墓，辰为戊墓，主人为宅所困，宅为人所累，不亨快也；又如戊申日五课，干上丑、支上辰；辛未日返吟，干上辰、支上丑；甲申日二课，干上丑、支上未；庚寅日二课，干上未、支上丑；丁丑日四课，干上辰、支上戌，皆干支互相乘墓例也。

●**任信逢丁可动移。第五十**

《毕法》作："任信丁马须言动"。伏吟卦，刚日名自任，可委托于人；柔日名自信，可取信于己。凡得伏吟，不可便言伏匿不动，如四课三传有旬丁或乘二马，必然移动迁徙。如课传无丁马而年命有之，亦主动。此类若占访人，必出干事，如占许允，后必改易，无任无信也。若伏吟卦，中传空亡，占行人中途有阻。若伏吟卦，虽无丁马，而年命上见丁马在一处，乃丁马交加，其动尤速。此惟乙酉、己丑、癸巳三日年命见亥，乙卯、己未、癸亥三日年命见巳为然。

●**课内越魁须论辨，第五十一**

越魁，大乙贵人也。《毕法》论天乙共有七条，上越魁一句已包《毕法》六句，惟"乘鬼天乙乃神祇"句兹未及言耳。

一、有课传俱贵反为无依。盖昼夜贵人重叠见于课传，名遍地贵人，贵多反不贵，凡占事不归一，无有成就，若职官得此，必多差使，或权摄也。即《毕法》"课传俱贵转无依"意。后一百十五条又云："贵人失位休占讼"，亦同。如丁酉日十一课，干上酉夜贵人，支上亥昼贵人，四课中凡见三酉、三亥，三传又是酉亥丑，此为课传俱贵转无依之例也。

二、六处有昼夜贵人相加者，如占干贵求事，必经两贵人而成，或占访贵必不见面，因贵人往见别贵，多不在家故也，惟同官占之最宜访约，如空亡无用。如六丁日十一课，亥加酉昼占；三课，酉加亥夜占。又夜贵加昼贵，宜暗求关节；昼贵加夜贵，宜考试求名。干支上并乘昼夜贵人，亦主得二贵成事。此一节即《毕法》"昼夜贵加求两贵"意也。又有己卯日八课，夜占，其天乙申乃空亡加宅上克宅，干上昼贵子却成勾陈又与未为六害，凡占家宅必神位不齐，尊卑相压，邪正同处，以致人口灾害，又不宜告贵，反有怒心。

三、有贵人差迭，主事多参差。谓昼贵临于夜地，夜贵临于昼方。谚云尖担两头脱。每日有六课，盖卯辰巳午未申为昼，酉戌亥子丑寅为夜也。如甲子日九课，丑为昼贵坐酉上，未为夜贵坐卯上，即此例也。又有一课之内两贵皆顺行，主干贵皆顺；两贵皆逆行，主干贵皆逆。又日贵临夜，闭眼作昏；夜贵临日，自暗而昭。又贵在干前，事不宜迫，迫则反遭贵怒；贵在干后，事宜催促，不催则误事机。又贵值空，干贵无用。此一节即《毕法》"贵人差迭事参差"之意同，亦与失位休占讼同。

四、有贵虽坐狱，宜临干上。如乙辛二日，子申加辰、午寅加戌之类，却宜干投贵人周旋成事。如年命辰戌而天乙加临，亦同为吉兆。此又名贵人受贿，宜夤缘嘱托等事。余日不临干或年命非辰戌，名为贵人入狱，又名贵人嗔怒，最不利干官考试。此一节即《毕法》"贵虽坐狱宜临干"之意也。

五、有昼贵、夜贵各被地下伤克，切不可干贵用事。此例不论在传不在传，皆宜慎之。此即《毕法》"两贵受克难干贵"之意也。

六、有昼夜贵人皆空亡，主干投贵人，事已许允，却被人攙越，或考试报喜是同名同姓人，但为虚喜而已。语之争似不来还不往，亦无欢乐亦无愁。按：《毕法》"二贵皆空虚喜期"，即此意。二贵皆空，谓一位旬空，一位在旬空之上乃坐空加空，便作皆空矣。如丁丑日十一课，三传酉亥丑，酉旬空，亥坐空，是昼贵亥、夜贵酉皆是空亡也。

● 传中蛇虎要敲推。第五十二

《毕法》作："两蛇夹墓凶难免，虎视逢虎力难施"。如六丙日，入课皆是。谓于干中是巳蛇也，天将昼夜皆螣蛇，并是火神，火墓于戌在中盘，故名两蛇夹墓。凡得此例，百事皆凶，占病尤忌，必主积块在腹，以致不救。若年命更逢戌，其死尤的。若年命逢亥上乘辰，天将昼夜皆白虎，可用辰虎冲戌蛇，名曰破墓，庶得少延。如丙申日占，终为不救，因辰为空亡，不能冲戌故也。此等课占讼必遭囚禁，占产必凶。邵先生以抱石投江喻之是矣。又有支上两蛇夹墓者，如丁巳日八课，干上子是也，亦凶。

外有六辛日八课，丑加申昼将白虎，未加寅夜将白虎，谓之两虎夹墓。盖申属虎，金墓于丑，寅亦为虎，木墓于未，若六处会着，为凶象也。岂可以不在干而忽之？

外有六丙日十课，夜占，申加巳，上乘螣蛇，名两蛇夹虎，申，虎也。又六戊日四课，昼占，寅加巳，上乘螣蛇，亦名两蛇夹虎，寅，虎也。又六甲日十课，夜占，申加巳，上乘螣蛇，亦为两蛇夹虎。凡值以上例，虽不在干，若六处会着，凶咎无疑。

外有甲子日四课，昼占，未加戌，乘天空，名两空夹墓。盖甲木墓于未，戌为旬空故也，忌六处见之。又庚午日十课，夜占，丑加戌，乘天空，亦两空夹墓，因戌为旬空，庚金墓于丑也。以上皆论蛇夹墓等例。

其虎视逢虎等例，如辛未日十二课，昼占，白虎临身，盖中传并干上是两虎，及支上乘申与初乘申亦是白虎本位，乃干支三传乘其五虎，此谓虎视逢虎。盖此课取酉下申金为发用，名虎视卦，因虎视眈眈之故，取俯就之义也。得此者必有惊天动地之凶，虽有勇力，难以施为，须小心谨慎方可免悔。

又有干乘墓虎，占病必然不救；支乘墓虎，占宅必有伏尸。《毕法》云"干乘墓虎无占病，支乘墓虎有伏尸"是也。如六辛日十课，丑加干作辛墓，昼占，上乘白虎，此干乘墓虎也。丙子日九课，辰加支作子墓，昼占，上乘白虎，此支乘墓虎也。

又有干墓临支者，凡支墓临支或干墓临支而又克其支神，其家必有伏尸在土中，若见丧门、吊客，必有孝服停丧。

又有白虎加旬内之干作今日之鬼者，其凶尤甚。如甲子日五课，昼占，白虎加午，旬干为庚，庚金克甲木在中传是也。即《毕法》"虎乘遁鬼殃非浅"之例。又甲子日返吟，昼占，支上午，旬干庚乘白虎；乙丑日四课，昼占，虎临辛未在中传，皆此例也。

又有十干之鬼临于第三、第四全者，主官司病患接踵，惟宜福德将救之可以减轻。《毕法》云"鬼临三四讼灾随"是也。如乙未日十二课，三课申未，四课酉申，金克乙木之类。

●不协宾主刑居上，第五十三

《毕法》作："宾主不协刑在上"。凡干支上居刑者有三等，主多相刑之意。

一名一字刑，乃四课中神全逢辰午酉亥是也，占讼主本家自争骨肉相残之象，盖四神乃是刑故耳。

二名二字刑，乃干支上全乘子卯，此二神为无礼之刑，必宾主无礼，两边矛盾。

三名三字刑，有两等：一为三传寅巳申，一为三传丑戌未。三孟乃无恩之刑，主恩中成怨，不仁不义。三季为恃势之刑，必以强凌弱，有欺侮孤寒之意。

以上干支乘刑，如子卯相加之课，须看干上神带生旺不空，乘吉将，乃为刑他人也。

● **拂戾心情害已随。第五十四**

《毕法》作："彼此猜忌害相随"。凡此有五等相害：

一、乃干支上下自作六害，值此例主彼我猜忌，不相和睦。如甲申日十课，干支上下为巳寅、亥申。又甲寅、庚寅二日十课，癸未日八课，皆此例。

二、乃干支上神相对作六害，乃是人己相谋，各为曹局，不能释然。如乙亥日五课，干上子、支上未是也。此例惟乙丙辛三日，每日有二课。

三、天盘四位皆作六害，戾害尤甚。如丙寅、乙卯、辛酉三日伏吟、返吟是也。

四、干支三传皆作六害，全无和气，更为不吉，其凶更不可言。如辛未日十二课，辛卯日四课是也。

五、干支上下交车作害，必我先有意害人，他人亦害我也。如乙未日五课，干上子、支上卯，卯辰害、子未害是也。乙丙辛日每日有一课。此一条以上计五十四条，皆与《毕法》同意。

● **发用刚柔详事体，第五十五**

此后二十条通论射覆法也。射覆之法，阳日先看日上神，阴日先看辰上神，合初传发用而审察之，中末二传不必用也。如土木相加陆地物，巳酉丑经火经石，申子辰土水物，亥卯未类陆地物，寅午戌火类陆地物。孟神物带圆，仲神物带方，季神物尖碎。旺圆软，相方嫩，死直破，囚细碎，休轻形不全。旺相物新而完，休囚物旧而缺，长生物新小，沐浴物滑泽，冠带颜色枯槁，临官新壮，帝旺近贵急用，衰病死墓绝胎养皆废旧。日辰入传，物有表里。如日甲午入传，为外青内赤之物。天空发用或临空地，为无物。

● **将神衰旺定根基。第五十六**

如春木旺、火相、土死、金囚、水休，夏火旺、土相、金死、水囚、木休，秋金旺、水相、木死、火囚、土休，冬水旺、木相、火死、土囚、金休，四季土旺、金相、水死、木囚、火休。旺从本属本色，相从子属子色，死从妻属妻色，囚从鬼属鬼色，休从母属母色。金属金银铜锡铁，其色白缥。木属竹木草苇，其色青碧。水属湿润水族，其色黑绿。火属炉冶陶铸，其色红赤。土属石砂灰土，其色黄褐。数目歌曰：旺气相乘倍而进，相时乘进亦须云。囚临上下乘还止，休气只从本数乘。死绝空亡仍减半，孤虚刑害减三分。

●**休囚失位非堪用，第五十七**

发用及干支上得旺相，又加旺位，是近贵可用之物。若休囚，物不堪用。如正月将，戊辰日寅时占，阳日视干上，功曹临戊干，上克下为用，春令木旺临于东南巳方上，乃近贵堪用之物也。

```
    青勾合朱
    寅卯辰巳        玄空常青      官丙寅青
空丑      午蛇      戌丑亥寅      财 亥常◎
白子      未贵      丑辰寅戌      子壬申后⊙
    亥戌酉申
    常玄阴后
```

●**已过将来审正时。第五十八**

假令春正月占，用起大吉为已过之物，用起太冲为将来之物，用起功曹乃当时之物。

●**旺相推求无故旧，第五十九**

发用干支旺相为新物，休囚死气为旧物。如二月将，己巳日亥时占，太冲临辰为用旺，支上见辰死，为半新半旧之物，以柔日视支上也。

```
    勾合朱蛇
    辰巳午未        青勾合朱      官丁卯青
青卯      申贵      卯辰巳午      官丙寅空
空寅      酉后      辰巳午己      兄乙丑白
    丑子亥戌
    白常玄阴
```

又如正月将，庚子日未时占，辰临子为用，乘死气，干上见子为休气，主旧物，以刚日故视干上也。

```
    勾合朱蛇
    酉戌亥子        青玄玄蛇      父 辰玄◎
青申      丑贵      申辰辰子      兄丙申青⊙
空未      寅后      辰子子庚      子庚子蛇
    午巳辰卯
    白常玄阴
```

●**刑冲占论有伤亏。第六十**

刑冲，物必不全。

●**死逢绝死形须破，**第六十一

四季死气或逢绝死，物必破坏。

●**空遇天空物已非。**第六十二

旬空更见天空，必然无物。

●**木火双炎生陆地，**第六十三

见木火二局及木火临干支发用，物出陆地。

●**金行四季出山岐。**第六十四

见金土二局及金土临干支发用，其物出山路之间。

●**登明润下身居水，**第六十五

见水神水局，物出水中。

●**白虎亥方物在溪。**第六十六

白虎，金神也，加于水方，必水产之物。

●**孔窍爪牙分子午，**第六十七

子午发用及临日辰，其物有孔窍及爪牙。

●**腹身口备对东西。**第六十八

东西，卯酉也，见之物有口腹。

●**魁罡坚硬皮连角，**第六十九

见辰戌，主其物坚硬而有皮角。

●**井斗纷丛目带眉。**第七十

井，未宿；斗，丑宿。见之主丛杂之物，有眉目。

●**巳亥髽髻凹凸异，**第七十一

见巳亥二神，其物不扁不圆，多须毛杂冗。

●**寅申手足直方奇。**第七十二

见寅申二神，其物有手足，直而且方。

●**五行有象生枯辨，**第七十三

五行有象，方能变化。假若日辰发用二处无木神，则不能生火，便不可以火断是也。余依此例。凡五行遇囚死之气，更加鬼克，其物从鬼变象。盖木死为器，见金而应；火死为灰，见水而应；土死为石，见木而应；金死为铅，见火而应；水死为空，见土为土块淤泥。固知五行若遇囚死，又见鬼贼，当以变象断也。

●**八卦成局远近移。**第七十四

六壬七百二十课，其卦名、格名甚多，惟有八卦射覆用之，其余不可用也。如水局润下卦为近水曲形之物，木局曲直卦为斜长草木之物，火局炎上卦为上尖虚心近火之物，金局从革卦为形长金铁之物，土局稼穑卦为圆厚土产之物。伏吟卦为近物，亦水边伏匿之物。返吟卦为远物，亦道路往来之物。不备卦为不完全之物。

●文武龙常归禄马，第七十五

凡占官职，文视青龙，武视太常，河魁为印。若发用见青龙、太常、河魁戌、天乙贵人及二马、干禄或在本命、行年、日干、日支上者，皆主得官。

龚县尉辛巳生二十九岁，寅将壬午日寅时占。

朱合勾青

巳午未申	合合常常	兄乙亥常
蛇辰　　酉空	午午亥亥	财壬午合
贵卯　　戌白	午午亥壬	兄丙子玄
寅丑子亥		

后阴玄常

邵先生断曰：此课本身加现在禄，又兼太常，目下须主兼职，俸禄亦增。因干支皆自刑，时下升转尚未，利后日得上宠，遂做不廉之事。目今又纳一宠，渐渐贪色成病，寻医疗治。其官职又不得替，幸一外监司扶持，遂得解任，因干支既自刑，末传玄武又主贪色不正，中传妻宫临六合为不正之神，又为私门，故主娶妾。太岁前二神为之医，其年庚戌，子为天医，主寻医之兆。子午乃官员往来之所，道路之神也，亦监司之象。凡月建前神为外，监司亥月占见子，非外监司而何？必恳于彼，方得转去也。

又邓巡辖占赴任，戊申日酉将子时，本命寅，行年酉。

青勾合朱

寅卯辰巳	青朱常青	官　寅青◎
空丑　　午蛇	寅巳亥寅	财辛亥常☉
白子　　未贵	巳申寅戌	子戌申后
亥戌酉申		

常玄阴后

邵先生断曰：凡占官，要见官。今寅作青龙是官星，奈寅空亡，逼日不得。已却去就宅上朱雀，宅神申又加亥作末传，此任莫不是虚赴？朱雀临巳为戌之禄神，反就申上权摄，又寅官星作龙既空逼日，日去加辰，巳火又去克申，是半途方寻着落，又日禄在支上，巳与申合，但得权摄，正任尚不可望。末传支神申临亥地，方得食禄。内主姓陈人先在任，且往西南上避之，待其去后方得正任。行年上午作腾蛇，临行时必有妇人火症。

又武职赵将仕占官职，庚辰日子将子时，本命巳，五十三岁，行年巳。

朱蛇贵后
巳午未申　　　合合后后　　　兄　申后◎⊙
合辰　　酉阴　　辰辰申申　　财戌寅青
勾卯　　戌玄　　辰辰申庚　　官辛巳朱
寅丑子亥
青空白常

邵先生断曰：将仕之禄，盖虚禄矣。夫武职者，兵权也，惟要金盛，金若无力，何以武为？此课无武有文，宜读书取科第。己酉中举，庚戌登第，二甲十一名。盖庚禄在申，甲戌旬申空，太常又不入传，寅上青龙入庙，天后为恩泽神，故宜换文读书。末传太乙为朱雀，一乃长生，二乃官星学堂，故主科第有成。天地二盘皆值申空，所以武职为虚禄也。

●功名旺相在干支。第七十六

《玉田歌》曰：干上广文支场屋，日为举子辰题目。卷局词章以类看，甄权摈斥随宜卜。干克支时举子畏，必遭题目来相制。支若伤干规矩严，防其督责难回避。干支若也两比和，上下欣然得意多。或刑或害天官恶，纷纷籍籍枉奔波。吉神吉将而无嫌，上下加临旺相兼。主文耿耿双眸碧，文运天开拔俊贤。天喜加临年命上，生气有时来助相。龙宿乘阳贵顺行，文气雄豪光万丈。三传若也同生日，主用当时天将吉。官星与马不罹空，独步文章谁能敌？支上生干不作迤，昼占干上用阳神。文思滔滔神力取，一举成名侍紫宸。

以上论考试。

又曰：占官当分日与命，两处参详言决应。发用如逢旺相神，所求遂兮官荣盛。官乃占人支官品，官品生人福相准。何须着意苦营求，爵秩升迁如骑敏。干若生支当偃蹇，调迁候选派期远。如云此日已升官，举动难求徒宛转。天驿马临年命上，用喜又还乘旺相。顺传岁位作归踪，日边促觐非虚妄。干支递互相克刑，得此便防长上嗔。传送更逢丁马并，当知易地不知情。传用若逢日本忌，父母如存当不利。凶神恶煞更居中，殃咎之来难得避。干若蒙日建生长，为官信任日嘉亨。支益干时胥吏美，任从役使不纷争。岁支日支来命上，上头和协无乖异。政声籍籍四海闻，不久应须作朝贵。进步先须视日支，支生干上始相宜。吉神临日前为用，升任还同永久期。

以上论仕宦。

●登天透日关方过。第七十七

三传辰午申，谓之登三天，主升高致远之象。凡占考试、仕宦最为大利，惟不宜占病，此死兆也。

冯知丞本命戊辰，四十二岁行年未，十月丙子日，太阳未过宫，尚是九月卯将，丑时占升官。

```
　朱蛇贵后
　未申酉戌　　　青白贵朱　　子庚辰青
合午　　亥阴　　辰寅酉未　　兄壬午合
勾巳　　子玄　　寅子未丙　　财　申蛇◎
　辰卯寅丑
　青空白常
```

邵先生断曰：登三天课本主升迁职位，但嫌不过关。关者，日干也。既不过关，难以升进改官，若勉强跳过，其进锐，其退速。目下必有阻，初建干上乙未，乙木为母，主堂上孺人必难久远，以白虎入宅，父母弃之故也。又主父坟棺内白蚁蚀之，遂成灾咎，不利子孙。盖身未在上，自干升起登三天，升到身边而止，末传虽透过身，却乃空亡，引过前到酉又空，所以子孙不利，应子孙者，发用子爻也。

●虎视无马箭莫施。第七十八

虎视卦主威风，要见二马弓矢全备为吉。

邓大官人本命四十二岁，行年未，三月戊申日酉将申时得十二课，占比试弓马。

```
　青空白常
　午未申酉　　　玄常空青　　兄庚戌玄
勾巳　　戌玄　　戌酉未午　　子己酉常
合辰　　亥阴　　酉申午戌　　父丙午青
　卯寅丑子
　朱蛇贵后
```

邵先生断曰：此卦用起昴星，名为虎视。身上有午，为马，而无弓箭。干阴未为阳刃，午火、未土，若见焦黄，且不可骑，必为宅上酉所败也。况午马所走之地见天空，有厌秽，支上太常为衣服，切忌穿新服而乘马，恐有损坏。干支上午酉各自刑，又主宾主不协。行年未上见申是箭，临丁神太动。况午见酉，酉见午，号四胜煞，各逞其能。又自刑、羊刃皆损伤之象也。午作青龙加干，仅得上人垂顾，亦无益也。兼初传戌作玄武，又与中传酉为六害，如何比试得中？巳为弓，课传无巳，是无弓也。

●**岁将马临丹诏日，第七十九**

《穿杨百章歌》曰：欲知丹诏发京华，传内岁君月将加。二马并来归一处，应为敕命信无差。

●**年神门过远归时。第八十**

此占行人课也。《中黄经》曰：要知作客何方去，行年上下看临处。下神为去上神还，里数相乘加干数。

如占行人，本命癸丑，行年在子，十一月甲午日丑将寅时，第二课。

```
    合朱蛇贵
    辰巳午未        合朱白空      父庚子白
勾卯      申后     辰巳子丑      父己亥常
青寅      酉阴     巳午丑甲      财戊戌玄
    丑子亥戌
    空白常玄
```

邵先生断曰：命上子临丑，行年亥临子，其人正北作客去了，却自西北戌上还家，主无财。盖末传戌为财星，却被玄武所乘，是以无财也。行年立处虽见白虎，却不克行年，亦主无病。其行处有二千六百余里远，盖以年命相加乘作十三数，远行人言十则进百，将十三作一百三十里，亥加子，十一月水旺，旺气相乘，倍而进之，得一百三十里，倍作二百六十里，进作二千六百里。年是其地里之数也。年命、日上不见关隔，亦主来无阻隔。合主子年二月、四月还家。盖天马、信神临卯，故到二月有信。又卯门上之神十一月临巳，巳是四月，故于四月必至也。

假令问行人来否，行年寅加未，十一月甲午日丑将午时占得第六课。

```
    蛇贵后阴
    子丑寅卯        青贵玄勾      官丁酉勾
朱亥      辰玄     申丑辰酉      财  辰玄◎
合戌      巳常     丑午酉甲      父己亥朱⊙
    酉申未午
    勾青空白
```

邵先生断曰：不来。何也？谓天上日寅还地日不得，盖地下日上见酉，酉能制甲，是以目下难还本处矣。又天乙逆行，卯门上神是戌，戌中有辛，辛克寅，寅是行年，是为鬼，门上神克行年也。卯酉二神为行人门户。凡天乙逆行，须要行年天上支逆还地下支，天乙顺行，要行年天上支顺还地下支。此课天上寅为行年，天乙逆行，其寅待过卯上，卯之上有戌中辛金克寅，是门上神克行年之神，又本家寅上见酉，酉能制寅，年上寅还地下寅不得。故曰行人不来。

假令问行人，四十一岁，行年午，正月甲子日亥将丑时占。

勾合朱蛇

卯辰巳午　　　后玄玄白　　　财　戌玄◎

青寅　　未贵　　申戌戌子　　官壬申后⊙

空丑　　申后　　戌子子甲　　子庚午蛇

子亥戌酉

白常玄阴

邵先生断曰：天乙逆行，天上寅还地下寅，无克战，又行年与门上神不相克，虽天上神还地下神逆行，不过门亦虚，门上神又无克战，占行人必到。

父母占子孙何日归，用初传相生兼行年立处及六合临处，如三处或临卯，则二月还家，临辰则三月之类。

《中黄经》曰：父母临年问了孙，不知危险与安身。日辰发用行年旺，制克无时是到门。

●**日辰传善随陆水，第八十一**

日辰须上下相生为吉，相克则凶。日相生，宜陆；辰相生，宜水。

●**主客星凶备诈欺。第八十二**

日为客，辰为主。日上见凶神，客怀恶意侵害主人，辰上反此。魁罡蛇虎，凶神也，若胜光加日，从魁①加辰，客宜急去。若日辰上见吉将，旺相相生，主人长厚，客可往也。

●**远望嚣尘须备论，第八十三**

占远望人来，不测善恶，视神后所临决之。加孟，良人；加仲，商人；加季，恶人。若船来，以天罡所临决之。加孟，吏人；加仲，商人；加季，恶人。若从前有恃刀伏者，亥子巳卯临支为宅贼，辰戌寅申临支为吏，酉午

---

① 疑当作魁罡。

为逃亡之人，丑未送丧之人，神后加卯冤仇之人。若闻鼓乐声，视闻方上如见青龙、六合、传送、小吉者，是歌舞喧哗，见勾陈为斗争，见白虎主相杀或举丧孝，见朱雀为官吏口舌，见天空是学堂，见太阴是祭祀神庙。

● **近逢馈送要占揆。第八十四**

占路人送酒食善恶，魁罡子卯临日辰，主奸诈恶人起歹心，不可食，余则无妨。

● **秦吴求膳泉房井，第八十五**

秦，未分，小吉也；吴，丑分，大吉也。二处求之，可以得食。房为太冲卯，井亦未，二处求之，可以得饮。

● **参角寻途憩尾箕。第八十六**

参为申，角为辰，尾箕为寅。若行人逢昏暗迷失道路，于传送下八十步得道，于天罡下五十步得路，寅下有大树可以歇息。又出天罡下百步或三百步得路，大吉下百步得路。若遇水而无津梁，神后下可渡，大吉到水路，小吉到陆路。若途路投宿，投式于地上，申未辰下是正路，天上丙辰壬下可宿。又求食向大吉，求饮向小吉。

● **支干丑午妨生类，第八十七**

任太翁占家宅，本命甲午生，七十五岁，丙戌日正月亥将卯时。

```
    朱合勾青
    丑寅卯辰        合白阴朱     财乙酉阴
蛇子    巳空        寅午酉丑     兄癸巳空
贵亥    午白        午戌丑丙     子己丑朱
    戌酉申未
    后阴玄常
```

邵先生断曰：支干六害，一主牛马自伤，盖戌以丑为刑，作朱雀，是害牛也。何不言田而言牛？春丙火相气，相火合生，牛是生气之物也。午为屋为马，言马而不言屋者，以甲申旬午为空亡，乃不定之物，又正月天马在午故也。午作空亡而坐墓，是马有害也。二主失明，盖午为妇人，乃南方离卦，离为目，坐墓是失明也。三主自身有淫婢，而仆从僭之。以巳加酉，巳乃是丙，为我身，丙以申为妻，酉为婢，天空为奴而加酉上，是僭奸也。四主老妇血疾，遂成痨症。因初传太阴与酉一体，太阴为老妇，酉为血，加丑上为墓土所埋，是血不行，末传带破碎而成痨瘵，从革体也。五主山地有争，因末传丑春占则巳上见丑，是本季相火生丑，即是牛也。至于末传则是秋冬，非丙火之旺可以生丑，故言山地，乘朱雀故主争耳。

●**日酉玄空致败痿。第八十八**

郑三公占坟，十二月子将壬寅日寅时。

```
 贵后阴玄
 卯辰巳午      青合常空      官戊戌青
蛇寅    未常    戌子未酉      父丙申白
朱丑    申白    子寅酉壬      财甲午玄
 子亥戌酉
 合勾青空
```

邵先生断曰：此课艮寅山行龙，坎子山落穴，不是正龙，左虚右两虎，第三重为案，主子孙好淫好酒，后佣于酒家。妇人不正，迁走引惹外人。棺中有泥，白蚁食尸，终主人为酒败。六年酒病，更三年死矣。盖左边山虚者，传用戌属虚故也。申作白虎加戌，是两虎在右。末为案，午作玄武，主子孙邪淫。日上酉作天空，主酒败。又主子孙为酒家佣。酉为从魁，又主娼妇卖酒。酉数六，故六年酒病，更三年死，是酉增一半也。

●**逼水迫山终破荡，第八十九**

汪解元占宅基，正月庚戌日亥将酉时。

```
 空白常玄
 未申酉戌      蛇后后玄      子壬子后
青午    亥阴    寅子子戌      财  寅蛇◎
勾巳    子后    子戌戌庚      父甲辰合⊙
 辰卯寅丑
 合朱蛇贵
```

邵先生断曰：宅后迫山前逼水，水虽东流，因过宅反去。若为宅基，主女多男少。后日子孙必有为吏、为军卒、为仆从，败退人散。四阳虽居东南，无关阑拘束，风门水户，殊不收敛。又主水坏宅基而为为吏之子孙所荡废也。盖此宅乃庚兑山行龙，坎山为主，宅来加申，戌为山岗，是后迫山也。宅上有子作天后，是前逼水也。水横过，寅直去为风门，子为水户，寅加子上，螣蛇扰害，故主为吏费，兼木败在子故也。末传见辰，干上见戌，主兵革仆从，玄合加之，乃为此役也。

●**人多宅隘竟乖离。第九十**

何承务本命丁未，辛酉年二月戊子日戌将巳时占宅。

合朱蛇贵

戌亥子丑	合常阴合	父癸巳常
勾酉　　寅后	戌巳卯戌	兄丙戌合
青申　　卯阴	巳子戌戌	官辛卯阴

未午巳辰
空白常玄

邵先生断曰：日加辰而辰克干神，是人广而宅隘。宅上发用，传出日上，是宅居不得，许多人聚而又复出也。末传归第二课，又是宅不纳人，非宅克人，是人多自要出也。若甲子年人来就宅，为宅所克，是宅不容人居，必生灾。若营谋出外，各人自为活计，将来为阴人争挠，必主兴讼，十三年见之。盖日来支上迫宅，又作破碎，必主有争。甲子年兴讼是巳来加子，巳数四，子数九，合之共一十三年。壬戌年太岁又逆行，故不动。癸亥年天罡压之，亦不动。甲子年人宅相逼争讼起，行年上又见勾陈是不容不争也。

●逃亡刑德分方向，第九十一

《七十二占》曰：占逃亡，视德刑。德刑者，逃人伏匿其下。贤者责德，愚者责刑。

假令正月亥将甲戌日卯时占逃亡，为德刑之卦。

贵后阴玄

丑寅卯辰	后白白合	财甲戌合
蛇子　　巳常	寅午午戌	子壬午白
朱亥　　午白	午戌戌甲	兄戌寅后

戌酉申未
合勾青空

邵先生断曰：甲德在寅临午，若寻贤士善人，正南午地上去了，若问远近，以寅七午九上下临处定之。戌刑在未临亥，若寻奴婢小人，西北亥地上去了，以亥四未八，四八三十二里，其人务酒，近水楼阁之下获之。因亥为水，未主酒食，亥又为楼阁也。

假令正月己巳日亥将戌时占逃亡，为刑克德之卦。

朱蛇贵后

午未申酉	蛇朱后贵	子壬申贵
合巳　　戌阴	未午酉申	子壬申贵
勾辰　　亥玄	午巳申己	父庚午朱

卯寅丑子
青空白常

邵先生断曰：若占贤士善人，东北丑地上去了，为己德在寅，寅临丑地，是东北也。若占奴婢小人，西南未方去了，为巳刑申，申临未故也。申七未八，相乘五十六里。申遁得壬，未遁得辛，壬六辛七，共十三数或四十二数，可知地里之远近也。

《心镜》歌曰：阳神作玄武，度四是终阴。此名闭口卦，逃者远追寻。亡人随武匿，盗贼往终擒。婢走求阳处，奴逃须责阴。

假令正月乙卯日亥将申时占逃亡。

```
    勾合朱蛇
    申酉戌亥        合空朱青        官辛酉合
青未    子贵        酉午戌未        父  子贵◎
空午    丑后        午卯未乙        兄乙卯玄⊙
    巳辰卯寅
    白常玄阴
```

邵先生断曰：若走了男子，往正东卯下去，转南午上去。盖卯为玄武，午加其上为阴神，子为玄武阳神在酉上卯下，卯酉六数，子午九数，六九五十四是里数也。自正东卯地转正南午上，前有树木，窑灶处捉得。卯为树木，午为窑灶故也。

假令十一月甲子日丑将丑时占逃亡。

```
    朱蛇贵后
    巳午未申        白白青青        兄丙寅青
合辰    酉阴        子子寅寅        子己巳朱
勾卯    戌玄        子子寅甲        官壬申后
    寅丑子亥
    青空白常
```

邵先生断曰：天乙在未，逆数后三，戌为玄武，是阳神。寻女子往西北方去了，为戌临戌故也。从玄武阳神逆数四位是未，未为玄武阴神。若寻男子，往西南去捉。盖婢走就阳，阳是婢藏之家，奴走就阴，阴是奴藏之处。

●盗贼生绝决隐疑。第九十二

占盗贼专责玄武阴阳二神。若玄武克日，主破财，更看玄武坐处，若上克下，是自不小心而失，如下贼上，却是贼有心要偷。其贼隐匿去处自有定向。

假令十一月乙未日丑将卯时占盗贼。

```
合勾青空
卯辰巳午        合青贵朱      父己亥后
朱寅    未白    卯巳子寅      兄壬寅朱⊙
蛇丑    申常    巳未寅乙      子  巳青◎
子亥戌酉
贵后阴玄
```

邵先生断曰：青龙主财帛之事，以巳为之，加于支未之上，酉加亥作玄武克日，主破财，青龙克酉金之贼，青龙巳火在东南，巳为妇女，主妇人告缉。巳克酉，本合败，却因初传亥水十一月正旺，克却巳火，酉在亥上得入水中伏匿，主不败难获也。凡生玄武处是贼来路，玄武生处是贼去路，又玄武之后为贼来路，玄武之前为贼去路。此卦玄武乘酉，酉后是申，为西南，前是戌，为西北，临亥亦是西北，其贼主自西南来，自西北去。又酉为贼之本家，其贼自西地还正西本家去了。又玄武不行绝地，故不往东北寅方，酉金绝于寅，以避绝也。其贼必走，属鸡坐酉故也。酉六亥四共十数，酉遁得乙八数，亥遁得丁六数，并得十四，共计二十四，为二十四里之远。门前有林木，后却有水，此处捕之可得。因武临地下亥，亥传寅，亥水寅木故也。若人年命上及三传，此六处有克玄武者，其贼必败，若俱无克，必然难获。

《摘奇歌》云：玄阴克武徒中叛，即阳中之飞伏一般。

● **玄武还时知避贵，第九十三**

经曰：玄武不行有克之路，畏捕捉也，只行长生旺相之处还家也。若前有天乙贵则不敢行，必曲折迤逦而归藏也。

假令十一月辛酉日丑将巳时占盗贼。

```
青勾合朱
丑寅卯辰        青蛇勾贵      官丁巳蛇
空子    巳蛇    丑巳寅午      父  丑青◎
白亥    午贵    巳酉午辛      兄辛酉玄⊙
戌酉申未
常玄阴后
```

邵先生断曰：玄武在末传乘酉临丑，其贼往东北丑上偷得，从正西酉上去，丑八酉六，行十四里，欲往西北，却逢见戌上贵人，避之转往东北，又遇寅是酉之绝地不敢行，因酉数六，向西酉上六里外，戌中有辛是本身，戌数五，往此戌上五里，放下赃物，俟贵人迁移，后却将赃物从西北戌上还家酉上去了。因酉上巳为长生之地，故为家也。又走在西北戌上藏物，亟甲子日贵人逢冲则迁，五日方敢行。若捉捕人克戌上藏处，于西北方捉拿；若不克戌上，却于本家酉方捉拿也。

●**螣蛇落处好寻鬼。**第九十四

凡占小儿，责螣蛇。一岁至十四岁皆看螣蛇如何。若小儿迷失，向其方落处寻之。

●**推求病症详诸用，**第九十五

凡占病，太乙螣蛇主头，二神俱是火炎上，旺则喘嗽，衰则赤目、口舌疮、头疼，又主咽喉疾。

玄武登明俱是水润下，旺腹肾有疾，衰则水逆上，主头目眼疾，重则心疾也。

天空天魁临戌，旺主肺肝腰疾，衰则骨疼、腿痛。

勾陈临辰，旺则克水，多主噎塞咽喉之症。

白虎临申，旺则流血之灾，衰则皮肤疮肿、筋骨伤损。

青龙功曹主肝胆，旺则风疾，衰则损胃减食。

太冲六合，胸肋疼痛。

太阴加酉，肠痛、肺疾。

天后临子，主男子肾疾也。

太常在未，酒食生疾，呕逆气滞。

朱雀临午，旺则天行热症，衰则疮疖火症也。

天乙临丑，病主脾膈胃肠。

以上皆看发用，然必神将同类者为的。

●**攻治庸良审二医。**第九十六

《中黄经》云：男子以天罡加行年，于天上功曹下寻医；女子以河魁加行年，于天上传送下寻医。《心镜》歌云：日辰月建同前二，此是天医对地医。谓前二是天医，对冲为地医也。又云：以岁月二建看，不必看日辰。凡二医与日干、年命相生，便是良医，相克即庸医也。又二医克日，主医人用药不当；日克二医，主医人举业未精，又主无药。

●**旺相救神沉不畏，**第九十七

占病见白虎诸煞，虽主沉重，若日上神却克白虎乘神，谓之救神，虽重不死。若更日辰上旺相有气，百病无畏。白虎诸煞若又休囚死绝内战，亦不为凶。

假令本命丁酉，十一月癸丑日丑将子时占病。

合勾青空

午未申酉　　贵后贵后　　子　寅后◎

朱巳　　戌白　　卯寅卯寅　　子　卯贵◎⊙

蛇辰　　亥常　　寅丑寅癸　　官甲辰蛇⊙

卯寅丑子

贵后阴玄

邵先生断曰：本命酉上得戌，临虎克日主死。日上却见寅，又克戌，为救神。寅在十一月得相气，却克白虎，虽重不死。又白虎在酉，十一月为休，无气，天后在丑为月将，有气来救，主虽凶而不死也。

●休囚凶将重何危。第九十八

凶将，白虎、丧门、吊客诸煞也。若在休囚死绝之地，三传、年命、日干六处又有救神，病虽重不死也。

●遁干狱讼推加害，第九十九

以初复二建先论加害者是何等人。若课传内官鬼有一处与年命、干支相合，便是亲人加害；若日鬼不在干支合处，便不是亲人。

《中黄经》云：寅若长生道士身，建干寅临亥长生，行年乘华盖为日鬼，即是一道士相害也，谓建鬼加寅。

申临死绝是尼僧，遁干是申传入孤寡空亡之地，主僧尼相害，谓建鬼加申也。

天罡生旺为公吏，遁干在天罡上，加害者公吏人也。

戌乘四孟主多军，遁干鬼在戌上，更加诸煞，军人也。

贵人带印克今日，便是终身有禄人。申午加干作天后，用神大吉是媒亲。戌加亥子玄合位，铸印乘轩作匠人。

若推人之形状，亥子主身材短小，额大嘴高，其色黑暗。寅卯主青白色，细长，面带瘢黡。巳午主红黄，肥胖，多言，有威力，腰长骨大。申酉主方形白面，肌肤粗硬。辰戌面方耳大，红黄颜色。丑未主头圆，身瘦，黄发，面有黑点。凡日鬼立处，有气是少年，无气是老者。

假令二月甲子日戌将未时占讼。

```
　青勾合朱
　申酉戌亥　　　白阴青常　　　官壬申青
空未　　子蛇　　午卯申巳　　　父　亥朱◎
白午　　丑贵　　卯子巳甲　　　兄丙寅后⊙
　巳辰卯寅
　常玄阴后
```

邵先生断曰：初传青龙申临巳克甲，巳中有戊土是甲之财，青龙又是财，巳申相破，合主一阳人带破从西南申上来，侵犯我之财物，欲动官司。甲虽怕申，巳中有丙，却倚丙火制伏申金，金火交战，所以争讼也。

●**日鬼官刑审护持。**第一百

占讼虽怕日鬼，却要见救解之神。

假令乙巳生人，十一月辛酉日丑将申时占讼。

```
　勾青空白
　戌亥子丑　　　蛇常朱玄　　　父己未蛇
合酉　　寅常　　未寅申卯　　　子　子空◎
朱申　　卯玄　　寅酉卯辛　　　官丁巳后⊙
　未午巳辰
　蛇贵后阴
```

邵先生断曰：初传未加寅，丁课未，未中虽有丁神作辛之鬼，却是解神，初虽有克，后却有救化吉也。解神在初固吉，未来生辛金又是吉，虽有官讼杖责，目下却不见官，不受责也。其官事六月起，至明年正月方结绝。盖未乃木墓，火鬼螣蛇，又临六月建未，正月建寅，故六月至正月方绝。螣蛇为初传，亦主小儿惊忧。本命巳，戌加巳为勾陈，带关神，又末传巳加子为天后克辛，必因阴人小口起此官事，终自不解，却不见刑责也。关神，春丑、夏辰、秋未、冬戌。解神，正二申、三四酉、五六戌、七八亥、九十午、十一十二未。

●**有避贵人乘驿马，**第一百○一

太岁、天乙生日干，日干乘二马，主有官讼，宜出外作客，则可回避而无事矣。

假令子年巳生人，十一月甲午日丑将酉时占讼。

```
  勾合朱蛇
   酉戌亥子        后合合白      兄壬寅后
 青申    丑贵     寅戌戌午      子甲午白
 空未    寅后     戌午午甲      财戌戌合
  午巳辰卯
  白常玄阴
```

邵先生断曰：初传寅为钥神，主牢狱官灾。本命巳上见酉乘勾陈克日，必主官讼起。却有太岁、月建子水生日，又天马寅发用，驿马申冲动用神，又见青龙，又三传子孙局克官鬼，宜远行出外避之可也。钥神，春巳、夏申、秋亥、冬寅。

● **无灾太岁并皇禧。**第一百〇二

若天乙、太岁同位，更作皇禧，必免官灾。若初传见马，又遇太岁、皇禧，必然大赦。皇禧即皇书。

● **酉临午上登堂婢，**第一百〇三

酉为婢，午为堂，酉临干上，必以婢为妻。《李九万百章歌》云：酉临午上婢登堂，匪人为正或偏房。

● **妻就夫年放荡姬。**第一百〇四

祝省元占求婚，行年未，女行年丑，三月己卯日戌将辰时。

```
  蛇贵后阴
   亥子丑寅        玄合青后      官己卯玄⊙
 朱戌    卯玄     卯酉未丑      子  酉合◎
 合酉    辰常     酉卯丑己      官己卯玄⊙
  申未午巳
  勾青空白
```

邵先生断曰：占婚男行年乘女而作天后，是先有其妇也；女行年乘男而作青龙，是先有其夫也。妻既就夫，夫又乘妻，何必用媒？私情已通矣。卯酉为门户，门来加户，户又加门，往来反复。宅后又有小门，酉也。酉为婢，六合加之，必以婢妾为脚，立合不正之神，其女淫邪放荡，必与人私通。血支在卯，初末见之，必主暗先生子。盖卯为鬼，取克为嗣也。血支，正月起丑，顺行十二辰。

● **吉将长生清白性，**第一百〇五

此亦占婚课也。传见吉神而临生旺，主女人清白，且通书算。

孔七公占续弦，年五十二岁，十月癸巳日寅将亥时，行年巳。

```
  青空白常
   申酉戌亥        常青勾蛇      父甲申青
 勾未    子玄      亥申未辰      兄丁亥常
 合午    丑阴      申巳辰癸      子庚寅后
   巳辰卯寅
   朱蛇贵后
```

邵先生断曰：日上辰为癸水之墓，至支上申为癸水之长生，其婚必成，所议之妇乃是少年，为人轻盈典雅，家务清白，能书算，有子息也。盖申既是长生，又遇青龙，长生又为学堂，故能书算。寅为子息，在末传。日支巳是行年，与申合，末寅又与中亥六合，自然成就。课传又无空亡，所以享福也。

●**阴神旺相美丰姿。第一百〇六**

亦论占婚。《心镜》歌曰：二后［天后、神后］占时［并占时］如旺相，此女轻盈歌若仙。居在凶神又囚死，媒人说好是虚言。盖欲二后旺相，不欲囚死及见玄合诸凶神也。

●**雀蛇丁巳生狂电，第一百〇七**

此论占风雨。《玉田歌》曰：巳作六丁上蛇雀，太冲位上来安着。忽然狂电且灾殃，迅速时时光闪烁。

●**亥子勾陈作久霖。第一百〇八**

亥子主雨，勾陈主阴。久霖，久雨也。《玉田歌》曰：戌亥子丑巳午停，火既下降水上升。立用何须看云雾，忽然雨泽骤如倾。亥子为传虽主雨，一怕空亡二嫌土。辰戌丑未四维间，密云慢有终何补。亥子退入江湖居，甘泽难逢莫浪图。如还临上雨滂沱，顷刻之间济旱枯。

●**铸印西归深厚雪，第一百〇九**

铸印卦，春夏秋主雨，冬必有雪。西归谓卯为雷，主西方为虎克制也。

韩知府占祈雪，十一月己卯日酉时，太阳尚在寅宫，夜贵申。

```
  朱合勾青
   戌亥子丑        青贵玄勾      父辛巳玄
 蛇酉    寅空      丑申巳子      兄甲戌朱
 贵申    卯白      申卯子己      官己卯白
   未午巳辰
   后阴玄常
```

邵先生断曰：此课三传巳戌卯，名铸印卦。火伏于下，水升于上，凡占雨占雪皆当日有。今虽和暖，天色必变，巳时有风寒，未时有雨，亥时作雪，须有七寸，直至明日未时方止。盖申为水母，又作夜贵，正是权柄。日上又见子为天河之水，腾运乎上，必流乎下。初传巳火被灭成大风，末传卯作白虎，与申皆是白物，申为空亡，乃是空中降下，申又为贵人乃造化之主也。大凡火伏于下，水升于上，一雨也；申子为水，加临日辰，二雨也；天乙起申，自子至辰顺行成水局，三雨也。卯为雷，为白虎所制，故不能发声而为冬月之雪。子作勾陈，占雨主连绵，占雪主深厚，是其应也。

●**班神东转猛风靡。第一百十**

白虎为班神，主风。东转，出林啸风之象。《玉田歌》曰：虎在东方为出林，动啸生风孰可禁。更乘小吉为行止，拔木摧禾祸益深。龙旺升天雨骤作，虎旺山林风力恶。如乘囚墓死兼休，风定雨收成寂寞。

●**水升火降霖须应，第一百十一**

亥子水居巳午未申之上，谓之水升。巳午火居亥子丑寅之上，谓之火伏。凡占皆有雨，即上铸印卦是也。

●**丙旺丁生霁可期。第一百十二**

丙丁生旺发用，久雨必晴。《玉田歌》曰：阳即为晴阴即雨，积阴望霁阳为主。丙丁有气不伤残，壬癸休囚晴可许。火神不越东南路，蛇雀又来头上驻。须臾皎日见晴空，纵有余阴无着处。

●**捕罪传干随处觅，第一百十三**

第七直占走失罪人，十月癸卯日寅将辰时占。

```
      朱蛇贵后
      卯辰巳午      空勾常空      官辛丑勾
  合寅      未阴      亥丑酉亥      兄己亥空
  勾丑      申亥      丑卯亥癸      父丁酉常
      子亥戌酉
      青空白常
```

邵先生断曰：癸丑来加卯支，又自支上发用，退去西北亥上，其人去买卖人家姓汪宅后，有空猪圈于此隐藏，离此四六二十四里便是，或六十四里，有婢在家，此婢带孝在门前洗涤酒器，其人在他家阃内，不然在崩坏东厕房内，可捕之。盖丑中有王字，水日见丑，汪姓也。酉加亥为酒，酉又为婢，带孝者见太常也。亥数四，酉数六，戌为厕，戌土长生于申，败于酉，太常及酉皆主买卖。

●谋生轮斧改施为。第一百十四

《毕法》云：朽木难雕别作为。斫轮卦若遇卯空，是为朽木，不堪作轮。凡值此例，宜改业别作营生。

杨秀才正月庚戌日亥将辰时占前程。

```
    蛇贵后阴
    子丑寅卯        蛇常合阴      父庚戌合⊙
朱亥      辰玄      子巳戌卯      官乙巳常
合戌      巳常      巳戌卯庚      子壬子蛇
    酉申未午
    勾青空白
```

邵先生断曰：甲辰旬卯空，庚上见卯，是朽木不堪雕琢，徒有斫轮虚名。戌为模范，亦落空地，虽有巳炉，却无模铸。末传盗气，主子孙不读书，宜改别业，家计虽不宽，亦不至饥寒。子孙作水磨水碓以为生计，虽不富贵，却亦不贫。且出人有寿，支上巳为庚金之长生故也。巳数四，两巳数八，巳上见子孙，子九数，八九七十二年止矣。

●贵人失位休占讼，第一百十五

昼贵临酉戌亥子丑寅六夜时，夜贵临卯辰巳午未申六昼时，谓之贵人失位，不宜占讼，必主断理不明也。《毕法》云"贵人差迭事参差"，后丁酉日课《毕法》作"课传俱贵转无依"，下其论失位又以夜贵临干，昼贵临支而言也。

童秀才六月丁酉日午将辰时，行年在寅，占讼。

```
    勾合朱蛇
    未申酉戌        阴贵贵朱      财丁酉朱
青午      亥贵      丑亥亥酉      官己亥贵
空巳      子后      亥酉酉丁      子辛丑阴
    辰卯寅丑
    白常玄阴
```

邵先生断曰：夜贵在日，昼贵在夜，主以财结托，及暗通贵人关节。酉作朱雀是也。日干用酉财，是支而临干，乃是结托。然徒费，结托不得完局，主换司又换官，因贵人遍地治事故也。行年寅为今日之父母，又临子克日，寅为书吏，必是尊长及吏人为鬼贼也。又太阴在末传，主下稍理亏，官断不明。

●旺鬼当时早备戣。第一百十六

《毕法》云："鬼贼当时无畏忌。"戣，兵器也。

假令戊子日，干上午，三传寅卯辰，皆是日鬼。春占木旺，虽为可畏，然木贪荣盛，无意克土，故戊干不畏。至夏秋其祸仍发，须早为设备方免后患。

●**乘马四维行不倦，第一百十七**

徐教授本命丙子，行年三十三岁在戌，正月丙寅日亥将申时占身。

合朱蛇贵

申酉戌亥	合空贵合	财壬申合
勾未　子后	申巳亥申	官　亥贵◎
青午　丑阴	巳寅申丙	父丙寅玄☉

巳辰卯寅

空白常玄

邵先生断曰：申正时临日，为日所克，又丙为夫，申为妻，初传又临日上，主克妻，因空亡临妻宫也。亥数四，主克四妻。中年子息亦克，以六合上下不得地。申为西南之金，遇巳之炉冶，到亥上必有声名于西北也。乘今日之马，四孟皆会四维也，主读书至老不倦，年高荐至。宅上有丙火，受寅而生，不可以外人内言也。巳数四，寅为功曹，将及四旬，必遇曹姓人而显身。寅又作本命之马，为官尤至老不倦，终于六曹官。中传亥乃月将，月将不作空，但时或少迟。月将作贵人临于时上，又临身作传，四年之后便显自绛帐，从此达于天庭。末传寅来生身，十一月马在寅，寅在天门亥上，玄武入本家，亥为黑煞，中传既有天门，末传又在天门上，以天见天，必主出疆见诸王，然后入奉天子，主六曹中又带刑职，黑煞之故也。

●**涉渊三处力还疲。第一百十八**

三传申戌子，谓之涉三渊，主奔波费力之象。

徐将仕五月戊辰日未将巳时占前程。

空白常玄

未申酉戌	白青常空	子壬申白
青午　亥阴	申午酉未	兄　戌玄◎
勾巳　子后	午辰未戌	财甲子后☉

辰卯寅丑

合朱蛇贵

邵先生断曰：此数主跋涉奔波，劳力无成。干支上午与未合，出身甚好，历事三授，两丁上服。子孙居午火上，中传戌为同类，日后以弟为子。妻又死于产。所受差遣，一任远一任，一任劳一任，终死于外州矣。四十五岁其年不能过也。盖涉三渊，一传远一传，又入空亡上去。况入传子息，未为羊刃居干上，故难得子也。中传同类加子息上，当以为子。末传坐空，戌上为妻宫，天后污秽神加之，主产亡。戌辰支干皆东南方之神，一竟流入于未申西南方，更涉三渊，顺行至戌子，陷于西北，所以主死于外州也。戌五、子九，为五九四十五岁。羊刃，甲日起卯，一云与禄倒煞同，乃禄前一位是也，今皆依之。

●**天罗自裹身难动，第一百十九**

《毕法》云："天罗自裹招迷惑。"《口鉴》前二十一条先有云"谋为被拙逢罗网"。

郭仲起本命辛未，五月甲寅日未将寅时占家宅。

```
    合勾青空
    戌亥子丑      青贵青贵     父  子青◎
朱酉      寅白     子未子未     子丁巳阴⊙
蛇申      卯常     未寅未甲     财壬戌合
    未午巳辰
    贵后阴玄
```

邵先生断曰：本命自来墓身，谓之天罗自裹，又子在命上为发用空亡，中传子息又临空地，主虽登仕，亦无寸进。未为妻，身宅两见，必主再娶。未为井，墓干支，主宅有井伤人，若不迁居，必主十二年而死。未乃八数，两八十六，因先全取，后半取，故十二年也。

●**日盗传空产易劇。第一百二十**

林承务本命辰，六月辛卯日午将辰时占家宅。

```
    蛇朱合勾
    未申酉戌      蛇后常空     官癸巳后
贵午      亥青     未巳寅子     父  未蛇◎
后巳      子空     巳卯子辛     兄乙酉合⊙
    辰卯寅丑
    阴玄常白
```

邵先生断曰：日上盗气，又见天空，主下部遗泄。盖子孙不坚牢，辛日为子水所脱，又天将见天空，又巳为破碎立支上发传，中传未又空亡，末传酉为日禄，加在空地，禄既坐空，主前程不永。宅犯破碎，必主子孙耗盗财物，产业皆荡废矣。子为一阳之始，巳为六阳之终，始于身而终于宅。初传在宅上，中末传皆空，名曰不行。初传破碎，上见天后，主妻亦是淫物，家产终蠲荡也。

●拱斗朝天阴德致，第一百二十一

宋应时贡元四十二岁行年未，六月丁丑日午将未时占前程。

青空白常

辰巳午未	贵蛇空白	官丙子蛇
勾卯　　申玄	亥子巳午	官乙亥贵
合寅　　酉阴	子丑午丁	子甲戌后
丑子亥戌
朱蛇贵后

邵先生断曰：此数日上午，辰上子，三传子亥戌，六仪扶持，三奇拱侍，小则郎官，大则侍从，未易量也。缘有活人之功，上天降福，北斗扶身，三光拱照，禄神催逼，即因食禄。人不识此课，将谓退连茹，殊不知甲戌旬戌为六仪，亥天门也，仪加之，谓之朝天。亥为旬乙，子为旬丙，丑为旬丁，谓之三奇拱照。午乃丁禄，在日则日禄扶身。行年又在未，白虎又是催官。日贵人又在三传中，前后拱侍。凡占功名，螣蛇又为吉将，临发用作前一先锋，高甲无疑。丁德在亥，戌亥子皆属阴，亥为上帝，子为紫微，丑为北斗，以是知阴德鸿大，神明福佑也。考之贡元三十八岁时，北虏犯边，伊在东京曾扶友三十余辈，庇护李家宅眷七十余口，兼不识姓名三十七人，急以所乘舟及用友舟载渡诸人，自己率众友却沿岸而走。此所以先生见课即知其阴德扶持也。后贡元果贵寿。

●堕轩破范妒心疑。第一百二十二

应秀才本命酉，六月己卯日午将丑时占前程。

朱合勾青

戌亥子丑	青贵玄勾	父辛巳玄
蛇酉　　寅空	丑申巳子	兄甲戌朱
贵申　　卯白	申卯子己	官己卯白
未午巳辰
后阴玄常

邵先生断曰：吾兄心术多且又毒。经云"鼠忌羊头上，蛇惊犬吠猴"，皆主凶险之人。今日子支加未，是谓鼠忌羊头上也，主为人多妒忌，少年好闻是非，喜谈人过，所以灭前程也。盖巳为父母，子为妻宫，巳加子为子所克，

又卯日巳为破碎煞，一不足也；子息倚身，为己所克，主子息难招，二不足也；宅上申为自空，又为贵人，主神像不整，三不足也。铸印乘轩，巳作玄武加子，上火下水，玄武为贼，谓之走范；卯作白虎加戌，谓之破模；白虎伤卯，课名堕轩。功名无成必矣。

● **蛇常破碎丧服讼，第一百二十三**

太常乘破碎，主孝服，更加螣蛇、天讼，必有官讼也。天讼即天狱，子卯午酉顺轮。

何秀才本命申，行年三十七岁在寅，正月甲子日亥将午时占岁。

合朱蛇贵

戌亥子丑	合常蛇空	父甲子蛇
勾酉 寅后	戌巳子未	子己巳常
青申 卯阴	巳子未甲	财 戌合◎
未午巳辰		
空白常玄		

邵先生断曰：此卦春占，用神子水休气，日上未为甲木之墓，寅下是酉被克，亥为甲之长生临天罡，此天狱卦也。且破碎作太常入宅，主有丧服眷属来家争挠。盖未财加日作墓神为亲眷，天空为平地起堆之象。初传子为父母，与未作六害，螣蛇在子，子为宅，与上太常破碎并，巳为灶，必主分爨而起讼也。

● **罗网干支禄寿危。第一百二十四**

前二十一条已云"谋为被拙逢罗网"，一百十九条又云"天罗自裹身难动"。

叶助教行年四十六岁在亥，四月戊寅日申将未时占前程。

青空白常

午未申酉	合朱空青	兄庚辰合
勾巳 戌玄	辰卯未午	父辛巳勾
合辰 亥阴	卯寅午戌	父壬午青
卯寅丑子		
朱蛇贵后		

邵先生断曰：干支上皆天罗，日上午又是羊刃。大凡支内干外，今支上两课发传，归到日上，主目下赴任。但羊刃、天罡岂能终局？生日后行年到亥，上见子与未六害，又与午六冲，又与支上地网卯相刑，虽然今年上任，

来年必阻父母之服，必不能久任。支上卯六数，初传辰五数，中传巳四数，共一十五年，合作监司之职。第十六七年必定降官罢任闲住。末传午九数，再加九年，连前十五年，共二十四年而死也。

●**盗遇日辰亲类盗，第一百二十五**

李四官十月辛卯日寅将巳时占失盗。

　　勾合朱蛇
　　寅卯辰巳　　　玄空朱后　　　子戌子空
　　青丑　午贵　　酉子辰未　　　父　未后◎
　　空子　未后　　子卯未辛　　　子戌子空
　　亥戌酉申
　　白常玄阴

邵先生断曰：干支上子未六害，三传折腰不行，初传是支上之子，中传是干上之未，末传又归于子，为昴星卦。子盗气，虽得未制之，而未字空亡又不制，徒然失财，捉贼不得。戌之辛金倒去生他，上又是天空脱气，又见天空，何由得败？子在支上，三传不出干支，又日传归辰，辰传归日，俱不出外，其贼必是本家亲眷，目下未即败露，后必知其的实，况身上未空，合主失财也。

●**医逢天地本原医。第一百二十六**

天医之说，殊不一端。一云以子卯午酉四仲正月顺轮，后断从此。

叶八郎行年四十六岁在亥，十一月辛卯日丑将巳时求占行医何如。

　　青勾合朱
　　丑寅卯辰　　　后白勾贵　　　父　未后◎
　　空子　巳蛇　　未亥寅午　　　财辛卯合⊙
　　白亥　午贵　　亥卯午辛　　　子丁亥白
　　戌酉申未
　　常玄阴后

邵先生断曰：金日得木局，满局皆财，不合午乘，化许多败气。木又死于午，又作贵人，偏不利医贵人。却有月天医在于中传，卯本日天医，能生午火贵人管事，必主临危之病方来相请。有一妇人害翻胃者，医肝不医胃。小儿患风者，通水脏不得治风。依此可取效也。盖叶医不甚行，后果有是病相请，皆奏奇功。因天后妇人也，在未来加亥，卯来克未，未遂克亥，故主翻胃，原因卯克之故，当治卯，卯木，肝也。亥为幼子，水木成局则生风，若导水则风自息矣。

●**干支被墓逢空脱，第一百二十七**

陈教谕本命未，八月甲申日辰将亥时占前程。

　　　合勾青空
　　　戌亥子丑　　　　后空青贵　　　父戌子青⊙
　朱酉　　寅白　　　午丑子未　　　子癸巳阴
　蛇申　　卯常　　　丑申未甲　　　财丙戌合
　　　未午巳辰
　　　贵后阴玄

邵先生断曰：干支上皆逢墓，主前程迟滞，凡事不通。今喜甲申旬未是空亡，本身之墓即空，渐脱迟滞，次第亨通。盖缘初传遇贵人六害，所以不利场屋。而两贵立于干支上者，皆为干支之墓神，而不喜也。中传巳乘太阴，乃自是闭口，偏堂不利，终为疾扰。妻宫未自空，子宫巳闭口，主无子息。本命未自来墓身，乘空亡，乃是虚贵。宅上又带墓，人既不兴，宅亦不显，自后发解，再不济事。

●**首尾成旬致害羁。第一百二十八**

前第二条云："首尾相见始终宜"。

江叔仪本命戌，二月辛丑日戌将巳时占讼。

　　　勾青空白
　　　戌亥子丑　　　　青贵朱玄　　　财癸卯玄
　合酉　　寅常　　　亥午申卯　　　兄丙申朱
　朱申　　卯玄　　　午丑卯辛　　　父辛丑白
　　　未午巳辰
　　　蛇贵后阴

邵先生断曰：干上旬末，支上旬首。日上我也，辰上彼也。我见卯尾是事了毕，彼又自旬首午起。末传与支上午是六害，到了翻论，终是彼输。财又被人诓赚，盖辛以卯为财，上见玄武，是盗财也。下稍送外州入狱，以辛墓于丑，丑坐于申，申为道路，是外州入狱而羁绊也。

●**乱首赃私仆犯主，第一百二十九**

徐通判本命午，行年三十一岁[①]立申，十一月壬辰日丑将午时占前程。

————————————

① 《壬占汇选》和《口鉴奥旨》作五十一岁。

青勾合朱
子丑寅卯　　　　后空勾后　　　　财　午后◎
空亥　　辰蛇　　午亥丑午　　　　官巳丑勾⊙
白戌　　巳贵　　亥辰午壬　　　　父甲申玄
酉申未午
常玄阴后

邵先生断曰：干加支被支克，名乱首卦。日后到官取财，为仆所持，妻必为仆所有，身亦死于仆手。因末传申为父爻，坐墓乘武，为不垂顾，拒尸之象，所以凶也。盖亥加辰乃自取乱首，天空，仆也，支，妻也，加支作支首为犯主。午为财，丑为官鬼加财上，故在任受赃。午到亥宫，六阴终始。天后为妻，在水上，主淫乱，故主与奴仆私通。壬以申为父，加丑是父坟，申作玄武，金生水脱气，虽为壬之长生，却不顾主而自恋其所生，为拒尸之象。午亥自刑，故主为仆所杀，乱首之应也。行年在申，故死于申。

● **极阴酒色酉为魋。第一百三十**
魋，音其，今冥资中所烧币是也。
袁知镇本命酉，行年三十六岁在丑，十一月戊戌日丑将卯时占平生。

朱合勾青
卯辰巳午　　　　青白贵朱　　　　兄辛丑贵
蛇寅　　未空　　午申丑卯　　　　财己亥阴
贵丑　　申白　　申戌卯戊　　　　子丁酉常
子亥戌酉
后阴玄常

邵先生断曰：丑亥酉名极阴。戊土死于卯，败于酉，酉数六，加亥数四上，其人寿止四十六岁。初传贵人，享父之福。中传临官加丑，亦承父禄。末传沐浴，败坏极矣。中水末酉，酉为婢，必因酒色而败。盖极阴卦，到末传又是极地。戊戌土皆死于卯，败于酉，土归西北而倾，酉加水上为酒，太阴加之，主因色成病，必是痨怯。其行年在丑，为本命入墓，其死必矣。

● **日辰带墓偏招鬼，第一百三十一**
何三公本命午，行年六十二岁在卯，六月丙寅日午将丑时占身位。

蛇朱合勾
戌亥子丑　　　　合阴空蛇　　　　官甲子合
贵酉　　寅青　　子未卯戌　　　　兄己巳常
后申　　卯空　　未寅戌丙　　　　子　戌蛇◎
未午巳辰
阴玄常白

邵先生断曰：此课干上两蛇夹墓，支上又各乘墓，第四课见鬼，鬼又作传归日上，六月死神在戌，作蛇，主有冤魂伏尸，迷惑煞为祟。六月火墓在戌，宅中原是旧墓，前后皆是伏尸骸。今鬼入第四课，是内之鬼也，传出日上，渐次侵害于人。未数八，不出八年痨病鬼来缠。中传巳虽为六月生气，受子克化而为鬼。支上未，合月建未，各八数，得八八六十四数，故至六十四岁上戌月未日死矣。况今行年正在戌上，安得无灾？迷惑煞，正戌未辰丑，正月起逆行。

●**破碎乘朱未驾骊。第一百三十二**

黄秀才占行人，行年辰，丁巳日亥将未时。

```
    朱蛇贵后
  酉戌亥子      阴朱常贵      财辛酉朱
合申    丑阴    丑酉卯亥    子  丑阴◎
勾未    寅玄    酉巳亥丁    兄丁巳空⊙
  午巳辰卯
  青空白常
```

邵先生断曰：亥作贵人加丁，是绝神，又克我，应主行人来，但支上酉为财入传发用作文书乘破碎，必主所干文书未完，尚有更改之意。行年在辰，辰上见申，亥水又生在申，绝神带生，日下未归，在三月子日方到，以申子辰三合推之也。

●**二贵向明无虚荐，第一百三十三**

日贵人加夜贵人之上，谓之二贵向明，最利考试，盖以三传言也。

伊秀才本命辰，行年四十一岁在午，五月癸亥日未将巳时占应试。

```
    朱合勾青
  未申酉戌      阴常贵阴      官  丑常◎
蛇午    亥空    卯丑巳卯    子乙卯阴⊙
贵巳    子白    丑亥卯癸    财丁巳贵
  辰卯寅丑
  后阴玄常
```

邵先生断曰：此课太阳未出酉户，立巳上，上乘朱雀，又丑卯巳三传名出户卦，占考试，干上卯，帘幕贵人也。夜虽不显，得日贵人巳加在夜贵卯上，先晦后明，准拟登科，无虚荐也。盖六甲旬尽日占卦，干去就辰，乃蒙晦窒自内发出，帘幕贵人出为明贵即本身也。又得行年午前引卯巳，又午上申为干支之长生而为文星学堂，又午生初传丑为本日之官星，所以及第也。

●**三传全鬼有盈资。第一百三十四**

刘判官本命未，五十一岁行年辰，六月癸未日午将卯时占前程。

```
    合勾青空
  申酉戌亥      常青朱后      官庚辰后
朱未    子白      丑戌未辰      官癸未朱
蛇午    丑常      戌未辰癸      官甲戌青
  巳辰卯寅
  贵后阴玄
```

邵先生断曰：日上墓神，又是天后，是滞神。三传辰未戌，方自墓中脱去，又是旬末闭口。末传归到支上，却见旬首，旬首又加旬尾，做官方起头，如何得改升？不若治生资产最佳。盖以本命未在中传，癸未日未克癸水为财，三传却又是鬼。经云：三传全鬼变成财，求官却是鬼，求财却是财是也。用以治产，本命未临行年辰上，必主丰盈大发。况此数又为干传支，凡事俯仰于人，常被抑勒，不利求名也。

● **上章寺簿亏伦本，第一百三十五**

应寺簿本命甲戌，行年三十六岁在丑，乙酉年六月丁丑日午将辰时占建言。

```
    勾合朱蛇
  未申酉戌      空常贵朱      财  酉朱◎
青午    亥贵      巳卯亥酉      官乙亥贵⊙
空巳    子后      卯丑酉丁      子丁丑阴
  辰卯寅丑
  白常玄阴
```

邵先生断曰：日上发用，传归亥绝神，是自去就绝。丁火又败于卯，丑土死于卯，在支上。干上又见太岁作雀，若上书言事，徒被贬窜。因丁丑日酉作空亡，酉为宠妾，亥克丁作贵人加酉上，及克其妻，[①] 是宠妾而贱妻也。丁以卯为母，而酉制之，是宠妾而不敬其母也。四课见巳会合酉丑，是与母隔别又不同居也。亏伤伦本一至于此，何以能久？

● **问课庸医晓病基。第一百三十六**

樊郎中于岁次酉，九月甲子日卯将申时，其病人本命丁丑，行年三十二岁在酉，占应请行医。

---

① 丁以申为妻，临于午火受制之地。

蛇贵后阴

子丑寅卯	后空玄勾	兄丙寅后
朱亥　辰玄	寅未辰酉	官癸酉勾
合戌　巳常	未子酉甲	财戊辰玄

酉申未午

勾青空白

邵先生断曰：此病人往妻家有私情，因暗中违约失信，遂得阴病，久而不治，必成痨症。盖日上见酉作勾陈，思虑已伤肌肤，酉为闭口，此事难言。甲己暗合，巳为旬己，为书柬，又是旬虚，乃当原收得情人手迹，今失了，遂还思成病。因甲夫己妻，故知是己妻家。况巳上太常，必主衣服相赠之事，以巳酉丑三合断故也。其时樊郎中欲医项秀才，而樊亦庸医，初不知病，见先生断说如此，假托诊脉言其病症。盖项与舅姆有情，其舅知觉，遂逐归。舅姆以手帕与之为表记，其妻偷藏了，项因失去又不敢言，遂思其妇，淹淹成病，及月余，肌体憔悴。自既不言，妻亦不解其意，及樊说出，其妻方将出与他。樊极言深戒厉害，服药而愈。[①]

●**求卦推占知有例，第一百三十七**

以下论卦，已另详他书，兹姑略改定旧注，不再增图注矣。

●**引伸触类信无涯。第一百三十八**

●**一尊克下为元首，第一百三十九**

四课阴阳，一上克下取用为初传，名曰元首。以尊制卑，以贵制贱，占事多实，论事多顺，事起男子。吉凶合中末言，再以神将推之。

●**三下伤尊是度厄。第一百四十**

三下贼上，名曰度厄，占事不利于长上。此课《观月经》、《心镜》等书皆作度厄。

●**用孟弃仲因涉害，第一百四十一**

●**留深舍浅为察微。第一百四十二**

四课俱比俱不比，以涉害深者为用，用孟名曰见机，用仲季名曰察微，占事主迟疑艰难，进退不定，难于先而易于后。《观月经》云：见机起四孟，

---

① 愚按：此课行年酉上遇辰，便是鸳鸯合，且加玄武，阴私所致之病可知矣。且入三传，更确其甲己暗合，及巳为旬己之论，其本出《子平》中之子遥巳格所化引出。"往妻家"一段似觉又生一歧，乃理象之所应有，不可为延蔓而忽之，正当因之而隅反。他如庚子，可以合乙，乙之下亦可巳，故曰子遥巳格所化，明矣。赤堇张希昌识。

求事须后成。用起季兼仲，察微产妇惊。

●**无禄害下慈何在，** 第一百四十三

●**绝嗣伤尊孝已亏。** 第一百四十四

四上克下为无禄，四下贼上为绝嗣。盖上下之分，贵乎忠恕。四下贼上为不忠，四上克下为不恕。《观月经》云：四课俱克下，男鳏女孤寡。如有救，子必胜于吾。又曰：四下贼其上，名为绝嗣凶。中年多子息，墓岁灭门宗。有救同前论，无时断后踪。专看发用类，年月日时逢。

●**重审居卑一犯上，** 第一百四十五

重审卦，一下贼上，卑犯尊，贱凌贵之象。《观月经》云：父子相离析，夫妻不敬恭。顺行尤自可，逆去祸来凶。入墓应难避，传生可易容。

●**知一择类两为比。** 第一百四十六

知一卦或二上克下，或二下贼上，以阴阳比者为用，舍远就近，恩中有害。《金匮经》曰：欲知其一，必得其二。二上克下，同类相加。朋友谗佞，祸从外来。利客不利主。二下贼上，妻财争讼，咒诅不宁。

●**蒿矢神将遥伤日，** 第一百四十七

●**弹射天干远害祇。** 第一百四十八

祇，神也。此言遥克课。神遥贼日，名曰蒿矢。日遥克神，名曰弹射。占事多主动摇不定，祸福颇轻，以蒿为矢，以泥为丸，无利势也。若带金，足能伤人。若二课为用，日上自战，作事无力，多是外事。三四课为用神，辰上乘克，作事重不可先动。蒿矢利主不利客，利后动；弹射利客不利主，利先动。《心镜》歌曰：神遥贼日名蒿矢，射我虽端当不畏。日遥克神名弹射，纵饶得处还无利。

●**昴宿俯临蛇掩目，** 第一百四十九

●**从魁仰视虎睁眉。** 第一百五十

此言昴星卦。阳日看酉上神为用，名虎视转蓬，盖以占事，稽留于外，如虎目睛光，转运不已。阴日看从魁所临之神为用，名冬蛇掩目，盖以占事，伏匿于内，如冬蛇既蛰，掩目不动也。

●**阳日自任居多静，** 第一百五十一

●**阴日伏吟信寡疑。** 第一百五十二

此言伏吟卦。日辰阴阳各归其家，只有两课，用传取递刑。阳日用日，谓之自任；阴日用辰，谓之自信。占事静则宜，动则滞，藏匿不动之象也。

《心镜》歌曰：任信是伏吟，行人立至门。失物家内盗，逃者隐乡邻。病合难言语，占胎聋哑人。访人人不出，行者却廻轮。

● **三课不备须别责，第一百五十三**

四课止得三课，无上下克贼，又无遥相克，名为别责，主倚仗他人，借径而行。凶吉先考初传。

● **六神异位始无依。第一百五十四**

此返吟课也。阴阳各异其位，刑冲破害，事滞两端，天地乖隔，南北违戾，睽而复合，返而仍往，欲动不动，缠扰反复，不宁之象。

● **游行闭口头加尾，第一百五十五**

六甲旬末，谓之闭口，旬尾加旬首，闭口尤真，凡占事多秘密，不能测其机关，亦主闭口难言。《心镜》歌曰：阳神作玄武，度四是终阴。此名闭口卦，逃者远追寻。亡人随武匿，盗贼往终擒。顺行阳所起，逆行阴所临。婢走求阳处，奴逃须责阴。

● **纵诞帷簿干混支。第一百五十六**

此言八专日帷簿不修卦也。尊卑共室，人宅不分。《心镜》歌曰：日值八专推两课，阴阳并杂不分明。不修帷簿何存礼？夫妇占时总不贞。厌翳合门玄武袭，嫂通于叔妹淫兄。人间密事难推测，玄女留经鉴此情。

● **五日四时名九丑，第一百五十七**

《心镜》歌曰：乙戊己辛壬五日，四仲相并九丑神。大吉临其干支上，值此凶灾将及人。大小二时相际会，刚日男凶柔女迍。重阳害父阴害母，测祸天官决事因。不但纳妾并嫁女，最忌游行共出军。小时，月建顺行是。大时，卯子酉午四仲，正月卯逆。

● **六干二体号三奇。第一百五十八**

三奇卦，有二体。有旬干甲戊庚或乙丙丁，天地人三传全者，此其一也。又有亥子丑分旬而发用者，皆主吉庆。《观月经》曰：甲子与甲戌，大吉两旬奇。甲申与甲午，神后正相随。甲辰与甲寅，登明是本支。百事皆和合，千灾速解离。忽传亥子丑，连茹降多喜。

● **玄胎全孟多茫昧，第一百五十九**

三传俱孟，名玄胎卦，其象如婴儿隐于胎中，暗昧不通，事主远而多伏，利上不利下。《心镜》歌曰：三传俱孟是玄胎，五行生处孕婴孩。所占百事皆新意，婚卜尤须结偶媒。

●游季同临无阻夷。第一百六十

三传俱季，名游子课，利逃亡。《观月经》曰：三传皆四季，恶事意相攻。病者应难瘥，逃西又走东。《心镜》歌曰：四季三传有六丁，不然天马又相并。占身欲出名游子，逃者天涯地角停。

●长幼伤卑灾网布，第一百六十一

三上克下，名长幼卦。《观月经》曰：三上来克下，根源长幼推。子孙先发动，卑小必低矬。父母相临用，凶邪入墓悲。

●交加临仲祸根随。第一百六十二

三交卦有二例。三传俱仲，一也；仲日四仲发用，又得仲时，传见雀合阴后，又为一例。占事灾害阻隔。《观月经》曰：四仲来加仲，发用阿谁先。其中若有克，三交得此篇。男子匿其罪，女子外勾连。有救除高盖，非此罪漫天。

●斫轮房宿居申酉，第一百六十三

卯为房宿，加申酉为用，乃斫轮卦也。盖申酉为斧斤，卯木为车轮，相加有斫削之象。更得龙常，喜庆迁擢。《观月经》曰：卯木临申酉，发用得其真。求官必遂意，图事得均平。立意先敲磕，后乃致身荣。莫嫌职位小，朝官好弟兄。

●铸印心星助蚓猗。第一百六十四

心为卯，蚓为巳，猗为戌。猗，犬也。巳戌相加，铸印之象，得卯助之尤善。《观月经》曰：河魁本是印，火到自然成。丙巳为炉冶，卯木又助功。在职重迁职，身荣更得荣。宣命看看到，天书驿里逢。

●神龙岁月用天乙，第一百六十五

天乙乘太岁或乘月将发用，名龙德卦，占官主升擢之喜。

歌曰：太岁今朝作贵人，还同月将细详论。升迁美兆当发用，指日衣冠拜紫宸。

●高盖虚房乘玉骥。第一百六十六

子为虚，卯为房，午为骥。子卯午三传，高盖卦也。若子卯见二马或得龙常，为高盖乘轩。《观月经》曰：胜光原是马，太冲本属车。神后为华盖，三传有不虚。终末传神后，华盖下铺舒。明君加宠禄，圣主赐天书。

●日临辰害头安履，第一百六十七

此言乱首卦也。《心镜》歌曰：日往加辰辰克日，发用当为乱首名。臣诳君兮子背父，妻慢夫主弟欺兄。奴婢不堪难委任，将军出塞俱交兵。冠加足上头安履，救解须详年命神。

●**支往干伤犬伴麋。第一百六十八**

此言赘婿卦也。《心镜》歌曰：辰来加日日刑辰，辰受克时滞此身。男寄妻家甘受辱，女携婴儿嫁他人。

●**辰午申传天梯步，第一百六十九**

三传辰午申，名登三天，主登高致远之兆。

●**申戌子课海航移。第一百七十**

三传申戌子，名涉三渊，主奔波费力之象。

●**魁罡加日关当斩，第一百七十一**

《心镜》歌曰：日辰上见魁罡立，此卦之名是斩关。前翳神光参玉女，天梁地户太阴间。更看青龙万里翼，紫微天驷有防闲。逃人难捕隐逸去，长往亨嘉信不还。

传中有天乙为神光，有旬丁为玉女，功曹为天梁，太阴为地户。

●**合后临门女要嬉。第一百七十二**

六合私门，天后厌翳。初传天后，末传六合，为泆女卦，主女诱男；初传六合，末传天后，为狡童卦，主男淫女。若俱全，临卯酉上，最应。《观月经》曰：初传卯酉是，六合天后来。末传相应见，泆女暗门开。天后入六合，妇人私使媒。背夫欲逃走，从此事成灾。六合入天后，男人盗外财。诱引他人妇，商量走去来。二神同二将，反复两徘徊。

●**不备阴阳家丑乱，第一百七十三**

四课阴阳不备，名曰芜淫，二女争男，二男争女，淫乱不正之象。

《心镜》歌曰：阴阳不备是芜淫，夫妇奸邪有二心。二女争男阳不足，两男争女有单阴。上之克下为夫过，反此诚为妇不仁。阳即不将阴处合，阴来阳处畏刑临。要知其例看正月，甲子时加卯课寻。甲上河魁子传送，甲夫阳也子妻阴。甲将就子忧申克，子近甲兮魁必侵。支干上神交互克，事乖和睦失调琴。妻怀内喜私情有，甲子相生水合金。

●**用重卯酉事乖离。第一百七十四**

卯酉日占事，卯酉上发用，名龙战卦。《观月经》曰：日辰重卯酉，所临作用神。名为龙战卦，进退事逡巡。父子难同室，夫妻亦不亲。分别争内外，偷盗在比邻。

●**德刑贵贱寻逃隐**，第一百七十五

此言刑德卦。德从干取，阳德自处，阴德附阳。如甲德在寅，则己随甲德亦在寅之类是也。刑从支取，十二支各有刑。贵贱寻逃隐，君子责德，小人责刑是也。

●**孤寡空亡守败基**。第一百七十六

地盘空亡为孤辰，天盘空亡为寡宿。十干不到之处，乃五行空脱之乡，虽能散凶，未免孤寡。

●**天贵骤传归旺相**，第一百七十七

天乙发用乘旺相气，或临日辰年命，名富贵卦，主恩庆升擢。

●**吉神频用倍光辉**。第一百七十八

此言三光卦也。《观月经》曰：用神如旺相，分配一时光。吉将当其上，二光得礼仪。日辰兼有气，三光不改移。求事多来速，官职定不迟。

●**三传发动乘双马**，第一百七十九

此言官爵卦。凡驿马有七，岁月日时身命行年是也。如七处见其二，是官爵卦也。《观月经》曰：驿马当头发，官爵卦中流。四路分明取，年月日时周。发动君王召，升迁观远州。

●**十曜当头挺六仪**。第一百八十

六甲旬首建干初传，谓之六仪卦。《观月经》曰：六甲旬首用，凡事得嘉仪。家道须亨泰，病患遇天医。求财倍获利，投书喜不迟。

●**用值青龙合岁月**，第一百八十一

太岁或月建为青龙，作发用，名时泰卦，主诸神福佑，荣华禄寿之象。

●**贵居卯酉判朱黔**。第一百八十二

此言励德卦。谓天乙立卯酉，阴阳四神居内外前后是也。朱，赤色，南方。黔，音衣，黑色，北方。内外之象也。《观月经》曰：天乙立二八，卯酉日月门。六月甲子日，寅时励德云。辰午阳居内，申戌阴外存。小人犯剥退，君子转高升。申时如来换，微服别一般。阴阳俱在后，君子赐朱襕。小人难胜任，四大不能安。要改蹉跎体，阴阳翻在前。君子灾迍出，小人喜庆偏。

●**顺行贵曜阳生旺**，第一百八十三

此言三阳卦也。《观月经》曰：一阳天乙顺，用旺二阳知。好将临其上，三阳次第推。占病因消灭，囚狱脱灾危。凡事皆言吉，求财利必随。纵逢刑与害，喜事不迟疑。

●逆治天乙阴否弥。第一百八十四

此言三阴卦也。谓天乙逆治，丘墓临日辰，一阴；用神囚死，上下相克，二阴；时克行年，三阴。乃凶否之课。

●日月凶烦临仲位，第一百八十五

二烦卦，四仲月占事，逢四正、四平日[①]，得日月宿加临四仲，及斗罡移于丑未，名曰二烦。四仲，子午卯酉。四平，晦、朔、弦、望。晦者，三十日也；朔者，初一也；上弦初八，下弦二十三；望，十五日也。如得日宿加仲为天烦，月宿加仲为地烦。日宿，月将也；月宿，太阴星也。太阴星，正月起室，一日数一宿，遇奎、井、张、翼、氐、斗宿重留一日，数至本日住其宿，太阴二月起奎，三月胃，四月毕，五月参，六月鬼，七月张，八月角，九月氐，十月心，十一月斗，十二月虚。《灵枢》云：日月二宿临仲，天罡又加丑未，此二烦卦，大凶之兆也。太阴行度，每日约行十三度无差，惟正月借危五度起，余月朔悉照上，二奎、三胃，皆起于五度。

●夫妻离解克年支。第一百八十六

此解离卦也。不入四课、三传，只看夫妻行年相制何如。《心镜》歌曰：解离之卦在行年，先须看地后看天。妻年立子夫年午，二月寅时卦请看。午上功曹子传送，递相残贼更何安？子水本来先克午，子上申金怕胜光。午上功曹被申克，此为终始互相残。金盆覆水难收救，暗地通媒各有偏。

●时辰害日名天网，第一百八十七

《观月经》曰：时辰俱克日，百祸竞相逢。事滞官讼起，人伤害亦从。传中灾劫煞，犯法的难容。

●罡斗逞凶号死奇。第一百八十八

星为死奇，北斗是也。《心镜》歌曰：天有三奇日月星，日为福德月为刑。罡星死奇为北斗，凶神临处祸还深。

●值死角星牢狱至，第一百八十九

斗加日本而临死囚之乡为用，谓之天狱卦，主牢狱之灾。

●前绝节气祸灾罹。第一百九十

此言天祸卦也。春夏秋冬四立日，谓之四绝，其本日干上见前一日之干支发用，谓之天祸。推五行节气所绝，各有凶祸定矣。

---

① 四平者，即四仲之日。

●蟾光照仲逢贼盗，第一百九十一

此言天寇卦也。春分、夏至、秋分、冬至前一日之辰，月宿临之，谓之天寇卦，主有盗贼，不宜远行。

●虎鬼临干化魄尸。第一百九十二

白虎临死神加日辰为用，谓之魄化卦。《观月经》曰：死囚为白虎，来临日用游。魄化魂消散，神亡病者愁。行年同上位，患者命难留。

●夫妇行年胎孕合，第一百九十三

此言旺孕与德孕二卦，谓夫妇行年立旺相之乡，同类异位，三五相望，又有德合之气，其年必当有子。

●日辰前对罗网期。第一百九十四

此言罗网卦。盖干前一辰为干之天罗，相对为地网，支前一辰为支之天罗，相对为地网。

●河魁发用殃方甚，第一百九十五

●天鬼临干祸必随。第一百九十六

此言伏殃卦也。《心镜》歌曰：河魁发用或临日辰是也。徐道符曰：天鬼发用是也。《心镜》亦谓天鬼，大抵天鬼祸深，作伏殃卦为是。天鬼，酉午卯子轮，正五九月在酉是也。

●新故始终详事类，第一百九十七

新故卦只看旺相休囚，射覆章已备。始终卦只看三传始末，吉凶各以神将推之。

●曲直炎上论根基。第一百九十八

亥卯未三合木局名曲直卦。寅午戌三合火局名炎上卦。

●从革润下占金水，第一百九十九

●稼穑归中课土遗。第二百

巳酉丑金局名从革卦。申子辰水局名润下卦。辰戌丑未土局名稼穑卦。以上五卦随日生克占之。

●一检十杂偏伛僧，第二百○一

拘检卦论先天数目、十干颜色物象，占射覆用之。

十杂卦论十干配合，各带杂气发用，必主人家中有异姓同居，占宅用之。

伛僧，不常也。

●八迍五福最参差。第二百○二

囚死墓气发用，为一迍；旺气受克，二迍；仰见其丘，俯见其仇，三迍；凶神为初传，四迍；凶将刑合，五迍；中传克害，六迍，凶将临墓在传，七迍；凶将临日辰克害，八迍。此为八迍卦，得之者凶。

用起死气或凶神，却旺相，为一福；日与时[1]相生，二福；发用天乙，顺行，三福；用得救神，四福；德合临日，五福。此为五福卦，得之者吉。

●**独足飞散占何应，第二百〇三**

邵先生曰：凡占独足课，只可依本文断，若说飞散，便不应也。此课互见《毕法》八十二条"不行传者考初时"之下。一云：后别本《观月经》三传法即所谓飞散也。

建炎戊申年八月己未日巳将卯时，何解元占之，行年丑。

```
青勾合朱
未申酉戌        蛇合蛇合      子辛酉合
空午    亥蛇    亥酉亥酉      子辛酉合
白巳    子贵    酉未酉巳      子辛酉合
辰卯寅丑
常玄阴后
```

邵先生断曰：此课三传俱酉，七百二十课中止此一课。酉居西方为兑，兑是少女，六合乘酉，亦是女。干支三传皆是酉，故主五女。行年上见卯为震，震为长子，又年上玄武乘卯，被六合酉所克，故男女皆不成人。酉金主大肠，又酉为血，故为脏毒，为肠风。酉为悦，为色，六合为女，故主好色。酉六未八，乃六八四十八数，其年当不禄矣。

又同日同时有张克用者，占远行亦得此数。邵先生断曰：酉为兑，为泽，六合为舟，只利水路行，独足无足，却不宜从陆路也。若从舟，主得意。后果然。

《观月经》别本载此课，其三传又作酉亥丑，附盘于下。盖初传依八专课，阴日逆数三辰，从日下未逆数，主巳上得未，又仍依阴日复数法，未上得酉。初传既定，竟取酉上亥为中传，亥上丑为末传，却不依八专例取日辰上酉酉酉也。[2]

---

① 一作神。

② 疑此法有误。

青勾合朱
未申酉戌　　　蛇合蛇合　　　子辛酉合
空午　亥蛇　　亥酉亥酉　　　财癸亥蛇
白巳　子贵　　酉未酉己　　　兄　丑后◎
辰卯寅丑
常玄阴后

●弹射重传术已迷。第二百〇四

邵先生曰：凡传用，若干支阴阳已先据其位，只以不足推测，不可重复取用。其说互见《毕法》九十三条"妄用三传灾福异"之下。

建炎己酉年乙巳日戌将亥时，邵秀才占家宅及父母。①

勾合朱蛇
辰巳午未　　　青勾空青　　　财甲辰勾
青卯　申贵　　卯辰寅卯　　　兄　卯青◎
空寅　酉后　　辰巳卯乙　　　兄　寅空◎⊙
丑子亥戌
白常玄阴

邵先生断曰：今人看此课，往往以第四课卯加辰，上克下为用，三传取卯寅丑，卦为元首。殊不知卯加辰一课在干上先据，止因乙与卯无克，故不取用，何得在第四课重传？直以阴不备论，取日遥克神，乙木克支上辰土，取辰为初传，辰传卯，卯传寅，卦名弹射，如此占之，方始应验。此课乙木克辰土，卯来附日，宅不容人。初传辰是宅上传出，中末迤逦仍归卯位，乃是夺父之财禄，令父守闲。盖发用三传不离干支，辰为日财，原是乙中故物，先前却赶去了，后复还位，故知之也。乙以卯为禄，寅为同类，皆值旬空，必是兄弟出去了，后复归来。辰作勾陈，主争讼。课传不见父母，惟是同类，自相并吞。辰五、卯六、寅七，主本身与父母各居十七八年，至四十六七岁又合七六五之数，行年到子丑上见亥子水，上临太常，便有丧服动，因太常为衣服，遇亥为丧门煞故也。若作元首卦断，如何得应？后果如先生之言分毫不差。

此例如戊寅日十课，宜作亥寅巳，不作申亥寅，弹射。

---

① 不取元首卯寅丑，取弹射辰卯寅。

青勾合朱
申酉戌亥
空未　子蛇　　青常朱青　　财乙亥朱⊙
白午　丑贵　　申巳亥申　　官戌寅后
巳辰卯寅　　巳寅申戌　　父辛巳常
常玄阴后

如辛酉日十二课，宜作丑亥亥，不作亥子丑，别责。

贵后阴玄
午未申酉　　白常空白　　父　丑青◎⊙
蛇巳　戌常　　亥戌子亥　　子癸亥白
朱辰　亥白　　戌酉亥辛　　子癸亥白
卯寅丑子
合勾青空

又如乙酉日六课，宜作午丑申，不作亥午丑，不论比用，只算一下贼。

贵后阴玄
子丑寅卯　　蛇常空蛇　　子　午空◎
蛇亥　辰常　　亥辰午亥　　财己丑后⊙
朱戌　巳白　　辰酉亥乙　　官甲申勾
酉申未午
合勾青空

●已类篇章开幂蓙，第二百〇五

幂蓙，障蔽也。

●还将神煞发曚曦。第二百〇六

言篇章定而障蔽因开，又须合吉凶神煞占之方得爽然。曚曦，昭明之意。

●三传四课通神妙，第二百〇七

●百福千祥可预知。第二百〇八

●更申宅墓阴阳去，第二百〇九

●再接干神将位推。第二百十

后二条乃干神将位大六壬金口诀也。专演阴阳二宅，其诀甚详。

●玉藻支前知众景，第二百十一

此占阳宅诀也。以宅之支神为主。

《外景歌》曰：寅为大树春花发，见卯移门桥一边。辰为麦地曾争竞，巳主交流水屡穿。午主鹊巢悬树上，未申井路曲廻环。酉为小院或安碾，戌加聚骨粪堆边。亥地墙基曾有水，子作蔬园坑下田。桑圃桥边因见丑，周围景象足堪言。

诀以月将加正时，以本宅方向坐处作位，演就四课，复以宅上所见月将加于时上，是课宅支随将正时方位挨轮十二课，以占八方之外景。

假令正月亥将，乙丑日巳时，申地为宅。其宅之吉凶当在此课中推之。

　　　辛壬癸甲
　　　青空白常
　　　亥子丑寅　　　　　甲木
　庚勾戌　　卯玄乙　　太常土
　己合酉　　辰阴丙　　功曹木
　　　申未午巳　　　　　申金
　　　朱蛇贵后
　　　戊丁丙丁

四课既成，却将功曹复加于巳上，传成四课。即从东南巳地上起，以功曹为宅支，挨顺排十二课。

一、东南巳地，宅支功曹寅。

　　　辛壬癸甲
　　　青空白常
　　　寅卯辰巳　　　　　辛金
　庚勾丑　　午玄乙　　青龙木
　己合子　　未阴丙　　功曹木
　　　亥戌酉申　　　　　巳火
　　　朱蛇贵后
　　　戊丁丙丁

占曰：此地上有大树一株，有干死枯枝，又主有花。以寅为宅支，故主大树。以寅木生巳火，故主花，又巳火亦主花像。以人元辛金克寅木，然正月木旺金囚，小金不能克大木，故但知枯损。又为神树，以天官是青龙故也。

二、正南午地，宅支太冲卯。

　　壬水
　　天空土
　　太冲木
　　午火

占曰：此地上有木桥一座，但桥下无水。何以知之？为人元是壬水，见天空土克之，故无水。又有空穴、窑灶、坑坎，以四位内见天空戌土故也。

宅支卯无克，故其桥不坏。

三、正南转西未地，宅支天罡辰。

  癸水

白虎金

天罡上

  未土

占曰：此必有麦地或白地，本主相争而竟不争，何也？以四位下生上故也。又有小路一条，为贵人见白虎，是道路，又为石狮子之类。

四、西南申地，宅支太乙巳。

  甲木

太常土

太乙火

  申金

占曰：此地合有水，今却无水。以四位全不见水故也，然亦并无他物。

五、正西酉地，宅支胜光午。

  乙木

玄武水

胜光火

  酉金

占曰：此地有树木，又有鹊巢。以人元是乙，为木而与午相接，午为朱雀，故主有树木鹊巢也。然乙被酉金所克，必主欲砍伐之意。

六、正西转北戌地，宅支小吉未。

  丙火

太阴金

小吉土

  戌土

占曰：此地上有枯井一眼，必无水。以未为井，加太阴蔽塞之象。四位无水，但有火土故也。

七、西北亥地，宅支传送申。

  丁火

天后水

传送金

  亥水

占曰：此地上合主有道路或碾子，今却不见。以申为路为碾，正月金囚火相，申金被丁火所克故也。

八、正北子地，宅支从魁酉。

　　丙火
天乙土
从魁金
　子水

占曰：此地主有小院一所，内有神堂，以酉上见天乙故也。

九、正北转东丑地，宅支河魁戌。

　　丁火
腾蛇火
河魁土
　丑土

占曰：此地有粪堆或聚骨之类。

十、东北寅地，宅支登明亥。

　　戊土
朱雀火
登明水
　寅木

占曰：此地合有水，今却无，以人元土克水故也。

十一、正东卯地，宅支神后子。

　　己土
六合木
神后水
　卯木

占曰：此地有桑园一所，亦主变迁。以子为园，被己土所克故也。

十二、正东转南辰地，宅支大吉丑。

　　庚金
勾陈土
大吉土
　辰土

占曰：此地主有桑园或土桥。丑为桥，土多故为土桥也。亦主妇人相争，因四位内有勾陈。歌曰：勾陈妇女主争张。

《内景歌》曰：寅为火炉卯为床，辰为盆甃缀缚房。巳为厨灶并铛铫，午为衣架笼皮箱。未是中庭筐在院，申为神庙及佛堂。酉为铜镜或刀剑，戌瓮兼存食物将。亥是灯台及帐幕，盏瓶笼匣子为乡。丑柜斛斗在其下，一家器物尽占详。

起例同前。假令十月寅将，辛亥日申时，巳地为宅。

```
        癸甲乙丙
        蛇贵后阴
        亥子丑寅          癸水
壬朱戌    卯玄丁     腾蛇火
辛合酉    辰常戌     登明水
        申未午巳          巳火
        勾青空白
        庚己戊己
```

起例亦同前。巳上见亥，复以亥加于申时之上成四课，即从申地上起，挨顺排十二课。

一、西南申方，宅支登明亥。

```
        癸甲乙丙
        蛇贵后阴
        申酉戌亥          丙火
壬朱未    子玄丁     太阴金
辛合午    丑常戌     登明水
        巳辰卯寅          申金
        勾青空白
        庚己戊己
```

占曰：此方有灯台一个，或有遮阑帐幔。

二、正西酉方，宅支神后子。

```
 丁火
玄武水
神后水
 酉金
```

占曰：此方放有瓶盏或笼匣，其物口上必有破伤。以人元为头，被二水所克，故主头口破伤。又有文书图画，以玄武无克故也。玄武主书画。

三、正西转北戌方，宅支大吉丑。

戊　土

太常　土

大吉　土

　戊　土

占曰：此方放有斗斛，柜内有熟食。以四位纯土无克，太常为酒食故也。

四、西北亥方，宅支功曹寅。

己　土

白虎　金

功曹　木

　亥　水

占曰：此方主有火炉无脚，因神是白虎，克功曹，上克下，主无脚也。寅受克，本无物，因下有亥水作根，故主有物但不完全者。

五、正北子方，宅支太冲卯。

戊　土

天空　土

太冲　木

　子　水

占曰：此方主有床榻，主上架损坏，因天空受卯木所克故也。下贼上，主伤在上。此床是别处盗来或赚来之物，因天空虚伪，地分子是玄武盗神也。

六、正北转东丑方，宅支天罡辰。

己　土

青龙　木

天罡　土

　丑　土

占曰：此方主有盆瓮缀缚之物，今却无，以天罡土被青龙木在上克之故也。亦有神像，青龙为神像也。

七、东北寅方，宅支太乙巳。

庚　金

勾陈　土

太乙　火

　寅　木

占曰：此方有厨灶，合有阴类相争。为四位见勾陈，虽得火生，却被木克故也。但人元金被巳火克害，炎上之性附于寅木，又主火烧坏人衣。

八、正东卯方，宅支胜光午。

　辛金

六合木

胜光火

　卯木

占曰：此方主有衣架或皮器，更主门户之应。六合、太冲两见，故主门户，但被人元所克，必有破损。

九、正东转南辰方，宅支小吉未。

　壬水

朱雀火

小吉土

　辰土

占曰：此方院内必有筐笼，院内有财曾被盗，剜墙进入，伤本主。因朱雀被壬水所克，壬水，玄武也，自外伤内，故盗贼。

十、东南巳方，宅支传送申。

　癸水

腾蛇火

传送金

　巳火

占曰：此方合有佛堂或神祇，被妇人移在别处或西南之地。蛇临巳，为入庙，申金被上下来攻，所以神不能住，移在申之本位也。且此神像尝被妇人所烧，今见损坏。盖巳为妇人，夹克一金，本合断其毁尽，然两火原属一家，又被人元所克，火势无力，故虽克申，不能尽去，只主破碎移位而已。

十一、正南午方，宅支从魁酉。

　甲木

天乙土

从魁金

　午火

占曰：此方上有破镜，亦有缺折剑，系贵官人家将来物，以酉上加天乙贵人故也，但酉金被地分所克，故破缺耳。

十二、正南转西未方，宅支河魁戌。

　乙木

天后水

河魁土

未土

占曰：此方上有盆瓮，或吃物不完者，以土克水，木克土，虽主暂有，亦不完备也。吃食不能久存，惟干脯枣果之类。

●**金英干下见群仪。第二百十二**

此占墓法也，以墓之干神为主。

歌曰：甲乙为林单见树，见金枝损及皮伤。丙丁旺处为高岭，水土穿川近涧旁。戊己墓园坟垄地，被刑辰戌恶伤亡。庚辛古道看斜正，水火逢交穿本房。壬癸旺来沟与涧，纳音旺相水流长。天乙神祇小庙是，大树逢峦如盖张。螣蛇葛棘连藤蔓，耸岭横岗高下湾。朱雀鹊巢鸦窠子，盆池花叶有朱栏。六合旛竿门外棹，勾陈堆土墓坑连。青龙怪树参天势，天后池塘柳更妍。太阴碑柱坟前立，玄武河茔盗且潜。太常香台及醮器，白虎石羊墓路穿。天空枯树坟尖塌，邻近周围庙宇环。又看各神临甚处，辨其祸福与灾愆。天乙光现穴穿鼠，若见青龙桧柏参。螣蛇蛇现穿坟出，朱雀虫藏知几年。勾陈白虎坟间路，太阴天后水全彰。玄武见之逢劫盗，太常茔土有明光。白虎火上尸合面，再推根本与阴阳。阳日阳方阴即是，阴方阴日却为阳。一阴一阳难定令，还须判决用天罡。贵人富贵官员子，鬼魅螣蛇怪几般。朱雀自缢并投井，六合富贵四支端。勾陈狱讼兼猝死，患目青龙肝病缠。天后产亡贫卒病，太阴暗昧犯私奸。玄武刀剑血光死，太常食禄定非全。白虎凶病恹恹故，天空瘫痪病风颠。再论地形推月将，寅花巳涧卯桥船。午岭辰岗未堰子，申河古道酉麻田。戌堆粪秽平田丑，亥水交流子陌阡。都来四位藏形势，取用之时着意看。

假令正月亥将，乙丑日申时巳地课。

辛壬癸甲
青空白常

申酉戌亥　　　　辛金

庚勾未　子玄乙　青龙木

己合午　丑阴丙　传送金

巳辰卯寅　　　　巳火

朱蛇贵后

戊丁丙丁

占曰：此墓主绝两房，更主一房离乡，亦主出军人恶死或车碾死，又主一房刀剑死。两房绝者，因四位内二金克一木，火又克二金故也。传送主绝，亦主为军人离乡，且四位内不见相生也。又主一房刀剑而死，因青龙被克，申金又为白虎，为大凶之神也。其排演十二课例不必如占阳宅另起一盘，只将此盘推去，以墓干为主，其墓干用人元遁起。

假如此课人元是辛，便用丙辛从戊，五子元遁例。若墓坐寅方，即是庚寅之类，挨顺排十二课如下，则阴宅之外景瞭然于盘上矣。

一、东北寅方，遁干庚。

戊土
朱雀火
太乙火
庚寅木

占曰：此方旧有小路一条，今却耕没。其旧道上原有枯树一株，上有鹊巢，以朱雀加巳火临木故也。其路已移在正东，庚金为申，道路也。

二、正东卯方，遁干辛。

己土
六合木
胜光火
辛卯木

占曰：此方道上曾有小树一株，后砍伐了，以六合为木，辛干克之故也。道路必在人家门前或在庄内，因卯与六合皆门，两门相重，所以路在门前也。

三、正东偏南辰方，遁干壬。

庚金
勾陈土
小吉土
壬辰土

占曰：此方曾有河一条，而无水，以三土克壬故也。此河内有阴人小殡子一所，或有两个，其人横死或偷盗牢狱而死，以见勾陈故也。勾陈亦为小殡子，其阴人在生必然孤寡，以见小吉故也。今通水之河在东南巳地。

四、东南巳方，遁干癸。

辛金
青龙木
传送金
癸巳火

占曰：此方有河，却是辰地移来，在辰无水，在此微有水，以墓干见癸，但小水也。河边有大树，是神树，甚荣旺，以见青龙故也。青龙为神树，以木在癸干水上，虽见二金不能伤，然亦必有小损。

五、正南午方，遁干甲。

壬水
天空土
从魁金
甲午火

占曰：此方有一大树，不甚荣盛，上有一枝枯干，或有一枝砍伐，为甲木见金故也。

六、正南偏西未方，遁干乙。

癸水
白虎金
河魁土
乙未木

占曰：此方墓干是乙，合有树木，为白虎当权，以大金克小木，必是全无树木，纵有亦不生旺也。又有小路一条，多是东西横者，以乙东、申西之故，申又为道路，白虎，申也，况临未上，决然是路无疑。土下枯骨一付，其墓必绝嗣，以戌为骸骨，白虎为缟衣之神，乙木绝于申故也。

七、西南申方，遁干丙。

甲木
太常土
登明水
丙申金

占曰：此方先有岗岭，今却崩摧，以亥水克丙干，甲木又克太常之土，自上克下故也。又有阴坟一所，其阴人在生被人谋害，又主有官事刑狱，以见太常之神故耳。

八、正西酉方，遁干丁。

乙木
玄武水
神后水
丁酉金

占曰：此方合有岗岭，今丁火被二水所克，却主无。只有河一条，因地分酉金生二水，水旺故有河。八年前有一妇人投溺，以墓干丁火，火投在二水中为无气，又丁为蛇，属阴，玄武又是贼水，主溺。

九、正西偏北戌方，遁干戊。

丙火

太阴金

大吉土

戊戌土

占曰：此方有大墓一所，主破一房，余房皆旺，其破败之家出阴人残患，更主外人谋害，主妇人淫乱或暗昧不明之事，因太阴被丙火所克故也。

十、西北亥方，遁干己。

丁火

天后水

功曹木

己亥水

占曰：此方有坎，主一房出官，因四位内见二水，水为喜神，又有生气，故主进官禄、增财帛之喜。此墓主葬后六年出一阴人投井，因天后是井神，人元丁火属阴，阴人陷于二水故也。人元受克，主有患头面之人，其葬者决有无头之尸，即占病亦在头目。

十一、正北子方，遁干戊。

丙火

天乙土

太冲木

戊子水

占曰：此方有一大路，旁有小庙一座，或寺观之类。

十二、正北偏东丑方，遁干己。

丁火

腾蛇火

天罡土

己丑土

占曰：此方有路一条，通连于上①，路旁有窑灶，近人家庄院，以蛇当位故也。

---

① 一作子午。

周易书斋精品书目

书　名	作　者	定　价	版别
影印涵芬楼本正统道藏 [典藏宣纸版；全512函1120册]	[明]张宇初编	480000.00	九州
影印涵芬楼本正统道藏 [再造善本；全512函1120册]	[明]张宇初编	280000.00	九州
重刊术藏[全6箱，精装100册]	谢路军郑同主编	68000.00	九州
续修术藏[全6箱，精装100册]	谢路军郑同主编	68000.00	九州
易藏[全6箱，精装60册]	谢路军郑同主编	48000.00	九州
道藏[全6箱，精装60册]	谢路军郑同主编	48000.00	九州
焦循文集[全精装18册]	[清]焦循撰	9800.00	九州
邵子全书[全精装15册]	[宋]邵雍撰	9600.00	九州
子部珍本备要（以下为分函购买价格）		178000.00	九州
001 峋嵝神书	宣纸线装1函1册	280.00	九州
002 地理唉蔗録	宣纸线装1函4册	880.00	九州
003 地理玄珠精选	宣纸线装1函4册	880.00	九州
004 地理琢玉斧峦头歌括	宣纸线装1函4册	880.00	九州
005 金氏地学粹编	宣纸线装3函8册	1840.00	九州
006 风水一书	宣纸线装1函4册	880.00	九州
007 风水二书	宣纸线装1函4册	880.00	九州
008 增注周易神应六亲百章海底眼	宣纸线装1函1册	280.00	九州
009 卜易指南	宣纸线装1函1册	280.00	九州
010 大六壬占验	宣纸线装1函1册	280.00	九州
011 真本六壬神课金口诀	宣纸线装1函3册	680.00	九州
012 太乙指津	宣纸线装1函2册	480.00	九州
013 太乙金钥匙 太乙金钥匙续集	宣纸线装1函1册	280.00	九州
014 奇门遁甲占验天时	宣纸线装1函2册	480.00	九州
015 南阳掌珍遁甲	宣纸线装1函1册	280.00	九州
016 达摩易筋经 易筋经外经图说 八段锦	宣纸线装1函1册	280.00	九州
017 钦天监彩绘真本推背图	宣纸线装1函2册	680.00	九州
018 清抄全本玉函通秘	宣纸线装1函3册	680.00	九州
019 灵棋经	宣纸线装1函1册	280.00	九州
020 道藏灵符秘法	宣纸线装4函9册	2100.00	九州
021 地理青囊玉尺度金针集	宣纸线装1函6册	1280.00	九州
022 奇门秘传九宫纂要	宣纸线装1函1册	280.00	九州

书　名	作　者	定　价	版别
023 影印清抄耕寸集－真本子平真诠	宣纸线装1函2册	480.00	九州
024 新刊合并官板音义评注渊海子平	宣纸线装1函2册	480.00	九州
025 影抄宋本五行精纪	宣纸线装1函6册	1080.00	九州
026 影印明刻阴阳五要奇书1－郭氏阴阳元经	宣纸线装1函2册	480.00	九州
027 影印明刻阴阳五要奇书2－克择璇玑括要	宣纸线装1函1册	280.00	九州
028 影印明刻阴阳五要奇书3－阳明按索图	宣纸线装1函2册	480.00	九州
029 影印明刻阴阳五要奇书4－佐玄直指	宣纸线装1函2册	480.00	九州
030 影印明刻阴阳五要奇书5－三白宝海钩玄	宣纸线装1函1册	280.00	九州
031 相命图诀许负相法十六篇合刊	宣纸线装1函1册	280.00	九州
032 玉掌神相神相铁关刀合刊	宣纸线装1函1册	280.00	九州
033 古本太乙淘金歌	宣纸线装1函1册	280.00	九州
034 重刊地理葬埋黑通书	宣纸线装1函2册	480.00	九州
035 壬归	宣纸线装1函2册	480.00	九州
036 大六壬苗公鬼撮脚二种合刊	宣纸线装1函1册	280.00	九州
037 大六壬鬼撮脚射覆	宣纸线装1函2册	480.00	九州
038 大六壬金柜经	宣纸线装1函1册	280.00	九州
039 纪氏奇门秘书仕学备余	宣纸线装1函1册	280.00	九州
040 八门九星阴阳二遁全本奇门断	宣纸线装2函18册	3680.00	九州
041 李卫公奇门心法	宣纸线装1函1册	280.00	九州
042 武侯行兵遁甲金函玉镜海底眼	宣纸线装1函1册	280.00	九州
043 诸葛武侯奇门千金诀	宣纸线装1函1册	280.00	九州
044 隔夜神算	宣纸线装1函1册	280.00	九州
045 地理五种秘笈合刊	宣纸线装1函1册	280.00	九州
046 地理雪心赋句解	宣纸线装1函2册	480.00	九州
047 九天玄女青囊经	宣纸线装1函1册	280.00	九州
048 考定撼龙经	宣纸线装1函1册	280.00	九州
049 刘江东家藏善本葬书	宣纸线装1函1册	280.00	九州
050 杨公六段玄机赋杨筠松安门楼玉辇经合刊	宣纸线装1函1册	280.00	九州
051 风水金鉴	宣纸线装1函1册	280.00	九州
052 新镌碎玉剖秘地理不求人	宣纸线装1函2册	480.00	九州
053 阳宅八门金光斗临经	宣纸线装1函1册	280.00	九州
054 新镌徐氏家藏罗经顶门针	宣纸线装1函2册	480.00	九州
055 影印乾隆丙午刻本地理五诀	宣纸线装1函4册	880.00	九州
056 地理诀要雪心赋	宣纸线装1函2册	480.00	九州
057 蒋氏平阶家藏善本插泥剑	宣纸线装1函1册	280.00	九州

书　名	作　者	定　价	版别
058 蒋大鸿家传地理归厚录	宣纸线装 1 函 1 册	280.00	九州
059 蒋大鸿家传三元地理秘书	宣纸线装 1 函 1 册	280.00	九州
060 蒋大鸿家传天星选择秘旨	宣纸线装 1 函 1 册	280.00	九州
061 撼龙经批注校补	宣纸线装 1 函 4 册	880.00	九州
062 疑龙经批注校补一全	宣纸线装 1 函 1 册	280.00	九州
063 种筠书屋较订山法诸书	宣纸线装 1 函 2 册	480.00	九州
064 堪舆倒杖诀 拨砂经遗篇 合刊	宣纸线装 1 函 1 册	280.00	九州
065 认龙天宝经	宣纸线装 1 函 1 册	280.00	九州
066 天机望龙经刘氏心法 杨公骑龙穴诗合刊	宣纸线装 1 函 1 册	280.00	九州
067 风水一夜仙秘传三种合刊	宣纸线装 1 函 1 册	280.00	九州
068 新镌地理八窍	宣纸线装 1 函 2 册	480.00	九州
069 地理解醒	宣纸线装 1 函 1 册	280.00	九州
070 峦头指迷	宣纸线装 1 函 3 册	680.00	九州
071 茅山上清灵符	宣纸线装 1 函 2 册	480.00	九州
072 茅山上清镇禳摄制秘法	宣纸线装 1 函 1 册	280.00	九州
073 天医祝由科秘抄	宣纸线装 1 函 2 册	480.00	九州
074 千镇百镇桃花镇	宣纸线装 1 函 2 册	480.00	九州
075 轩辕碑记医学祝由十三科治病奇书合刊	宣纸线装 1 函 1 册	280.00	九州
076 清抄真本祝由科秘诀全书	宣纸线装 1 函 3 册	680.00	九州
077 增补秘传万法归宗	宣纸线装 1 函 2 册	480.00	九州
078 祝由科诸符秘卷祝由科诸符秘旨合刊	宣纸线装 1 函 1 册	280.00	九州
079 辰州符咒大全	宣纸线装 1 函 4 册	880.00	九州
080 万历初刻三命通会	宣纸线装 2 函 12 册	2480.00	九州
081 新编三车一览子平渊源注解	宣纸线装 1 函 3 册	680.00	九州
082 命理用神精华	宣纸线装 1 函 3 册	680.00	九州
083 命学探骊集	宣纸线装 1 函 1 册	280.00	九州
084 相诀摘要	宣纸线装 1 函 2 册	480.00	九州
085 相法秘传	宣纸线装 1 函 1 册	280.00	九州
086 新编相法五总龟	宣纸线装 1 函 1 册	280.00	九州
087 相学统宗心易秘传	宣纸线装 1 函 2 册	480.00	九州
088 秘本大清相法	宣纸线装 1 函 2 册	480.00	九州
089 相法易知	宣纸线装 1 函 1 册	280.00	九州
090 星命风水秘传	宣纸线装 1 函 1 册	280.00	九州
091 大六壬隔山照	宣纸线装 1 函 2 册	480.00	九州
092 大六壬考正	宣纸线装 1 函 1 册	280.00	九州

书　名	作　者	定　价	版别
093 大六壬类阐	宣纸线装 1 函 2 册	480.00	九州
094 六壬心镜集注	宣纸线装 1 函 1 册	280.00	九州
095 遁甲吾学编	宣纸线装 1 函 2 册	480.00	九州
096 刘明江家藏善本奇门衍象	宣纸线装 1 函 1 册	280.00	九州
097 遁甲天书秘文	宣纸线装 1 函 2 册	480.00	九州
098 金枢符应秘文	宣纸线装 1 函 2 册	480.00	九州
099 秘传金函奇门隐遁丁甲法书	宣纸线装 1 函 2 册	480.00	九州
100 六壬行军指南	宣纸线装 2 函 10 册	2080.00	九州
101 家藏阴阳二宅秘诀线法	宣纸线装 1 函 2 册	480.00	九州
102 阳宅一书阴宅一书合刊	宣纸线装 1 函 1 册	280.00	九州
103 地理法门全书	宣纸线装 1 函 1 册	280.00	九州
104 四真全书玉钥匙	宣纸线装 1 函 1 册	280.00	九州
105 重刊官板玉髓真经	宣纸线装 1 函 4 册	880.00	九州
106 明刊阳宅真诀	宣纸线装 1 函 2 册	480.00	九州
107 阳宅指南	宣纸线装 1 函 1 册	280.00	九州
108 阳宅秘传三书	宣纸线装 1 函 1 册	280.00	九州
109 阳宅都天滚盘珠	宣纸线装 1 函 1 册	280.00	九州
110 纪氏地理水法要诀	宣纸线装 1 函 1 册	280.00	九州
111 李默斋先生地理辟径集	宣纸线装 1 函 2 册	480.00	九州
112 李默斋先生辟径集续篇 地理秘缺	宣纸线装 1 函 2 册	480.00	九州
113 地理辨正自解	宣纸线装 1 函 1 册	280.00	九州
114 形家五要全编	宣纸线装 1 函 4 册	880.00	九州
115 地理辨正抉要	宣纸线装 1 函 1 册	280.00	九州
116 地理辨正揭隐	宣纸线装 1 函 1 册	280.00	九州
117 地学铁骨秘	宣纸线装 1 函 1 册	280.00	九州
118 地理辨正发秘初稿	宣纸线装 1 函 1 册	280.00	九州
119 三元宅墓图	宣纸线装 1 函 1 册	280.00	九州
120 参赞玄机地理仙婆集	宣纸线装 2 函 8 册	1680.00	九州
121 幕讲禅师玄空秘旨浅注外七种	宣纸线装 1 函 1 册	280.00	九州
122 玄空挨星图诀	宣纸线装 1 函 1 册	280.00	九州
123 影印稿本玄空地理筌蹄	宣纸线装 1 函 1 册	280.00	九州
124 玄空古义四种通释	宣纸线装 1 函 2 册	480.00	九州
125 地理疑义答问	宣纸线装 1 函 1 册	280.00	九州
126 王元极地理辨正冒禁录	宣纸线装 1 函 1 册	280.00	九州
127 王元极校补天元选择辨正	宣纸线装 1 函 3 册	680.00	九州

书　名	作　者	定　价	版别
128 王元极选择辨真全书	宣纸线装1函1册	280.00	九州
129 王元极增批地理冰海原本地理冰海合刊	宣纸线装1函1册	280.00	九州
130 王元极三元阳宅萃篇	宣纸线装1函2册	480.00	九州
131 尹一勺先生地理精语	宣纸线装1函1册	280.00	九州
132 古本地理元真	宣纸线装1函2册	480.00	九州
133 杨公秘本搜地灵	宣纸线装1函1册	280.00	九州
134 秘藏千里眼	宣纸线装1函1册	280.00	九州
135 道光刊本地理或问	宣纸线装1函1册	280.00	九州
136 影印稿本地理秘诀	宣纸线装1函2册	480.00	九州
137 地理秘诀隔山照 地理括要 合刊	宣纸线装1函1册	280.00	九州
138 地理前后五十段	宣纸线装1函2册	480.00	九州
139 心耕书屋藏本地经图说	宣纸线装1函1册	280.00	九州
140 地理古本道法双谭	宣纸线装1函1册	280.00	九州
141 奇门遁甲元灵经	宣纸线装1函1册	280.00	九州
142 黄帝遁甲归藏大意 白猿真经 合刊	宣纸线装1函1册	280.00	九州
143 遁甲符应经	宣纸线装1函2册	480.00	九州
144 遁甲通明钤	宣纸线装1函1册	280.00	九州
145 景祐奇门秘纂	宣纸线装1函2册	480.00	九州
146 奇门先天要论	宣纸线装1函2册	480.00	九州
147 御定奇门古本	宣纸线装1函2册	480.00	九州
148 奇门吉凶格解	宣纸线装1函1册	280.00	九州
149 御定奇门宝鉴	宣纸线装1函3册	680.00	九州
150 奇门阐易	宣纸线装1函2册	480.00	九州
151 六壬总论	宣纸线装1函1册	280.00	九州
152 稿抄本大六壬翠羽歌	宣纸线装1函1册	280.00	九州
153 都天六壬神课	宣纸线装1函1册	280.00	九州
154 大六壬易简	宣纸线装1函2册	480.00	九州
155 太上六壬明鉴符阴经	宣纸线装1函1册	280.00	九州
156 增补关煞袖里金百中经	宣纸线装1函1册	280.00	九州
157 演禽三世相法	宣纸线装1函2册	480.00	九州
158 合婚便览 和合婚姻咒 合刊	宣纸线装1函1册	280.00	九州
159 神数十种	宣纸线装1函1册	280.00	九州
160 神机灵数一掌经金钱课合刊	宣纸线装1函1册	280.00	九州
161 阴阳二宅易知录	宣纸线装1函2册	480.00	九州
162 阴宅镜	宣纸线装1函2册	480.00	九州
163 阳宅镜	宣纸线装1函1册	280.00	九州

书　　名	作　者	定　价	版别
164 清精抄本六圃地学	宣纸线装1函1册	280.00	九州
165 形峦神断书	宣纸线装1函1册	280.00	九州
166 堪舆三昧	宣纸线装1函1册	280.00	九州
167 遁甲奇门捷要	宣纸线装1函1册	280.00	九州
168 奇门遁甲备览	宣纸线装1函1册	280.00	九州
169 原传真本石室藏本圆光真传秘诀合刊	宣纸线装1函1册	280.00	九州
170 明抄全本壬归	宣纸线装1函4册	880.00	九州
171 董德彰水法秘诀水法断诀合刊	宣纸线装1函1册	280.00	九州
172 董德彰先生水法图说	宣纸线装1函1册	280.00	九州
173 董德彰先生泄天机纂要	宣纸线装1函2册	480.00	九州
174 李默斋先生地理秘传	宣纸线装1函2册	480.00	九州
175 新锓希夷陈先生紫微斗数全书	宣纸线装1函3册	680.00	九州
176 海源阁藏明刊麻衣相法全编	宣纸线装1函2册	480.00	九州
177 袁忠彻先生相法秘传	宣纸线装1函3册	680.00	九州
178 火珠林要旨 筮杙	宣纸线装1函2册	480.00	九州
179 火珠林占法秘传 续筮杙	宣纸线装1函1册	280.00	九州
180 六壬类聚	宣纸线装1函4册	880.00	九州
181 新刻麻衣相神异赋	宣纸线装1函1册	280.00	九州
182 诸葛武侯奇门遁甲全书	宣纸线装1函2册	480.00	九州
183 张九仪传地理偶摘	宣纸线装1函1册	280.00	九州
184 张九仪传地理偶注	宣纸线装1函1册	280.00	九州
185 阳宅玄珠	宣纸线装1函1册	280.00	九州
186 阴宅总论	宣纸线装1函1册	280.00	九州
187 新刻杨救贫秘传阴阳二宅便用统宗	宣纸线装1函1册	280.00	九州
188 增补理气图说	宣纸线装1函2册	480.00	九州
189 增补罗经图说	宣纸线装1函1册	280.00	九州
190 重镌官板阳宅大全	宣纸线装1函4册	880.00	九州
191 景祐太乙福应经	宣纸线装1函1册	280.00	九州
192 景祐遁甲符应经	宣纸线装1函1册	280.00	九州
193 景祐六壬神定经	宣纸线装1函1册	280.00	九州
194 御制禽遁符应经	宣纸线装1函2册	480.00	九州
195 秘传匠家鲁班经符法	宣纸线装1函3册	680.00	九州
196 哈佛藏本太史黄际飞注天玉经	宣纸线装1函1册	280.00	九州
197 李三素先生红囊经解	宣纸线装1函1册	280.00	九州
198 杨曾青囊天玉通义	宣纸线装1函1册	280.00	九州
199 重编大清钦天监焦秉贞彩绘历代推背图解	宣纸线装1函2册	680.00	九州

书　名	作　者	定　价	版别
200 道光初刻相理衡真	宣纸线装1函4册	880.00	九州
201 新刻袁柳庄先生秘传相法	宣纸线装1函3册	680.00	九州
202 袁忠彻相法古今识鉴	宣纸线装1函2册	480.00	九州
203 袁天纲五星三命指南	宣纸线装1函2册	480.00	九州
204 新刻五星玉镜	宣纸线装1函3册	680.00	九州
205 游艺录：筮遁壬行年斗数相宅	宣纸线装1函1册	280.00	九州
206 新订王氏罗经透解	宣纸线装1函2册	480.00	九州
207 堪舆真诠	宣纸线装1函3册	680.00	九州
208 青囊天机奥旨二种	宣纸线装1函1册	280.00	九州
209 张九仪传地理偶录	宣纸线装1函1册	280.00	九州
210 地学形势集	宣纸线装1函8册	1680.00	九州
重刻故宫藏百二汉镜斋秘书四种(一)：火珠林	宣纸线装1函1册	300.00	华龄
重刻故宫藏百二汉镜斋秘书四种(二)：灵棋经	宣纸线装1函1册	300.00	华龄
重刻故宫藏百二汉镜斋秘书四种(三)：滴天髓	宣纸线装1函1册	3000.00	华龄
重刻故宫藏百二汉镜斋秘书四种(四)：测字秘牒	宣纸线装1函1册	300.00	华龄
中外戏法图说：鹅幻汇编鹅幻余编合刊	宣纸线装1函3册	780.00	华龄
连山[宣纸线装一函一册]	[清]马国翰辑	280.00	华龄
归藏[宣纸线装一函一册]	[清]马国翰辑	280.00	华龄
周易虞氏义笺订[宣纸线装一函六册]	[清]李翊灼订	1180.00	华龄
周易参同契通真义	宣纸线装1函2册	480.00	华龄
御制周易[宣纸线装一函三册]	武英殿影宋本	680.00	华龄
宋刻周易本义[宣纸线装一函四册]	[宋]朱熹撰	980.00	华龄
易学启蒙[宣纸线装一函二册]	[宋]朱熹撰	480.00	华龄
易余[宣纸线装一函二册]	[明]方以智撰	480.00	九州
奇门鸣法[宣纸线装一函二册]	[清]龙伏山人撰	680.00	华龄
奇门衍象[宣纸线装一函二册]	[清]龙伏山人撰	480.00	华龄
奇门枢要[宣纸线装一函二册]	[清]龙伏山人撰	480.00	华龄
奇门仙机[宣纸线装一函三册]	王力军校订	298.00	华龄
奇门心法秘纂[宣纸线装一函三册]	王力军校订	298.00	华龄
御定奇门秘诀[宣纸线装一函三册]	[清]湖海居士辑	680.00	华龄
宫藏奇门大全[线装五函二十五册]	[清]湖海居士辑	6800.00	影印
遁甲奇门秘传要旨大全[线装二函十册]	[清]范阳耐寒子辑	6200.00	影印
增广神相全编[线装一函四册]	[明]袁珙订正	980.00	影印
龙伏山人存世文稿[宣纸线装五函十册]	[清]矫子阳撰	2800.00	九州
奇门遁甲鸣法[宣纸线装一函二册]	[清]矫子阳撰	680.00	九州
奇门遁甲衍象[宣纸线装一函二册]	[清]矫子阳撰	480.00	九州

书　　名	作　者	定　价	版别
奇门遁甲枢要[宣纸线装一函二册]	[清]矫子阳撰	480.00	九州
遁甲括囊集[宣纸线装一函三册]	[清]矫子阳撰	980.00	九州
增注蒋公古镜歌[宣纸线装一函一册]	[清]矫子阳撰	180.00	九州
明抄真本梅花易数[宣纸线装一函三册]	[宋]邵雍撰	480.00	九州
古本皇极经世书[宣纸线装一函三册]	[宋]邵雍撰	980.00	九州
订正六壬金口诀[宣纸线装一函六册]	[清]巫国匡辑	1280.00	华龄
六壬神课金口诀[宣纸线装一函三册]	[明]适适子撰	298.00	华龄
改良三命通会[宣纸线装一函四册,第二版]	[明]万民英撰	980.00	华龄
增补选择通书玉匣记[宣纸线装一函二册]	[晋]许逊撰	480.00	华龄
阳宅三要	宣纸线装1函3册	298.00	华龄
绘图全本鲁班经匠家镜	宣纸线装1函4册	680.00	华龄
青囊海角经	宣纸线装1函4册	680.00	华龄
菊逸山房天函:地理点穴撼龙经	宣纸线装1函3册	680.00	华龄
菊逸山房地函:秘藏疑龙经大全	宣纸线装1函1册	280.00	华龄
菊逸山房人函:杨公秘本山法备收	宣纸线装1函1册	280.00	华龄
珍本1:校正全本地学答问	宣纸线装1函3册	680.00	华龄
珍本2:赖仙原本催官经	宣纸线装1函1册	280.00	华龄
珍本3:赖仙催官篇注	宣纸线装1函1册	280.00	华龄
珍本4:尹注赖仙催官篇	宣纸线装1函1册	280.00	华龄
珍本5:赖仙心印	宣纸线装1函1册	280.00	华龄
珍本6:新刻赖太素天星催官解	宣纸线装1函2册	480.00	华龄
珍本7:天机秘传青囊内传	宣纸线装1函1册	280.00	华龄
珍本8:阳宅斗首连篇秘授	宣纸线装1函1册	280.00	华龄
珍本9:精刻编集阳宅真传秘诀	宣纸线装1函2册	480.00	华龄
珍本10:秘传全本六壬玉连环	宣纸线装1函2册	480.00	华龄
珍本11:秘传仙授奇门	宣纸线装1函2册	480.00	华龄
珍本12:祝由科诸符秘卷祝由科诸符秘旨合刊	宣纸线装1函2册	480.00	华龄
珍本13:校正古本入地眼图说	宣纸线装1函2册	480.00	华龄
珍本14:校正全本钻地眼图说	宣纸线装1函2册	480.00	华龄
珍本15:赖公七十二葬法	宣纸线装1函2册	480.00	华龄
珍本16:新刻杨筠松秘传开门放水阴阳捷径	宣纸线装1函2册	480.00	华龄
珍本17:校正古本地理五诀	宣纸线装1函2册	480.00	华龄
珍本18:重校古本地理雪心赋	宣纸线装1函2册	480.00	华龄
珍本19:宋国师吴景鸾先天后天理气心印补注	宣纸线装1函1册	280.00	华龄
珍本20:新刊宋国师吴景鸾秘传夹竹梅花院纂	宣纸线装1函2册	480.00	华龄
珍本21:影印原本任铁樵注滴天髓阐微	宣纸线装1函4册	980.00	华龄

书　　名	作　　者	定　价	版别
增补四库青乌辑要[宣纸线装全18函59册]	郑同校	11680.00	九州
第1种:宅经[宣纸线装1册]	[署]黄帝撰	180.00	九州
第2种:葬书[宣纸线装1册]	[晋]郭璞撰	220.00	九州
第3种:青囊序青囊奥语天玉经[宣纸线装1册]	[唐]杨筠松撰	220.00	九州
第4种:黄囊经[宣纸线装1册]	[唐]杨筠松撰	220.00	九州
第5种:黑囊经[宣纸线装2册]	[唐]杨筠松撰	380.00	九州
第6种:锦囊经[宣纸线装1册]	[晋]郭璞撰	200.00	九州
第7种:天机贯旨红囊经[宣纸线装2册]	[清]李三素撰	380.00	九州
第8种:玉函天机素书/至宝经[宣纸线装1册]	[明]董德彰撰	200.00	九州
第9种:天机一贯[宣纸线装2册]	[清]李三素撰辑	380.00	九州
第10种:撼龙经[宣纸线装1册]	[唐]杨筠松撰	200.00	九州
第11种:疑龙经葬法倒杖[宣纸线装1册]	[唐]杨筠松撰	220.00	九州
第12种:疑龙经辨正[宣纸线装1册]	[唐]杨筠松撰	200.00	九州
第13种:寻龙记太华经[宣纸线装1册]	[唐]曾文辿撰	220.00	九州
第14种:宅谱要典[宣纸线装2册]	[清]铣溪野人校	380.00	九州
第15种:阳宅必用[宣纸线装2册]	心灯大师校订	380.00	九州
第16种:阳宅撮要[宣纸线装2册]	[清]吴鼐撰	380.00	九州
第17种:阳宅正宗[宣纸线装1册]	[清]姚承舆撰	200.00	九州
第18种:阳宅指掌[宣纸线装2册]	[清]黄海山人撰	380.00	九州
第19种:相宅新编[宣纸线装1册]	[清]焦循校刊	240.00	九州
第20种:阳宅井明[宣纸线装2册]	[清]邓颖出撰	380.00	九州
第21种:阴宅井明[宣纸线装1册]	[清]邓颖出撰	220.00	九州
第22种:灵城精义[宣纸线装2册]	[南唐]何溥撰	380.00	九州
第23种:龙穴砂水说[宣纸线装1册]	清抄秘本	180.00	九州
第24种:三元水法秘诀[宣纸线装2册]	清抄秘本	380.00	九州
第25种:罗经秘传[宣纸线装2册]	[清]傅禹辑	380.00	九州
第26种:穿山透地真传[宣纸线装2册]	[清]张九仪撰	380.00	九州
第27种:催官篇发微论[宣纸线装2册]	[宋]赖文俊撰	380.00	九州
第28种:入地眼神断要诀[宣纸线装2册]	清抄秘本	380.00	九州
第29种:玄空大卦秘断[宣纸线装1册]	清抄秘本	200.00	九州
第30种:玄空大五行真传口诀[宣纸线装1册]	[明]蒋大鸿等撰	220.00	九州
第31种:杨曾九宫颠倒打劫图说[宣纸线装1册]	[唐]杨筠松撰	200.00	九州
第32种:乌兔经奇验经[宣纸线装1册]	[唐]杨筠松撰	180.00	九州
第33种:挨星考注[宣纸线装1册]	[清]汪董缘订定	260.00	九州
第34种:地理挨星说汇要[宣纸线装1册]	[明]蒋大鸿撰辑	220.00	九州
第35种:地理捷诀[宣纸线装1册]	[清]傅禹辑	200.00	九州

书　　名	作　者	定　价	版别
第36种:地理三仙秘旨[宣纸线装1册]	清抄秘本	200.00	九州
第37种:地理三字经[宣纸线装3册]	[清]程思乐撰	580.00	九州
第38种:地理雪心赋注解[宣纸线装2册]	[唐]卜则巍撰	380.00	九州
第39种:蒋公天元余义[宣纸线装1册]	[明]蒋大鸿等撰	220.00	九州
第40种:地理真传秘旨[宣纸线装3册]	[唐]杨筠松撰	580.00	九州
增补四库未收方术汇刊第一辑(全28函)	线装影印本	11800.00	九州
第一辑01函:火珠林·卜筮正宗	[宋]麻衣道者著	340.00	九州
第一辑02函:全本增删卜易·增删卜易真诠	[清]野鹤老人撰	720.00	九州
第一辑03函:渊海子平音义评注·子平真诠·命理易知	[明]杨淙增校	360.00	九州
第一辑04函:滴天髓:附滴天秘诀·穷通宝鉴:附月谈赋	[宋]京图撰	360.00	九州
第一辑05函:参星秘要诹吉便览·玉函斗首三台通书·精校三元总录	[清]俞荣宽撰	460.00	九州
第一辑06函:陈子性藏书	[清]陈应选撰	580.00	九州
第一辑07函:崇正辟谬永吉通书·选择求真	[清]李奉来辑	500.00	九州
第一辑08函:增补选择通书玉匣记·永宁通书	[晋]许逊撰	400.00	九州
第一辑09函:新增阳宅爱众篇	[清]张觉正撰	480.00	九州
第一辑10函:地理四弹子·地理铅弹子砂水要诀	[清]张九仪注	320.00	九州
第一辑11函:地理五诀	[清]赵九峰著	200.00	九州
第一辑12函:地理直指原真	[清]释如玉撰	280.00	九州
第一辑13函:宫藏真本入地眼全书	[宋]释静道著	680.00	九州
第一辑14函:罗经顶门针·罗经解定·罗经透解	[明]徐之镆撰	360.00	九州
第一辑15函:校正详图青囊经·平砂玉尺经·地理辨正疏	[清]王宗臣著	300.00	九州
第一辑16函:一贯堪舆	[明]唐世友辑	240.00	九州
第一辑17函:阳宅大全·阳宅十书	[明]一壑居士集	600.00	九州
第一辑18函:阳宅大成五种	[清]魏青江撰	600.00	九州
第一辑19函:奇门五总龟·奇门遁甲统宗大全·奇门遁甲元灵经	[明]池纪撰	500.00	九州
第一辑20函:奇门遁甲秘笈全书	[明]刘伯温辑	280.00	九州
第一辑21函:奇门庐中阐秘	[汉]诸葛武侯撰	600.00	九州
第一辑22函:奇门遁甲元机·太乙秘书·六壬大占	[宋]岳珂纂辑	360.00	九州
第一辑23函:性命圭旨	[明]尹真人撰	480.00	九州
第一辑24函:紫微斗数全书	[宋]陈抟撰	200.00	九州
第一辑25函:千镇百镇桃花镇	[清]云石道人校	220.00	九州
第一辑26函:清抄真本祝由科秘诀全书·轩辕碑记医学祝由十三科	[上古]黄帝传	800.00	九州
第一辑27函:增补秘传万法归宗	[唐]李淳风撰	160.00	九州

书　名	作　者	定　价	版别
第一辑 28 函:神机灵数一掌经金钱课·牙牌神数七种·珍本演禽三世相法	[清]诚文信校	440.00	九州
增补四库未收方术汇刊第二辑(全 36 函)	线装影印本	13800.00	九州
第二辑第 1 函:六爻断易一撮金·卜易秘诀海底眼	[宋]邵雍撰	200.00	九州
第二辑第 2 函:秘传子平渊源	燕山郑同校辑	280.00	九州
第二辑第 3 函:命理探原	[清]袁树珊撰	280.00	九州
第二辑第 4 函:命理正宗	[明]张楠撰集	180.00	九州
第二辑第 5 函:造化玄钥	庄圆校补	220.00	九州
第二辑第 6 函:命理寻源·子平管见	[清]徐乐吾撰	280.00	九州
第二辑第 7 函:京本风鉴相法	[明]回阳子校辑	380.00	九州
第二辑第 8—9 函:钦定协纪辨方书 8 册	[清]允禄编	780.00	九州
第二辑第 10—11 函:鳌头通书 10 册	[明]熊宗立撰辑	880.00	九州
第二辑第 12—13 函:象吉通书	[清]魏明远撰辑	1080.00	九州
第二辑第 14 函:选择宗镜·选择纪要	[朝鲜]南秉吉撰	360.00	九州
第二辑第 15 函:选择正宗	[清]顾宗秀撰辑	480.00	九州
第二辑第 16 函:仪度六壬选日要诀	[清]张九仪撰	680.00	九州
第二辑第 17 函:葬事择日法	郑同校辑	280.00	九州
第二辑第 18 函:地理不求人	[清]吴明初撰辑	240.00	九州
第二辑第 19 函:地理大成一:山法全书	[清]叶九升撰	680.00	九州
第二辑第 20 函:地理大成二:平阳全书	[清]叶九升撰	360.00	九州
第二辑第 21 函:地理大成三:地理六经注·地理大成四:罗经指南拔雾集·地理大成五:理气四诀	[清]叶九升撰	300.00	九州
第二辑第 22 函:地理录要	[明]蒋大鸿撰	480.00	九州
第二辑第 23 函:地理人子须知	[明]徐善继撰	480.00	九州
第二辑第 24 函:地理四秘全书	[清]尹一勺撰	380.00	九州
第二辑第 25—26 函:地理天机会元	[明]顾陵冈辑	1080.00	九州
第二辑第 27 函:地理正宗	[清]蒋宗城校订	280.00	九州
第二辑第 28 函:全图鲁班经	[明]午荣编	280.00	九州
第二辑第 29 函:秘传水龙经	[明]蒋大鸿撰	480.00	九州
第二辑第 30 函:阳宅集成	[清]姚廷銮纂	480.00	九州
第二辑第 31 函:阴宅集要	[清]姚廷銮纂	240.00	九州
第二辑第 32 函:辰州符咒大全	[清]觉玄子辑	480.00	九州
第二辑第 33 函:三元镇宅灵符秘箓·太上洞玄祛病灵符全书	[明]张宇初编	240.00	九州
第二辑第 34 函:太上混元祈福解灾三部神符	[明]张宇初编	360.00	九州
第二辑第 35 函:测字秘牒·先天易数·冲天易数/马前课	[清]程省撰	360.00	九州
第二辑第 36 函:秘传紫微	古朝鲜抄本	240.00	九州

书 名	作 者	定 价	版别
子平遗书第1辑（甲子至戊辰，全三册）	精装古本影印	980.00	华龄
子平遗书第2辑（庚午至甲戌，全三册）	精装古本影印	980.00	华龄
子平遗书第3辑（乙亥至戊子，全三册）	精装古本影印	980.00	华龄
子平遗书第4辑（庚寅至庚子，全三册）	精装古本影印	980.00	华龄
子平遗书第5辑（辛丑至癸丑，全三册）	精装古本影印	980.00	华龄
子平遗书第6辑（甲寅至辛酉，全三册）	精装古本影印	980.00	华龄
子部善本1：新刊地理玄珠	精装古本影印	380.00	华龄
子部善本2：参赞玄机地理仙婆集	精装古本影印	380.00	华龄
子部善本3：章仲山地理九种（上下）	精装古本影印	760.00	华龄
子部善本4：八门九星阴阳二遁全本奇门断	精装古本影印	760.00	华龄
子部善本5：六壬统宗大全	精装古本影印	380.00	华龄
子部善本6：太乙统宗宝鉴	精装古本影印	380.00	华龄
子部善本7：重刊星海词林（全五册）	精装古本影印	1900.00	华龄
子部善本8：万历初刻三命通会（上下）	精装古本影印	760.00	华龄
子部善本9：增广沈氏玄空学（上下）	精装古本影印	760.00	华龄
子部善本10：江公择日秘稿	精装古本影印	380.00	华龄
子部善本11：刘氏家藏阐微通书（上下）	精装古本影印	760.00	华龄
子部善本12：影印增补高岛易断（上下）	精装古本影印	760.00	华龄
子部善本13：清刻足本铁板神数	精装古本影印	380.00	华龄
子部善本14：增订天官五星集腋（上下）	精装古本影印	760.00	华龄
子部善本15：太乙奇门六壬兵备统宗（上中下）	精装古本影印	1140.00	华龄
子部善本16：御定景祐奇门大全（上下）	精装古本影印	760.00	华龄
子部善本17：地理四秘全书十二种	精装古本影印	380.00	华龄
子部善本18：全本地理统一全书	精装古本影印	380.00	华龄
风水择吉第一书：辨方（精装）	李明清著	168.00	华龄
珞琭子三命消息赋古注通疏（精装上下）	一明注疏	188.00	华龄
增补高岛易断（简体横排精装上下）	（清）王治本编译	198.00	华龄
飞盘奇门：鸣法体系校释（精装上下）	刘金亮撰	198.00	九州
白话高岛易断（上下）	孙正治孙奥麟译	128.00	九州
润德堂丛书全编1：述卜筮星相学	袁树珊著	38.00	华龄
润德堂丛书全编2：命理探原	袁树珊著	38.00	华龄
润德堂丛书全编3：命谱	袁树珊著	68.00	华龄
润德堂丛书全编4：大六壬探原 养生三要	袁树珊著	38.00	华龄
润德堂丛书全编5：中西相人探原	袁树珊著	38.00	华龄
润德堂丛书全编6：选吉探原 八字万年历	袁树珊著	38.00	华龄
润德堂丛书全编7：中国历代卜人传（上中下）	袁树珊著	168.00	华龄

书　　名	作　者	定　价	版别
三式汇刊1:大六壬口诀纂	[明]林昌长辑	68.00	华龄
三式汇刊2:大六壬集应钤	[明]黄宾廷撰	198.00	华龄
三式汇刊3:奇门大全秘纂	[清]湖海居士撰	68.00	华龄
三式汇刊4:大六壬总归	[宋]郭子晟撰	58.00	华龄
青囊汇刊1:青囊秘要	[晋]郭璞等撰	48.00	华龄
青囊汇刊2:青囊海角经	[晋]郭璞等撰	48.00	华龄
青囊汇刊3:阳宅十书	[明]王君荣撰	48.00	华龄
青囊汇刊4:秘传水龙经	[明]蒋大鸿撰	68.00	华龄
青囊汇刊5:管氏地理指蒙	[三国]管辂撰	48.00	华龄
青囊汇刊6:地理山洋指迷	[明]周景一撰	32.00	华龄
青囊汇刊7:地学答问	[清]魏清江撰	58.00	华龄
青囊汇刊8:地理铅弹子砂水要诀	[清]张九仪撰	68.00	华龄
子平汇刊1:渊海子平大全	[宋]徐子平撰	48.00	华龄
子平汇刊2:秘本子平真诠	[清]沈孝瞻撰	38.00	华龄
子平汇刊3:命理金鉴	[清]志于道撰	38.00	华龄
子平汇刊4:秘授滴天髓阐微	[清]任铁樵注	48.00	华龄
子平汇刊5:穷通宝鉴评注	[清]徐乐吾注	48.00	华龄
子平汇刊6:神峰通考命理正宗	[明]张楠撰	38.00	华龄
子平汇刊7:新校命理探原	[清]袁树珊撰	48.00	华龄
子平汇刊8:重校绘图袁氏命谱	[清]袁树珊撰	68.00	华龄
子平汇刊9:增广汇校三命通会(全三册)	[明]万民英撰	168.00	华龄
纳甲汇刊1:校正全本增删卜易	郑同点校	68.00	华龄
纳甲汇刊2:校正全本卜筮正宗	郑同点校	48.00	华龄
纳甲汇刊3:校正全本易隐	郑同点校	48.00	华龄
纳甲汇刊4:校正全本易冒	郑同点校	48.00	华龄
纳甲汇刊5:校正全本易林补遗	郑同点校	38.00	华龄
纳甲汇刊6:校正全本卜筮全书	郑同点校	68.00	华龄
古今图书集成术数丛刊:卜筮(全二册)	[清]陈梦雷辑	80.00	华龄
古今图书集成术数丛刊:堪舆(全二册)	[清]陈梦雷辑	120.00	华龄
古今图书集成术数丛刊:相术(全一册)	[清]陈梦雷辑	60.00	华龄
古今图书集成术数丛刊:选择(全一册)	[清]陈梦雷辑	50.00	华龄
古今图书集成术数丛刊:星命(全三册)	[清]陈梦雷辑	180.00	华龄
古今图书集成术数丛刊:术数(全三册)	[清]陈梦雷辑	200.00	华龄
四库全书术数初集(全四册)	郑同点校	200.00	华龄
四库全书术数二集(全三册)	郑同点校	150.00	华龄
四库全书术数三集:钦定协纪辨方书(全二册)	郑同点校	98.00	华龄

书　　名	作　者	定　价	版别
增补鳌头通书大全(全三册)	[明]熊宗立撰辑	180.00	华龄
增补象吉备要通书大全(全三册)	[清]魏明远撰辑	180.00	华龄
增广沈氏玄空学	郑同点校	68.00	华龄
地理点穴撼龙经	郑同点校	32.00	华龄
绘图地理人子须知(上下)	郑同点校	78.00	华龄
玉函通秘	郑同点校	48.00	华龄
绘图入地眼全书	郑同点校	28.00	华龄
绘图地理五诀	郑同点校	48.00	华龄
一本书弄懂风水	郑同著	48.00	华龄
风水罗盘全解	傅洪光著	58.00	华龄
堪舆精论	胡一鸣著	29.80	华龄
堪舆的秘密	宝通著	36.00	华龄
中国风水学初探	曾涌哲	58.00	华龄
全息太乙(修订版)	李德润著	68.00	华龄
时空太乙(修订版)	李德润著	68.00	华龄
故宫珍本六壬三书(上下)	张越点校	128.00	华龄
大六壬通解(全三册)	叶飘然著	168.00	华龄
壬占汇选(精抄历代六壬占验汇选)	肖岱宗点校	48.00	华龄
大六壬指南	郑同点校	28.00	华龄
六壬金口诀指玄	郑同点校	28.00	华龄
大六壬寻源编[全三册]	[清]周螭辑录	180.00	华龄
六壬辨疑　毕法案录	郑同点校	32.00	华龄
时空太乙(修订版)	李德润著	68.00	华龄
全息太乙(修订版)	李德润著	68.00	华龄
大六壬断案疏证	刘科乐著	58.00	华龄
六壬时空	刘科乐著	68.00	华龄
御定奇门宝鉴	郑同点校	58.00	华龄
御定奇门阳遁九局	郑同点校	78.00	华龄
御定奇门阴遁九局	郑同点校	78.00	华龄
奇门秘占合编:奇门庐中阐秘·四季开门	[汉]诸葛亮撰	68.00	华龄
奇门探索录	郑同编订	38.00	华龄
奇门遁甲秘笈大全	郑同点校	48.00	华龄
奇门旨归	郑同点校	48.00	华龄
奇门法窍	[清]锡孟樨撰	48.00	华龄
奇门精粹——奇门遁甲典籍大全	郑同点校	68.00	华龄
御定子平	郑同点校	48.00	华龄

书　　名	作　者	定　价	版别
增补星平会海全书	郑同点校	68.00	华龄
五行精纪:命理通考五行渊微	郑同点校	38.00	华龄
绘图三元总录	郑同编校	48.00	华龄
绘图全本玉匣记	郑同编校	32.00	华龄
周易初步:易学基础知识36讲	张绍金著	32.00	华龄
周易与中医养生:医易心法	成铁智著	32.00	华龄
梅花心易阐微	〔清〕杨体仁撰	48.00	华龄
梅花易数讲义	郑同著	58.00	华龄
白话梅花易数	郑同编著	30.00	华龄
梅花周易数全集	郑同点校	58.00	华龄
一本书读懂易经	郑同著	38.00	华龄
白话易经	郑同编著	38.00	华龄
知易术数学:开启术数之门	赵知易著	48.00	华龄
术数入门——奇门遁甲与京氏易学	王居恭著	48.00	华龄
周易虞氏义笺订(上下)	〔清〕李翊灼校订	78.00	九州
阴阳五要奇书	〔晋〕郭璞撰	88.00	九州
壬奇要略(全5册:大六壬集应钤3册,大六壬口诀纂1册,御定奇门秘纂1册)	肖岱宗郑同点校	300.00	九州
周易明义	邸勇强著	73.00	九州
论语明义	邸勇强著	37.00	九州
中国风水史	傅洪光撰	32.00	九州
古本催官篇集注	李佳明校注	48.00	九州
鲁班经讲义	傅洪光著	48.00	九州
天星姓名学	侯景波著	38.00	燕山
解梦书	郑同、傅洪光著	58.00	燕山

　　周易书斋是国内最大的易学术数类图书邮购服务的专业书店,成立于2001年,现有易学及术数类图书现货6000余种,在海内外易学研究者中有着巨大的影响力。通讯地址:北京市102488信箱58分箱　邮编:102488　王兰梅收。

1、学易斋官方旗舰店网址:xyz888.jd.com　微信号:xyz15652026606

2、联系人:王兰梅　电话:13716780854,15652026606,(010)89360046

3、邮购费用固定,不论册数多少,每次收费7元。

4、银行汇款:户名:**王兰梅**。

　　邮政:601006359200109796　农行:6228480010308994218

　　工行:0200299001020728724　建行:1100579980130074603

　　交行:6222600910053875983　支付宝:13716780854

5、QQ:(周易书斋2)2839202242;QQ群:(周易书斋书友会)140125362。

北京周易书斋敬启